# HISTOIRE
# DE DIEPPE.

PARIS, IMPRIMÉ PAR BÉTHUNE ET PLON.

ABRAHAM DUQUESNE.
Lieutenant Général des Armées navales de France
né à Dieppe en 1610.

Gravé par Robert De Launay de la Société des Sciences lettres et Arts de Rouen.

# HISTOIRE DE DIEPPE,

## PAR L. VITET.

PARIS.
LIBRAIRIE DE CHARLES GOSSELIN,
ÉDITEUR DE LA BIBLIOTHÈQUE D'ÉLITE,
30, RUE JACOB.
MDCCCXLIV.

# AVANT-PROPOS.

Lorsque je publiai pour la première fois cet essai sur Dieppe (en 1833), j'avais formé le dessein d'écrire de la même manière l'histoire d'un certain nombre de nos anciennes villes de France. Le loisir m'a manqué pour accomplir ce projet, et je ne pourrai probablement jamais faire usage des matériaux que j'avais commencé à recueillir. Cette esquisse n'est donc plus qu'un fragment, une partie détachée d'un tout qui n'existera pas. Je l'avais composée comme le premier chapitre d'un ouvrage de quelque importance : l'attente de ce qui devait suivre lui donnait plus de prix, plus d'intérêt ; aujourd'hui ce secours lui manque, et je crains que, dans son isolement, elle ne trouve le lecteur moins préparé à l'indulgence.

J'ai cherché du moins à en faire disparaître les parties les plus imparfaites : j'ai réparé quelques oublis, rectifié quelques inexactitudes. L'obligeance de M. Féret, qui m'avait si bien secondé dans mes premières recherches, ne m'a pas fait défaut ; et j'ai trouvé en M. Méry, ingénieur des ponts-et-chaussées à Dieppe, un nouvel auxiliaire dont les connaissances techniques et les investigations savantes m'ont prêté le plus utile secours. Je me plais à leur adresser à tous deux mes sincères remercîments.

Mon récit est divisé, dans cette édition comme dans la précédente, en quatre parties.

La première contient l'histoire de la cité du moyen âge. J'y rappelle, avec l'aide de chroniques manuscrites, quelles furent, pendant les quatorzième, quinzième et seizième siècles, l'opulence et la prospérité de cete ville aujourd'hui si déchue, et quel rôle considérable elle a joué dans nos guerres de religion.

La seconde partie est consacrée à des recherches sur les voyages des anciens navigateurs dieppois. C'est toujours l'histoire de la ville, car c'est celle de ses navires et de ses matelots. A côté de beaucoup de conjectures et de fables je rencontre des faits authentiques qui ne permettent pas de douter que, parmi les glorieuses découvertes dont d'autres nations s'attribuent l'honneur, il en est plus d'une qui appartiennent à nos navigateurs et qu'il faut revendiquer en leur nom.

Rentrant ensuite dans la ville moderne, je décris ceux de ses monuments qui sont encore debout, je jette un coup d'œil sur sa condition présente, sur son port et sur ses pêcheurs, aux mœurs si simples et si pittoresques.

Enfin, pour compléter le tableau, je parcours les environs de la ville, je pénètre dans les délicieuses vallées qui l'avoisinent, vallées si fraîches, si solitaires, si riches en monuments et en souvenirs.

Telles sont les divisions que je me suis tracées, tel est le cadre que j'ai voulu remplir.

# PLANS DE DIEPPE.

Les deux plans ci-après représentent la ville de Dieppe : l'un vers l'an 1600, l'autre en 1844.

Je dois ce dernier à l'obligeance de M. Méry.

Quant à l'autre, je l'ai tiré d'un ouvrage intitulé : *Les Plans et profils de toutes les principales villes et lieux considérables de France ; ensemble les cartes de chaque province, et les particulières de chaque gouvernement d'icelles ;* par le sieur Tassin, géographe ordinaire de Sa Majesté. 2 vol. in-4° obl. — Cet atlas a paru en 1634, mais les planches n'avaient été gravées qu'au fur et à mesure, et probablement le plan de Dieppe, qui est la dixième planche, avait été levé long-temps avant que l'ouvrage fût achevé. Ce qui le prouve, c'est qu'on n'aperçoit pas dans ce plan de notables changements survenus dans la ville dès les années 1613, 1616 et suivantes. Je le regarde donc comme une image de la ville telle qu'elle était dans les premières années du dix-septième siècle, à la mort de Henri IV. Il est absolument conforme à un autre plan qu'on trouve dans un Mémoire de l'ingénieur Lamblardie, et qui porte la date de 1600.

Je n'ai pas indiqué par des renvois au bas des pages les nombreux passages dont ces plans sont destinés à faciliter l'intelligence. Le lecteur suppléera facilement à cette omission.

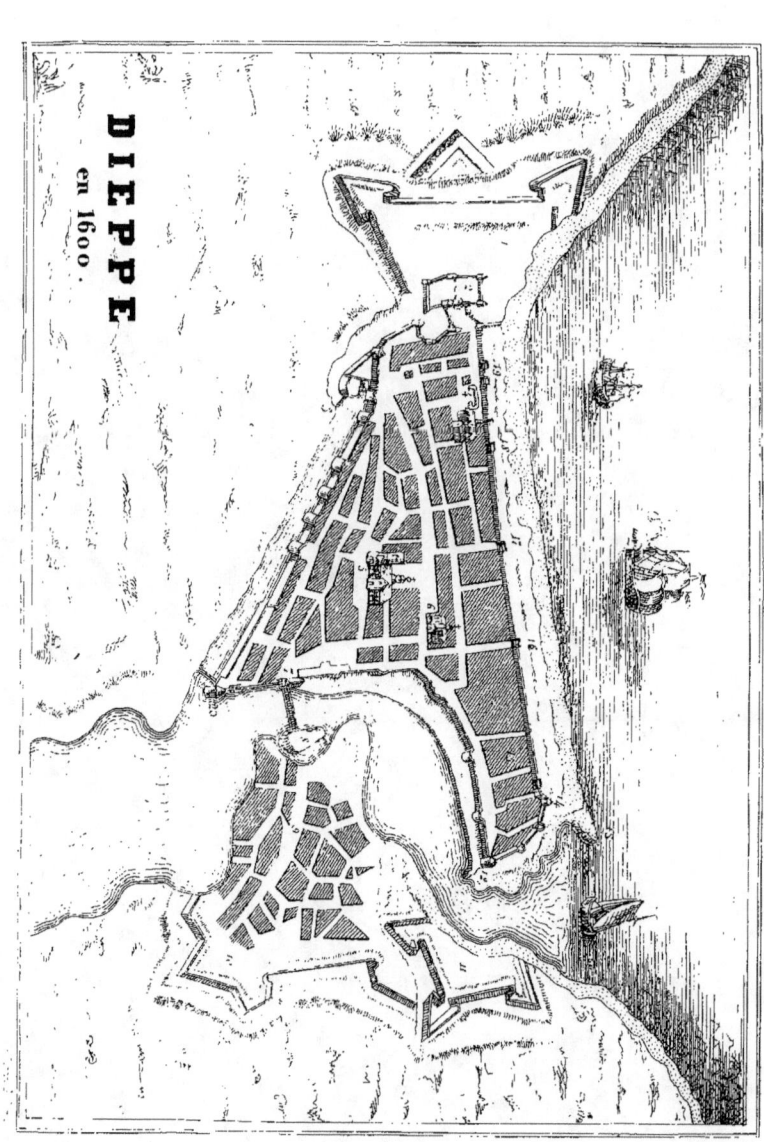

## PLAN DE DIEPPE EN 1600.

1. La citadelle.
2. Le château.
3. La porte de la Barre.
4. Le cimetière et l'église Saint-Remy.
5. L'église Saint-Jacques.
6. L'Hôtel-de-Ville.
7. La porte du Pont.
8. Le ravelin du pont.
9. Le Pollet.
10. Le fort Châtillon (bâti à la hâte en 1589).
11. Le fort du Pollet (bâti en 1562 par les protestants).
12. La tour aux Crabes.
13. La jetée.
14. Le Moulin à vent.
15. La maison d'Ango.
16. La porte Sailly.
17. La porte de la Poissonnerie.
18. La porte de la Halle.
19. La porte du Port d'ouest.
20. Le Moulin à l'eau.

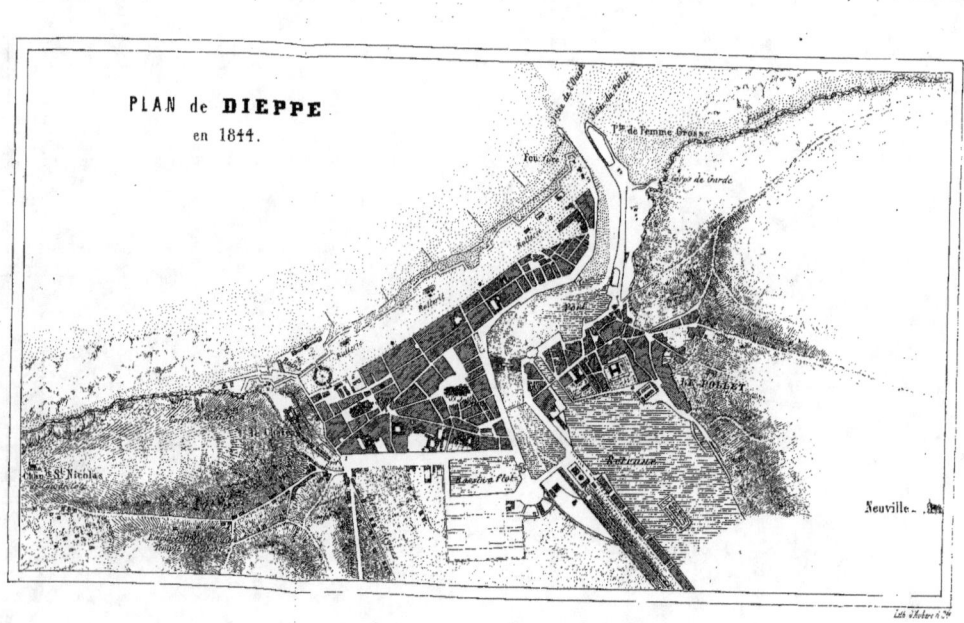

PLAN DE DIEPPE EN 1 44.

1. La ci-devant porte de la Barre.
2. Le Puits salé.
3. Le phare.
4. Écluses de chasse.
5. Hôtel-de-Ville.
6. Emplacement de l'ancien couvent des Capucins.
7. Emplacement de l'ancienne maison des filles Sainte-Marie.

# HISTOIRE
# DE DIEPPE.

## PREMIÈRE PARTIE.

# HISTOIRE DE DIEPPE.

## PREMIÈRE PARTIE.

### CHAPITRE PREMIER.

ORIGINE DE DIEPPE. — SON HISTOIRE JUSQU'AUX GUERRES DE RELIGION.

Vers la fin de septembre, lorsque la charrue commence à sillonner les campagnes, il n'est pas rare de rencontrer aux environs de Dieppe, dans un rayon de deux à trois lieues, certaines pièces de terre qui, fraîchement remuées, font de loin l'effet de champs de coquelicots. Vous approchez, et au lieu de fleurs ce sont des milliers de débris de tuiles et de poteries rouges que vous trouvez semés sur le terrain. Ces tuiles et ces poteries sont de fabrique romaine; l'antiquaire le moins expert ne saurait s'y méprendre.

N'est-il pas étrange que ce soit seulement depuis peu d'années qu'un tel spectacle ait inspiré l'idée de faire des fouilles, et que jusque-là personne ne l'eût signalé ni même remarqué? Ce n'est pourtant pas faute que le monde savant se soit occupé de Dieppe, et qu'on ait disserté à perte de vue sur ses origines. Les uns, comme Philippe Cluvier [1] et Adrien de Valois [2], ont affirmé qu'il existait du

---

[1] Cluver, *Introd. geogr.*, lib. II, cap. XII.
[2] Vales, *Notit. gall.*, Juliobona.

temps des Romains, sur le territoire voisin de Dieppe, une station et même une ville importante[1], mais quelle preuve en donnaient-ils? Ils appelaient bien en témoignage certaines traditions répandues dans le pays, qui parlent d'une antique cité, agrandie et fortifiée par nos rois francs, bâtie primitivement par les Romains, et même avant eux par les Celtes. Mais sur quoi reposaient ces traditions? A défaut d'un texte grec ou latin, existait-il un monument qui les justifiât? C'est ce que personne ne pouvait dire, ce que personne ne songeait à vérifier. On étudiait alors l'archéologie d'une manière spéculative, comme la philosophie, comme presque toutes les sciences. Constater l'existence des faits, ne donner pour bases aux inductions que des faits constatés, c'était un procédé inconnu; on ne savait d'autre moyen d'arriver à la vérité que le syllogisme, et, n'importe le point de départ, dès qu'on raisonnait juste on avait raison. Or, il fut prouvé par arguments en bonne forme que nos deux savants et leur prétendue tradition ne savaient ce qu'ils disaient, que les environs de Dieppe n'avaient jamais été habités avant les onzième ou douzième siècles, que les légions romaines avaient peut-être passé sur cette côte, mais que jamais à coup sûr ni station ni ville antique n'y avait été construite. Après deux pages de raisonnements pour établir cette démonstration, dom Duplessis[2] termine ainsi : « Dieppe » est une ville récente; elle n'a commencé à se former que

---

[1] Ils veulent en outre que cette ville soit la *Juliobona* dont il est parlé dans l'Itinéraire d'Antonin. On s'accorde au contraire assez généralement à croire que cette *Juliobona* est *Lillebonne*. L'Itinéraire d'Antonin est, comme on sait, le seul document antique qui nous reste sur la géographie de l'ancienne Gaule. Par malheur, cet ouvrage est extrêmement défectueux. Les copistes, dit dom Duplessis, y ont altéré en tant d'endroits non-seulement les noms des lieux, mais encore leurs distances, qu'il est souvent plus propre à augmenter les difficultés ou à en faire naître de nouvelles qu'à les concilier ou à les lever.

[2] *Description géogr. et histor. de la Haute-Normandie*, t. I, p. 5-6.

» sous la troisième race de nos rois : par conséquent elle
» ne peut être la *Juliobona* des anciens. »

Et cependant les habitants de cette ville récente avaient là sous leurs yeux, à fleur de sol, la preuve que dom Duplessis commettait une étrange erreur. Ces champs couverts des débris antiques leur attestaient que si leur ville n'était pas la *Juliobona* des anciens, ni telle autre cité de la table théodosienne, le sol qui l'avoisine n'en avait pas moins été couvert d'établissements considérables, et que la civilisation romaine avait régné sur ce rivage.

Heureusement on s'est enfin avisé de soulever quelques pieds de terre, et de suppléer au silence de l'histoire par le témoignage des monuments. Il ne s'agit donc plus aujourd'hui d'agiter cette question que poursuivaient nos érudits du fond de leurs cabinets. Le fait est constaté ; il a existé, dans toute la contrée où Dieppe s'élève aujourd'hui, de nombreuses et importantes constructions antiques.

Mais de quelle nature étaient ces constructions? quelle était leur destination? jusqu'à quel point étaient-elles multipliées? formaient-elles une ville ou seulement une agglomération d'établissements? ces établissements étaient-ils militaires, agricoles ou industriels? enfin, quelle place occupaient-ils dans la province? sous quels noms étaient-ils désignés?

Telle devient aujourd'hui la question ; tel doit être le but non plus des raisonnements mais des fouilles et des explorations de l'antiquaire.

Passons maintenant à l'examen de ce qui a déjà été fait, et de ce qui reste encore à faire pour résoudre cette question.

## § I<sup>er</sup>.

Époque celtique, romaine et gallo-romaine. — Fouilles entreprises aux environs de Dieppe.

On peut dire que c'est en 1822 que fut démontrée pour la première fois l'existence de constructions romaines sur cette partie de la côte de Normandie. Je trouve bien, dans *le Mercure* de 1761, mention de la découverte d'un tombeau et de quelques fragments antiques sur le territoire de Caudecôte, à l'extrémité du faubourg de la Barre. On voit aussi, en 1740, l'abbé Fontenu visiter cette immense circonvallation qui couronne une des grandes falaises à demi-lieue nord-est de la ville, et qu'on désigne vulgairement sous le nom de *camp de César*. L'abbé Fontenu, tout en niant avec raison que ce fût là l'assiette d'un camp romain, jugea que les tertres dont se compose cette enceinte étaient coupés à la manière antique, et qu'une grande population avait dû se fortifier dans ce lieu, soit avant, soit pendant la domination romaine. Mais ces recherches avaient été bientôt oubliées, et les découvertes de Caudecôte n'avaient été regardées que comme des faits isolés dont on ne pouvait conclure que le pays fût plus ou moins riche en vestiges de l'antiquité.

En 1822, au contraire, les faits les plus positifs se présentèrent en foule et de tous les côtés.

Pendant une nuit orageuse, un coup de mer fit écrouler une partie de la falaise qui borde l'extrémité de la vallée de la Saâne, à trois petites lieues ouest de Dieppe, sur le territoire de Sainte-Marguerite. Le terrain en s'écroulant entraîna trois tombeaux en gypse, qui furent trouvés parmi les décombres, et recueillis par les préposés de la douane, dont le corps-de-garde est à deux pas de là. On trouva en même temps des restes d'armures rongés par la rouille, des fragments de vases et quelques médailles, une entre autres de Marc-Aurèle.

Vers la même époque, le hasard faisait découvrir, à deux ou trois cents toises de là, au-dessus d'une éminence d'où la vue plonge à la fois sur la mer et sur la vallée, un pavé mosaïque d'origine romaine et qu'un pied de terre tout au plus avait jusque-là caché aux regards [1].

Plus loin, toujours sur le bord de la côte, dans une ferme nommée *Saucemare*, M. Sollicoffre, inspecteur des douanes et antiquaire plein de zèle, qui avait déjà signalé la découverte de la mosaïque de Sainte-Marguerite, trouva, dans la gorge où cette ferme est placée, sur le rivage de la mer et jusque sous le galet, des constructions romaines assez importantes.

Enfin, toujours dans cette même année, le savant M. Estancelin déterrait dans un bois, aux environs de la ville d'Eu, les débris d'une belle frise sculptée, de nombreux fragments de marbre, les fondements d'un temple, la trace d'un amphithéâtre, en un mot, les ruines d'une ville tout entière.

Ces découvertes simultanées, et les rapports que MM. Estancelin et Sollicoffre, tous deux membres de la Société des Antiquaires de Normandie, adressèrent à leurs collègues, ne tardèrent pas à donner l'éveil aux archéologues de la province; les regards se tournèrent vers Dieppe, et de toutes parts on demanda que des recherches fussent entreprises pour reconnaître et sonder cette mine historique, et pour exploiter les richesses inespérées qu'elle semblait promettre. Une souscription fut aussitôt ouverte; une société se constitua sous le titre de *Société archéologique de l'arrondissement de Dieppe*, et l'on choisit pour directeur et inspecteur des fouilles M. Féret, bibliothécaire de la ville.

Personne n'était plus propre à remplir cette mission.

---

[1] *Voyez*, à la 4e Partie, la description de cette mosaïque.

M. Féret, né à Dieppe, en connaissait tous les environs ; il n'était pas un sentier qu'il n'eût suivi, pas un champ à trois lieues à la ronde qu'il n'eût traversé en tous sens ; et comme il a l'esprit observateur, il avait, dès son enfance, fait et gravé dans sa mémoire une foule de remarques sur la configuration des terrains qu'il parcourait, remarques qui plus tard devaient servir à l'antiquaire. Je ne connais personne qui possède à un aussi haut degré que M. Féret ce que j'appellerais *le génie des fouilles ;* non seulement il vous dit à vingt pas de distance si un débris de tuile ou de brique est de pâte ou de cuisson romaine, si tel morceau de poterie est romain, gallo-romain ou gaulois, mais à la seule inspection d'un terrain, à sa couleur, à ses ondulations, à certaines soufflures qu'il remarque à sa surface, il jugera si ce terrain renferme des constructions antiques, il pourra même, presque à coup sûr, décider si ces constructions sont dignes d'intérêt ; c'est à croire qu'il a dans la main une baguette divinatoire. Des personnes qui ont vu M. Féret diriger une fouille, m'ont assuré l'avoir mis à l'épreuve, et n'avoir jamais trouvé son instinct en défaut. A ce don de voir sous terre, résultat de sa persévérante application à ce genre de recherches, M. Féret joint une instruction solide et variée, un esprit pénétrant et d'une trempe laborieuse. Nul ne pouvait donc mieux répondre à l'appel de la nouvelle société archéologique ; aussi, quoique les ressources pécuniaires qu'elle mettait à sa disposition fussent très-bornées, on ne tarda pas à obtenir des résultats satisfaisants.

Le premier but des recherches de M. Féret fut cette grande enceinte dont nous parlions tout à l'heure, et qu'on désigne à Dieppe sous le nom de *camp de César*. Nous raconterons ailleurs avec détail [1] les fouilles qui furent entreprises sur divers points de cet immense emplacement, et comment elles conduisirent M. Féret à se con-

---

[1] *Voyez*, à la 4e Partie, le chapitre intitulé Cité de Limes.

vaincre et à démontrer jusqu'à l'évidence que les remparts engazonnés qui l'entourent ont été élevés primitivement par les Gallo-Belges, les plus anciens habitants de cette côte ; que plus tard les Romains ou les Gallo-Romains se servirent à leur tour de cette vaste forteresse, ce qui est attesté par des fragments de ruines romaines qu'on rencontre au milieu des ouvrages celtiques ; et qu'enfin, au moyen âge, les pirates saxons et normands y cherchèrent peut-être un refuge et une position retranchée.

Ces trois âges, ces trois grandes phases de l'histoire de cette antique cité une fois éclaircis et mis au jour, M. Féret dirigea ses travailleurs sur le coteau qui domine Dieppe au sud-ouest, et qu'on nomme le *Mont de Caux*, ou, ce ce qui revient au même, *Caudecôte*. Là, dans la partie supérieure du coteau, on découvrit bientôt une suite de sépultures antiques, des urnes, des médailles, des débris de verroterie et plusieurs fondations de bâtiments construits à la romaine.

Presque en même temps d'autres travaux étaient ouverts sur un point tout opposé, au nord-est de la ville, auprès des villages de Braquemont et de Graincourt, entre le hameau du Puys, situé au pied du prétendu camp de César, et la grande route qui conduit de Dieppe à Eu. Là, comme à Caudecôte, on ne pouvait creuser la terre sans rencontrer un pan de muraille, sans découvrir des sépultures ou des débris d'habitations dont le plan et la distribution étaient encore conservés dans leur entier.

Enfin, dans un rayon plus étendu aussi bien qu'à une moindre distance, depuis les hameaux à la porte de Dieppe jusqu'aux villages plus lointains de Varengéville[1] et de Luneray[2], le terrain fut successivement sondé et creusé çà et

---

[1] Varengéville est situé à l'ouest de Dieppe, sur le bord de la falaise, entre les vallées de la Scie et de la Saâne. Il en sera parlé plus loin avec détail, 4º Partie.

[2] Luneray est à une plus grande distance et plus au sud de Dieppe que Varengéville ; il est au milieu des terres entre la vallée

là, et toujours le résultat de ces investigations fut le même : partout on découvrit des fragments antiques plus ou moin intéressants.

Il eût été à souhaiter que le gouvernement, instruit de ces découvertes, donnât à M. Féret non-seulement les encouragements qu'il méritait si bien, mais une sorte de commission officielle, et, ce qui était encore plus indispensable, de quoi payer ses ouvriers. Dans notre pays les souscriptions qui n'ont pour but que l'intérêt de la science ont rarement une longue durée. Deux ou trois années de patience et de zèle, c'est tout ce qu'on peut nous imposer.

Aussi qu'est-il arrivé à Dieppe? après quelques campagnes laborieuses et fécondes il a fallu s'arrêter faute d'argent. A la vérité les événements politiques de 1830 ont été la principale cause de la dissolution de la Société archéologique et de l'interruption des souscriptions. Mais déjà l'ardeur s'était amortie : les recherches de M. Féret étaient conçues dans une vue trop scientifique et trop sérieuse pour être agréées de la plupart des souscripteurs. S'ils eussent tous appartenu à la ville, s'ils eussent tous été jaloux d'en découvrir l'histoire, il en eût sans doute été autrement; mais on comptait parmi eux beaucoup d'habitués des bains de mer qui ne voyaient dans ces fouilles que des passe-temps, qui voulaient avant tout qu'on leur découvrît des anneaux, des agrafes, des fragments d'armures,

---

de la Saâne et celle du Dun. On a fait dans ce lieu des découvertes importantes au mois d'octobre 1827; et M. Féret, qui s'y transporta à cette époque, reconnut que le terrain paraissait riche en antiquités, et pourrait être fouillé probablement avec succès. Les objets trouvés à Luneray sont déposés à la bibliothèque de Dieppe, ainsi que ceux qui proviennent de toutes les fouilles entreprises par la Société archéologique. Ce sont des urnes de verre, une entre autres du plus grand modèle, haute de quatorze pouces et large de huit; des vases en terre cuite, des ornements et des garnitures en bronze, etc. Ces divers objets ont été extraits par un cultivateur, M. Jean Hoinville, dans un de ses champs qu'il labourait.

qu'on ouvrît de longues et vastes tranchées pour se rendre compte de la position, du nombre et de la destination des constructions gallo-romaines dont on rencontrait à chaque pas des vestiges. Au lieu donc de se livrer à des recherches systématiques, M. Féret devait se borner souvent à des investigations de détail dont les résultats, quoique intéressants et instructifs, n'avaient pas de véritable importance.

Néanmoins, si ces petits travaux isolés s'étaient répétés pendant de nombreuses années, il en serait résulté une série de faits dont la science aurait fini par tirer profit. Mais momentanément il fallut renoncer à tout : les petits travaux comme les grands furent brusquement suspendus ; pendant près de dix ans pas un seul coup de pioche ne fut donné aux environs de Dieppe pour découvrir des antiquités. Heureusement nous sommes sortis de ces temps d'inquiétude et de préoccupation politiques qui jettent comme un interdit sur le domaine de la science, de l'histoire et de l'art. Grâce au retour de la prospérité publique, la conservation et la découverte de nos anciens monuments peuvent maintenant recevoir quelques encouragements. Les faibles allocations qui leur étaient destinées se sont accrues peu à peu, et depuis plusieurs années il a été possible de disposer de quelques fonds pour la continuation des fouilles aux environs de Dieppe.

M. Féret a repris sa tâche avec son ancienne ardeur ; ses recherches sur le territoire de Sainte-Marguerite ont été heureuses et fécondes. Mais parmi les terrains qu'il n'a encore sondés que d'une manière incomplète, il en est un où nous serions curieux de lui voir entreprendre des investigations approfondies. Peut-être y trouverait-on le principal siége de la station gallo-romaine dont les établissements répandus çà et là dans les environs ne seraient alors que les dépendances. Ce terrain, c'est la base du coteau de Neuville : il commence immédiatement à la des joujoux archéologiques, mais qui se souciaient fort peu

sortie du faubourg du Pollet[1] et s'étend pendant un quart de lieue environ le long des bords limoneux du grand bassin où l'on retient les eaux des écluses de chasse. Cette longue bande de terrain faisait partie jadis d'un ancien fief dit *de Jérusalem*, et c'est là qu'était construite la chapelle de Notre-Dame-des-Bonnes-Nouvelles, lieu de pèlerinage. A une époque encore récente, lorsqu'on a voulu pratiquer ou seulement élargir la chaussée qui côtoie le bassin, on a taillé à pic et en terrasse de six à huit pieds de hauteur toute cette base du coteau : or il en est résulté qu'une suite de constructions antiques, que jusque-là le gazon avait revêtue, a été mise à découvert et s'est laissé voir de profil comme dans une coupe architecturale. M. Féret s'en aperçut par hasard un jour qu'il passait sur la chaussée, et, depuis ce temps, chaque fois que des dégels ou de grandes pluies occasionnent de nouveaux éboulements le long de cette terrasse, il s'y transporte, et recueille, au milieu d'un tas de tuiles, de briques, de cailloux et de cendres, des fragments de vases ornés de bas-reliefs, des médailles du haut et du bas empire, des agrafes, et divers autres débris qui ne permettent pas de douter que des fouilles faites en ce lieu ne fussent productives.

J'ai visité avec M. Féret cette longue bande de terrain, et j'ai reconnu qu'elle offrait tous les indices qu'il m'avait signalés. Comme c'est sur une longueur d'un quart de lieue sans interruption qu'on recueille ces fragments antiques il n'est pas possible de supposer qu'ils proviennent d'établissements isolés. Ici tout annonce autre chose qu'une simple bourgade, c'est une cité, une grande colonie. Sans doute ces constructions s'élevaient en amphithéâtre ; leur pied était baigné par la mer. Lorsqu'on songe que vis-à-vis de cette terrasse de Neuville, de l'autre côté du bassin, dans la gorge où est aujourd'hui le faubourg de la Barre, on a reconnu l'existence de constructions semblables, ne de-

---

[1] Principal faubourg de Dieppe, qui en est séparé par le port. (*Voyez* le Plan.)

vient-il pas probable qu'au temps de l'empire romain une population de pêcheurs et de marins habitait, comme aujourd'hui, ces parages? Il y avait alors, comme aujourd'hui, une cité à l'embouchure de la vallée de Dieppe; seulement le pied des coteaux était seul habité : le milieu de la vallée, où la ville actuelle est assise, n'offrait à l'œil qu'un amas de galets recouverts deux fois chaque jour par les flots.

On doit comprendre de quelle importance il serait de se bien rendre compte de cette longue chaîne de constructions : pour étudier l'origine de Dieppe, pour retrouver ses antiques annales, c'est là surtout qu'il faudrait fouiller.

Danville, en parlant (au mot *Gravinum*) des vestiges de voies romaines qui partent de Lillebonne (*Juliobona*), distingue deux routes principales : l'une, qui n'avait que dix ou douze lieues environ, et qui se terminait au bord de la mer, à *Oistre-Tat* ou Étretat, entre la pointe nommée le Chef-de-Caux et Fécamp; l'autre, qui tendait vers le nord et allait jusqu'à Boulogne, en se dirigeant par Grainville-la-Teinturière, et en s'arrêtant à la distance de vingt lieues gauloises (d'après la table théodosienne) à un port de mer ou *statio* dont le nom n'a pas été conservé. Danville pensait que cette station devait être placée aux environs du petit bourg de Veules, situé à quatre lieues ouest de Dieppe, entre Saint-Valery-en-Caux et l'embouchure de la rivière de Dun. Lorsque M. Sollicoffre découvrit la mosaïque et les tombeaux de Sainte-Marguerite, on conçut aussitôt l'idée que c'était à cette place, c'est-à-dire à l'issue de la vallée de la Saâne, qu'il fallait chercher la station de Danville. Maintenant ne serait-ce pas plutôt à quelques centaines de toises de Dieppe même, sur ces deux coteaux au pied desquels s'élèvent encore aujourd'hui les faubourgs de la Barre et du Pollet, qu'on pourrait retrouver cette position anonyme[1]?

Jusqu'à présent aucune inscription, aucune médaille,

---

[1] Tout annonce que cette conjecture est fondée. En 1842, on fit d'assez grands mouvements de terre à l'extrémité sud-ouest

aucun monument graphique, n'a été trouvé dans les fouilles, et rien ne révèle encore quel nom portait la population qui vivait sous ces habitations aujourd'hui ensevelies. Seulement, par le nombre des demeures il est permis de juger que le nombre des habitants était considérable. On sait en outre quel était à peu près leur genre de vie ; les travaux agricoles paraissent avoir été leur principale occupation. M. Féret a mis à découvert des corps de ferme entiers : il m'en a montré les plans levés sur place; on y distingue tous les bâtiments nécessaires à une exploitation agricole, depuis la grange jusqu'à l'étable et au poulailler : on reconnaît ainsi quelle était la distribution de ces bâtiments, quel genre de culture était alors en usage. Rien de si précieux et de si instructif que de tels renseignements [1].

du faubourg de la Barre, pour commencer les travaux d'exploitation d'une nouvelle briqueterie. M. Cochet, alors vicaire de l'église Saint-Remy, et aujourd'hui aumônier du collège de Rouen, connu par divers écrits remarquables sur les antiquités du pays de Caux, se promenant dans un vieux chemin dit *des Fontaines*, qui passe au pied de la briqueterie, crut reconnaître, dans une coupe du sol qui venait d'être nouvellement pratiquée, les restes d'une voie antique. Il poussa plus loin ses recherches et trouva à quelques centaines de mètres de là, au bord d'un ravin qui descend au hameau du *Petit-Appeville*, la suite de ce qu'il avait entrevu. Ces fragments d'une voie romaine qui, sortant du faubourg de la Barre, prennent leur direction vers Lillebonne, ont été parfaitement reconnus par M. l'abbé Cochet. M. Féret regarde cette découverte comme incontestable ; il croit même avoir trouvé un embranchement de cette même voie allant sur Rouen ; et, d'après de nouvelles conjectures, il suppose que le vieux chemin qui, de l'autre côté de la vallée, passe au pied de la base du coteau de Neuville, et qui se trouve jonché de débris d'antiquités romaines tombant de la terrasse voisine, est l'extrémité maritime d'une voie venant de Beauvais ; enfin il pense que le chemin qui borde la côte doit être une ancienne voie du littoral. Ainsi se déroule petit à petit la carte antique de cette partie du pays de Caux. De persévérantes recherches achèveront de nous la faire connaître.

[1] Les fouilles pratiquées dans les plaines au nord-est de Dieppe,

De deux choses l'une : ou l'on découvrira, par des fouilles continuées avec suite et avec méthode, des titres historiques qui permettront de rendre à cette antique station son nom et sa place dans la géographie des Gaules, découverte dont il est inutile de faire sentir l'importance; ou l'on ne fera que compléter ce qui a été fait jusqu'ici, en relevant avec exactitude les documents que fourniront ces fondations éparses, ces innombrables débris, et en les offrant à qui voudra se faire l'historien de l'exploitation agricole des Gaules sous la domination romaine. « S'il ne » nous est pas donné d'augmenter l'histoire des grands » monuments, dit M. Féret dans un rapport aux souscrip- » teurs de la Société archéologique, nous trouverons, il » faut l'espérer, une compensation, en ajoutant quelques » commentaires aux ouvrages des Pline, des Varron, des » Aulu-Gelle, et en nous procurant assez de matériaux » pour tracer la carte de notre pays à l'époque des Césars. » Dans les deux cas il est également désirable que ces fouilles de Dieppe soient poursuivies avec activité.

## § II.

Époque carlovingienne. — Traditions.

Si de nombreux monuments qu'il ne s'agit que d'extraire du sol où ils sont enfouis attestent que les Romains et avant eux les Belges ont habité ce rivage; si, par l'étude approfondie de ces monuments on doit pouvoir reconstruire, jusqu'à un certain point, l'histoire du territoire dieppois pendant les quatre ou cinq siècles de la domination romaine, rien ne semble promettre que jamais on retrouve ce qui s'y

près du village de Braquemont, ont fourni un grand nombre d'intruments de pêche mêlés à des outils d'agriculture. Ce qu'il y a de remarquable, c'est qu'aujourd'hui encore les habitants de cette partie du territoire dieppois sont à la fois pêcheurs et laboureurs. La moisson terminée, ils s'en vont à la pêche des harengs.

passa dans les siècles suivants. Il est probable que les Barbares dévastèrent et détruisirent tous les édifices romains et gallo-romains de la contrée; mais depuis l'époque de cette destruction jusqu'au moment où des monuments écrits, des chartes, des chroniques, viennent nous parler de Dieppe à sa naissance, ou si l'on veut à sa résurrection, c'est-à-dire jusqu'au onzième siècle environ, il n'y a plus que ténèbres. C'est une lacune de cinq ou six cents ans qu'il semble impossible de combler.

Toutefois, à défaut de faits et de vérités, il y a des traditions et des fables. Du moins on a lieu de croire imaginaires les récits qui ont cours dans le pays, et au moyen desquels on remplit cette lacune. Mais quand on songe qu'il y a peu de temps encore l'existence d'établissements romains sur cette côte était regardée comme fabuleuse, ne faut-il pas être circonspect à l'égard des traditions ? Qui sait si quelque monument mérovingien ou carlovingien ne viendra pas à son tour justifier la croyance populaire ? Il est vrai que les monuments de cette époque n'étaient pas de ceux qui résistent aux injures du temps : construits sans art, sans autres matériaux que des poutres de bois ou des débris d'anciens édifices maladroitement entassés, ils sont tombés en poussière, et c'est à grand'peine s'il en reste quelques échantillons, quelques fragments informes qui nous apprennent quelle fut leur rudesse et leur grossièreté.

Nous n'avons donc guère d'espoir que cette époque intermédiaire ait laissé sous le sol l'empreinte de ses pas. Il n'y a pas de fouilles qui puissent nous rien apprendre d'elle. Voyons donc les seuls vestiges qui en soient restés, c'est-à-dire ces traditions qu'on vous raconte à Dieppe, et que toutes les chroniques manuscrites rapportent avec une imperturbable assurance [1].

---

[1] Parmi ces chroniques une des plus importantes est celle du prêtre Guibert. C'est un recueil copié vers 1760 sur d'autres com-

L'empereur Charlemagne, car c'est toujours de Charlemagne qu'il s'agit dans les fables de ce temps, craignant que la baie de Dieppe n'offrît aux Barbares du Nord un lieu de débarquement sûr et commode, aurait résolu, vers l'an 780, d'y bâtir un château, et d'entourer de murailles les nombreuses maisons de pêcheurs qui à cette époque couvraient, dit-on, la baie du mont de Caux. Ces maisons, ainsi closes de murs et couronnées par une forteresse, se seraient transformées en cité, et les habitants, en l'honneur de la reine Berthe, mère de Charlemagne, auraient donné à leur cité le nom de *Bertheville*.

La chronique va plus loin : elle raconte les voyages que Charlemagne aurait faits à différentes reprises pour visiter la nouvelle ville; les siéges que la forteresse de Bertheville aurait soutenus contre les pirates normands, et comment après avoir été pillée deux ou trois fois pendant le cours du neuvième siècle, la ville et le château auraient été pris de vive force et détruits de fond en comble par Rou ou Rollon, le Charlemagne normand.

Jusque-là rien de prouvé, rien de certain, mais rien non plus que d'assez vraisemblable. Ces maisons éparses sur le rivage à la fin du huitième siècle peuvent très-bien être des restes des anciens établissements romains qui auront survécu aux dévastations des premiers Barbares; une population de pêcheurs se sera perpétuée dans ce lieu favorable à la pêche, rien encore de plus probable : quant aux remparts et au château-fort construits par Charlemamagne, ce ne sera autre chose qu'un de ces corps-de-garde (*excubiæ*) qu'il fit élever de distance en distance sur toute la côte pour tenir en respect les Normands; et, en effet, la baie de Dieppe était un des premiers points

---

pilations beaucoup plus anciennes. Ce prêtre s'est amusé à écrire plusieurs fois son ouvrage avec de très-légers changements. J'ai une de ces copies sous les yeux, grâce à l'extrême obligeance de M. de Lamare, jeune homme d'esprit et de savoir, qui a bien voulu me la communiquer.

de débarquement qu'il fallait garantir : enfin les pirates, devenus les plus forts, auront pris et incendié ces ouvrages ; c'est là le sac et la destruction de la prétendue Berthe-vil e.

Mais ce qui est inadmissible, le véritable conte bleu c'est ce qu'ajoute la chronique. A son dire, Rollon, jugeant la position importante, aurait reconstruit les remparts et la forteresse ; puis la ville, ainsi renouvelée, se serait agrandie peu à peu, jusqu'à ce que les habitants, après avoir creusé leur port, prissent la fantaisie de remplacer son nom de Bertheville par celui de Dieppe, du mot *deep*, qui, dans les langues du Nord, signifie profond [1].

Nous prouverons tout à l'heure par des titres plus respectables qu'un siècle ou deux après Rollon il n'y avait, sur le sol de Dieppe, ni remparts ni forteresse, que tout au plus y voyait-on quelques masures. Ainsi, à moins qu'on ne suppose que pendant l'intervalle la ville aurait été détruite une seconde fois, ce que ne dit pas la chronique, il faut bien reconnaître que cette seconde partie de notre

---

[1] Cette étymologie est-elle véritable ? Le mot *deep* assurément doit être la racine de celui de *Dieppe*, ce mot signifie *profond ;* mais est-ce parce que les habitants de cette ville avaient creusé son port plus *profondément* qu'ils l'ont appelé *Dieppe ?* c'est là ce qui n'est guère probable. Nous verrons tout à l'heure que la rivière qui coule à Dieppe, et qu'on nomme aujourd'hui la *Béthune*, s'appelait la *Dieppe* avant que la ville fût fondée ; or l'opinion la plus répandue veut que ce soit à la rivière que la ville ait emprunté son nom. Maintenant, d'où la rivière avait-elle pris ce nom de Dieppe ? probablement du mot *deep*. Les Normands l'auront ainsi dénommée, parce qu'après avoir été grossie par les eaux de l'Eaulne et de cette autre petite rivière qui coule dans la vallée voisine, elle devient en effet beaucoup plus *profonde*. L'opinion la plus générale est que la ville a pris son nom de la rivière ; l'autre avis compte aussi quelques partisans, entre autres l'évêque d'Avranches, qui dit, dans son *Histoire de France*, liv. II, *Hæc urbs non tam a fluvio quam a portu suam sortitur appellationem.*

tradition n'est qu'une fable. Nous ne voulons pas dire par là que la première soit une vérité, elle a seulement l'avantage de n'être pas absurde. Mais comme en pareille matière ce mérite n'est pas suffisant, hâtons-nous de passer à l'époque où commence pour Dieppe la véritable histoire.

## § III.

*Époque historique.* — Première période, de 1030 à 1203.

Dudon de Saint-Quentin, et, d'après lui, le trouvère Robert Wace, racontent qu'en l'année 961 environ, le roi Lothaire donna rendez-vous au duc de Normandie, Richard Ier, dans une prairie au confluent de la petite rivière d'Eaulne[1] et de la *Dieppe*, autre rivière coulant jusqu'à la mer. Ce rendez-vous n'était qu'un piège ; Lothaire, sous prétexte d'une entrevue pour traiter de la paix, voulait surprendre son rival, qui venait mal accompagné et sans défiance ; un combat s'engagea. Après avoir lutté pendant plusieurs heures, tantôt sur l'une ou l'autre rive de la Dieppe, tantôt dans son lit et au milieu de son rapide courant, les deux ennemis se séparèrent : Richard se retira à Rouen, et Lothaire dans ses États.

Or, cette aventure est racontée très-longuement par Wace : il lui consacre environ deux cent trente vers. Le mot *Dieppe* revient onze ou douze fois dans le récit, et ce n'est jamais qu'une rivière qu'il désigne par ce nom[2].

---

[1] C'est la rivière qui coule dans la vallée d'Envermeu et qui se jette devant Martin-l'Église dans la Béthune, laquelle se nommait alors la *Dieppe*.

[2] A une première lecture j'avais cru trouver quelques vers dans lesquels le mot *deppe* pouvait s'entendre aussi bien d'une ville que d'une rivière ; mais en relisant avec attention j'ai reconnu qu'il

Quand on a lu Robert Wace, quand on sait avec quelle minutieuse exactitude il décrit les lieux où se passent les faits qu'il raconte, on ne peut douter que si au dixième siècle il eût existé à l'embouchure de la Dieppe, c'est-à-dire à une petite lieue de cette prairie où Lothaire comptait surprendre Richard, je ne dis pas une cité importante, mais la moindre petite ville, il n'eût pas manqué de nous le dire [1].

Il est donc probable qu'avant l'an 1000 Dieppe n'existait pas encore. Il paraît même qu'un demi-siècle plus tard, à l'époque de la descente de Guillaume-le-Conquérant en Angleterre, elle n'était guère mieux connue ; du moins voici ce qu'on lit dans Orderic Vital, à l'an 1067 : « Dans la sixième nuit de décembre, le duc Guillaume se

---

n'en était rien ; d'ailleurs, Wace lui-même prend la peine de nous expliquer ce qu'il veut dire par ce mot *deppe* :

> Richart..........
> Séurement s'en est à *Deppe, une ewe*, entrez (vers 4580e, édit. de M. Pluquet);

c'est-à-dire : Richard, pour se mettre en sûreté, a passé à gué la *Dieppe, une rivière.*

Dans d'autres vers il dit l'*ewe de Deppe*, la rivière de Dieppe ; mais puisque dans les vers ci-dessus il dit : *Deppe, une ewe*, c'est la preuve que quand il emploie le mot *Deppe* isolément, c'est toujours de la rivière dont il parle.

Ainsi cet autre vers (4661e) :

> Dedenz è dehorz Deppe par la grant praerie...

signifie : *dans le lit et sur les rives* de la Dieppe, sur la grande prairie..., et non pas, comme on pourrait le croire d'abord, dedans et dehors la ville de Dieppe. Le sens des vers qui précèdent et qui suivent, aussi bien que du récit tout entier, ne laisse aucun doute à cet égard.

[1] Ainsi, quand il parle de la ville d'Eu, il dit :

> Ou est ewe, ou est chastel
> Ki siet sor l'ewe d'Ou mult bel.

rendit à l'embouchure de la rivière de Dieppe, *au delà de la ville d'Arques*, et là, par une nuit très-froide, il abandonna ses voiles au souffle d'un vent austral. Le lendemain matin, après une heureuse traversée, il aborda sur le rivage opposé, au havre qu'on nomme *Wicenese*[1]. »

On voit que, pour désigner le lieu où Guillaume s'embarqua, Orderic Vital se croit obligé d'ajouter : *au delà de la ville d'Arques*. Assurément, si Dieppe eût été alors une ville de quelque valeur, le chroniqueur aurait mieux aimé dire : Guillaume s'embarqua dans la ville de Dieppe. Tout comme Robert Wace, Orderic Vital est prodigue de descriptions, et probablement, si Dieppe avait eu des murailles et des tours, il les eût passées en revue jusqu'à la dernière.

Son silence en cette circonstance a paru assez significatif à quelques écrivains pour qu'ils en aient induit qu'il n'existait en 1067 ni ville ni port de Dieppe; mais le contraire est attesté par une charte portant la date de 1030, et dans laquelle on lit ces mots : *Et unum fisigardum in Dieppâ et apud portum ipsius Dieppæ*[2].... Ainsi, dès 1030, il y avait non-seulement une bourgade, mais un port du nom de Dieppe. En effet, pour que Guillaume fît mouiller ses vaisseaux dans cette baie, il fallait bien qu'il y existât une espèce de port d'échoue et quelques commencements d'ouvrages, soit en bois, soit en grossier cailloutis, pour protéger les navires et les retenir à la marée descendante[3]. Nous voyons d'ailleurs qu'il

---

[1] Ce n'est pas du premier voyage de Guillaume, mais du second, qu'il est ici question. Lorsqu'il partit pour la conquête en 1060, c'est à Saint-Valery-sur-Somme qu'il s'embarqua.

[2] D. Pommeraye, *Hist. de l'Abb. de Sainte-Catherine-du-Mont*, p. 73. — Une autre charte de 1035 porte ces mots : *Et tertiam partem de terra et de hospitibus quos habeo in villâ quæ vocatur Dieppa*. — Cette charte, portant donation de Roger 1er de Tesse en faveur de l'abbaye de Conches m'a été indiquée par mon savant confrère M. Leprévost.

[3] Il est probable qu'un épi ou *barrage* aura existé à cette épo-

est fait mention, dans quelques chroniques de cette époque, du *port d'Arques;* or, n'est-il pas probable que c'est de Dieppe qu'on voulait parler en disant *le port d'Arques;* de même, si une telle comparaison peut être permise, qu'en disant le port d'Athènes on désignait le *Pirée.*

Arques seule, en ce temps-là, était la ville de la contrée; elle avait ses fossés et ses murailles; tout le terrain, jusqu'à la mer, faisait partie de son territoire : c'était donc d'elle seulement qu'on pouvait parler; c'était à elle qu'appartenaient le petit port sur la Dieppe et toutes les maisons ou cabanes bâties à l'entour. Cette charte de 1030 est le premier monument où le port d'Arques soit désigné sous le nom de *port de Dieppe (portum ipsius Dieppæ*[1].

que ou peut-être antérieurement dans cette partie de la ville qu'on nomme encore rue de la *Barre,* faubourg de la *Barre.* Ce quartier, qui est aujourd'hui à l'entrée de la ville, était sans doute alors battu par la mer; et ce sera pour rompre le flot et mettre à l'abri les bateaux que cette *barre* aura été construite. Peu à peu la mer se sera retirée, la ville aura été bâtie sur le terrain d'alluvion, et la barre aura laissé son nom à l'emplacement qu'elle avait jadis occupé.

On peut admettre une autre étymologie de ce mot *barre.* Le droit de péage établi pour l'entretien des chemins était quelquefois appelé *barrage,* parce qu'ordinairement il y avait une *barre* ou *barrière* à l'endroit où il était perçu. Or, il paraît, d'après le témoignage du registre de Guillaume Tieullier (1396), que l'archevêque de Rouen percevait à la porte de Dieppe un droit de *barrage* dont le tarif a même été conservé : vis-à-vis de cette porte était la maison du *barrage.*

Telle est probablement la véritable origine du nom de *porte de la Barre.*

[2] Selon M. Méry il pouvait exister alors un port à Arques indépendamment du port de Dieppe. La mer, dit-il, remonterait encore jusqu'à Arques, si elle n'était arrêtée par les digues de la retenue et par les écluses à clapet de la rivière. Les prairies sont de deux mètres environ plus basses que le niveau des grandes marées. Avant

Dans cette même charte, on voit un vicomte d'Arques, nommé Gosselin, faire donation aux religieux de l'abbaye du mont Sainte-Catherine-lès-Rouen de cinq salines dépendantes du *port de Dieppe*, et de cinq masures habitées par des pêcheurs, lesquels devaient fournir chaque année à l'abbaye cinq milliers de harengs saurs.

Cette charte doit donner, dans ce peu de mots, une image fidèle de ce qu'était alors cette plage marécageuse : un petit port d'échoue, quelques masures de pêcheurs semées sur le penchant des deux coteaux, et çà et là des salines. Les salines et la pêche étaient les seuls produits du pays [1]. Avec de si pauvres ressources, les habitants étaient condamnés à végéter, et, sans la conquête de l'Angleterre par Guillaume, il est possible que Dieppe n'eût été encore

l'achèvement des digues, en 1787, la rivière paraît avoir été beaucoup plus large qu'elle n'est aujourd'hui : elle portait alors d'assez gros bateaux.

A l'appui de son opinion, M. Méry fait observer que, dans une charte de Robert, archevêque de Rouen, datée de 1247, il est fait mention du port d'Archelles. (Concil. Rothomag., p. 206.)

[1] On voit au hameau d'Épinay, à quelques centaines de toises de la porte de Dieppe, une élévation de terre au milieu d'une prairie, que les gens du pays nomment *la Motte d'Épinay*. La tradition est que dans des temps très-reculés cette motte élevée au milieu des marais salants servait à faire sécher le sel au soleil. Il faut que le climat de la côte de Normandie fût alors singulièrement plus chaud qu'aujourd'hui ; je ne sache pas qu'on y voie maintenant ni salines ni vignobles, et cependant il est prouvé que la vigne y fut cultivée jadis ; et quant aux salines, leur existence est, comme on voit, un fait certain. Plusieurs actes fort anciens parlent de ces salines : elles paraissent même indiquées dans une charte du septième siècle. Tout annonce que le village de Bouteilles, où il existait encore des salines en 1396, a eu de l'importance. On y trouve en fouillant bon nombre d'anciens murs. M. Feret y a reconnu des restes de l'occupation gallo-romaine. L'église de Bouteilles était fort ancienne. Des documents historiques constatent que les salines de ce lieu ont eu une grande activité dans le moyen âge. M. l'abbé Cochet a fait à ce sujet des recherches curieuses qu'il a publiées dans *la Revue de Rouen*.

long-temps qu'un amas de pauvres cabanes, une chétive bourgade dépendante de la cité d'Arques. Mais les communications fréquentes qui s'établirent entre la Normandie et l'Angleterre, la commodité que les passagers trouvaient à s'embarquer et à débarquer à Dieppe, le peu de distance qui séparait ce port de la capitale de Normandie, tout contribua à augmenter la population, à accroître ses richesses, à multiplier ses demeures; si bien qu'un siècle après la conquête, Arques avait une rivale qui grandissait à ses côtés, et que son heureuse position appelait à une brillante fortune; tandis qu'au fond de sa vallée solitaire, Arques, malgré son droit d'aînesse, ne devait bientôt plus que déchoir.

Il est impossible de tracer une histoire exacte des accroissements de la nouvelle ville, soit vers la fin du onzième siècle, soit même pendant le douzième. Bien que dès lors on rencontre assez souvent le nom de Dieppe dans les pièces contemporaines [1], on ne peut dire d'une manière précise quelle était son importance. Tout ce qu'on sait, c'est qu'elle avait rang de ville. Mais était-elle enceinte de murailles? avait-elle un château-fort? Nous ne saurions le décider [2].

[1] Ainsi Guillaume de Tancarville, dans une donation faite en 1114, à l'abbaye de Saint-Georges, s'exprime ainsi : *Insuper do et confirmo.. decimam de omnibus quæ habeo in Dieppâ et Spinato.* « De plus, je donne et confirme... la dîme de tout ce qui » m'appartient dans Dieppe et dans Épinay. »

[2] D'après un manuscrit que j'ai sous les yeux, Henri II, roi d'Angleterre, et son fils Richard, voulant mettre la ville de Dieppe à l'abri des attaques du roi Philippe-Auguste, auraient fait bâtir un château, l'an 1188. Cette forteresse aurait été rasée par Philippe-Auguste sept ans après, quand il prit la ville. Cette tradition peut être vraie, mais elle est sans preuve et sans autorité.

Ce qui paraît établi, c'est que Henri II, roi d'Angleterre, fonda dans divers quartiers de la ville plusieurs fiefs, et que les franchises attachées à ces fiefs durent attirer à Dieppe de nombreux habitants.

On peut ajouter que les produits de toute nature que les archevê-

# PREMIÈRE PARTIE. 25

Après tout, que lui importait de prospérer et de s'accroître? une catastrophe terrible allait éclater sur elle ; elle ne devait pas survivre aux dernières années de ce douzième siècle, qui l'avait en quelque sorte vue naître. L'an 1195, Philippe-Auguste, guerroyant contre Richard-Cœur-de-Lion, fondit sur Dieppe à l'improviste, saccagea la ville, la réduisit en cendres, emmena les habitants captifs et brûla leurs vaisseaux [1].

Voilà donc cette pauvre cité renversée de fond en com-

ques percevaient en 1396 sur les propriétés, la pêche et le commerce, ainsi que l'atteste le registre de Guillaume Tieullier, devaient remonter pour la plupart au temps des ducs, car les archevêques n'auraient pas pu les créer de leur propre autorité. Une telle multiplicité de droits ne pouvait exister que dans une cité industrieuse et commerçante. On peut donc en induire que Dieppe avait déjà quelque importance au douzième siècle.

Ajoutons que, dès 1154, suivant M. Estancelin, un géographe arabe cite Dieppe au nombre des ports de mer « d'où partaient alors » des expéditions maritimes. »

[1] *Rex Francorum... omnes Normannos fugavit, et villam quæ Deppa vocatur destruxit, et homines abduxit, et naves eorum combussit.* (Rigordus, *De Gestis Philippi Aug. Franc. regis.*)

Les chroniqueurs français, pour exalter la victoire de Philippe, font de Dieppe une ville de premier ordre. Guillaume-le-Breton, dans sa *Philippide*, entonne ainsi la trompette :

. . . . . *Portus famá celeberrimus, atque*
*Villa potens opibus florebat nomine Deppen.*
*Hanc Franci primum sub eodem tempore gazis*
*Omnibus expoliant; spoliatam denuò totam*
*In cinerem redigunt, et sic ditatus abivit*
*Lætus ovans quod in villá non esse vel urbe*
*Divitias aut tam pretiosas diceret usquàm.*

Il faut bien se garder de prendre à la lettre ces mots *celeberrimus, potens opibus*. Ce sont des hyperboles de rhéteur et des formes adulatrices en l'honneur du *héros* célébré dans ces vers. Le poète en dit autant des moindres bicoques; on ne peut donc rien conclure de son témoignage.

3

ble : c'était peut-être sa deuxième ou troisième destruction ! C'est la première dont on ait des témoignages certains : ici se termine la première période de son histoire. Le coup fut si terrible que plus de cent années durant elle ne put s'en relever [1]. Ce n'est qu'au quatorzième siècle que nous la verrons commencer à reprendre son rang, pour parvenir ensuite dans le quinzième et le seizième à son plus haut degré d'accroissement et de prospérité.

Une année après la ruine de Dieppe, l'an 1196, la paix fut faite entre Richard et Philippe. Celui-ci promit, en signant le traité, de restituer les places d'Arques, d'Eu, de Longueville, de Neufchâtel, d'Aumale, etc. Quant à Dieppe, il n'en fut pas question ; une ville réduite en cendres ne valait pas qu'on lui fît l'honneur de la nommer.

S'il fallait donner une autre preuve de l'état chétif où Dieppe était alors réduit, il suffirait de citer le fait suivant.

Aussitôt après la paix, le roi Richard, pour opposer une barrière aux invasions de Philippe, construisit sur la frontière des deux États, au bord de la Seine, près d'Andely, la fameuse forteresse connue sous le nom de *Château-Gaillard*. Il n'avait pas eu la précaution, avant de la construire, de s'assurer de la propriété du terrain qu'il avait choisi : ce terrain, dépendant du territoire d'Andely, appartenait à Gaultier, archevêque de Rouen. Celui-ci

---

[1] M. Méry pense que Dieppe se releva plus promptement de ses ruines qu'on ne le croit généralement. Il en donne plusieurs preuves : d'abord, dès l'an 1230 on voit Henri III, roi d'Angleterre, faire un appel aux habitants de Dieppe, et leur demander de réunir leurs vaisseaux à sa flotte pour attaquer le roi de France. En second lieu, Philippe-le-Bel, en 1295 (un siècle, il est vrai, après la destruction), avait une flotte dans laquelle figuraient 45 nefs armées par les Dieppois. Enfin, dans les titres du treizième siècle il est fait mention d'un grand nombre de rues, places et édifices de la ville de Dieppe, ce qui semble indiquer que la ruine n'avait pas été complète, ou du moins qu'elle avait été assez promptement et en grande partie réparée.

s'opposa vigoureusement à l'entreprise de Richard; il fulmina contre le roi, mit la province en interdit, et poussa si chaudement sa querelle que force fut au monarque de plaider en cour de Rome, et d'en venir à une transaction. Il fut convenu qu'en indemnité du soi-disant dommage fait à Gaultier par la construction de la forteresse, le roi céderait à l'archevêque les moulins qu'il possédait à Rouen, la terre et la forêt d'Alihermont près d'Arques, les fiefs de Louviers et de Bouteille, et enfin *la ville et seigneurie de Dieppe.*

Dieppe est là comme une espèce d'appoint qui n'a pas par lui-même assez de valeur pour être seul mis dans la balance; ce qu'il y a de plus curieux, c'est que l'archevêque se fit long-temps prier avant de conclure cet arrangement. Il dut pourtant s'apercevoir bientôt qu'il avait fait un bon marché; et ses successeurs s'en applaudirent encore plus que lui, car les dîmes et impôts, qui au commencement étaient misérables, s'accrurent à mesure que la ville se releva de ses ruines, et finirent par produire d'immenses revenus [1].

---

[1] Toutes les marchandises payaient un droit à la sortie et à l'entrée du port; il n'y avait pas jusqu'aux pauvres pêcheurs qui devaient tribut à l'archevêque. Ce fut d'abord un don pieux, une aumône de poisson; mais peu à peu cette offrande volontaire devint une dette, et l'archevêque avait des percepteurs qui prélevaient sur chaque barque, au retour de la pêche, le plus beau poisson frais, à l'*exception du turbot et de quelques autres gros poissons.* Ce droit, qui prit le nom de *coutume du poisson,* s'étendit plus tard sur le hareng saic et sur presque tous les produits de la pêche dieppoise: en 1766 il était affermé 60,000 livres.

Il existe encore à l'Hôtel-de-Ville un registre du quatorzième siècle, où l'on trouve le tarif des droits perçus pour l'archevêque sur les marchandises entrant à Dieppe. Au nombre de ces marchandises il en est une, appelée *brésil,* qui paye autant que le poivre et autres denrées du Levant. Le docteur Wideman a fait remarquer, d'après des autorités qu'il cite, qu'au même siècle on payait aux portes de Modène un droit d'entrée pour un certain bois de *Brésil.*

## § IV.

*Dieppe, depuis la réunion de la Normandie à la France jusqu'à l'invasion du royaume par les Anglais. — 1203-1412.*

Les premières années du treizième siècle virent la Normandie passer sous un nouveau maître. On sait avec quelle adresse Philippe-Auguste saisit l'occasion de confisquer ce beau duché sur Jean-Sans-Terre, comment il s'en mit en possession, et le réunit à son royaume de France (en 1203). Dieppe suivit le sort de la Normandie ; mais, depuis cette époque, son histoire reste long-temps obscure comme sa fortune. Comment suivre une à une ces maisons qui se reconstruisent, ces barques qui se lancent à la mer, et cette population qui peu à peu devient moins clair-semée et moins misérable ? Des progrès aussi lents ne peuvent être racontés ; il faut qu'ils aient duré plus d'un siècle pour qu'on les aperçoive. En effet, ce n'est guère avant l'an 1300 que Dieppe commence à reprendre figure de ville. Son port ne servait plus de grand chemin entre la Normandie et l'Angleterre ; en passant sous la domination française, Dieppe avait perdu le principal avantage de sa position et les causes de prospérité dont il jouissait dans le siècle précédent. Enfin, pour comble de disgrâce, saint Louis et ses successeurs, au lieu de protéger ses habitants et de les aider à relever leurs murs, ne paraissent pas en avoir pris le moindre souci.

Un meilleur sort les attendait sous Philippe de Valois. Pêcheurs hardis et aventureux, ils devaient faire de bons matelots, et Philippe avait besoin de marins pour monter les vaisseaux qu'il armait contre l'Angleterre. La flotte française qui, en 1339, fit le siége de Southampton, était composée en grande partie de navires normands, et parmi ceux-ci les nefs dieppoises se faisaient remarquer comme les plus agiles et les plus audacieuses[1]. Quand la ville eut été pillée et incendiée, c'est à Dieppe qu'on revint partager le butin. Les Dieppois en eurent bonne part, et l'argent qu'ils en tirèrent fut consacré à fortifier leur ville[2]. Mais comme ces fonds étaient trop faibles, le roi, par lettres patentes de 1345, supprima en leur faveur le droit de gabelle, et leur fit don des six deniers par livre imposés sur toutes les marchandises et denrées qui se vendaient dans la ville[3].

Grâce à ces libéralités, on put non-seulement travailler aux fortifications, mais agrandir considérablement la ville en acquérant, ou du moins en prenant à fief, de Robert d'Étouteville, sire de Hotot, plusieurs héritages et masures situés au pied du mont de Caux, qui faisaient enclave dans la ville et empêchaient de la clorre. Cette acquisition eut lieu en 1360. Nous ne parlerons pas des querelles et de la petite guerre qu'elle fit naître entre le sire de Hotot et les habitants de Dieppe : celui-ci, se plaignant d'être mal payé, lâcha contre la ville quelques soldats qu'il tenait dans son château, espèce de repaire féodal, situé au milieu d'un bois à une lieue de Dieppe[4]. Les habitants ne s'en débarrassèrent qu'à prix d'or; mais tout finit par se pacifier, et les travaux furent bientôt entrepris avec ardeur.

L'acquisition de ce fief est un fait important. Depuis

---

[1] Voyez, pour la part que les nefs de Dieppe prirent à la bataille de l'Écluse (23 et 24 juin 1340), l'*Histoire maritime de France*, par Léon Guérin, t. I<sup>er</sup>, p. 90-96.

[2] Cette précaution était bien nécessaire, car en cette même année 1339, tandis que les Dieppois aidaient à piller Southampton, les Anglais et les Flamands, leurs alliés, opérèrent à l'improviste une descente à Dieppe. Ils ravagèrent la ville, qui était alors sans forteresse ni garnison; et, après avoir mis le feu à quelques maisons, ils se retirèrent précipitamment, parce que les châteaux voisins envoyaient leurs hommes d'armes au secours de Dieppe.

[3] Nonobstant les droits de l'archevêque sur les mêmes marchandises et denrées.

[4] On en voit encore les ruines. (*Voyez* à la 4<sup>e</sup> partie.)

3.

cette époque (1360), non-seulement la ville commença à être fortifiée, mais elle prit l'essor le plus rapide. Charles-le-Sage lui accorda de nouveaux priviléges, des exemptions et des largesses nouvelles ; et, ce qui valait encore mieux que les libéralités du prince, ses habitants, de simples pêcheurs qu'ils avaient été jusque-là, devinrent tout à coup navigateurs intrépides, et, en se lançant sur les mers inconnues, rapportèrent dans leur patrie les immenses profits d'un commerce que seuls en Europe ils osaient alors exploiter.

C'est en l'année 1364 que les premiers vaisseaux marchands partirent de Dieppe pour aller chercher la terre des épices et de l'ivoire. Après avoir pénétré dans l'Océan atlantique jusqu'à la hauteur du cap Vert, ils arrivèrent dans la Guinée, et donnèrent le nom de *Petit-Dieppe* à un lieu qui le conserva long-temps, malgré les colonies portugaises et hollandaises qui depuis s'y établirent.

Nous ne faisons que citer ce fait : ce n'est pas ici le lieu de l'appuyer de preuves. Ces expéditions maritimes tiennent une trop grande place dans l'histoire des Dieppois, elles sont pour eux et pour la France un trop beau titre de gloire pour que nous n'en parlions ainsi qu'en passant. Nous en ferons plus loin l'objet de quelques recherches, et jusque-là nous ajournons tous détails sur ce sujet pour suivre sans interruption notre esquisse historique.

De nouveaux services rendus sur mer par les matelots dieppois, soit dans le combat devant La Rochelle (24 juin 1372), soit en d'autres rencontres, donnèrent lieu à de nouvelles munificences royales envers la ville. Des lettres-patentes de Charles V, datées de 1374, 1378, 1380, lui donnèrent successivement le droit de prélever divers impôts, lesquels, joints aux richesses que le commerce d'outre-mer commençait à répandre dans la cité, permirent d'entreprendre de nouveaux travaux de fortifications et d'embellissements. La ville fut mise en état de défense du côté de la mer par une muraille de quatorze cents pas de longueur, flanquée de fortes tours et de portes saillantes. A l'entrée du port, on dressa une plate-forme sur laquelle on éleva un phare en pierres de grès pour éclairer pendant la nuit les vaisseaux qui naviguaient dans la rade[1]. A peu de distance de ce phare, on construisit une forte tour carrée assez haute pour défendre l'entrée du port et pour protéger tout le quartier de la ville dit du *Moulin-à-Vent*[2]. Cette tour, démolie[3] aujourd'hui, prit le nom de *Tour aux Crabes*, soit parce que ces sortes de coquillages s'attachaient antérieurement au rocher sur lequel elle fut construite, soit parce que les creux de ses murailles, baignées alors par la mer, leur servirent par la suite de retraites.

Une fois le quartier du Moulin-à-Vent ainsi clos, pro-

---

[1] Le génie fiscal savait, dès cette époque, tirer parti de tout. La construction de ce phare, qui à la vérité était réclamé par les vaisseaux chaque jour plus nombreux qui venaient débarquer à Dieppe, donna lieu à un droit de *fouier*, autrement dit de feu et balize, qu'on levait sur les nefs qui entraient dans le port. Ce droit, dont une partie revenait au balizier ou gardien du phare, devint pour la ville un assez gros produit.

Le phare en pierre fut démoli le 9 septembre 1692, deux ans avant le bombardement de la ville. En 1700, on en construisit un nouveau en bois d'une forme plus basse, et placé beaucoup plus en avant, parce que l'entrée du port était alors bien plus éloignée de la tour aux Crabes. Quand la jetée fut bâtie, d'après le dessin de Vauban, il fallut encore le porter plus en avant, à la place qu'il occupe aujourd'hui.

[2] Le moulin qui donna son nom à ce quartier de la ville existait dès le treizième siècle. Il en est fait mention en 1250 dans l'abornement d'une masure qui s'étendait depuis la rue du Moulin-à-Vent (*vico versus molendinum venti*) jusqu'au galet (*usque ad galetum*). Ce moulin à vent était construit près du rempart du nord-est, sur une plate-forme.

On divisait Dieppe en trois quartiers : à l'ouest le quartier du port d'Ouest (aujourd'hui le quartier des Bains); au nord-est le quartier du Moulin-à-Vent, et au sud-est le quartier du Moulin-à-l'Eau.

[3] Voyez plus loin, 3e partie.

tégé et mis en bon état, les habitants et les commerçants étrangers, qui commençaient à affluer dans la ville, furent portés à bâtir de ce côté. Ce fut là que s'élevèrent les plus riches maisons : on y construisit une halle aux poissons, et, ce qui était comme la couronne et la gloire d'une ville au moyen âge, une maison de ville surmontée d'un beffroi. Au sommet du beffroi se voyait une statue de la sainte Vierge, jetée en fonte, que les vaisseaux, en entrant dans le port, saluaient de leurs pierriers, et les matelots de leurs bonnets.

Une autre œuvre de religion se poursuivit alors avec ardeur. La grande et belle église Saint-Jacques, dont on avait jeté les fondements vers la fin du treizième siècle, n'était pas encore fort avancée cent ans après, à l'époque dont nous parlons[1] ; en peu d'années elle fit d'immenses progrès : la plupart des chapelles et les voûtes de la nef étaient terminées en 1400.

Il se fit aussi d'importants travaux dans le port pour en revêtir les quais et le mettre à l'abri de la lame[2] ; puis,

[1] *Voyez* les détails de la construction de cette belle église à la troisième partie. La charte de Guillaume de Flavacourt qui érige Saint-Jacques en église paroissiale et baptismale est de 1282. Les premiers fondements avaient dû être jetés avant cette époque. Il y a des parties de l'église Saint-Jacques évidemment antérieures à 1282, ainsi qu'on le verra quand nous parlerons spécialement de ce monument. Un acte du douzième siècle, cité par M. Méry, fait mention d'une église Saint-Jacques : cet acte est une charte de Henri II, roi d'Angleterre.

[2] Le chenal qui met le port en communication avec la mer, n'était pas alors situé tout à fait comme aujourd'hui ; il passait un peu plus à l'ouest, de telle sorte, que le pied de la tour aux Crabes était battu par les eaux. C'est une forte marée d'équinoxe, l'an 1616, qui enleva une partie de la falaise du Pollet, et força les eaux à se faire jour le long de cette falaise. On déblaya ce nouveau chenal pour le rendre propre à la navigation, et l'on remblaya l'ancien. Toutefois, les remblais ne furent peut-être pas suffisants, et de là vient l'extrême largeur du chenal de Dieppe près d'un quai à l'autre ; ce qui n'empêche pas que la passe des navires,

quand tout fut terminé de ce côté et sur le bord de la mer, on s'occupa de défendre la ville du côté de la vallée. Ce fut probablement alors qu'on construisit ou qu'on acheva la porte de la Barre[1], aujourd'hui démolie, mais dont la voûte sombre et les deux tours tronquées produisaient encore, il y a peu d'années, un effet si pittoresque[2]. Cette porte devint l'entrée principale de la ville du côté du pays de Caux ; elle servit de tête aux murailles garnies d'éperons qui furent bâties en droite ligne jusqu'à la rivière, c'est-à-dire jusqu'au point sud-est où commençait l'arrière-port. De cette manière la ville se trouva entièrement close.

Ces diverses constructions étaient déjà fort avancées et la maison de ville presque achevée, lorsqu'en 1396 les principaux bourgeois, pour établir une meilleure police

---

proprement dite, soit assez étroite, parce que le galet est venu encombrer près des deux tiers de ce large chenal. *Voyez* ci-après chap. III, § 3.

Il paraît qu'à une époque fort reculée, et certainement antérieure au douzième siècle, le chenal (ou du moins le lit de la rivière, car alors il n'y avait probablement pas de jetée ni de quais faits de main d'homme, mais tout au plus le barrage dont nous avons parlé plus haut, p. 21) ; il paraît, disons-nous, qu'à cette époque la rivière se jetait dans la mer à cinq ou six cents toises plus à l'ouest, c'est-à-dire au pied de la falaise où s'élève aujourd'hui le château. De là vient que ce quartier porte encore le nom de *Port d'Ouest*. En creusant, soit dans la ville, soit hors des murs dans la vallée, on a trouvé les traces de l'ancien lit de la rivière ; ce qui semble confirmer cette tradition.

Toutefois M. Méry n'adopte pas cette hypothèse, et il prouve, en citant plusieurs chartes de Henri II, que le port de Dieppe avait, sinon antérieurement au douzième siècle, du moins vers le temps où vivait ce monarque, exactement la même position qu'aujourd'hui.

[1] La porte de la Barre et les murs adjacents sont cités en l'an 1368, dans le registre de 1396.

[2] C'est, je crois, vers la fin de 1829 qu'elle a été détruite, sous prétexte qu'elle était trop basse et qu'elle empêchait les charrettes de roulage et les grandes diligences d'entrer dans la ville.

dans cette ville, qui devenait chaque jour plus populeuse, et pour prendre leur rang de cité, s'assemblèrent et constituèrent un *corps de ville* composé de deux échevins, de deux conseillers et d'un procureur syndic[1].

Ces magistrats, à peine installés, donnèrent une nouvelle activité aux travaux. Ce fut alors qu'on entreprit de paver les rues de la ville partie en galets du rivage, partie en gros pavés de grès. Il fut enjoint à ceux qui avaient des places vagues sur la rue de les clore et d'y bâtir des maisons. Aussi ne parlait-on dans la province que des merveilles qui s'opéraient à Dieppe. Le roi Charles VI, à l'exemple de ses prédécesseurs, traitait favorablement ses habitants et leur donnait volontiers de nouveaux moyens de s'enrichir. Les foires franches qu'il leur permit de tenir, et principalement celle de la Saint-Denis, attirèrent bientôt dans leurs murs un si grand concours de commerçants, de marchands de soieries, de fabricants de serge, et donnèrent de si nombreuses occasions d'expédier des vaisseaux et de recevoir de riches cargaisons, que la ville semblait prospérer, s'accroître et s'embellir à vue d'œil.

Mais la guerre allait éclater, cette guerre déplorable qui mit notre pays au pouvoir des Anglais. Charles VI n'avait plus de bienfaits à donner aux Dieppois; il allait leur demander des secours : par un ordre du 10 octobre 1396, la vicomté d'Arques fut taxée, pour aider le roi à soutenir la guerre contre les Anglais, à la somme de 3,100 livres.

[1] D. Duplessis prétend qu'il y avait un maire à Dieppe dès 1211; il cite à l'appui de cette opinion un titre de l'abbaye de Foncarmont, et une lettre du roi d'Angleterre Henri III, commençant ainsi : « Rex *majori* et probis hominibus de Depâ salutem. »

Quoi qu'il en soit, il est prouvé, selon M. Méry, qu'au quatorzième siècle l'administration de la ville était encore entre les mains des officiers de l'archevêque. C'est l'archevêque qui nommait le sénéchal, le receveur, le bailli, le procureur-général du temporel, les sergents, l'exécuteur de la haute justice. La nomination du capitaine de la ville appartenait aussi à l'archevêque, ainsi que le reconnaît le roi Charles V dans une lettre du 20 juillet 1368.

Dans cette somme, 890 livres 12 sols faisaient la part de la seule ville de Dieppe. On voit quelle était son importance dans la vicomté. Arques, au contraire, n'était pas imposé à plus de 300 livres : aussi Arques dépérissait tous les jours et ne gardait d'une grande ville que le nom; les murailles et les priviléges.

De nouveaux secours en hommes et en argent furent encore demandés les années suivantes pour réparer les malheurs de la guerre. Le temps approchait où les armoiries de France n'allaient plus briller sur la porte de la Barre, et où la Normandie, et Dieppe avec elle, allait subir le joug de l'étranger. Il est vrai qu'en retournant à l'Angleterre cette province semblait plutôt s'affranchir que tomber en servitude; mais deux siècles l'avaient naturalisée française, et les vainqueurs le comprirent bien ainsi : l'ancien duché indépendant, le libre et franc héritage de Rollon, ne fut regardé et traité par eux que comme pays ennemi et conquis.

## § V.

Siége de Dieppe. — Sa délivrance. — Cérémonies de la mi-août. — (1412-1443.)

Au mois de juin 1412, une flotte anglaise vint mouiller devant Dieppe, et débarqua quelques milliers de combattants dans une des baies voisines. Aussitôt les habitants furent demander du secours au roi. Mais où trouver ce malheureux monarque? Privé de sa raison, de sa liberté, il errait de province en province. Il fallut donc que les Dieppois se contentassent de leurs propres forces. Ils s'armèrent de courage, firent bonne contenance; les campagnes d'alentour se soulevèrent, et l'ennemi fut contraint de s'enfuir sur ses vaisseaux.

Mais six ans après ce triomphe, la lutte devint impossible. Les temps étaient changés. La fleur de la noblesse et de l'infanterie française avait été moissonnée à trente lieues de Dieppe, près de ce triste village d'Azincourt; Harfleur et maintes autres bonnes places étaient au pouvoir de l'Anglais et du Bourguignon; enfin, Rouen, après un siége héroïque, venait de succomber.

Dieppe fut sommé de se rendre, et, vers la mi-février 1420, les compagnies anglaises en avaient pris possession.

Le vainqueur commença par confirmer les priviléges de la ville; des lettres-patentes toutes paternelles furent rendues le 1er janvier 1421; mais bientôt la verge de fer se fit sentir; les bourgeois furent requis de faire la garde et le guet malgré leurs priviléges, et contraints de payer d'abord 1,320 livres, impôt énorme en ce temps-là, puis d'autres sommes encore plus pesantes.

Heureusement la fortune de la France se réveilla sous les traits de cette jeune fille dont la poétique légende est gravée dans tous les souvenirs. Jeanne, par son courage et surtout par sa mort, frappa au cœur la puissance anglaise. Charles VII, qui, naguère à la mort de son père (1422), était parti du fond de l'Auvergne, seul, sans armée, et presque sans amis, voyait déjà (1431) l'étendard royal flotter sur toutes les tours de notre ancienne France.

Toutefois la Normandie restait encore dans les mains de l'étranger, mais le nom anglais y était en horreur. La population frémissait d'impatience, et chaque fois qu'il lui arrivait d'apprendre un nouvel échec, un nouveau désastre de ses maîtres, elle croyait le jour venu de secouer le joug. Les Anglais, qui la sentaient s'aigrir et se révolter, la foulaient, l'opprimaient de plus belle: ils en vinrent jusqu'à cette folie d'enlever dans presque tout le pays de Caux les enfants à leurs parents pour les envoyer en Angleterre sucer, disaient-ils, avec le lait, l'amour de leur souverain.

De telles persécutions ne se pardonnent pas: le pays était mûr pour la révolte. Au mois de novembre 1435, le sire Desmarêts, qui, quinze ans auparavant, était capitaine de la ville de Dieppe pour le roi de France, et qui vivait retiré dans les environs, fut averti par quelques habitants que le port était mal gardé, et qu'en suivant le lit de la rivière à marée basse on pouvait aisément surprendre la ville. Il arriva de nuit avec bonne escorte, et, grâce aux échelles que lui tendirent les bourgeois, il escalada les murailles, et fit la garnison anglaise prisonnière.

Une fois au pouvoir des Français, Dieppe devint le rendez-vous de quiconque dans le pays de Caux voulait chasser l'étranger. En peu de jours une armée s'y trouva réunie, et cette armée, se répandant dans la province, enleva coup sur coup Fécamp, Harfleur, Montivilliers, Tancarville, et toutes les places fortes du pays, Arques et Caudebec exceptés.

Charles Desmarêts, pour prix de cette généreuse entreprise, fut confirmé par le roi Charles dans ses fonctions de gouverneur, ou plutôt de capitaine[1] de la ville et du port de Dieppe.

La perte d'une place aussi importante incommodait extrêmement les Anglais, et leur ôtait tout espoir non-seulement de reconquérir la province, mais même de s'y maintenir. Aussi formèrent-ils souvent le dessein d'en faire le siége; mais on sait les cabales qui agitaient alors la cour de Londres; on sait combien le mauvais état des finances, le découragement des troupes, leur dénûment et leur petit nombre rendaient difficile, soit d'adopter un plan de campagne, soit de suivre avec constance ceux qu'on s'était tracés. Chaque printemps on devait aller assiéger Dieppe, et neuf années se passèrent ainsi.

Charles Desmarêts les employa à mettre la place dans un état complet de défense; non-seulement il fit achever plusieurs parties de murailles qui n'étaient pas terminées et reconstruire à neuf celles qu'il jugeait imparfaites, mais il donna à la ville un moyen de défense tout nouveau et

---

[1] Le premier qui ait porté le titre de gouverneur est M. de Sigognes, en 1564. *Voyez* chap. II.

plus formidable, en faisant bâtir le château-fort que nous voyons encore aujourd'hui à mi-côte de la falaise de l'ouest. C'est sur le même emplacement qu'avait existé, disent les traditions, le château ruiné par Philippe-Auguste en 1195, et dont il ne restait plus alors que des débris. Il est inutile de dire que Charles Desmarêts ne construisit pas dans son entier le château tel qu'il est maintenant : on n'éleva alors que les trois grosses tours qui regardent la mer [1] : les autres bâtiments ont été ajoutés, soit au seizième siècle, soit postérieurement.

Pendant que les Dieppois se préparaient ainsi à la défense, Talbot, le fameux capitaine anglais, se disposait à les attaquer. Ayant enfin réussi à équiper une armée, il partit de Caudebec vers la Toussaint, l'an 1442, et se dirigea sur Dieppe à travers le pays de Caux. Il envoya son avant-garde devant le petit château de Charles-Ménil, dans la vallée de la Scie [2] ; la garnison n'était pas de force à résister, et se rendit par composition. De là, Talbot passa par Arques, qui tenait encore pour son parti ; et, après s'y être reposé deux jours, il descendit la vallée et vint camper devant Dieppe, sur la falaise contre laquelle est adossé le Pollet. Ce faubourg étant ouvert et sans aucune défense, Talbot s'en rendit maître sans coup férir. Il n'était donc séparé de la ville que par le port, lequel, à marée basse, ne contenait, comme aujourd'hui, qu'un simple filet d'eau.

Néanmoins, comme il prévoyait que les habitants fe-

---

[1] La construction fut continuée même après l'expulsion complète des Anglais. Les lettres-patentes de Charles VII, en date du 5 mars 1454, portent qu'au lieu de la somme de 500 livres annuellement accordée pour la construction du château de Dieppe, il sera pris par an 800 livres sur les octrois. (Inventaire ms. des pièces de l'Hôtel-de-Ville.)

[2] A deux lieues sud de Dieppe. On voit encore quelques ruines de ce château. *Voyez*, 4ᵉ partie, le chapitre intitulé VALLÉE DE LA SCIE.

raient chaude résistance et qu'il avait trop peu de troupes pour tenter une attaque de vive force, il ne songea d'abord qu'à se retrancher dans sa position. A cet effet, il fit construire sur la falaise une grande et forte tour de bois, ce qu'on nommait alors une *bastille*[1], l'arma de vingt pièces de canon, sans compter grand nombre de bombardes et quantité de mousqueterie, et la fortifia par des fossés et des palissades. La forêt d'Arques lui fournit tout le bois nécessaire à tant d'ouvrages.

Quand la bastille fut achevée, Talbot comptait que son artillerie foudroyant la tour aux Crabes, située vis-à-vis, et les maisons du port, la ville ne pourrait pas tenir; mais les Dieppois ripostèrent bravement et ne parurent pas d'humeur à demander merci. On était au cœur de l'hiver; Talbot, craignant de manquer de vivres et de munitions, laissa dans la Bastille six cents Anglais avec ordre de continuer à inquiéter la ville, et partit pour l'Angleterre dans le dessein de lever de nouvelles troupes et de revenir avec une escadre qui bloquerait Dieppe par mer, et l'empêcherait de se ravitailler.

Les assiégés, devinant son projet, firent aussitôt demander du secours au roi. Charles était alors à Poitiers; il leur envoya cent lances commandées par M. de Ricarville, gentilhomme du pays de Caux. Mais que pouvaient cent lances! Il fallait une armée. De nouvelles suppliques furent donc envoyées. Par bonheur, le dauphin, qui fut depuis Louis XI, était en ce moment auprès du roi; cherchant une occasion d'acquérir du renom et de la gloire militaire, il pria son père de lui permettre d'aller faire ses premières armes devant Dieppe et d'en chasser l'Anglais. Le roi lui accorda sa demande, le nomma son lieutenant-général dans le pays entre Seine et Somme, et lui donna

---

[1] Le lieu de la côte du Pollet où fut bâtie cette tour s'appelle encore *place de la Bastille*. C'est sur le même terrain que fut construit plus tard (en 1562) le fort du Pollet, qu'on démolit en 1689 par ordre de Louis XIV.

pour compagnons les comtes de Dunois et de Saint-Pol, les sires de Graincourt, de Châtillon, et plusieurs vieux capitaines expérimentés.

Le dauphin, après une marche rapide, arriva en Picardie vers les premiers jours d'août (1443). Plusieurs gentilshommes des bords de la Somme et du pays de Caux, instruits de sa venue, le joignirent à Abbeville. L'armée du prince, de seize cents hommes d'armes qu'elle était, se trouva ainsi portée à trois mille hommes environ. On se mit en marche aussitôt, et, le dimanche 10 août, le dauphin fit son entrée dans Dieppe au milieu des cris de joie des habitants. On lui apprit que l'ennemi, qui avait déjà reçu du renfort les jours précédents, attendait de moment en moment une flotte considérable commandée par le duc de Sommerset. Sans perdre un instant, sans laisser à ses troupes le temps de se rafraîchir, Louis, sur les cinq heures du soir, sort de la ville, traverse la rivière à marée basse, et vient poster devant la bastille six cents de ses meilleurs soldats pour tenir en échec l'ennemi. Les Anglais, se voyant bloqués, tentèrent deux sorties dans la nuit; mais ils furent repoussés, non sans avoir fait bien du mal aux assiégeants, qui n'étaient protégés par aucun retranchement, et que des torrents de pluie inondaient depuis le coucher du soleil.

Le lendemain, le dauphin s'occupa de faire fabriquer six ponts de bois roulants, destinés à être lancés sur les fossés de la bastille. On lui proposait bien de faire d'abord jouer l'artillerie qu'il avait amenée d'Abbeville; mais ce moyen lui semblait trop lent, il voulait tout d'emblée aller à l'escalade.

Les ponts de bois n'étant pas terminés, il fallut rester jusqu'au mercredi 13 sans faire autre chose que monter la garde autour de la bastille, se garantir comme on pouvait du feu des assiégés, et regarder sans cesse du côté de la mer si les voiles du duc de Sommerset ne paraissaient pas à l'horizon.

Enfin, dans la nuit du mercredi, les ponts furent transportés en silence, et le jeudi matin, veille de l'Assomption, tout étant prêt pour l'attaque, Louis fit sonner la trompette; les ponts roulants furent abaissés sur les fossés[1], et les assiégeants se trouvèrent en un clin d'œil au pied des remparts de bois de la bastille sur six points à la fois. Mais les Anglais, fermes sur la crête de leurs murs, firent pleuvoir tant de pierres, tant de traits frappèrent si rudement quiconque parvenait au sommet des échelles, qu'une centaine de Français ne tardèrent pas à rouler au fond des fossés. A cette vue, les plus braves se dégoûtent, les échelles sont renversées et l'assaut abandonné.

Il était midi, la chaleur devenait accablante : le dauphin, écumant de rage, voyait ses soldats abattus et ses vieux lieutenants dont les sombres figures semblaient lui dire qu'il avait fait une folie. Alors, l'œil étincelant et avec un courage de lion, il saisit une échelle, s'élance sur le pont, et le voilà grimpant à la muraille. L'armée pousse un cri et se réveille comme par enchantement. Soldats et capitaines, tous volent au secours du dauphin : en quelques minutes l'attaque a recommencé sur tous les points, mais avec une fureur sans égale. Les assiégés étourdis commencent à ployer; bientôt la bastille est envahie, les assiégeants l'inondent de toutes parts. Dans cette mêlée,

---

[1] Ces ponts étaient, dit on, de l'invention d'un Dieppois, constructeur de navires. Tant que ces machines marchaient sur leurs roues, le plancher destiné à servir de pont restait debout, presque perpendiculairement, attaché par des câbles à une sorte de grue; mais aussitôt qu'on était parvenu au bord du fossé, on faisait jouer la grue, le câble cédait, le plancher tombait horizontalement et allait se cramponner à l'autre bord du fossé, grâce aux langues de fer dont il était armé. Sur la surface du plancher, des crans placés d'espace en espace servaient à retenir le pied des échelles d'escalade. On peut voir de ces sortes de ponts ou machines de siége dans les manuscrits à figures de cette époque, ou dans un dessin de M. de Gaignières, au tome III de Montfaucon.

4.

cinq cents Anglais sont passés au fil de l'épée, et le reste se rend à la discrétion du vainqueur.

On rapporte que pendant ce dernier assaut, au plus fort de l'action, le clergé de Dieppe, suivi des femmes, des vieillards, des enfants, faisait une procession par la ville pour invoquer l'assistance de la bonne Vierge. Afin de donner plus de solennité à ces prières, les grosses cloches des deux paroisses furent tout à coup mises en branle. Or, les Anglais, étonnés de ce carillon, s'imaginèrent qu'il annonçait l'arrivée de quelque renfort; et, comme l'attaque impétueuse des Français leur faisait déjà perdre haleine, ils abandonnèrent la partie.

Cette prise de la bastille de Dieppe fit grand bruit en France, et grand honneur au dauphin. Vingt ans plus tard, lorsqu'après s'être fait sacrer à Reims il fit son entrée dans Paris, on eut grand soin que, parmi les jeux et spectacles qui furent célébrés dans cette journée, il y eût une représentation du premier exploit de Sa Majesté. « A la bou-
» cherie de Paris y avoit eschaffaulx figurez à la bastille de
» Dieppe; et quand le roy passa, il se livra illec merveil-
» leux assault de gens du roy à l'entour des Anglois estant
» dedans ladicte bastille, qui furent prins et gaignés, et
» eurent tous leurs gorges couppées[1]. » Il va sans dire que ces Anglais-là ressuscitèrent après que la farce fut jouée.

Aussitôt la bastille prise, elle avait été complétement rasée; le dauphin était rentré dans Dieppe, et sur-le-champ, sans se reposer, il était allé à l'église Saint-Jacques pour rendre grâces à Dieu. Il nourrissait déjà ces penchants dévots qui, se développant de plus en plus dans sa vieillesse, tournèrent en si étranges superstitions. C'était le 14 août, veille de l'Assomption, qu'il avait fait ce brillant coup d'essai en l'art militaire : il lui sembla que la sainte

---

[1] *Histoire de Louys unzième*, par un greffier de l'Hostel-de-Ville de Paris, p. 21.

Vierge avait dû contribuer à sa victoire ; et, pour lui bien témoigner sa reconnaissance, il ne voulut pas sortir de la ville avant d'avoir fait fabriquer et offert à l'église Saint-Jacques une riche et belle image de la mère de Dieu, de grandeur naturelle et en pur argent. Peut-être le souvenir de cette journée contribua-t-il par la suite à lui inspirer cette dévotion toute particulière qu'il avait pour la sainte Vierge, dévotion qui lui fit construire, comme on sait, tant d'églises et de chapelles sous son vocable.

Non content d'avoir dédié cette riche statue à sa sainte patronne, il institua encore en son honneur une procession générale des deux paroisses, qui devait avoir lieu la veille de l'Assomption, et il permit de prendre 200 livres de rente sur la ville pour en célébrer la solennité chaque année.

Les habitants, de leur côté, délivrés d'un siége de neuf mois, qui leur avait coûté tant de sacrifices et les avait réduits à de si dures extrémités, ne voulurent pas rester en arrière vis-à-vis de la bonne Vierge. Ils consacrèrent en quelque sorte leur ville à son culte, se confiant à sa garde, et voulant que son image fût placée, non plus seulement au-dessus du beffroi, mais sur les principales portes de la ville[1].

Enfin, pour éterniser d'une manière encore plus populaire le souvenir de leur délivrance, les Dieppois fondè-

---

[1] On ne peut s'imaginer à quel point cette population dieppoise, prédisposée de sa nature aux sentiments religieux, se prit d'amour et de fanatisme pour la Vierge. En voici un exemple : L'an 1497 un docteur de Paris, nommé Jean Very ou Verus, ayant prêché publiquement dans un jour solennel que la sainte Vierge n'avait point été préservée du péché originel, mais seulement purgée, il en arriva un si grand scandale, que le frère prêcheur fut contraint d'interrompre son sermon. Traduit devant l'Université, il fut condamné à se rétracter publiquement dans un autre sermon. Ce fut à cette occasion que la Sorbonne rendit un décret pour ne recevoir aucun docteur qui n'eût juré de professer et défendre que la Vierge avait été conçue sans souillure.

rent, toujours en l'honneur de la Vierge, une confrérie dite de la *Mi-aoust*, destinée à faire célébrer, la veille, le jour et le lendemain de l'Assomption, des jeux et cérémonies dans le goût du temps, et qu'on nommait, dans la langue du pays, les *mitouries de la Mi-aoust*.

Les chroniques manuscrites ne tarissent pas en récits et en descriptions de ces jeux dévots ; ils furent pendant plus de deux siècles le plus vif amusement, la plus grande joie, non-seulement des enfants et des matelots de Dieppe, mais de toutes les populations d'alentour. Dès les premiers jours d'août on accourait de dix lieues à la ronde : c'était une affluence à remplir la ville ; et le jour venu, comme presque toutes ces comédies se jouaient dans l'église Saint-Jacques, on se battait à la porte, on se battait pour avoir place : c'étaient des cris, des hurlements, des jurements à faire crouler d'horreur les saintes murailles.

Pendant ce temps la procession parcourait la ville, s'arrêtant de station en station, et toujours au milieu d'un immense concours de gens du port et des campagnes. A la suite de la procession onze confrères de la Mi-aoust, vêtus en apôtres, et un prêtre qui représentait saint Pierre, portaient dans un grand berceau de feuillage une belle jeune fille qui jouait le rôle de la Vierge Marie. Derrière la Vierge venaient le corps de ville, les magistrats, et tous les notables, portant des cierges dans des chandeliers d'argent.

Après deux ou trois heures de promenade, la pieuse mascarade entrait dans l'église au milieu d'un incroyable désordre, car l'église était pleine, et pour faire passage à la Vierge il fallait faire jouer le bâton et les hallebardes.

Au fond du chœur, à la hauteur des galeries, on voyait une espèce de théâtre, soutenu par deux grands mâts de navire plantés dans le sol des deux côtés du maître-autel. Au sommet de ce théâtre un vénérable vieillard, vêtu en monarque, couronné d'une tiare, était assis sur un nuage : au-dessus de sa tête brillait un grand soleil reluisant comme l'or et le cristal, et tout à l'entour un essaim de belles étoiles. Ce vieillard était le Père éternel; à ses côtés voltigeaient une légion d'anges, allant, venant, prenant ses ordres, agitant leurs ailes, balançant leurs encensoirs, comme si c'eût été des anges véritables. Des fils de fer habilement cachés leur faisaient faire tous ces mouvements; et le peuple de pousser des cris de joie, de trépigner d'admiration. S'il faut en croire les récits du temps, ces anges marionnettes faisaient de véritables prodiges, et surpassaient en adresse ces *fantoccini* qui font encore le bonheur des Italiens. Ainsi, lorsqu'après l'office il fallait éteindre les cierges, c'étaient de petits anges qui les soufflaient en voltigeant à l'entour. D'autres anges embouchaient la trompette si à propos pendant certains jeux d'orgue, que les sons semblaient sortir de leurs instruments.

Au commencement de la messe, deux anges envoyés par le Père éternel descendaient du ciel et venaient prendre dans leurs bras la sainte Vierge, qui reposait sur son lit de mort devant le maître-autel, au milieu d'une espèce de jardin de Gethsemani, dont les fleurs et les fruits étaient faits de cire peinte. La Vierge, ainsi portée par les anges, montait au ciel assez lentement pour qu'elle n'arrivât dans les bras du Père éternel qu'au moment de l'adoration. Alors Dieu le Père lui donnait trois fois sa bénédiction, un ange la couronnait, et les nuées du ciel semblaient se refermer sous ses pieds et la dérober aux yeux des spectateurs.

Enfin, pour que rien ne manquât à ce mélange de comédie et de dévotion, d'un côté, le prêtre qui représentait saint Pierre faisait communier les apôtres, lesquels étaient tenus de s'y soumettre sous peine d'amende; de l'autre, un bouffon, que le peuple nommait *Grimpesulais* ou *Gringalet*[1], faisait mille pasquinades, tantôt contrefaisant le mort, tantôt ressuscitant, et faisant

---

[1] Gringalet est encore aujourd'hui le nom d'une espèce de paillasse normand.

des apostrophes à la Vierge et à Dieu, ce qui causait d'incroyables transports dans la multitude.

La journée se terminait par des repas, des orgies, des chansons[1], des mascarades, des feux d'artifices; et les deux jours suivants c'étaient encore de plus étranges comédies, de plus grotesques saturnales[2].

Telle était la passion du peuple de Dieppe pour ces jeux de la Mi-aoust, qu'on les célébrait encore, deux cents ans après leur institution, au milieu du dix-septième siècle, lorsque dans tout le reste de la France il n'y avait plus trace des anciens mystères, lorsque le théâtre s'était transformé en académie d'esprit, de belles mœurs et de bon goût. Les magistrats avaient en vain essayé plusieurs fois de chasser les marionnettes du temple; chaque année il fallait reconstruire l'échafaudage et laisser Grimpesulais faire ses indécentes grimaces.

Le hasard fit qu'en 1647 Louis XIV et sa mère, alors régente, passant à Dieppe la veille de l'Assomption, assistèrent aux *mitouries*. Ces scandaleuses farces ne furent pas, à ce qu'il paraît, du goût de leurs majestés, et l'ordre fut donné de les interdire. Depuis ce temps il n'y eut plus de spectacles dévots; on ne consacra au souvenir du siége et de Louis XI que la grande procession et des réjouissances populaires.

Aujourd'hui, c'est tout au plus si l'on trouverait encore à Dieppe quelques vieillards qui se souvinssent que

---

[1] C'était surtout le troisième jour, le 16 août, que la poésie avait son tour; le *Puy* était ouvert, et les beaux esprits entraient en lice pour obtenir les prix de ces espèces de jeux floraux. *Voyez*, à la troisième partie, quelques détails sur cette institution du Puy de Dieppe.

[2] Les mystères de la Nativité et de l'Annonciation étaient célébrés, aussi bien que celui de l'Assomption, dans le chœur de Saint-Jacques. « Ces jeux, dit une chronique manuscrite, se faisaient à l'aide de ressorts et par le moyen de *piliers creux*, travaillés avec tant d'industrie qu'on avait beaucoup de peine à apercevoir les fils qui faisaient mouvoir les personnages de ces pièces. »

la veille de l'Assomption était jadis un grand jour pour la ville. Sauf une foire, dont l'ouverture a lieu le 14 août, rien ne distingue maintenant cette journée de toutes les autres. J'étais à Dieppe lors de l'ouverture de la foire ; je vis bien les enfants un peu plus joyeux que de coutume, je vis des groupes de matelots et de pêcheurs rire à gorge déployée devant quelques méchants bouffons grimaçant sur leurs tréteaux ; mais où était le souvenir du vieux *Grimpesulais ?* et qui se doutait, dans cette foule, que Dieppe, à pareil jour, avait, durant plus de trois siècles, remercié Dieu de sa délivrance ?

## § VI.

Suite de l'histoire de Dieppe, depuis 1443 jusqu'en 1557. — Travaux et constructions dans la ville. — Prospérité. — Commerce. — Combat naval. — Jean Ango.

Le siége de 1443 ne figure pas dans les annales de Dieppe seulement comme un fait d'armes brillant et pittoresque, il faut y voir, avant tout, le terme de trente années de misères et de langueur, le prélude et l'heureux début d'un siècle de prospérité. En effet, cette cité de Dieppe, que nous avons laissée si florissante et en si beaux progrès au commencement du règne de Charles VI, aussitôt que l'étranger est introduit sur le sol du royaume et s'y établit en vainqueur, tombe tout à coup dans un état stationnaire et presque misérable. Plus d'expéditions outre mer, plus de négoce, plus de richesses, partant plus de travaux ni d'embellissements dans la ville. Une fois soumise elle-même à la domination anglaise, son sort devient plus triste encore : non-seulement elle ne s'enrichit plus, mais on l'appauvrit, on la ruine à force de tailles et d'impôts.

Après le siége au contraire, après son heureuse issue, tout lui redevient propice. Il faut encore quelque temps, il est vrai, pour que son commerce reprenne son ancienne activité. Mais peu à peu les vaisseaux sortent du port pour chercher aventure, peu à peu les commerçants de tous les pays retrouvent l'habitude d'apporter à Dieppe leurs denrées. Grâce à la paix toutes ses plaies sont bientôt fermées, et la protection que lui accordent tour à tour Louis XI, Charles VIII, Louis XII, François I$^{er}$, achève de lui restituer toutes ses sources de richesse et de la rendre plus florissante que jamais. Alors sa population va croissant tous les jours, sa marine marchande éclipse celles de toute la côte de Normandie, disons mieux, de tout le royaume; et de nouveaux travaux d'embellissement ou d'utilité se succèdent incessamment dans ses murs.

Toutefois, après avoir ainsi respiré librement pendant près d'un siècle, non sans quelques journées de deuil, mais du moins à l'abri de ces grandes calamités nationales auxquelles nous venons d'assister, la France, à défaut d'Anglais et de Bourguignons, se sentira déchirée par ses propres enfants. Les croyances religieuses, ou plutôt un mouvement immense de la société caché sous ses croyances, remettront en feu le royaume. Alors Dieppe verra de nouveau pâlir sa fortune; son port, ses marchés, ses comptoirs, tout deviendra silencieux et désert; et c'est à peine si par intervalle, entre deux rébellions, entre deux guerres civiles, quelques navires dieppois mettront encore à la voile et retourneront visiter ces mers que d'autres peuples désormais devaient sillonner à leur place.

Avant de passer à ce triste tableau, arrêtons-nous quelques instants devant la période de prospérité qui commence vers le règne de Louis XI, et qui s'étend jusqu'à la mort celui de Henri II.

Sans parler de l'achèvement des quais et des murs, et de beaucoup d'autres constructions secondaires, trois édifices ou plutôt trois ouvrages considérables furent entrepris et achevés dans ce laps de temps, savoir: le pont du Pollet, l'église Saint-Remy et les canaux souterrains qui conduisent les eaux de Saint-Aubin-sur-Scie dans toutes les fontaines de Dieppe.

Depuis longues années, on désirait qu'un pont vînt établir une communication commode et de tous les instants entre la ville et le Pollet, son principal faubourg. Bien qu'il y eût entre les Polletais et les Dieppois si peu de sympathie et de si singulières dissemblances de mœurs, de costumes et même de langage, qu'on peut croire, d'accord avec de vieilles traditions, que les deux populations sont d'origine et de race différentes, néanmoins il existait entre elles des rapports journaliers trop fréquents, trop nécessaires pour que la construction d'un pont ne fût pas vivement désirée. Jusque-là, le seul moyen de traverser le port avait été un bateau *passeur*, et souvent, à marée basse, le bateau ne pouvait plus passer.

Ce ne fut qu'en 1511 que la première pierre du pont fut posée[1] : il fallut faire de grands travaux et beaucoup de dépenses pour fonder solidement dans ce terrain vaseux les six gros piliers qui devaient soutenir les arches : cependant au bout de huit ou dix ans l'ouvrage était terminé. Ensuite on fortifia les deux têtes du pont, principalement celle du côté de la ville[2]. Deux grosses tours en défen-

---

[1] M. Méry pense qu'un pont de bois avait dû être établi antérieurement à la fondation du pont de pierre en 1511. Il appuie cette conjecture sur un fait rapporté dans l'inventaire des archives de l'Hôtel-de-Ville. On y lit qu'en 1427, les habitants ayant fait la demande de construire un pont pour traverser de la ville au Pollet, sur leurs deniers d'aides et d'octrois, une commission fut adressée le 17 novembre 1427 au bailli des eaux pour dresser procès-verbal et informer de la nécessité et commodité dudit pont.

Ce qui semblerait indiquer qu'il fut donné suite aux demandes des habitants, c'est qu'on lit la phrase suivante dans les lettres patentes données par Louis XI à Eu le 26 septembre 1463 : « et pareillement couste grand argent à maintenir et réparer les » quays et *pont* dudit Hable. »

[2] Plus tard, en 1591, le pont fut défendu du côté du Pollet par un ravelin fortifié. Ce ravelin est figuré sur les plans de Dieppe

dirent l'entrée : au milieu des deux tours régnait une longue voûte, qui se terminait par une forte porte en maçonnerie, contre laquelle se relevait un pont-levis. Sur le fronton de cette porte, entre les deux arbres du pont-levis, on ne manqua pas de placer une statue de la Vierge avec des vers en lettres d'or à sa louange.

Quand à l'église Saint-Remy, ce fut quelques années plus tard, en 1522, qu'on entreprit sa reconstruction. Il existait une ancienne église de ce nom, dont la nef et les bas-côtés s'écroulèrent, dit-on, vers l'an 1250 ; le chœur seul était resté debout ; et depuis cette époque, les fidèles de la paroisse s'en étaient contentés. Mais l'accroissement de la population rendait nécessaire soit d'agrandir l'ancienne église, soit d'en construire une nouvelle. Ce dernier parti fut préféré, parce que les débris du vieil édifice menaçaient ruine.

Nous montrerons ailleurs où était situé l'ancien Saint-Remy[1], et en visitant la nouvelle église, telle qu'elle est aujourd'hui, nous aurons occasion d'examiner en détail les époques où furent construites ses diverses parties. Elle ne fut terminée que dans le dix-septième siècle ; à l'époque où nous sommes, en 1545, le chœur et ses collatéraux étaient seuls complétement achevés. Le défaut d'argent et les troubles de la réforme empêchèrent qu'on n'y mît la main pendant près de quatre-vingts ans.

Il n'en fut pas de même des conduits souterrains qui amènent à Dieppe l'eau que répandent ses fontaines. Cet ouvrage, que les historiens de la ville proclament, non sans raison, digne des Romains, car il est d'une hardiesse étonnante, fut complètement terminé l'an 1557, après vingt-cinq années de travaux. Jusqu'à cette époque, les Dieppois n'avaient bu que de l'eau de puits assez malsaine

---

du dix-septième siècle. On le démolit en 1689 pour pratiquer un passage en droite ligne du pont à la grande rue du Pollet.

[1] *Voyez* 3e partie.

et souvent saumâtre. Les étrangers, qui affluaient à Dieppe, se plaignaient si fort de cette triste boisson, et les habitants eux-mêmes en souffraient si souvent, qu'ils cherchèrent, n'importe à quel prix, un moyen de se procurer des eaux douces. Il existait à la distance de deux petites lieues de Dieppe, dans la vallée de la Scie, au pied du coteau occidental qui abrite le village de Saint-Aubin, une source réputée par l'abondance et la bonne qualité de ses eaux. Les Dieppois en firent l'acquisition, et résolurent d'en conduire les eaux dans leur ville[1]. Mais il y avait deux grandes difficultés à vaincre : d'abord, comme cette source est au delà de la rivière de Scie, il fallait la faire passer sous le lit de la rivière ; ensuite il fallait percer la montagne qui s'élève entre Dieppe et la vallée de la Scie, montagne qui a près d'une lieue à sa base.

Ces obstacles furent surmontés : on pratiqua sous la rivière et sous la montagne une voûte assez large pour que deux hommes pussent y passer de front, et sous cette voûte on fit régner le canal ou conduit dans lequel devaient couler les eaux de la fontaine. La partie de cette voûte qui passe sous la rivière de Scie est un modèle en petit du tunnel construit sous la Tamise. Ce grand travail, sans cesse interrompu par des éboulements et par des difficultés qu'on n'avait pu prévoir, fut poursuivi avec une admirable persévérance, et le succès

---

[1] M. Méry nous apprend qu'avant d'aller chercher les eaux de la vallée de la Scie, les Dieppois avaient songé à conduire dans leur ville une dérivation de la rivière de Varenne.

Deux chartes conservées aux archives du département sont relatives à ce projet : l'une, du roi d'Angleterre, porte la date du 4 octobre 1434 ; l'autre, de l'archevêque, a été écrite en 1455.

Les eaux devaient être prises un peu au-dessus d'Arques, et conduites dans un canal à ciel découvert.

M. Méry présume que cette entreprise a été abandonnée à cause de l'insuffisance de la pente, qui n'eût pas permis de faire jaillir l'eau au-dessus du pavé des rues.

finit par couronner tant d'efforts. La voûte une fois terminée, on construisit au pied du château, près la porte de la Barre, un réservoir d'où partaient une grande quantité de tuyaux chargés de distribuer, non-seulement dans les places publiques mais dans un grand nombre de maisons particulières, ces eaux bienfaisantes dont la conquête avait été si longue et si laborieuse.

Le premier jour où l'eau coula dans ces canaux fut une grande solennité pour la ville ; on fit cette première expérience à la fontaine du Puits-Salé : le clergé et le peuple s'y étaient rendus en cérémonie avec la croix et les bannières. Pendant quelques instants la foule resta dans l'attente ; puis tout à coup, lorsqu'on vit l'eau jaillir, l'air retentit de *vivats*, de chants religieux et d'actions de grâces ; on eût dit l'eau du désert obéissant à la verge de Moïse.

C'est en descendant dans ces longs souterrains, c'est en parcourant leurs nombreux détours bien plutôt qu'en se promenant dans la ville actuelle, qu'on peut se faire une juste idée du degré de richesse et d'importance auquel Dieppe était parvenu dans le seizième siècle. L'histoire des cités pendant leurs périodes de prospérité ne consiste guère que dans les plans et les devis de leurs architectes. Les événements dramatiques, les sièges, les combats, les incendies, les famines, fournissent à l'historien une plus riche moisson ; mais les peuples payent bien cher l'intérêt qu'ils inspirent ! Quand ils sont heureux, au contraire, quand leur commerce fleurit, quand leurs coffres se remplissent, quand rien ne trouble le règne de la paix et des lois, alors on n'a rien à dire d'eux, car chaque jour ressemble à la veille ; il n'y a de nouveau, d'année en année, que le chiffre croissant de la population, l'agrandisssement et l'embellissement des villes.

Telle est aussi l'histoire des Dieppois pendant l'heureuse période à laquelle nous assistons. Après avoir décrit les grands travaux qu'ils accomplirent, que nous reste-t-il à rapporter? Rien, sinon qu'ils commerçaient en paix, que chaque année leur ville devenait plus marchande, plus riche, plus puissante et plus peuplée. Les chroniqueurs que je consulte prétendent que vers 1550 on ne comptait pas à Dieppe moins de soixante mille habitants[1].

S'il reste encore à cette époque quelque chose de pittoresque et de varié à raconter de cette ville, ce n'est pas dans sa propre histoire, c'est dans les annales de sa marine qu'il faudrait puiser. Or, nous l'avons déjà dit, quelques pages seront spécialement consacrées par nous à suivre dans leurs courses lointaines ces marins aventureux. Il est vrai que nous ne parlerons alors que de leurs expéditions d'outre-mer, de leurs voyages, de leurs découvertes; tandis que sur les mers qui baignent nos rivages, à titre, non plus de navigateurs, mais de marins et de soldats, il faut aussi les voir acquérir un autre genre de gloire dans de brillants et continuels combats contre les Flamands ou les Portugais, leurs rivaux.

Parmi ces faits d'armes nautiques il en est un qui doit être cité : c'est une prouesse, un coup d'audace qui fit l'admiration de tous les gens de marine de la France et de l'Europe. En l'année 1555, la gouvernante des Pays-Bas, au mépris du droit des gens, venait de saisir et de confisquer à son profit tous les navires français trafiquant dans les ports de Flandre. Il fallait tirer prompte vengeance de cet affront. Henri II donna l'ordre à Coligny, son amiral, de mettre une flotte en mer. Malheureusement nos ports étaient vides, nous n'avions de vaisseaux que sur nos chantiers. « Je ne connais, dit l'amiral, que les bour- » geois et les marchands de Dieppe qui puissent fournir une » flotte à Votre Majesté. » Il fallut donc avoir recours aux Dieppois; ceux-ci, fiers de cet honneur, répondirent qu'ils ne demandaient au roi que moitié des frais de l'armement, faisant du reste leur affaire. La seule condition qu'ils met-

---

[1] Il n'y en a guère aujourd'hui que seize à dix-sept mille.

taient à leur offre, c'était que les capitaines de vaisseau seraient tous enfants de la ville, afin que s'il y avait de l'honneur à recueillir il ne revînt qu'à eux.

Les choses ainsi conclues, dix-neuf navires, ou plutôt dix-neuf bateaux-pêcheurs, dont les plus forts n'étaient que de cent vingt tonneaux, furent équipés et armés en guerre. Les capitaines nommèrent pour chef de cette petite armée navale Louis de Burcs, sieur d'Épineville, qui montait *le Saint-Nicolas*[1]. Coligny lui envoya une commission signée du roi, en le remerciant au nom de Sa Majesté de ce que lui et les siens entreprenaient pour l'honneur du royaume.

Voilà donc nos dix-neuf barques marchandes transformées en flottille royale; elles sortent du port par une belle matinée (le 5 août 1555), et s'en vont mouiller sur une ligne au milieu de la Manche, en vue de Douvres et de Boulogne, attendant qu'il vînt à passer quelques vaisseaux sous pavillon de Flandre. Le 11 août, au point du jour, vingt-quatre grandes voiles furent signalées au sud-ouest : c'était une flotte flamande, toute composée de hourques, espèces de grands vaisseaux élevés et fort longs, bien armés de canons, et du port de quatre à cinq cents tonneaux. Ces vingt-quatre navires arrivaient d'Espagne, chargés d'épices et de marchandises pour les Pays-Bas. Se reposant sur la force et le nombre de ses embarcations, l'ennemi s'avançait à pleines voiles, sans daigner se détourner ni donner la moindre attention à ces coquilles de noix qu'il apercevait devant lui.

Cependant les Dieppois, jugeant que c'était jouer gros jeu, mais ne voulant à aucun prix gagner le large, s'étaient

---

On a conservé à Dieppe les noms de tous ces illustres bateaux pêcheurs; c'étaient : *Le Saint-Nicolas, l'Émérillon, le Faucon, l'Ange, la Barbe, la Lévrière, la Palme, le Soleil, le Saint-Jean, l'Once, la Belette, la Comtesse, la Gentille, le Petit-Coq, le Petit-Dragon, le Redouté, le Ryais*, et deux petites goëlettes ou barques dont on ne dit pas les noms.

déjà rangés en bataille. Aidés par la marée, et cinglant de voiles avec adresse, ils se trouvèrent tout à coup et comme à l'improviste au milieu de l'escadre ennemie. Les Flamands, lourds de leur naturel, et rendus plus pesants par la confiance en leurs forces, avaient à peine eu le temps de lâcher une volée de leur formidable artillerie que déjà le harpon était lancé sur leurs navires. Les Dieppois, la hache et la pique à la main, s'élançaient à l'abordage; ce n'était déjà plus un combat, c'était un assaut. Les Flamands quittant leurs canons se défendirent en gens de cœur à coups d'arquebuse, de grenades et de lances. La mêlée devint furieuse, et le brave chef des Dieppois, le capitaine d'Épineville, fut frappé mortellement. On se battait avec tant de rage que personne ne s'en aperçut; mais tout à coup des torrents de flammes et de fumée s'élèvent d'une des hourques, et au même instant *la Palme*, montée par le capitaine dieppois Beaucousin, paraît aussi toute en feu. Beaucousin, sur le point d'être accablé, avait fait jeter sur cette hourque, qu'il tenait harponnée, des lances à feu et des matières combustibles; mais, n'ayant pu se dégager assez vite, son propre vaisseau avait été atteint par les flammes. Aussitôt tout change de face; il ne s'agit plus de se battre, mais d'éviter l'incendie, de s'isoler de ces deux malheureux navires enflammés. Dans cette horrible confusion trois vaisseaux dieppois sont écrasés entre deux hourques énormes, et coulés bas, corps et biens. Par bonheur, les autres parviennent à se dégager et à gagner le haut du vent. Les Flamands, au contraire, moins alertes à la manœuvre, ne peuvent manier leurs gros et lourds bâtiments; on en voit jusqu'à douze s'engloutir à demi-consumés dans les flots. Ceux qui s'échappent sont assaillis par les Dieppois, qui leur font la chasse, les entourent, les attaquent de nouveau à l'abordage, et finissent par s'en emparer. Le lendemain, 12 août, dès le matin, la flottille, veuve de son capitaine, et réduite à quatorze ou quinze voiles, mais victorieuse, et traînant à la remorque six de ces grandes hourques flamandes chargées de poivre, d'alun et de riches denrées, rentra dans son port de Dieppe en présence de toute la population répandue sur le rivage, au bruit des cloches en volée et de toute l'artillerie des remparts.

Dans cent autres rencontres, soit contre ces mêmes Flamands, soit contre les Portugais, sur les mers de l'Inde comme sur les côtes de France, on vit nos hardis pêcheurs déployer le même sang-froid, la même adresse, la même intrépidité. Ce sont là des pages oubliées de nos annales militaires qu'il fait plaisir de remettre au jour. Ce qui rehausse encore le courage des Dieppois à cette époque, ce qui distingue leurs exploits de ceux des pirates et autres petits coureurs de mer, c'est qu'il s'y mêlait presque toujours un certain point d'honneur national. Dans leurs entreprises commerciales, aussi bien que dans leurs combats, il y avait du grandiose, du spontané, du chevaleresque. Le profit tout seul ne leur suffisait pas ; il fallait l'ennoblir par des périls, par des tentatives glorieuses, ou le racheter en quelque sorte par du désintéressement.

Un homme contribua puissamment à imprimer à leurs entreprises ce caractère généreux et élevé. Cet homme, dont la figure à demi héroïque, dont la vie mêlée de si haute puissance et de si tristes revers méritent d'obtenir ce qui lui a été dénié jusqu'ici, une place dans l'histoire de notre pays, c'est Jean Ango, fils d'un riche armateur de Dieppe, armateur lui-même, mais si riche et si audacieux qu'il équipa des flottes pour faire, en son nom, la guerre au roi de Portugal, et se donner le plaisir de ravager les côtes de ce royaume.

Un tel personnage n'est pas seulement un caractère qu'il faut peindre, c'est une énigme qu'il faut expliquer : l'occasion s'en offrira bientôt. Quand nous parcourrons, dans le beau village de Varengéville, les débris encore brillants et gracieux de la superbe maison de plaisance qu'Ango s'y était fait construire, alors nous nous étendrons sur l'étrange fortune de cet homme, nous le montrerons recevant à Dieppe le roi François Iᵉʳ avec la pompe et la magnificence d'un potentat, couvrant les mers de ses vaisseaux et même de ses armées, puis enfin terminant sa vie dans l'abandon et presque dans la misère. En racontant ce que nous aurons pu recueillir de son histoire si peu connue, nous donnerons mieux encore que dans ce chapitre l'idée de ce qu'était Dieppe pendant la première moitié du seizième siècle, de l'état de ses richesses, de sa population et de sa puissance commerciale.

Mais, en ce moment, un autre spectacle nous appelle ; nous touchons à une grande crise, et Dieppe va se trouver enveloppé dans la disgrâce commune. La guerre civile va fermer et rendre désert son port si florissant : les persécutions religieuses vont décimer sa population, éteindre son commerce, et empêcher, peut-être pour jamais, le retour de sa prospérité.

## CHAPITRE II.

### DIEPPE PENDANT LES GUERRES DE RELIGION JUSQU'A LA RÉVOCATION DE L'ÉDIT DE NANTES. (1557-1685.)

On ne compte à Dieppe aujourd'hui que très-peu de familles protestantes. A l'entrée de la rue de la Barre, vous voyez, à main gauche, le mesquin portail d'une chapelle, dont l'intérieur étroit et sans profondeur ne peut contenir qu'un petit nombre de fidèles : c'est le temple réformé[1].

Il n'en était pas de même il y a trois siècles. Cette vaste église Saint-Jacques, cette spacieuse église Saint-Remy, n'étaient pas assez grandes alors pour abriter les enfants de

---

[1] Ancienne chapelle des Carmelites, bâtie vers 1675.

Calvin. Il fut un temps où dans toute la ville le catholicisme ne compta pas un seul autel. Nobles, bourgeois, matelots, tous avaient déserté la messe pour le prêche.

Comment les choses ont-elles si complétement changé? comment le protestantisme s'est-il enfui de Dieppe? comment les fils de ces pêcheurs qui faisaient si rude guerre aux images et aux reliques se prosternent-ils dévotement au pied de ces grands crucifix de bois peint plantés sur le rivage? Je ne sache personne qui ait daigné nous l'apprendre, personne qui ait consacré quelques pages à l'histoire du protestantisme à Dieppe. Le nom de cette ville paraît bien çà et là dans les récits de nos guerres religieuses. On nous apprend que Henri IV y trouva des amis et du secours, que Mayenne se fit battre à la vue de ses remparts; mais qui a songé à nous introduire dans cette autre La Rochelle pour nous faire assister à un drame non moins animé, non moins pittoresque que les scènes dont Paris, ou telle autre grande ville, était alors le théâtre, et que tant d'historiens ont célébrées?

Heureusement les traditions de cette époque se sont conservées dans quelques familles de Dieppe, et surtout chez quelques habitants des campagnes voisines. M. Féret, dont les investigations ne se portent pas seulement sur les ruines romaines, mais qui se voue à la recherche de tout ce qui peut intéresser l'histoire de sa province, est parvenu à recueillir, en interrogeant tantôt les cabanes, tantôt les châteaux, une foule de documents qu'il a bien voulu me transmettre. Il a même été assez heureux pour découvrir deux manuscrits dont on lui a permis de prendre copie, et qu'il a eu l'obligeance de me communiquer.

Ces deux mémoires, où sont rapportés presque jour par jour tous les événements relatifs aux progrès et à la chute de la réforme à Dieppe, ont été écrits, l'un par un protestant zélé, l'autre par un catholique sincère, vers le milieu du règne de Louis XIV, c'est-à-dire un siècle environ après les événements qu'ils racontent; mais, à n'en pas douter, c'est d'après des notes et des traditions contemporaines qu'ils ont été rédigés. Ce qui doit donner d'ailleurs un grand poids à leur témoignage, c'est qu'en général l'un et l'autre rapportent les mêmes faits ; il n'y a de différence que dans la manière de les juger et de les peindre [1].

Je voudrais donner textuellement ces deux manuscrits, si je n'étais arrêté par leur trop grande étendue, et surtout si bon nombre de faits insignifiants, ou dont l'intérêt purement local est tout à fait nul aujourd'hui, ne se trouvaient réunis pêle-mêle avec ceux qu'il importe de recueillir. Je me bornerai donc à ne rien omettre d'important, et à tâcher d'ajouter aux faits que j'emprunterai aux deux chroniqueurs tous ceux que les traditions orales auront pu me fournir.

[1] J'ai encore eu à ma disposition deux autres manuscrits traitant des affaires de la religion à Dieppe; l'un est la chronique du prêtre Guibert, que m'a prêtée M. Delamare, et dont j'ai parlé plus haut; l'autre un manuscrit de la Bibliothèque du Roi, intitulé *Remarques sur Dieppe* (Supplém franç. 254 [12]). La chronique du prêtre Guibert, qui est une histoire complète de Dieppe, ne parle qu'en passant des affaires religieuses, et n'est qu'une répétition affaiblie du manuscrit catholique de M. Féret. Quant au manuscrit de la Bibliothèque, c'est un recueil de notes sur les principaux événements dont la ville a été témoin. Au milieu de ces notes, entassées sans ordre, se trouve la copie d'un petit mémoire intitulé : *De la naissance et des progrès de l'Hérésie dans la ville de Dieppe*. C'est un extrait abrégé du manuscrit catholique que m'a procuré M. Féret. Ce mémoire se termine par ces mots : *J'ai tiré cette copie au mois de may 1708 sur une autre qui avoit esté faite à Dieppe en 1687 sur un manuscrit...* Les lignes suivantes ont été enlevées par un instrument tranchant. Ce même Mémoire se retrouve une seconde fois à la fin du recueil avec de légères variantes. M. Féret m'en a confié une troisième copie à Dieppe, laquelle est signée *Louis Daust*. Mais la signature avait été biffée dans l'original.

## § 1er.

Première apparition de la réforme à Dieppe. — Ses progrès. — Tentatives de répression. — Leurs résultats.

Avant l'année 1557 le protestantisme n'avait pas encore réussi à pénétrer dans Dieppe. Trente ans et plus s'étaient pourtant écoulés depuis l'époque où l'évêque de Meaux, Guillaume Briçonnet, avait accueilli dans son diocèse [1] les quatre premiers luthériens qu'on ait vus en France; depuis trente ans tous les parlements du royaume fulminaient contre l'hérésie qui se glissait partout, et l'on comptait bien peu de villes qui déjà n'eussent vu brûler quelques huguenots; mais à Dieppe rien n'annonçait encore qu'on soupçonnât seulement l'existence de la nouvelle doctrine [2]. L'extrême sévérité du parlement de Rouen avait constamment empêché les réformateurs de prendre pied dans cette partie de la Normandie. Toutefois, vers l'année 1557, il arriva qu'un libraire de Dieppe, revenant de Genève, où il était allé pour son négoce, rapporta des Bibles en français, des psaumes de la version de Marot, et plusieurs autres *petits livres*, comme on disait en ce temps-là. Ces petits livres circulèrent bientôt dans la ville et dans les

---

[1] En 1523.

[2] Lorsque Marie de Lorraine, fille du duc de Guise, reine douairière d'Écosse, passa d'Angleterre en France, elle débarqua à Dieppe, et fut reçue en grand apparat par le capitaine Ango et par les bourgeois sous les armes. Elle paraissait satisfaite de cette réception, et en témoignait son contentement au capitaine. — «Voilà de braves gens, disait-elle. — Oui, madame, répondit Ango; et, Dieu merci, tels nombreux qu'ils soient, je n'en compte pas un qui fasse le luthérien ou le calviniste. — Ah! monsieur, reprit la princesse, voilà une grande bénédiction de Dieu! tenez donc vos portes bien fermées, car vous ne manquez pas de mauvais voisins! »

campagnes d'alentour : on s'assembla secrètement pour en écouter la lecture ; de proche en proche ils firent fortune et ne tardèrent pas à former un certain noyau d'apprentis hérétiques.

Ce furent d'abord les tisserands et les drapiers du village de Luneray[1] qui se jetèrent le plus avidement sur ces nouveautés : le chant des psaumes leur avait plu, et leur curiosité, dit notre chroniqueur catholique, courait après tous ces libelles et passe-volants écrits partie contre la foi de l'Église romaine, partie contre le libertinage de certains mauvais prêtres.

En cette même année 1557, la reine Élisabeth ayant déclaré la guerre à la France, les Dieppois qui trafiquaient en Angleterre rentrèrent en foule dans leurs foyers : ils étaient, comme on pense, tout imbus d'hérésie. Les voilà qui s'entendent avec les drapiers de Luneray : les colloques deviennent plus nombreux, plus fréquents. Une riche bourgeoise de Dieppe, la dame Hélène Bouchard, qui faisait grand commerce de draps et de serge, était l'âme de ces trames secrètes. Chaque ballot de laine qui lui était expédié de Rouen ou de Picardie contenait quelques douzaines de petits livres proscrits. Elle les distribuait à qui savait un peu lire, les lisait elle-même aux plus ignorants ; n'épargnant ni son temps ni sa bourse, elle promettait plus fort salaire à ceux qui se convertissaient, privait d'ouvrage ceux qui lui fermaient l'oreille.

La nouvelle en vint bientôt à Genève, et il paraît que Calvin lui-même entra en relation avec la dame Bouchard, et lui écrivit plusieurs fois pour la remercier de son zèle et lui donner des instructions. Vers la fin d'août, il lui adressa de Genève un libraire de cette ville, nommé *Jean Venable*, avec quantité de Bibles et d'autres livres. Ce Jean Venable était assez versé dans les matières religieuses, et doué de quelque éloquence. On lui demanda

---

[1] *Voyez* ci-dessus, chapitre I, pag. 14 (note).

de prêcher la parole de Dieu. La dame Bouchard prêta sa maison, et le 10 septembre au soir, portes et fenêtres bien closes, on s'assembla en grand mystère. Le lendemain, nouvelle réunion ; Venable, sur la prière de ses auditeurs, continua à faire ainsi le prêche pendant quelques semaines ; mais voyant le zèle s'enflammer et le nombre des fidèles s'accroître, il en donna avis au sieur de La Jonchée, ministre de l'église nouvellement fondée à Rouen, lui remontrant combien l'ardeur était grande à Dieppe, et que s'il pouvait y venir il y ferait riche moisson. La Jonchée accourut aussitôt, fit quelques prédications ; puis après avoir ordonné des *anciens*, de l'avis de l'assemblée, s'en retourna, laissant à Venable la mission d'instruire ce troupeau naissant en attendant qu'il eût reçu son pasteur.

Bientôt, sur la prière de La Jonchée, qui n'avait pas tardé d'écrire à Genève de si heureux commencements, on envoya un successeur à Venable. C'était un jeune homme docte et plein de zèle, d'une bonne maison de Provence, nommé André de Séqueran, sieur de Dumont. Il arriva à Dieppe le 1er janvier 1558, et bien que le duc de Bouillon, lieutenant-général de Normandie, fît alors momentanément sa résidence dans la ville avec une suite nombreuse, laquelle, à l'imitation de son maître, eût traité fort mal ceux qu'elle eût soupçonnés de penchant pour l'hérésie, le nouveau ministre ne laissa pas de prêcher toutes les nuits, tantôt dans une cave, tantôt dans des chambres secrètes et retirées où *personne n'entrait sans Marot ;* et chaque nuit on voyait se présenter à l'assemblée quelque nouvel élu, demandant à partager les travaux et les dangers de la petite église.

Jusque-là cependant tout s'était passé dans l'ombre. Aller au prêche en plein jour, professer hautement la nouvelle croyance, personne encore ne l'avait osé. L'exemple fut donné bientôt par un des hommes les plus notables de la ville, le sieur de Senerpont, lieutenant pour le roi en Picardie. Lui, sa fille et son gendre, le sieur de Montivillier, se firent publiquement de la religion. Peu de jours après, M. de Dequeville eut le même courage. Appuyés sur le crédit de personnages aussi considérables, quantité de petits bourgeois, qui hésitaient encore, ne firent plus difficulté d'assister aux prédications de M. de Séqueran. Un homme de grande famille en ce pays, puisqu'il avait la prétention de descendre de Charles-Martel, M. de Basqueville, deux de ses filles, plusieurs gentilshommes et damoiselles firent également abjuration.

Pendant le cours de ces prospérités une disgrâce vint frapper les nouveaux fidèles. M. de Séqueran, leur pasteur, s'en retournant à Genève pour chercher sa femme et la ramener à Dieppe, fut pris de maladie et mourut vers la fin de juin. Depuis cette époque, jusqu'à la mi-novembre, il n'eut pas de successeur : mais le zèle ne s'était pas ralenti, les assemblées avaient continué sans relâche, les *anciens* faisant la lecture et les prières chacun dans leur quartier.

Enfin, au lieu d'un ministre il leur en arriva deux; M. de La Porte, pasteur à Rouen, et un Écossais, nommé Jean Knox, homme très-savant, qui fit merveilles pendant cinq à six semaines qu'il prêcha. Après lui, les nouveaux ministres se succédèrent sans interruption; on avait compris à Genève de quelle importance pouvait être pour la cause ce port de mer alors si florissant, et qui donnait aux frères d'Angleterre libre accès sur la terre de France. Les sieurs Desroches, Laforêt, Dubuisson et Barthélemy Causse, dit *Lachaussée*, furent envoyés successivement. Grâce à leurs prédications, le nombre des fidèles augmenta de jour en jour; de jour en jour ils se sentirent plus forts, et la crainte des persécutions se dissipa peu à peu. Enfin, vers les mois de mars et d'avril 1559, toutes précautions devenant superflues, on se hasarda à aller au prêche en plein jour.

Ce scandale, joint à l'éclat des conversions de MM. de Senerpont, de Basqueville et autres, ne pouvait manquer de donner l'éveil à M. le cardinal de Bourbon, alors archevêque de Rouen. Aussitôt il dépêcha son grand-vicaire, M. de Séquar, pour informer contre les réformés et extirper de la ville de Dieppe ces germes d'hérésie. M. le grand-vicaire fit son entrée le dernier de mai 1559. Il se rendit incontinent à Saint-Jacques, et convoqua les principaux ecclésiastiques des deux paroisses. Les ayant trouvés froids et abattus, il les réconforta de son mieux, leur remontrant que, par sa présence, tout allait se rétablir comme par le passé, car il apportait, disait-il, de bons remèdes contre l'hérésie; puis, en les congédiant, il annonça que le lendemain il entendait faire une procession générale à la tête de tout le clergé en grands habits sacerdotaux, et porter ainsi par toute la ville le Saint-Sacrement et les saintes reliques.

Qu'on s'imagine quel effet allait produire ce prétendu remède! Une procession dans cette ville, qui, depuis deux ans, fermentait de calvinisme! Une procession, pour guérir ces têtes tout fraîchement exaltées contre le papisme et ses pompes idolâtres! Des sermons habiles, captieux, conciliants, peut-être eussent-ils réussi; mais une procession! Il était bien certain qu'un tel argument ne pouvait qu'irriter et endurcir nos nouveaux convertis.

Quoi qu'il en soit, le lendemain au lever du jour, les crieurs se répandent par la ville : « Fermez vos boutiques, tapissez vos maisons pour faire honneur au corps de notre Seigneur Jésus qui va passer. » Plusieurs répondent qu'ils ne veulent honorer que le Dieu du ciel, et qu'ils n'entendent adorer ni servir le veau d'or. Enfin la procession sort de Saint-Jacques : le gros de la foule s'incline encore, mais à chaque pas se présentent quelques spectateurs insolents, le bonnet sur la tête et l'insulte à la bouche. On chuchote, on murmure; enfin le tumulte commençait à devenir menaçant, lorsque la procession rentra prudemment dans l'église. Vers le soir, cinq à six cents personnes s'assemblèrent devant le logis du grand-vicaire, chantant des psaumes et ne cessant de passer et repasser durant toute la nuit. M. de Séquar, furieux, voyant bien qu'il avait affaire à trop forte partie, et appréhendant des suites plus graves s'il voulait tenir tête, fit seller son cheval de grand matin, et, sans autre forme de congé, quitta la ville et s'en retourna à Rouen faire ses plaintes au cardinal et au parlement [1].

Le cardinal voulait un châtiment; il donna l'ordre de saisir le ministre, M. Desroches, et de l'envoyer à Rouen, pour que son procès lui fût fait. Mais les magistrats de Dieppe, qui étaient tous ou convertis ou sur le point de l'être, donnèrent avis à M. Desroches; celui-ci s'échappa et se mit à couvert.

Cependant le parlement de Rouen ayant instruit sur l'insulte faite au grand-vicaire, deux conseillers, MM. de La Place et de Varenne, furent envoyés comme commissaires par la cour pour informer sur les lieux. Ils arrivèrent à Dieppe le 26 octobre. Après avoir ouï des témoins et pris conseil des magistrats de la ville, ils s'en retournèrent dans des dispositions assez pacifiques et firent un rapport beaucoup plus doux que celui de M. de Séquar [2].

Le cardinal, peu satisfait, voulut voir par lui-même et se rendit à Dieppe; il y arriva le 30 avril, et dès le lendemain l'ordre fut donné par lui de recommencer l'épreuve qui avait si mal réussi à son vicaire, c'est-à-dire de faire

[1] Voici comment le *manuscrit protestant* termine le récit de cette sérénade et du brusque départ du prélat : « De bons catholiques romains auraient en pareille occasion fait autre chose à un ministre que de chanter des litanies à sa porte ; ces psaumes cependant ne laissèrent pas de faire fuir le vice-prélat le lendemain de grand matin, sans avoir fait autre chose. La harpe de David, jadis employée à chasser le malin esprit de Saül, chassa pour cette fois un prêtre d'une ville. Quelle forte plaisanterie ne ferait-on point là-dessus, si on était d'humeur et de religion à en faire? »

[2] Le même manuscrit ajoute : « C'est qu'en fait de peines criminelles les séculiers n'y entendent rien auprès des ecclésiastiques. »

une procession générale et en grand apparat dans toute la ville.

Quand il fallut faire tendre devant les portes et boutiques, l'opposition de la part des réformés fut encore bien plus vive et plus audacieuse que l'année précédente. La moitié des maisons demeurèrent nues et sans tenture ; et, pour cette fois, la procession ne rencontra pas sur son passage seulement des quolibets et des bravades, on en vint à jeter des bûches par les fenêtres. Son éminence, qui, selon sa coutume, était fort embarrassée dès les moindres affaires, perdit la tête, et se réfugia chemin faisant dans une maison de peu d'apparence, n'osant rentrer dans son logis. Quand le soir fut venu, on ne se contenta pas de chanter paisiblement des psaumes ; on fit des couplets pleins de moqueries contre le prélat, et les plus turbulents traitèrent avec peu de révérence les gens de sa suite et quelques-uns de ceux qui avaient pris part à la cérémonie du matin. M. le cardinal n'en voulut pas voir davantage, et dès la pointe du jour il partit sans bruit et sans façon, comme avait fait son grand-vicaire.

Cette fuite du cardinal enfla tellement le courage de nos réformés, que peu de jours après son départ, le dimanche 26 de mai, ils scellèrent le grand œuvre de leur religion en célébrant pour la première fois la sainte cène. Les communiants furent au nombre de sept à huit cents sur dix-sept à dix-huit cents dont la nouvelle église était alors composée, sans compter tous ceux qui se faisaient instruire. A l'issue de la cérémonie, le consistoire arrêta qu'à l'avenir les morts seraient portés publiquement en terre par les fidèles en compagnie, sans aucune ostentation, mais avec gravité et simplicité. Dès le lendemain un des anciens étant décédé, il se trouva plus de mille personnes à son convoi. C'était comme une revanche de la grande procession du cardinal.

## § II.

*Le protestantisme professé ouvertement. — Voyage de l'amiral Coligny à Dieppe. — Requête des Dieppois présentée et soutenue par Coligny dans le conseil du Roi. — Commencement de persécution interrompue brusquement par un événement inattendu.*

Depuis ce jour le nouveau culte fut professé publiquement dans la ville. Les protestants ouvraient leurs boutiques et travaillaient les jours de fête, vendaient de la viande les vendredis; en un mot, rien ne manquait au libre exercice de leur croyance, rien, si ce n'est la possession d'un temple. Or, bien que Saint-Jacques et Saint-Remy devinssent chaque jour plus déserts, ils appartenaient aux catholiques, et s'en emparer était encore une grosse affaire. Il fallut donc prendre à loyer un vaste emplacement appelé la *grand'cour*, sur lequel on fit jeter un toit en charpente. Ce hangar était aussi grand qu'une église; mais la foule allait si bien croissant, que bientôt on fut contraint de se procurer un second local à peu près semblable dans un autre quartier de la ville. Enfin les magistrats, qui, à la vérité, inclinaient presque tous pour la réforme, concédèrent aux protestants, qui jusque-là étaient condamnés à porter leurs morts hors la ville en plein champ, moitié du grand cimetière de Saint-Jacques. En conséquence il fut partagé en deux : le côté du presbytère pour les réformés, le côté de la boucherie pour les romains. Ce qu'il y a de remarquable, c'est qu'en présence de cet accroissement si rapide et si énergique du protestantisme, les catholiques restés fidèles et le clergé lui-même ne tentaient pas le moindre effort pour résister. Ils étaient frappés de stupeur et courbaient la tête comme des soldats vaincus, renonçant pour le moment à une lutte impossible[1].

[1] Il paraît même qu'ils faisaient des concessions à leurs ennemis

Au milieu de ces prospérités, deux grandes faveurs étaient encore réservées aux fidèles de Dieppe. D'abord ils virent arriver au commencement de juillet (1560) M. François de Saint-Paul, ministre renommé de l'église de Genève, et que le consistoire de cette ville leur accordait pour pasteur [1]; puis, quelques jours après, le grand protecteur du calvinisme en France, Coligny lui-même, vint les visiter. « Ils eurent, dit le manuscrit protestant, la
» consolation de voir à Dieppe, le 26 dudit mois, M. l'a-
» miral de Châtillon, et de servir Dieu dans la maison où
» ils allèrent rendre leurs respects à ce pieux seigneur,
» qui, pendant trois jours qu'il séjourna dans la ville, fit
» régulièrement, à porte ouverte, célébrer le service di-
» vin. » Coligny parcourait la Normandie pour se rendre compte par lui-même des forces de son parti dans cette province. Il trouva à Dieppe un homme qui tenait la place à sa dévotion, le sieur Desfort, capitaine de la ville et du château. Desfort s'était converti au calvinisme à la sollicitation de Dandelot, frère de Coligny. Après s'être entendu avec cet officier ainsi qu'avec le bailli et les plus notables de la ville, l'amiral continua son voyage. A son départ ses co-religionnaires lui remirent une requête adressée au roi en son conseil, tendant à supplier très-humblement Sa Majesté de leur permettre de se bâtir un temple où ils pussent faire leurs dévotions paisiblement et en sûreté.

Ainsi trois ans s'étaient à peine écoulés depuis que la balle d'un pauvre colporteur avait introduit dans cette ville

à mesure que ceux-ci devenaient plus forts et plus nombreux. « Une démarche importante que firent alors les papistes pour se rapprocher des fidèles, dit le manuscrit protestant, ce fut de ne plus porter leur sacrement par les rues avec des torches et une clochette, mais seulement avec une lanterne. » En effet, en supprimant la clochette, le clergé semblait renoncer au droit de faire agenouiller les passants.

[1] Il arrivait de Montélimart, où il avait couru les plus grands dangers, et d'où il s'était sauvé par miracle.

les premiers germes des nouvelles croyances, et déjà la moitié des habitants, pour ne pas dire plus, avaient abjuré le catholicisme ; le vieux culte, languissant, dégradé, n'était plus que ruines, tandis que les hardis sectateurs de la jeune église marchaient fièrement de conquête en conquête, et osaient réclamer du roi très-chrétien le droit de se bâtir un temple ! Plusieurs causes avaient contribué à mûrir si rapidement cette étonnante révolution. Les Dieppois, à cette époque, étaient les plus hardis marins, les commerçants les plus aventureux du royaume. L'audace et la curiosité qui les poussaient dans les voyages d'outre-mer devaient, si l'occasion s'en offrait, les lancer tête baissée dans le champ des idées religieuses. Le spectacle de la mer porte à la contemplation, à la rêverie, et les dangers de la navigation prédisposent l'esprit à l'exaltation et à la foi ; il n'est donc pas extraordinaire que ces matelots se soient si vite enflammés pour une croyance qui leur était prêchée avec l'entraînement et la ferveur du prosélytisme, qui leur parlait leur langue et rajeunissait leur piété, tandis que leurs curés engourdis s'endormaient en leur récitant ces vieilles paroles latines qu'ils ne savaient plus ni commenter ni comprendre. Ajoutez que les mœurs de cette ville marchande étaient alors fort corrompues, et que le catholicisme était impuissant pour en réprimer la licence, tandis que les nouveaux fidèles se montrèrent sous un jour de pureté et de sainteté qui semblait les rendre dignes des premiers chrétiens. » Dieu fit paraître, dit notre
» auteur protestant, combien l'efficacité de sa parole est
» grande ; car ceux qui auparavant étaient incorrigibles,
» brutaux et attachés à leurs appétits désordonnés, parti-
» culièrement les gens de marine, devinrent tout d'un coup
» dociles et disciplinés, quittant les maudites habitudes de
» jurer et blasphémer le nom de Dieu, se reprenant les
» uns les autres, abhorrant les maisons infâmes, les danses,
» les mascarades[1], les jeux de cartes et de dés et les caba-

[1] Parmi les jeux et les mascarades contre lesquels tonnaient les

» rets ; ce qu'on n'avait pu obtenir d'eux auparavant,
» quelque défense que le roi en eût faite sous de grosses
» peines. » A la vérité, cette vie exemplaire ne fut pas
celle de tous les réformés de Dieppe ; et quand ils devinrent
décidément les plus forts et les plus nombreux, on les vit
à leur tour ne pas se faire faute de certains excès qui mettaient en défaut la parfaite efficacité de la réforme. Mais
dans les premiers temps ces saintes conversions faisaient
l'effet de miracles, frappaient l'imagination, touchaient les
cœurs et contribuaient certainement à cet entraînement
impétueux et irrésistible dont cette population paraissait
saisie.

Mais revenons à l'amiral et à la requête qu'il s'était
chargé de présenter au roi. Dès qu'il fut rentré à la cour,
il tint parole, déposa la requête en plein conseil, et l'appuya des plus pressantes et des plus chaudes supplications.
Le jeune roi, qui n'était là qu'un président de paille,
donna la parole à son oncle de Guise, qui s'était senti pi-
qué par quelques propos de l'amiral. La réplique fut hau-
taine et menaçante. Le duc rappela les insultes faites au
cardinal de Bourbon par les Dieppois, traita leur requête
de révolte, et demanda qu'au lieu d'un temple il leur fût
donné une prison. Puis de cet incident le conflit se porta
sur les protestants en général. M. de Marillac, évêque de
Vienne, demanda qu'il fût assemblé un concile national de
toutes les provinces de France ; Coligny appuya ce projet,
mais le cardinal de Lorraine ayant ouvert l'avis de convoquer les états-généraux, presque tous les assistants furent
de cette opinion, et il demeura dès lors décidé que la ques-

---

protestants, les comédies ou *milouries de la Mi-Aoust* étaient en
première ligne. Ils les abolirent quand ils furent les maîtres de la
ville. Mais quand le catholicisme eut repris le dessus, les fêtes de la
mi-août recommencèrent à la grande joie du peuple dont elles faisaient les délices. Ce ne fut qu'au milieu du siècle suivant, comme
nous l'avons déjà dit, que ces cérémonies barbares furent tout à
fait abolies.

tion se viderait politiquement, et non canoniquement, comme le désirait Coligny.

Quant à la requête des Dieppois, il n'en fut plus question. Les Guise écrivirent au cardinal de Bourbon pour qu'il avisât aux moyens de faire promptement rentrer Dieppe dans le devoir. Le cardinal expédia de nouveau son grand-vicaire avec des lettres foudroyantes; mais ce fut pour M. de Séquar l'occasion de nouvelles avanies, et il fut contraint de se retirer sans avoir pu faire cesser un seul jour les prédications publiques. Bientôt le gouverneur, M. Desfort, reçut une lettre signée du roi lui-même, qui lui commandait de faire cesser les prêches. La lettre fut publiée, affichée, et les prêches continuèrent toujours. *Nous ne voulons pas vivre en athées,* telle était l'unique réponse de ceux qu'on exhortait à obéir au roi.

Sur la plainte du cardinal de Bourbon, qui dénonçait cette résistance opiniâtre et demandait main-forte, le conseil s'assembla, et il fut résolu que la ville serait démantelée, et que le maréchal de Brissac, avec deux compagnies de gens d'armes, mettrait l'arrêt à exécution.

Comme M. de Brissac était alors en Picardie, on envoya incontinent le maréchal de Vieuville, et le lendemain M. le duc de Bouillon, pour faire cesser le scandale des assemblées et des prêches publics. Ce dernier arriva à Dieppe le 25 octobre (1560), accompagné du sieur de Ricarville et de cent arquebusiers. Il entra brusquement dans la ville, publia à son de trompe la défense de prêcher ni en public ni en particulier, fit investir par ses arquebusiers la maison dite la *grand'cour,* où l'on avait coutume de s'assembler en guise de temple, fit abattre et démolir le comble en charpente dont on l'avait couverte, annonça que la ville allait être démantelée, démit le sieur Desfort de son gouvernement, et mit en sa place M. de Ricarville, lui donnant ses cent arquebusiers pour gardes-du-corps. En dépit de toutes ces rigueurs, on ne laissa pas, au risque des peines les plus sévères, de se réunir chaque soir par petites assemblées, et de prêcher en secret dans les maisons. Dans la crainte que le duc de Bouillon fût encore trop charitable pour les protestants, on lui envoya le président de Pétrimole exprès pour l'animer davantage. Celui-ci fit mettre en prison, le 16 novembre, un jeune garçon accusé d'avoir abattu de nuit la tête d'une image. On envoya le pauvre enfant au présidial de Caudebec, qui lui fit trancher la tête[1].

Pareil sort attendait M. Desfort, l'ex-capitaine. Son procès commençait à s'instruire, et l'issue n'en était pas douteuse ; mais un autre procès, d'où dépendait la vie d'un prisonnier plus illustre, tenait alors en émoi tous les protestants de France. Le prince de Condé, arrêté à Orléans, était à la veille de subir sa sentence, lorsqu'un événement imprévu vint l'arracher au supplice, et délivrer avec lui le capitaine de Dieppe et tant de malheureux qui, d'un bout du royaume à l'autre, attendaient la mort dans les cachots.

Le 5 décembre (1560), le jeune roi mourut subitement. Son frère Charles, qui lui succédait, n'avait que dix ans ; Catherine de Médicis devint régente du royaume, et le premier usage qu'elle fit du pouvoir fut d'éloigner les Guise de la cour, en appelant à leur place les princes du sang. Le roi de Navarre fut nommé lieutenant-général du royaume, et, sur sa prière, la régente fit aussitôt cesser toute persécution contre les calvinistes.

[1] « Talion bien outré et plus rigoureux que celui de la loi ; car, » si elle a dit œil pour œil et dent pour dent, qui ne sait qu'elle » n'a prétendu faire cette compensation qu'entre les hommes, et non » entre un homme et une statue ? » *Manuscrit protestant.*

## § III.

*Changement de politique. — Premier édit de pacification (janvier 1562). — Massacre de Vassy. — Ses conséquences. — La guerre civile éclate.*

Les nouvelles de tous ces changements étant venues à Dieppe, les arquebusiers de M. de Ricarville l'abandonnèrent, et sortirent du château sans bruit et à la file. M. de Ricarville lui-même se retira, et M. Desfort, rendu à la liberté, fut rétabli dans son gouvernement.

Plus les angoisses avaient été vives quelques jours auparavant, plus grandes furent la joie et l'audace parmi ceux de la religion. Il va sans dire que les prêches dans les maisons, à portes ouvertes, recommencèrent de plus belle. Comme la *grand'cour* avait été dévastée, on adopta pour les assemblées et les grandes prédications publiques le cimetière de Saint-Remy. Un prêche qui fit alors grand bruit fut celui que le ministre Saint-Paul alla faire à un quart de lieue de Dieppe, sur la hauteur, dans un faubourg nommé *Janval*. Il s'y trouvait une foule de peuple prodigieuse.

Enfin les Dieppois jouirent bientôt d'un spectacle plus imposant, et qui attestait combien dès lors leur ville était réputée importante par le parti. Le 12 mai on tint à Dieppe le premier synode de la province de Normandie; plus de cinquante ministres y assistèrent : le sieur Malorat, pasteur de Rouen, en fut le modérateur.

Mais, à mesure qu'ils croissaient en nombre et en puissance, les protestants dieppois devenaient moins tolérants, plus disposés à opprimer le peu de catholiques qui avaient échappé au naufrage de leur croyance. Une procession venait-elle à sortir, elle était conspuée, bafouée; il lui fallait bien vite battre en retraite : aussi les prêtres catholiques durent-ils renoncer aux processions, et se renfermer dans l'enceinte de leurs églises. Mais dans cet asile même on vint les provoquer et leur chercher querelle. Le 12 septembre, un cordelier nommé Plumetot, prêchant à Saint-Jacques, quatre ou cinq personnes voulurent faire du bruit : elles en furent empêchées, et on les fit sortir ; mais les protestants prirent leur parti, et à midi, Plumetot prêchant encore, il s'éleva tout à coup grand tumulte sur la place de Saint-Jacques ; les portes furent enfoncées, et une foule immense se précipita dans l'église, frappant et blessant les pauvres catholiques clairsemés çà et là. Le cordelier continuant son sermon sans s'émouvoir, on lui lança des démentis, des quolibets ; puis quelques furieux le saisirent à la gorge, et l'auraient mis en pièces si des personnes sages ne fussent intervenues, entre autres M. de Veules, le lieutenant du roi, qui fit conduire le cordelier en prison. On l'y laissa deux ou trois jours, puis on le fit évader et sortir de la ville.

Ces désordres se renouvelant souvent, et toujours avec impunité, la ville presque entière ne tarda pas à devenir protestante, car le peu de catholiques qu'on y comptait encore prenaient la fuite ou n'osaient plus aller à la messe.

Le fameux édit de janvier 1562 vint mettre le comble à cette prédominance du parti protestant à Dieppe. Cet édit, conseillé et rédigé par le chancelier de L'Hôpital, était, comme on sait, la première sanction, la première reconnaissance légale et officielle de la liberté des cultes en France : il autorisait le libre exercice par tout le royaume de la religion réformée.

Si toutes les villes de France avaient été comme Dieppe, rien n'était plus facile que de mettre l'édit à exécution. Mais, loin d'être partout opprimés et silencieux, les catholiques, sur presque tous les points du royaume, avaient pour eux le nombre et la force. L'édit fut reçu par eux comme un attentat et une apostasie ; de toutes parts on entendait se former et gronder l'orage : la guerre civile allait éclater.

Les Guise ne cherchaient qu'un prétexte. Un dimanche, 10 de mars, deux mois après la publication de l'édit, le duc François, passant par Vassy, petite ville de Champagne, s'arrêta pour entendre la messe. Les protestants du lieu, profitant de l'édit, s'étaient établis dans une maison voisine de l'église, et chantaient leurs psaumes. Le duc leur envoya dire qu'ils eussent à chanter moins fort. Les protestants n'en tinrent compte : une rixe s'engagea ; les gens de M. de Guise. armés jusqu'aux dents, tombèrent sur les pauvres chanteurs de psaumes, et en laissèrent deux à trois cents sur la place.

Ce massacre, qui allait allumer la guerre civile dans tout le royaume, ne fut connu à Dieppe que huit jours après, tant les communications étaient lentes à cette époque. Les premiers qui en apportèrent la nouvelle furent un ministre de Paris, nommé Viret, et un gentilhomme envoyé par le prince de Condé. Tous deux avaient passé par Rouen, et avaient obtenu de ses principaux habitants promesse de se déclarer pour le parti de M. le prince. En effet, Rouen ne tarda pas à fermer ses portes au roi et aux Guise.

Dieppe ne pouvait manquer de suivre cet exemple. Viret et son compagnon ont à peine raconté la triste scène de Vassy, qu'un cri de vengeance s'élève dans toute la ville. Les plus riches se cotisent, et bientôt 5,000 livres en argent sont données à l'envoyé de M. le prince pour aider aux premiers frais de la guerre. Puis on s'assemble dans les rues, sur les places, pour se conter la nouvelle et s'animer les uns les autres ; on se distribue les armes de l'arsenal ; chaque bourgeois se fait soldat, et c'est à qui s'en ira le soir même faire la garde aux portes de la ville et sur les remparts.

L'ardeur était si grande qu'en peu de jours une garde bourgeoise très-nombreuse fut armée et équipée, et on trouva les sommes nécessaires pour lever deux cents hommes d'armes, sans compter tous les secours en argent et en hommes qui furent bientôt après envoyés au prince de Condé.

## § IV.

*Dieppe se déclare pour la réforme. — Les protestants persécuteurs à leur tour.*

Voilà donc la ville en pleine révolte ; les protestants en sont maîtres : plus de précautions à prendre, plus de ménagements à garder ; ces églises qu'ils convoitaient depuis si long-temps vont enfin tomber en leur pouvoir. Le curé de Saint-Jacques voulut faire résistance, mais les portes furent brisées, le clergé chassé, et le culte catholique aboli.

Ici se présente un spectacle douloureux. Ces réformateurs des mœurs de la ville, dont nous vantions tout à l'heure la conduite exemplaire, maintenant que les voilà vainqueurs, ils vont se livrer aux plus odieux excès, au délire, aux saturnales du fanatisme. Non contents de mutiler et d'abattre à coups de masse ou d'arquebuse toutes les statues de Vierge ou de saints exposées hors des maisons et sur les chemins, ils mirent au pillage cette malheureuse église Saint-Jacques, la plus belle, la plus riche qui fût à Dieppe et à six lieues à l'entour. Après avoir brûlé tous les tableaux, et passé une couche de chaux vive sur les murailles pour en faire disparaître les peintures qui les décoraient du haut en bas, ils allumèrent un grand feu au milieu de la nef, et jetèrent dans les flammes toutes les châsses d'or et d'argent, ouvrages de la plus belle orfévrerie, tous les ciboires, calices, crucifix, chasubles, chandeliers, si bien qu'ils en tirèrent douze cent dix-huit livres d'argent, suivant le compte qui en fut dressé. Ils détruisirent aussi la chapelle de Notre-Dame-de-Bon-Secours, seul reste du vieux Saint-Remy, et il n'y eut pas jusqu'aux cloches qu'ils enlevèrent et firent fondre pour subvenir aux frais de la prise d'armes. Enfin, comme ils voulaient, disaient-ils, purifier les pierres et matériaux qui provenaient de cet édifice, ils s'en servirent pour construire, au port d'Ouest, un grand abreuvoir pour les chevaux.

Quand ils eurent bien saccagé les églises de la ville, ce fut le tour de celles des campagnes. Ils sortaient par bandes de deux ou trois cents, ravageant les villages qui n'avaient pas bon renom calviniste, et poussaient parfois leurs excursions armées jusqu'à Arques et même jusqu'à Eu, qui s'était déclaré pour les catholiques. Jamais ils ne rentraient en ville sans rapporter du butin de papistes, châsses, reliquaires ou ornements d'église, souvent même ils amenaient quelques prêtres, les traînant à la queue de leurs chevaux; puis ils les faisaient vendre en plein marché, au son du tambour. Celui qui avait cette charge était un nommé Robinet Larde, qui, à tue-tête, criait : « A combien ce cafardet? en voulez-vous? » Ils en ont quelquefois enfoui jusqu'aux épaules pour jouer au palet ou à la boule; d'autres étaient traînés sur le crucifix par les rues, la corde au cou; d'autres enfin étaient jetés à la mer, revêtus de leurs ornements sacerdotaux.

Ces brigandages, ces sauvageries, cette férocité, faisaient gémir les gens sages du parti. Les ministres, en chaire, demandaient à mains jointes de la modération et de la clémence; mais comment pouvaient-ils se faire obéir de cette populace que la veille ils poussaient à se mutiner[1]?

---

[1] Il est curieux de voir comment notre zélé protestant, qui est de trop bonne foi pour passer ces excès sous silence, s'évertue pour leur trouver une excuse. « Comme en ce temps-là, dit-il, les fidè-
» les entraient en foule dans l'église, il s'y glissa aussi quantité
» d'athées et d'épicuriens, qui, par curiosité et par désir de nou-
» veautés, ou pensant faire mieux leur affaire, faisaient profession
» de l'Évangile. Ceux-ci, pour paraître plus zélés, abattirent toutes
» les images, tant dans les temples que dans les places publiques,
» et partout où ils en purent trouver, quoique les pasteurs s'y op-
» posassent fortement, leur remontrant qu'ils sortaient hors des

7.

Après avoir fait la guerre aux églises et aux prêtres, on n'oublia pas les religieuses. Les sœurs de l'Hôtel-Dieu, qu'on avait jusque-là respectées, les laissant se dévouer au pied du lit des malades, furent chassées, maltraitées et contraintes de s'enfuir de la ville.

## § V.

*Le duc de Bouillon envoyé par la régente; — à quelle fin. — Son entrée à Dieppe. — Réception d'un nouveau genre.*

En apprenant ces excès, la régente espéra que les habitants notables de la ville, fatigués de ce règne du petit peuple, seraient disposés à s'entendre avec elle pour remettre la place sous l'autorité du roi. En conséquence elle pria le duc de Bouillon de se rendre à Dieppe avec des pouvoirs secrets. Desfort, le gouverneur, instruit de l'approche de M. de Bouillon, convoqua les chefs de la garde bourgeoise, et les consulta pour savoir s'il fallait ouvrir ou fermer les portes à l'envoyé de la reine. C'était le duc de Bouillon, comme on se rappelle, qui avait traité la ville si cavalièrement quelques mois auparavant; néanmoins l'assemblée fut d'avis qu'il fallait le recevoir, mais de telle sorte qu'il ne lui prît pas fantaisie d'y revenir.

» bornes de leur vocation, et qu'ils entreprenaient sur l'autorité des
» magistrats. Ces remontrances ne servirent de rien ; ils abattirent,
» le 20 avril et jours suivants, non-seulement celles de Dieppe,
» mais aussi celles des villages voisins. Si quelques-uns des véri-
» tables fidèles se laissèrent emporter à ce zèle indiscret, ils furent
» sans doute en petit nombre, peu instruits, et de qui on peut dire
» qu'ils avaient le zèle de Dieu, mais non point la science. Aussi
» l'expérience a fait voir, tant à Dieppe qu'ailleurs, que ces icono-
» clastes étaient de ceux qui avaient reçu la semence en lieux pier-
» reux et non dans un cœur honnête et bon; car, à la première
» persécution, ils sont retournés à leur bourbier et se sont révoltés
» de la vérité, que même plusieurs d'entre eux ont persécutée. »

Le lendemain, c'était le 5 mai 1562, le duc de Bouillon se présente aux portes de la ville; le gouverneur vient à sa rencontre, le salue, et le prie de monter au château. Depuis la porte de la Barre, par laquelle ils entraient, jusqu'au haut de la rampe du château, les arquebusiers de la garde bourgeoise, au nombre de mille environ, rangés en haie sur double file, le casque en tête et la mèche allumée, attendaient gravement le duc au passage. Celui-ci crut sans doute qu'il allait recevoir les honneurs d'usage, et que l'air allait retentir des salves de mousqueterie; mais au lieu de décharger leurs arquebuses, voilà nos bourgeois qui entonnent à qui mieux mieux les psaumes de David, mis en vers par Marot. Qu'on s'imagine la figure d'un bon catholique comme le duc de Bouillon en entendant cette musique d'enfer. « Je me passerais de la bien-venue, dit-il tout bas à Desfort, ne pourriez-vous les prier de se taire? » Mais plus il avançait, plus le concert devenait bruyant, et Desfort de se confondre en excuses, quoiqu'en riant tout bas de bien bon cœur.

Jusque-là ce n'était qu'une innocente plaisanterie; mais les valets du duc s'étant mis à charrier quantité de grands coffres qui semblaient pesants, les soupçons s'éveillèrent; l'idée vint que ces coffres contenaient des armes qu'on voulait transporter dans la citadelle pour s'en servir ensuite contre les bourgeois; on pria donc les valets de rester en ville, et eux et leurs coffres furent sévèrement gardés toute la nuit.

Le duc, furieux de cet outrage, mortifié de l'étrange façon dont on l'avait reçu, sortit de grand matin de la ville et se rendit à Arques, où il manda le sieur Desfort pour lui parler sévèrement et le charger de prédire à ses bons amis les Dieppois qu'ils auraient de ses nouvelles, et qu'il leur ferait chanter d'autres litanies.

Personne n'eut peur de ces menaces; on fit des chansons et des pasquils sur la *glorieuse entrée de M. le duc de Bouillon en la ville de Dieppe, et sur sa très-prompte sortie;* puis les pillages, les courses à main armée, les excès de tout genre recommencèrent, en dépit de tous les sermons des pasteurs.

## § VI.

Les Dieppois en guerre avec leurs voisins, principalement avec ceux d'Arques. — Combats et escarmouches.

Nous ne suivrons pas dans toutes leurs excursions ces petites bandes mi-parties de fanatiques iconoclastes et de voleurs de grands chemins; il nous faudrait courir avec eux de village en village, de hameau en hameau, et c'est toujours même histoire, toujours la sacristie qu'on dépouille, les peintures qu'on mutile et qu'on brûle, le curé qu'on roue de coups quand, par bonheur, on ne le pend pas.

Toutefois, à côté de ces expéditions désordonnées, dont un fermier nommé Duval ou quelques autres du petit peuple étaient presque toujours les chefs, il y avait des sorties plus régulières commandées par des capitaines de la ville ou par Desfort lui-même, et dirigées soit contre la ville d'Eu, soit contre le bourg et le château d'Arques. Quand on était à court d'argent, on faisait du pillage en grand, et comme une sorte de cueillette à main armée. C'est ainsi qu'on alla rançonner l'abbaye du Tréport, le bourg de Veules et celui de Cany. Mais le but le plus constant de ces petites guerres de voisinage, c'était l'ancienne cité d'Arques. Il existait entre ses habitants et ceux de Dieppe une vieille rivalité dont on a vu l'origine au chapitre précédent. Arques n'était plus qu'un bourg, de ville qu'il avait été; et la faute en était à Dieppe, qui avait prospéré et grandi à ses dépens. Aussi aurait-on pu prédire à coup sûr que, si le protestantisme prenait le dessus à Dieppe, Arques, par une sorte d'esprit de contradiction, resterait catholique.

C'est aussi ce qui était arrivé. Néanmoins, à Arques comme ailleurs il y avait des protestants. Or, quand les catholiques virent que ceux de Dieppe saccageaient les églises et maltraitaient les curés, bien vite, par représailles, ils mirent le feu aux quinze ou vingt maisons de leur bourg habitées par des protestants. Ces pauvres gens, sans feu ni lieu, coururent à Dieppe chercher un refuge et crier vengeance. C'était vingt jours après l'aventure de M. de Bouillon, le 25 mai. Dès le lendemain il fut décidé qu'on s'en irait mettre à la raison les papistes de ce bourg insolent. Malheureusement on entra en campagne avec plus d'ardeur que de prudence; et quoique les agresseurs traînassent avec eux trois pièces de canon, ils furent si rudement accostés par leurs adversaires au sortir du village de Bouteilles, qu'ils se retirèrent en grande confusion, laissant dix des leurs tués sur la place, et un plus grand nombre de blessés et de prisonniers.

Cet échec des Dieppois fit du bruit dans les environs. Toutes les petites communes catholiques qu'ils ravageaient depuis deux mois crurent l'occasion venue de prendre leur revanche, et se mirent en armes pour courir au secours de ceux d'Arques. D'un autre côté, les villages protestants, tels que Luneray et quelques autres de ce canton où la réforme avait pris racine, envoyèrent leur contingent à Dieppe. De part et d'autre on faisait de grands préparatifs : la première rencontre devait être sérieuse et meurtrière.

Pour cette fois ce furent les catholiques qui furent maltraités, et ils payèrent avec usure leur petit succès. Leur perte s'éleva à plus de cent vingt morts, et ils eurent en outre deux cents des leurs hors de combat.

La frayeur fut si grande à Arques lorsqu'on apprit ce désastre, que la plupart des habitants abandonnèrent leurs maisons et cherchèrent un refuge dans le château. D'autres, plus hardis, se retranchèrent derrière les murs à demi ruinés de l'ancienne ville et dans l'église, qu'on avait barricadée par précaution depuis quelque temps.

Les Dieppois tout échauffés par leur victoire parurent bientôt; mais ils étaient pêle-mêle et sans ordre : après avoir lancé quelques volées de coups de canon sur l'église, voyant qu'ils n'y faisaient pas brèche, ils commencèrent à se décourager. Desfort, tout en colère, voulant les animer, prend une échelle, l'applique contre un vitrail qu'il brise du pommeau de son épée; mais au moment où il allait pénétrer dans l'église, il est blessé à la tête d'un coup de pierre. Ses gens le ramenèrent à Dieppe, et leurs ennemis revenus de leur effroi redescendirent dans leurs maisons.

Desfort fut bientôt remis de sa blessure, et les escarmouches recommencèrent. Il ne se passait pas une journée sans quelque nouvelle rencontre. C'était une suite interminable d'embuscades, de guet-apens que chaque parti dressait à l'autre. Ceux d'Arques, moins bien équipés, et moins nombreux, étaient battus le plus souvent, mais quand la fortune leur devenait trop contraire ils avaient la ressource de monter au château et d'y laisser passer l'orage. Le château avait pour capitaine ce même Ricarville qui avait été momentanément gouverneur de Dieppe. Grand catholique et ennemi personnel de Desfort, il ne négligeait rien pour rendre cette petite guerre ardente et acharnée.

## § VII.

Approche du duc d'Aumale. — Courage et préparatifs des Dieppois. — Rouen pris d'assaut. — La nouvelle en arrive à Dieppe.

Mais un ennemi plus redoutable était à la veille de menacer les Dieppois. Pour répondre à la prise d'armes du prince de Condé et de l'amiral, la cour et les Guise avaient mis en campagne de fortes armées, et faisaient de grands préparatifs par tout le royaume contre les huguenots. Le duc d'Aumale, à la tête de troupes considérables et bien aguerries, avait été chargé de balayer la Picardie; et comme il avait à peu près achevé sa tâche, on annonçait qu'il allait déboucher par Abbeville, côtoyer la mer jusqu'à Dieppe, et de là se porter sur Rouen pour en faire le siége.

Le courage des Dieppois ne fut pas abattu par l'approche d'un si grand danger. La ville était mal fortifiée; on se mit aussitôt à creuser les fossés, à réparer les remparts. Jeunes et vieux, femmes et enfants, tous étaient à l'ouvrage. Le sieur de Coudray, habile officier, que M. de Senerpont avait envoyé, présidait aux travaux. Il fit labourer les prairies qui entourent la ville, et par le moyen d'une écluse y fit couler les eaux de la mer, de manière à rendre l'abord des remparts impraticable. Puis il fallut mettre en état de défense la citadelle qui couronnait la falaise sur laquelle est bâti le château. Cette citadelle n'avait jamais été achevée, et telle était l'ardeur des travailleurs, qu'en moins de deux semaines ils eurent élevé toutes les terrasses, creusé les fossés et revêtu les murailles [1].

A la vérité une foule de protestants de Picardie, fuyant devant l'armée du duc d'Aumale, étaient venus demander asile à Dieppe. On les avait assistés de la bourse commune, logés dans les maisons des catholiques qui avaient déserté la ville; et en échange de cette hospitalité, ils mettaient la main à la pioche et grossissaient le nombre des travailleurs.

Quand les soldats de d'Aumale parurent dans la vallée, la ville présentait déjà un aspect assez formidable pour qu'un coup de main fût impossible. L'intention du duc n'était pas d'en faire le siége; il se borna donc à loger quelques compagnies dans le château d'Arques pour aider les catholiques des environs dans leur petite guerre contre les Dieppois, et pour affamer la ville en tâchant d'en garder les issues.

---

[1] Un mois après environ, le fort du Pollet fut bâti sur l'emplacement de l'ancienne bastille de Talbot.

Ce plan aurait pu réussir si la mer n'eût été là pour offrir aux assiégés tous les moyens de s'approvisionner. En effet, peu de jours après le passage du duc d'Aumale, la reine Élisabeth, instruite de la situation des Dieppois, leur envoya plusieurs navires chargés de vivres et montés par sept à huits cents fantassins bien armés. Après l'arrivée de ce secours on fit la revue de tout ce qu'il y avait de troupes dans la ville : il s'y trouva deux mille cinq cents hommes, sans comprendre les quatre compagnies anglaises qui venaient de débarquer.

Cependant les nouvelles de Rouen devenaient sombres. Le roi en personne, accompagné du duc de Guise, assistait au siége : la ville était vivement pressée, et la garnison aux abois. Les frères de Dieppe tentèrent de faire pénétrer dans la place un petit renfort ; il fut décidé, le 15 octobre, que deux compagnies de gens de pied partiraient à petit bruit dès la tombée du jour. On espérait qu'en évitant les grands chemins elles parviendraient à s'introduire de bon matin dans la ville ; mais, soit mauvaise fortune, soit maladresse du commandant, ces deux compagnies tombèrent dans un gros de l'armée du duc d'Aumale, et la moitié fut taillée en pièces, l'autre moitié fut prise.

Les assiégés étant à toute extrémité, la reine-mère envoya à Dieppe, le 22 octobre, le sieur d'Annebourg et un autre gentilhomme de sa maison, sommer la ville de se rendre en acceptant les mêmes conditions que le roi avait accordées à ceux de Bourges. Ils firent réponse qu'ils priaient la reine de donner un sauf-conduit à deux d'entre eux pour aller conférer avec ceux de Rouen et connaître au vrai l'état des choses. La reine ne jugea pas à propos d'accéder à cette singulière demande. Mais durant ces pourparlers les murailles de Rouen étaient battues en brèche, et, malgré le courage désespéré des habitants, il n'y avait qu'un miracle qui pût les sauver. Les Dieppois, ne pouvant plus leur envoyer des renforts, ordonnèrent un jeûne public et firent des prières solennelles en faveur de cette malheureuse cité; mais il était trop tard: le 26 octobre elle fut emportée d'assaut et pillée l'espace de huit jours, quelques défenses qu'eussent pu faire le roi et le duc de Guise.

Quand les Dieppois reçurent cette triste nouvelle ils priaient encore pour le salut de leur capitale: ce fut un deuil et un effroi sans exemple; mais la terreur redoubla étrangement quand on apprit que l'artillerie du roi marchait vers Dieppe, et lorsqu'on vit un trompette royal s'arrêter devant la porte de la Barre, le 30 octobre au matin, et sommer la ville. L'exemple de Rouen n'était pas encourageant; la ville, quoiqu'en bon état de défense, n'était pas de force à tenir long-temps: aussi les plus mutins gardaient-ils le silence, laissant aux plus sages le soin de décider. Le roi, malgré sa victoire, leur offrait encore les mêmes conditions qu'il avait accordées à la ville de Bourges; c'est-à-dire promesse de leur conserver leurs priviléges, de n'inquiéter personne pour prise d'armes ou rébellions passées, et de les protéger contre toutes hostilités et outrages pour fait de religion.

Ils demandèrent en outre, d'abord qu'on leur permît de ne livrer la ville qu'après le temps nécessaire pour en faire sortir les Anglais, leurs alliés; en second lieu, qu'on leur accordât la grâce d'ouïr librement la prédication de l'Évangile par leurs ministres, selon que l'édit de janvier, rendu par Sa Majesté, leur en avait reconnu le droit.

La première demande leur fut accordée; quant à la seconde, on ne daigna pas seulement en entendre parler. « Le roi, leur répondit-on, ne veut désormais d'autre religion dans son royaume que la romaine. »

## § VIII.

Les Dieppois se résignent à capituler. — Tout est rétabli à peu près sur l'ancien pied. — Ce que deviennent les protestants.

Le sacrifice était bien dur ; mais fallait-il s'exposer au pillage et à toutes les misères d'un siége dont l'issue était certaine ? Après bien des hésitations, force fut de s'accommoder au temps et d'en passer par le bon plaisir du roi. Les compagnies anglaises se retirèrent au Havre-de-Grâce, et avec elles ceux des habitants qui ne pouvaient se résigner à renoncer à l'exercice de leur religion, ou qui, s'étant trop compromis, trouvèrent plus prudent de ne pas attendre l'exécution des promesses du roi, et de mettre leurs têtes à couvert. Quelques-uns, au lieu de se réfugier au Havre, s'embarquèrent et gagnèrent les côtes d'Angleterre ou d'Écosse. Parmi ces derniers étaient M. Desfort, le commandant de la ville, le capitaine Jean Ribaut, le ministre Saint-Paul, et beaucoup d'autres au nombre de plus d'un cent.

Quel changement pour cette ville, qui, depuis huit mois, se gouvernait elle-même et n'en faisait qu'à sa tête ! Obéir au lieu de commander, payer des impôts au lieu d'en lever, être chassé de ces églises dont on s'était emparé avec tant d'orgueil et de joie, telle était la perspective que cette capitulation offrait aux protestants, c'est-à-dire à presque tous les habitants de la ville. C'était le premier échec qu'eût essuyé la sainte cause depuis qu'elle avait germé sur le sol dieppois. Jusque-là elle n'avait fait que grandir ; Dieppe passait parmi les fidèles pour la cité de Dieu, la Jérusalem nouvelle ; ce revers coupait court à bien des illusions, confondait bien des prophéties ; les chancelants allaient s'ébranler, les timides s'amollir ; il y avait là pour les zélés bien des sujets de larmes et de tristes réflexions ! Quant à la ville elle-même, que de changements aussi n'y remarquait-on point! pas une église, pas un monument de piété qui ne portât les traces de la dévastation ; partout des statues mutilées, des croix brisées, des images réduites en cendres ; et, au milieu de ces décombres, les puissants de la veille, capitaines de la garde bourgeoise, ministres, prédicateurs, gouverneur de citadelle, errants, fugitifs sur le rivage, et réduits pour trouver un asile à se jeter dans quelques bateaux de pêcheurs.

Cependant le connétable de Montmorency fut envoyé par le roi pour prendre possession de la ville. Son premier soin fut de lui donner de nouveaux magistrats et d'appeler M. de Ricarville au gouvernement du château. Ce choix jeta la ville dans la consternation. On se souvient que M. de Ricarville était fougueux catholique, qu'il avait de vieilles injures à venger, et que depuis huit mois, enfermé dans le château d'Arques, il guerroyait contre les Dieppois. Les principaux bourgeois se rendirent auprès de M. de Montmorency, le suppliant de révoquer son choix. Il n'y voulut pas consentir ; mais il leur accorda que M. de Ricarville ne serait capitaine que du château seulement, et qu'il y aurait un second capitaine pour la ville. A la grande consolation des habitants, ce second capitaine fut M. de Basqueville, gentilhomme des environs, qui était de la religion, ayant même abjuré un des premiers, comme on l'a vu plus haut[1] ; homme dévoué au roi, mais plein de modération, et bien porté pour les habitants, ses frères en religion.

Après avoir installé les deux gouverneurs, le connétable fit dire la messe à Saint-Jacques par son chapelain. Les portes étaient fermées, et il n'y avait dans l'église que lui, ses gens, et quelques catholiques osant encore à peine se montrer, bien qu'il y eût dans la ville six compagnies de gens d'armes et de lansquenets sous les ordres de M. de Montmorency. Pendant les trois jours que celui-ci passa à

---

[1] Page 63.

Dieppe, il continua à faire dire ainsi une messe basse chaque matin, et, à son départ, il laissa son chapelain, afin que le culte ne chômât pas faute de prêtre, car pas un seul ecclésiastique n'avait encore osé reparaître dans la ville. Ce ne fut que le 15 décembre, c'est-à-dire un mois et demi après la capitulation, qu'un des anciens desservants de Saint-Jacques se hasarda enfin à chanter la messe; et pourtant M. de Basqueville n'avait cessé de publier bien haut qu'il donnerait main-forte au besoin pour protéger les prêtres catholiques.

M. de Montmorency, voyant par ses yeux à quel point la religion réformée était dominante dans la ville, ne fit pas difficulté de se charger d'une très-humble supplique au roi signée des habitants, dans laquelle ils demandaient avec instance qu'on ne les privât pas plus long temps du pain spirituel, sans lequel ils ne pouvaient vivre que dans l'athéisme, et qu'on leur rendît la liberté de leur exercice. Il leur fut répondu par le roi, c'est-à-dire par son conseil et sa mère, que, quant au culte public, ils ne l'obtiendraient jamais, mais qu'on fermerait les yeux sur des assemblées de trente à quarante personnes dans des maisons particulières, et de nuit seulement; encore ne voulut-on leur en donner qu'une permission verbale.

Mais c'en était assez pour satisfaire les vrais croyants. En place de M. de Saint Paul, qui n'osait revenir d'Angleterre, il leur arriva quatre ministres : MM. du Perron, père du cardinal de ce nom, de Feugueray, Tardif et d'Outreleau. Peu après, il en vint encore quatre autres; ils faisaient tous les jours huit prêches : de cette façon, tout le monde pouvait être édifié. On ne s'assemblait pas au delà du nombre prescrit; chacun y allait à son tour; et, pour être reconnu, on montrait son Marot en entrant. Cela dura pendant six semaines très-paisiblement. Ceux qui ne faisaient de la religion qu'une affaire de conscience se résignaient à cette demi-liberté; mais à côté d'eux s'en trouvaient qui se plaignaient encore plus fort que si rien ne leur eût été accordé. Il leur fallait l'exercice public ou rien; et, comme pour en venir à ce but, ils ne cessaient d'ourdir des trames et de faire des projets de complot, il était probable que le repos de la ville serait prochainement troublé.

## § IX.

Conspiration; — son succès. — La ville une seconde fois au pouvoir des protestants. — Comment Montgomery la gouverne.

Vers la mi-décembre, Desfort, l'ancien commandant, revint d'Angleterre sous un déguisement; il eut quelques entrevues avec un capitaine nommé Gascon, avec le sieur Catteville Malderé et plusieurs autres genti'shommes du voisinage; puis il passa au Havre-de-Grâce pour s'entendre avec le fameux comte de Montgomery et avec Briquemaut, un des officiers de l'amiral, qui tenaient la ville au nom des huguenots. C'était à se rendre maîtres du château de Dieppe et de la personne de Ricarville que tendaient toutes ces machinations. Ricarville en fut averti on ne sait comment; il lui en fut même donné avis de la cour et par la reine elle-même, mais il n'y prit pas garde. Le 21 décembre, comme il passait de bon matin sur la plate-forme qui est à l'entrée du château, et où se trouvaient plusieurs pièces de canon chargées et amorcées, il aperçut quatre soldats d'assez mauvaise mine qui rôdaient alentour. Leur ayant demandé ce qui les amenait, ils répondirent qu'ils attendaient le sergent de garde. Ricarville passa outre en disant à l'officier qui l'accompagnait : « Ces rustres-là ne » vous semblent-ils pas de ces gens qui tuent les capi-» taines? » Puis en se retournant il vit l'un d'eux qui saisissait la mèche d'un canon et se disposait à mettre le feu; alors, plein de colère, il tire son épée et s'élance pour le frapper; mais les autres lui coupent le passage, et l'un d'eux, nommé Hoqueton, qui tenait une hallebarde à la main, lui en donne dans le ventre un coup qui l'étend par terre ; les deux autres l'achèvent à coups de dague, et, pendant ce temps, le quatrième met le feu au canon. Le coup part : c'était le signal convenu avec Gascon et Catteville. Ils étaient aux écoutes avec leurs gens dans une maison voisine. Aussitôt ils accourent, et, à l'aide de la plupart des soldats de Ricarville, qui étaient d'intelligence, ils s'emparent du château. De là, descendant dans la ville, ils marchent par les rues en armes, criant : « Vive le nouvel Évangile ! le prêche à Saint-Jacques ! A bas les papistes ! » A ce bruit, M. de Basqueville monte à cheval, et, suivi de quelques domestiques, accourt vers le château ; mais, arrivé au Puits salé, il rencontre Gascon et sa troupe, que tous les bourgeois accueillaient par des *vivat*. Force lui fut de rentrer à son logis, où le bailli et les échevins vinrent bientôt le rejoindre pour délibérer sur ce qui était à faire ; mais Gascon, bien accompagné, le pistolet au poing, monte brusquement dans la chambre où on délibérait, et s'adressant à Basqueville : « Monsieur le » gouverneur, vous plairait-il d'aller délibérer au château ? » Vous êtes des nôtres, et il ne vous sera rien fait de mal ; » mais nous voulons vous donner meilleure compagnie. » Cela dit, M. de Basqueville fut conduit sous bonne garde au château. Il y demeura la nuit, et, le lendemain, sur sa demande, on le laissa se retirer dans son domaine de Basqueville.

Pendant ce temps on faisait le prêche à Saint-Jacques et à Saint-Remy ; les autels, réparés, ornés tant bien que mal depuis quelques jours, furent de nouveau dépouillés ; le ministre Saint-Paul revint d'Angleterre ; et, en un mot, tout fut rétabli dans la ville sur le même pied qu'avant la capitulation.

Aussitôt que Montgomery, qui était au Havre, apprit le succès de l'entreprise, il se mit en marche, et fit son entrée à Dieppe le 29 décembre avec un grand nombre de gentilshommes et quatre compagnies de gens de guerre. Pendant deux mois qu'il séjourna dans la ville, il n'est sorte de vexations qu'il ne fît endurer aux habitants. Non-seulement il pilla et démolit plusieurs églises tant de la ville que des faubourgs, ce qui n'eût été que bagatelles et œuvres pies à aux yeux des Dieppois; non-seulement il frappa de contributions tous les catholiques qui s'étaient hasardés à reparaître depuis la capitulation, mais il mit dans sa poche tout l'argent provenant de ces exactions, puis il taxa la ville par voie d'emprunt forcé à la somme de 15,000 livres, sans compter bien d'autres impôts et levées d'argent, toujours à son profit. Non content de saigner la bourse de ces pauvres bourgeois, il les faisait travailler nuit et jour, comme des serfs, aux fortifications; et après les avoir ainsi vexés dans leur ville, il se mit à ruiner leur commerce par ses navires armés en guerre, se faisant pirate de compte à demi avec tous les forbans de la côte. Les gens de sa maison, encouragés par de si beaux exemples, pillaient, volaient à tort à travers. Un d'eux alla même jusqu'à tuer en plein jour un canonnier de la ville, nommé Nicolas Selle, qui voulait l'empêcher d'enlever deux chevaux à un pauvre marchand. Peu s'en fallut que le peuple prît fait et cause et qu'il s'ensuivit bien des désordres. Enfin, les habitants, poussés à bout, adressèrent leurs plaintes à l'amiral, et lui firent sentir combien il était dur, après avoir goûté la douceur du repos sous le gouvernement de M. de Basqueville et même d'un Ricarville, d'être traités si rigoureusement par un homme de leur religion, et que sa croyance obligeait à vivre d'une manière plus chrétienne. L'amiral, quoiqu'il fût grand ennemi des violences, n'osa rien dire au comte, à cause des grands services qu'il avait rendus et rendait encore au parti. Il pria les Dieppois de prendre patience, et quelque temps après, sous un autre prétexte, il rappela Montgomery. Celui-ci partit le 28 février. Il fut conduit jusqu'à la porte de la ville par les habitants, qui portaient des torches à la main pour lui faire honneur, et qui bénissaient tout bas le ciel de les délivrer de ce Belzébuth.

L'amiral leur envoya, pour commander la ville et le château, d'abord le sieur de Presle, ensuite M. de Gonseville; puis enfin, comme il était en pourparlers avec la cour et à la veille de faire sa paix, il jugea à propos de choisir pour capitaine de Dieppe M. de la Curaye, bon huguenot, mais gentilhomme ordinaire de la chambre du roi, et qui était dans la faveur du connétable de Montmorency.

## § X.

Second édit de pacification (1563). — Voyage du Roi et de la Reine à Dieppe. — Leur réception. — Résultat de ce voyage. — M. de Sigognes nommé gouverneur de Dieppe. — Portrait de M. de Sigognes.

L'édit de paix fut signé et publié le 19 mars 1563; la guerre durait depuis un an environ. Quelques jours après, M. de la Curaye arriva à Dieppe. Ayant aussitôt convoqué l'assemblée de ville, il annonça « que M. le prince l'avait chargé de mettre sous les yeux de ses frères le nouvel édit; que cet édit, quoique moins avantageux que celui de janvier, lui avait semblé devoir être accepté dans l'espérance qu'il serait de plus de durée et mieux observé par les ennemis de la foi; qu'en tout cas, une paix avec liberté de conscience était toujours préférable à une guerre désastreuse et incertaine; que, quant à eux, bourgeois de Dieppe, ils ne perdraient rien à cette paix, puisqu'elle leur laissait les mêmes avantages que le premier édit; partant, qu'ils devaient en rendre grâces à Dieu et s'y assujettir. »

Ce message fut fort bien reçu, surtout lorsque M. de la Curaye ajouta que « M. le prince avait obtenu que personne ne serait inquiété au sujet de la mort de Ricarville et des événements qui l'avaient suivie. » Mais quand il en vint à dire que les églises devaient être rendues aux catholiques et qu'un local particulier serait préparé pour la prédication de l'Évangile, il y eut grand désespoir dans l'assemblée, et l'on supplia M. de la Curaye de vouloir bien se rendre auprès de M. le prince pour le prier de leur faire accorder au moins l'église Saint-Jacques. Trois requêtes, l'une à M. de la Curaye pour lui donner ses instructions, l'autre à M. le prince, l'autre à la reine-mère, furent aussitôt dressées et couvertes de signatures [1].

[1] Voici quelques fragments du texte de ces requêtes. Ils feront voir, mieux que nous ne pourrions l'expliquer en beaucoup de pages, quel était alors à Dieppe l'état des esprits et de la religion.

*A M. de la Curaye.*

« Monsieur,

» Les conseillers, manants et habitants de la ville de Dieppe, après vous avoir ouï et entendu ce qu'il vous a plu leur dire sur le fait de l'édit du roi, touchant la pacification des troubles, vous font humblement réponse qu'ils n'eussent pu recevoir plus joyeuse nouvelle ni chose plus désirée que la paix et tranquillité qu'il plaît à Dieu envoyer en ce royaume..... Lesdits manants et habitants vous supplient, Monsieur, qu'il vous plaise faire entendre à Sa Majesté qu'il y a passé un an ou environ qu'ils sont en possession du temple de Saint-Jacques, où ils ont, durant ce temps, paisiblement fait et continué l'exercice de la religion, et que la prédication de l'Évangile a fait un tel fruit en ladite ville, que l'idolâtrie en est du tout chassée; tellement, que durant ledit temps ne s'est offert un seul prêtre pour y dire la messe, encore que l'on n'y ait donné aucun empêchement, et a été la plus grande partie du peuple de la ville convertie et gagnée à l'Évangile, voire en si grande multitude qu'il ne se trouvera en ladite ville un lieu ou deux bâtis et couverts suffisants pour les recevoir, horsmis ledit temple de Saint-Jacques, pour l'effet que dessus. Laissant le temple de Saint-Remy, qui reste en ladite ville, à ceux qui voudront vivre en la religion de l'église romaine, qui sont tous gens de basse condition et en si petit nombre, que le temple de Saint-Remy est beaucoup plus grand qu'il ne leur faut... qu'il n'y a dans la ville aucun religieux, chanoine ni autre ecclésiastique qui puisse réclamer ni donner contredit; que les curés des bénéfices de Saint-Jacques n'y peuvent pré-

M. de la Curaye et deux autres gentilshommes, porteurs de ces requêtes, allèrent trouver le prince et la reine; mais ils ne purent rien obtenir. Toutefois, de retour à Dieppe, le gouverneur se contenta de défendre sévèrement qu'on dégradât les églises, laissant du reste les protestants maîtres d'y continuer l'exercice de leur culte jusqu'à ce qu'il fût statué sur le lieu qui leur serait accordé.

tendre grand intérêt, attendu qu'il n'y a aucune dîme ni revenus temporels audit bénéfice, mais seulement le baise-main et autres oblations qui sont venues presqu'à néant et ne valent le desservir, tandis qu'à l'autre bénéfice de Saint-Remy il y a dîmes qui demeurent au curé, d'autant que la paroisse s'étend hors la ville et jusqu'aux champs et terres labourables, etc., etc. »

*Lettre à la reine-mère, envoyée par Mathas Heude, escuyer, sieur de Veules, lieutenant au gouvernement de Dieppe, etc.*

« Madame,

» Ayant obéi très-promptement à la volonté du roi et de vous, de faire cesser toute hostilité entre nous et poser les armes, nous sommes, grâces à Dieu, et par votre heureux gouvernement, en telle tranquillité et réunion pour le présent avec nos voisins, que nous n'avons plus que désirer, sinon d'être maintenant en cet état longuement, ce que nous espérons par votre grâce et moyen. Mais pour ce que certaines compagnies de gens de guerre, à nous suspects pour les raisons que le porteur vous dira amplement, se sont approchées de cette ville et y demandent entrée, ce qui pourroit changer notre repos en quelque grand trouble, nous vous supplions très-humblement qu'à l'exemple de tous nos rois, vos prédécesseurs, lesquels s'étant fiés toujours à notre fidélité, dont aussi ne leur advint aucune faute, nous ont jusqu'à votre règne exemptés de garnison, il vous plaise nous continuer ce privilége, et soyez assurée que vous y tenez des forces pour ce petit lieu assez suffisantes; c'est à savoir les bonnes et fidèles volontés de tout ce peuple envers vous, auquel vous croîtrez encore le courage de s'employer comme ils doivent à votre service, s'il vous plaît leur octroyer pour l'exercice de la religion réformée l'un des temples de cette ville, comme ils en ont paisiblement joui jusqu'ici par plus d'un an, vous assurant que c'est un moyen de vous les encourager de plus

Les choses allaient ainsi depuis quatre mois, lorsqu'on apprit à Dieppe, vers le commencement d'août, que le Havre-de-Grâce venait d'être pris sur les Anglais par M. le connétable de Montmorency, et que le roi en personne, la reine sa mère, le maréchal de Brissac et autres seigneurs de la cour, revenant du siége, traversaient le pays de Caux et s'en venaient passer quelques jours dans la ville. Le prince de Condé était du voyage, un peu contrit d'avoir assisté à cette reddition du Havre, et prévoyant bien que la reine Élisabeth lui reprocherait cette faiblesse et ne lui donnerait plus de secours si par la suite il venait à en

en plus, avec le repos de tous, et sans fâcherie ni dommage de personne ;

» Madame,

» Nous nous recommandons très-humblement à votre bonne grâce, et nous prions Dieu qu'il vous donne prospérité.

» De Dieppe, le 20ᵉ avril 1563. »

La lettre au prince de Condé, envoyée par Nicolas le Comte, gentilhomme de la maison de Draqueville, était conçue à peu près dans les mêmes termes ; seulement on parlait au prince avec plus de confiance, et comme à un frère, de la prospérité de la cause. « L'Évangile a tellement profité par-deçà, qu'il ne semble pas qu'il
» y ait aucun papiste, ou, s'il y en a, c'est en si petit nombre, et
» de si viles personnes, qu'ils ne paroissent pas ni ne se mettent
» aucunement en peine de paroître; de sorte que, grâces à Dieu,
» nous vivons tous librement et paisiblement. »

On lui demandait aussi de faire éloigner les compagnies logées depuis quelque temps aux châteaux d'Arques et de Longueville pour inquiéter la ville, et enfin on s'étendait sur le fait du temple de Saint-Jacques. « Ainsi, Monseigneur, pour ce qu'il nous seroit im-
» possible de trouver autre lieu assez spacieux pour la multitude
» de tant de fidèles que nous sommes ici, nous vous supplions pa-
» reillement que vous puissiez nous faire donner un des temples de
» cette ville, lesquels nous tenons depuis plus d'un an et jusqu'au-
» jourd'hui si paisiblement, que personne ne s'en offense, avec ce
» que l'autre peut plus que suffire aux papistes quand ils voudront
» recommencer leur religion. »

avoir besoin. La chute de ce boulevard des réformés avait aussi causé du deuil à Dieppe ; car, même en pleine paix, on songeait toujours à la guerre. Néanmoins le 8 août, de bon matin, sur la nouvelle que le roi et sa cour approchaient, les bourgeois sortirent jusqu'à demi-lieue de la ville pour lui faire honneur, en armes et vêtus de leurs plus beaux habits. Ils étaient rangés comme une armée, et cette fois ils ne chantèrent pas leurs psaumes.

On avait décoré richement la fontaine du Marché : une quantité de coquillages joliment travaillés en tapissaient tous les côtés, et sur le haut on avait placé un dauphin portant sur son dos un Arion qui tenait une harpe entre ses mains[1]. Après avoir bien admiré ces merveilles, on

---

[1] En 1550, le 1ᵉʳ octobre, on avait fait à Henri II une réception plus brillante encore. Voici la description qu'en donne une chronique manuscrite : « Pour recevoir le roi avec l'honneur qui lui était dû, les bourgeois, vêtus de soie et en armes, allèrent au-devant de Sa Majesté. La porte de la Barre, par où le prince devait passer, était ornée de plusieurs chiffres, au-dessus desquels étaient un Hercule et une Pallas *vêtus à l'antique*, avec cette devise : *Donec totum impleat orbem*. Au Puits-Salé, il y avait un grand théâtre orné de tableaux, et sur lequel voltigeait un Pégase ; les Muses, à l'entour, chantaient les louanges du roi. Dans la place du Marché, il y avait une grande mer où nageaient un Neptune, des syrènes et un grand nombre de tritons, dauphins et autres *gros poissons chamarrés* des armes du roi et de la ville*. Il y avait encore quantité d'autres théâtres plus petits ornés de chiffres, devises et nymphes dansantes. A l'arrivée du roi, on salua Sa Majesté d'une décharge de tout le canon : jusqu'aux navires qui étaient dans le port en firent plusieurs décharges. »

Je cite ces détails, d'abord parce qu'ils me semblent caractériser le goût du siècle, ce goût *vêtu à l'antique*, cet amour de mythologie qui commençait alors à s'emparer des imaginations ; puis quel luxe, quelle dépense ! combien ne fallait-il pas que cette ville eût de richesses ! quel devait être son commerce, sa population ! Il me

* Les armes de Dieppe sont un navire dans un écu parti d'azur et de gueules, surmonté d'une tête d'ange, ayant pour supports deux sirènes.

s'occupa le lendemain de choses plus sérieuses. La reine-mère envoya les chapelains du roi à Saint-Jacques pour disposer l'église et y dire la messe. Au moment où le roi entrait sous la grande porte, une poignée de catholiques, tout ce qui restait dans la ville, se jeta à ses pieds, le suppliant de rétablir dans ses honneurs et prérogatives leur sainte religion.

Les protestants, de leur côté, supplièrent le prince de Condé d'intercéder pour eux auprès du roi. La cour fut intraitable, et donna l'ordre que Saint-Jacques et Saint-Remy fussent rendus au catholicisme, quel que fût d'ailleurs le nombre des catholiques. Quant aux protestants, comme il fallait exécuter l'édit à leur égard, on leur accorda la permission de transformer en temple une maison sise rue d'Écosse, et connue sous le nom de *maison des Charités*. Les propriétaires faisant difficulté de la livrer et suscitant mille chicanes, il fallut en venir à un arbitrage, et enfin il fut ordonné que ceux de la religion entreraient en jouissance de cette maison, pourraient la réédifier et la reconstruire à leur guise, moyennant qu'ils paieraient annuellement, à titre de louage, une somme de 55 livres tournois. Comme ce ne fut que le 22 novembre qu'ils en furent mis en possession, ce ne fut pareillement que ce même jour qu'ils remirent les églises aux catholiques.

La cour, pendant son séjour à Dieppe, fut plus que froide pour les protestants. La reine-mère était dans une de ses veines de catholicisme, et ne prenait langue que de M. de Brissac. La veille de son départ, elle demanda au sieur de la Curaye d'où venait qu'on ne l'avait pas vu à la messe : « C'est, madame, dit le gouverneur, que je suis de la religion de l'Évangile, en laquelle je veux vivre et mourir sous l'obéissance du roi. — Le roi, reprit la régente, ne veut point avoir de capitaines en ses bonnes

---

semble que ce programme de la réception de Henri II donne là-dessus plus d'idées que tout ce qu'on pourrait en dire.

villes d'autre religion que de la romaine; vous pouvez vous retirer. » M. de la Curaye sortit incontinent, et quitta la ville au grand déplaisir des habitants, qui, depuis quatre mois qu'il les gouvernait, l'avaient pris en grande affection.

La reine, à la sollicitation de M. de Brissac, fit aussitôt nommer gouverneur M. René de Beauxoncle, sieur de Sigognes. C'était un gentilhomme de la suite du maréchal de Brissac, d'un esprit délié, plein d'adresse, de politique et même de ruse; un homme tel que Catherine l'eût fait elle-même, et qui devait merveilleusement servir ses desseins. Il s'est rendu célèbre dans l'histoire par sa conduite à la Saint-Barthélemy; mais il n'en est pas moins très-difficile de le bien juger, et même de savoir quelle était sa naissance et sa situation sociale. Au dire des catholiques, il était de bonne noblesse, gentilhomme de marque, avait eu de beaux emplois en Piémont, et possédait de très-belles terres en Beauce. A entendre les huguenots, au contraire, il sortait de bas lieu, avait été valet, puis domestique de M. de Brissac; façonné de sa main, et propre à exécuter ses moindres ordres. Selon les premiers, il était un modèle de douceur, de modération et de sagesse; tandis que les autres le peignent comme la perversité incarnée, et digne par son esprit et par sa conduite de son obscure extraction et de sa première profession servile. Ce qu'il y a de certain, c'est que ce fut sous son long gouvernement que le protestantisme commença à déchoir à Dieppe; et, comme il était assez fervent catholique, on doit présumer qu'il ne manqua pas d'user contre l'hérésie des armes cachées que son esprit habile savait si bien manier, et que ce n'est pas à tort que les réformés ont voué à sa mémoire une si belle haine.

Son premier soin fut de ne laisser paraître aucune prédilection pour le catholicisme; il n'ignorait pas que l'amiral de Châtillon, en vertu de sa charge, avait la hautemain sur le gouvernement du port de Dieppe, et que si jamais il rentrait en faveur il ne voudrait laisser le commandement d'une ville et d'un château aussi considérables qu'à un des siens ou à un homme qui serait affectionné des habitants, presque tous huguenots. Or, comme il tenait à se conserver dans un si bon gouvernement, et qu'il savait, d'après l'humeur bien connue de la reine-mère, que plus l'amiral était en ce moment loin de ses bonnes grâces, plus il était près de les reconquérir, il prit dès l'abord toutes ses précautions, et le premier conseil que lui suggéra sa prudence fut de faire mille prévenances aux protestants, et de gagner à tout prix leur confiance et leur affection. Il commença par se familiariser avec le ministre Saint Paul, le traitant souvent à sa table, et lui faisant entendre, ainsi qu'aux plus notables du parti, qu'il avait les plus grandes inclinations à se faire de leur religion, et qu'il n'attendait que le moment propice. Il poussait la dissimulation jusqu'à aller de temps en temps au prêche pour entendre Saint-Paul, ou pour voir célébrer la sainte Cène ; et, sous prétexte d'aider à sa conversion, il se fit pratiquer dans la maison voisine de celle des Charités une petite chambre, d'où il pouvait, sans être vu, entendre tout ce qui se passait dans l'assemblée. On ne pouvait plus habilement se procurer une tribune aux écoutes.

Ce qu'il avait prévu et redouté ne tarda pas à se réaliser : l'amiral rentra en grâce, et bientôt il fit connaître aux Dieppois son dessein de leur donner un gouverneur de meilleur aloi et dont il fût plus assuré. A cette nouvelle, M. de Sigognes ne perd pas un moment ; il va trouver les plus notables de la ville, et avant tout les échevins, qui étaient tous protestants : il les avait si bien pratiqués qu'il obtint d'eux aisément une requête à M. l'amiral pour le prier de ne point leur envoyer d'autre gouverneur. Coligny fut bien surpris, et dit en hochant la tête : « Messieurs les Dieppois me font l'effet de ne savoir ce qu'ils » demandent ; je crains qu'il ne leur advienne comme aux » grenouilles, et que leur *cigogne* ne leur fasse mauvais

» parti. » Néanmoins il fit droit à la requête, pensant que si ce gouverneur lui donnait de l'ombrage il le remplacerait bien quand il voudrait; mais quand il le voulut c'était trop tard.

## § XI.

#### Schisme et querelles parmi les réformés.

Pendant que cette pauvre église de Dieppe se livrait ainsi les mains liées à un ennemi si dangereux, d'autres calamités fondaient sur elle. Une querelle intestine, une sorte de schisme, vint à éclater à l'occasion de rivalités entre deux ministres. Le nombre des fidèles était si grand que M. de Saint-Paul, n'y pouvant suffire, demanda qu'il lui fût adjoint un second pasteur. Il y avait alors à Dieppe un nommé Toussaint Tiboult, natif de Criel[1], qui avait été docteur en Sorbonne et chanoine théologal de Toulouse, mais qui depuis quatre ou cinq ans faisait profession de la nouvelle religion. Il avait une grande facilité à s'exprimer et beaucoup d'assurance; en plusieurs occasions il avait pris la parole dans les assemblées, et avait fait des exhortations si vives et si heureuses qu'il était en grande vénération parmi le peuple et auprès des fidèles les plus fervents. On le demanda pour ministre, et quoiqu'il n'eût pas subi les examens d'usage et qu'il refusât avec fierté de s'y soumettre, il fallut, malgré l'avis du consistoire, l'admettre comme pasteur, tant il avait de partisans qui le demandaient avec instance. Il entra en fonctions vers le mois d'août 1564, et dès ses premières prédications il laissa voir plus d'ostentation que de doctrine et de piété, plus d'envie de s'insinuer dans les bonnes grâces de ses auditeurs, et notamment des femmes, que de travailler à leur instruction et à l'édification de

[1] Bourg à cinq lieues de Dieppe, sur la route de la ville d'Eu.

l'église. Bientôt il fut accusé d'entretenir des relations trop familières avec une dame de la ville, et dénoncé pour ce fait au consistoire. Dans le premier moment, surpris et tout honteux, il s'en confessa aux deux anciens qui avaient été députés vers lui, et promit de mieux faire à l'avenir, leur disant ces mots : *Mal vit qui ne s'amende*. Mais après avoir rassuré son front et banni toute honte, il nia tout effrontément, cria bien haut que c'étaient calomnies inventées pour le mettre hors de l'église, et ses paroles étaient si habiles que la plupart y furent pris. Alors, se sentant favorisé du peuple, il n'y eut point d'artifice dont il n'usât, même en chaire, pour se disculper ; en même temps il accusait par-dessous main son collègue Saint-Paul, qui, de son côté, répondait avec plus de feu que les sages du parti n'eussent désiré. La ville fut aussitôt partagée en deux camps, les uns disant qu'ils étaient pour Paul, les autres pour Céphas. Le peuple, à l'exemple de ses ministres, qui s'adressaient en chaire des invectives, en venait aux injures, aux outrages et aux coups. Ce scandale, qui dura près de trois années, apporta plus de dommages à la cause protestante que n'eût fait la plus rude persécution. M. de Sigognes, fin et cauteleux qu'il était, voyant dans ce conflit un merveilleux moyen d'en venir à ses fins, n'avait garde, comme on pense, de calmer les esprits. Il soufflait le feu de toutes ses forces, faisant semblant de favoriser tantôt l'un, tantôt l'autre des partis, et rallumant les haines chaque fois qu'il les voyait sur le point de s'éteindre.

## § XII.

Prise d'armes du prince de Condé (1567). — Les Dieppois se remuent. — Situation difficile de M. de Sigognes. — Il demande du secours.

Il y avait trois années que ce fléau désolait l'église de Dieppe, et non-seulement l'église, mais la ville entière, puisque le gouvernement de la ville n'était entre les mains que de ceux de la religion, lorsqu'aux environs de la Saint-Michel (1567), le prince de Condé, animé par les justes plaintes de son parti et par les trop fréquentes et trop intolérables infractions de l'édit, se retira à Saint-Denis et manda à tous les gentilshommes de la religion réformée qu'ils eussent à se rendre auprès de lui pour lui prêter secours.

A cette nouvelle, les Dieppois, oubliant leurs querelles intestines, commencèrent à se cotiser secrètement : plusieurs gentilshommes des environs, entre autres MM. de Catteville et de Linebœuf, levèrent des compagnies en grand mystère et partirent pour Saint-Denis : de tous côtés se formaient des conciliabules ; on entretenait une correspondance très-active avec tous les réformés du pays de Caux.

La position de M. de Sigognes devint très-difficile. Il ne se sentait pas assez fort pour lever le masque et s'opposer ouvertement à ces menées secrètes. Il n'était pas sûr de sa garnison. Beaucoup de soldats s'étaient convertis depuis quatre ans qu'ils vivaient en familiarité avec les bourgeois ; ils avaient contracté des liens qui lui rendaient leur fidélité suspecte. Il sentait donc que, s'il montrait les dents, les bourgeois ne tarderaient pas à s'emparer de sa personne et du château. D'un autre côté, continuer à user de ruse n'était pas chose aisée : les plus aveugles commençaient à y voir clair ; les chefs du parti savaient à quoi s'en tenir sur la prétendue bonne volonté du gouverneur, et l'on se permettait de traiter assez mal ses espions quand on les découvrait se glissant dans les assemblées. Il paraît même qu'un soir, à la brune, pendant qu'il montait la rampe du château, il lui fut lâché un coup d'arquebuse dont la balle siffla bien près de ses oreilles.

M. de Sigognes comprit qu'il ne fallait pas s'endormir ; sans attendre au lendemain, il envoie dans la nuit un message au roi pour exposer qu'il vient d'échapper à un assassinat, mais que sa vie et celle de ses soldats restent exposées aux plus pressants dangers; que la ville n'est pleine que d'hérétiques et de rebelles qui cherchent incessamment à se rendre maîtres du château et à renouveler l'entreprise dont M. de Ricarville a été victime; qu'en conséquence il faut se hâter de lui envoyer du renfort, si l'on veut que la ville ne se déclare pas pour le prince de Condé, le seul moyen de la garder fidèle étant de s'en emparer à force ouverte.

Le conseil, sans perdre de temps, donna commission à M. de La Mailleraye, lieutenant du roi au bailliage de Caux, de prêter main forte à M. de Sigognes en marchant sur Dieppe avec un régiment de gens de pied. Le gouverneur, qui connaissait les Dieppois, craignant que s'ils soupçonnaient son dessein ils ne se laissassent pas surprendre, pria M. de La Mailleraye d'agir en grand mystère et de répandre partout que c'était contre Rouen qu'il marchait. Mais l'entreprise ne put être si secrète qu'il n'en transpirât quelque chose, et les frères du pays de Caux donnèrent l'éveil à ceux de Dieppe. Les échevins montèrent aussitôt chez le gouverneur pour savoir s'il était vrai que les préparatifs fussent dirigés contre eux; M. de Sigognes leur fit les plus belles protestations, leur promettant avec serment qu'il ne serait rien entrepris contre la ville, et qu'ils pouvaient en donner toute assurance aux bourgeois. C'était le 25 octobre qu'il parlait ainsi, et M. de La Mailleraye était à six lieues de la ville. Le bruit s'en étant répandu, et plusieurs témoins affirmant l'avoir vu, les échevins et quelques notables retournèrent au château pour sommer le gouverneur de dire ce qui en était. M. de Sigognes alla plus loin que le premier jour; non-seulement il jura que tous ces bruits étaient faux et inventés pour le rendre odieux, mais, après avoir protesté de ses bonnes intentions, de son désir de jouer plutôt sa vie pour le salut de la ville que de laisser tomber un cheveu du dernier des habitants, il offrit comme preuve de sa sincérité de mettre, s'il le fallait, sa femme et ses enfants en otages entre leurs mains. Ces paroles, rapportées dans la ville, levèrent ou du moins apaisèrent les soupçons.

## § XIII.

M. de la Milleraye introduit secrètement dans le château. — Comment la nouvelle s'en répand dans la ville. — Révolte. — Barricades. — Les bourgeois en fuite, puis vainqueurs.

Cependant, dans la nuit du 26 au 27 octobre, M. de la Milleraye fut reçu dans la citadelle qui était sur la falaise, et bien éloignée de la ville; puis de la citadelle il pénétra sans bruit avec son régiment dans le château. Le lendemain, de bon matin, personne dans la ville n'ayant soupçon de rien, M. de Sigognes traita magnifiquement le nouveau venu et ses officiers, et fit défoncer quelques pièces de vin pour les soldats, leur promettant qu'il leur donnerait bonne table chez les bourgeois, ou, si l'on osait résister, qu'il les ferait tous riches des richesses de ces damnés.

Un centenier étant monté au château demander les clefs pour ouvrir selon la coutume les portes de la ville, on lui répondit, quoiqu'il fît grand jour, que l'heure n'était pas venue, et qu'il s'en retournât. Pendant ce temps, les habitants, sans défiance, se rendaient au prêche, comme d'ordinaire, en la maison des Charités. Vers le milieu du sermon, voilà une femme du port qui entre hors d'haleine, criant : « Cessez! tout est perdu, nous sommes trahis : on ne voit derrière les murailles du château que piques, hallebardes et enseignes déployées. »

A ces mots on se lève en grand tumulte; Tiboult, qui prêchait, veut prononcer quelques mots d'exhortation, mais sa voix est couverte par le bruit, et déjà tout le monde est dans la rue, les regards tournés vers le château. On reconnaît que la vieille femme a dit vrai : chacun court, va, vient, se heurte dans la foule; les plus hardis veulent sortir de la ville pour voir de plus près ce qui en est, mais ils trouvent les portes fermées et le canon du château pointé contre les maisons. Au milieu de la consternation générale, quelques-uns courent aux armes et s'assemblent devant l'hôtel de-ville, ne sachant ce qu'ils doivent faire, mais résolus à vendre chèrement leur vie. Sur l'entrefait, les échevins, les centeniers ou capitaines des bourgeois, le procureur syndic, en un mot tous les magistrats de la ville, sont mandés par le gouverneur pour venir ouïr au château les volontés du roi. Ils montent, et trouvent à côté de M. de Sigognes M. de la Mailleraye en costume de bataille, qui prend la parole d'un air d'autorité et leur dit : « Messieurs, il a plu au roi de s'assurer de la fidélité de votre ville. Allez dire aux habitants qu'ils rendent les armes : il faut de gré ou de force qu'ils reçoivent garnison dans leurs maisons ; je leur donne deux heures pour s'y résoudre. » Quand les échevins rapportèrent cette réponse, ils trouvèrent grande foule dans l'hôtel-de-ville ; on délibérait sur la résolution qu'il convenait de prendre. Les uns parlaient de se soumettre, les autres de résister. Les paroles hautaines de M. de la Mailleraye ne firent qu'accroître chez les uns les idées de prudence, chez les autres la soif du combat. En général les riches commerçants et les plus notables penchaient pour faire de bonne grâce ce qu'aussi bien, disaient-ils, on leur ferait faire de force ; les petites gens avaient plus de courage. On compta les suffrages, et les belliqueux l'emportèrent de quelques voix. Ce furent alors de grands cris : *Aux armes! aux armes!* et chacun de courir décrocher son mousquet.

Cependant les deux heures accordées par M. de la Mailleraye allaient expirer : on eut l'idée, pour gagner du temps et se mettre en défense, de renvoyer les échevins et les centeniers sous prétexte d'obtenir, s'il se pouvait, quelques conditions raisonnables. Ce fut une grande faute : M. de Sigognes ne manqua pas d'en profiter ; car à peine ceux-ci eurent-ils mis le pied dans le château qu'il les retint prisonniers, sentant bien qu'en privant cette multitude de ses chefs et de ses commandants, il lui ôtait la moitié de sa force.

Toutefois il relâcha un des échevins, le sieur François Bouchard, l'engageant à aller dire au peuple qu'on ne voulait faire de mal à personne, mais seulement s'assurer de trois ou quatre mutins; que bien leur prendrait d'obéir, n'étant pas en état de faire résistance et ne pouvant espérer de secours, puisque tout le pays d'alentour leur était contraire, et que M. le prince, empêché lui-même à Saint-Denis, ne viendrait pas les délivrer. Il ajouta bien d'autres beaux discours comme il savait les faire. M. Bouchard, bien endoctriné, descendit dans la ville.

Après être parvenu, non sans peine, à travers la foule, jusqu'à la place du Marché, il monta sur le bord de la cuve de la fontaine, tenant un écrit à la main, et faisant signe qu'on l'écoutât. Comme il passait pour s'entendre avec le gouverneur, il n'obtint pas grand silence; néanmoins il se mit à débiter de son mieux les paroles dorées dont il était porteur; mais il n'avait pas achevé quatre phrases qu'un des auditeurs l'interrompit en disant : « Si l'on en croyait ce discoureur, nous n'aurions qu'à tendre nos gorges à ces bourreaux pour nous les faire couper plus aisément. » A ces mots, il couche en joue son mousquet sur l'orateur : le coup partit, mais heureusement Bouchard avait vu son geste, et sautant lestement à terre, il avait fendu la presse et s'était enfui.

Ce coup de mousquet mit tout le monde en émoi et fit recommencer encore plus chaudement les discussions de l'hôtel-de-ville ; les uns disant que Bouchard parlait très-sagement, les autres qu'il eût mérité que la balle lui cassât la tête. C'étaient des cris, des jurements, des imprécations; on était près d'en venir aux mains. Dans cette confusion déplorable, les timides s'esquivaient et gagnaient leurs maisons; d'autres, qui, sans manquer de cœur, avaient opiné pour qu'on se rendît, rentraient chez eux pour ne pas se mêler avec les fous qui voulaient combattre, ne comprenant pas qu'une fois que quelques-uns prenaient le parti de résister, il était de l'intérêt de tous de rester unis, et de se faire tuer, s'il le fallait, plutôt en masse qu'en détail. Enfin, quand, après tous ces débats, il fallut se compter et voir qui marcherait décidément au-devant de l'ennemi, ils ne se trouvèrent guère de bien déterminés qu'environ trois cents ; mais leur parti était pris, et, sans délibérer davantage, sans chefs, sans se donner le temps de combiner un plan de défense, ils s'élancent d'un commun mouvement sur les camions[1] qui étaient entassés sur la place et çà et là dans la ville; puis, les entremêlant de pavés, de galets, de vieilles pièces de bois, ils en forment trois barricades au travers de la grande rue, qui devait être nécessairement le passage par lequel les troupes déboucheraient. La première barricade est dressée en avant du carrefour du Puits-Salé, devant la maison dite du Cerf-Volant; ils la fortifient de deux pièces de canon : ils font ensuite leur seconde barricade à deux ou trois cents pas en deçà, près du Bras-d'Or, et la troisième devant l'hôtel de-ville.

A peine avaient-ils achevé que le canon se fit entendre ; il tirait sur la ville, foudroyant les rues et les maisons. La Halle au blé fut à demi démolie ; toutefois, comme le canon ne pouvait porter qu'à une certaine distance, et que les rues les plus proches du château se trouvaient à l'abri de son feu, ce tonnerre d'artillerie était plutôt destiné à épouvanter nos bourgeois qu'à leur faire grand mal ; mais on avait affaire à des gens qui ne s'étonnaient pas du bruit,

---

[1] Espèces de grandes brouettes à deux roues, destinées à transporter à bras toutes sortes de marchandises. Ces camions sont encore en usage à Dieppe aujourd'hui.

et qui, dans leurs navires, avaient plus d'une fois entendu semblable musique.

Cependant, au milieu des tourbillons de fumée qui s'élançaient du château, on voyait descendre le régiment de M. de la Milleraye, au nombre de douze compagnies, la plupart formées de vieux soldats du Piémont; les douze capitaines marchaient de front, le morion doré et empanaché, le coutelas d'une main, le bouclier de l'autre, comme pour une sanglante exécution, leurs gens les suivant de près, jurant, blasphémant, criant : *Mort aux huguenots! à nous leurs filles et leur argent!* Les portes s'ouvrent, ils pénètrent dans la grande rue et s'avancent sur la première barricade. Les bourgeois veulent mettre le feu à leurs canons, mais ils s'aperçoivent que pendant qu'ils se disputaient à qui prendrait le commandement, leur batterie a été mise hors d'état de servir. Il paraît qu'une nommée Renarde, servante d'un catholique, étant venue remplir sa cruche au Puits-Salé, s'avisa, sans qu'on la vît, de répandre de l'eau sur la lumière des canons. Bien que ce contre-temps jetât du trouble et de l'hésitation parmi les bourgeois, ils tinrent ferme, et à coups de mousquet étendirent sur le carreau quelques-uns des assaillants. Mais ces maudites querelles pour le commandement se ranimèrent au milieu de la fusillade : les plus qualifiés étaient deux caporaux ; ni l'un ni l'autre ne voulait obéir, et la dispute devint bientôt si vive que, les bourgeois prenant parti pour ou contre, personne ne songea plus à tirer sur l'ennemi; alors la compagnie qui marchait en tête, profitant de l'occasion, se mit à charger si impétueusement qu'elle fit une trouée dans la barricade et culbuta tous ceux qui étaient derrière. Les bourgeois, repoussés jusqu'à la seconde barricade, pleins d'effroi et de désordre, ne purent s'y maintenir. En moins de dix minutes ils en furent chassés, et coururent à toutes jambes jusqu'à l'hôtel-de-ville.

Mais tandis que les soldats se mettaient en devoir de

sauter par-dessus les barricades qu'ils venaient d'emporter, et employaient du temps à renverser les charrettes, à déblayer la rue et à se remettre en ordre, faisant grand bruit et criant : *Ville gagnée*! tout à coup ils sont salués par quinze ou vingt coups de feu tirés en partie de l'angle de la rue au Sel, en partie du coin de la rue de la Vieille-Poissonnerie. Huit à dix bourgeois et mariniers qui buvaient dans la poissonnerie, et sept ou huit autres qui passaient par la rue au Sel, attirés par les cris que poussait l'ennemi, avaient pris fantaisie de décharger leurs arquebuses, et leur salve avait été si juste que cinq officiers et plusieurs soldats tombèrent sur le pavé.

On juge quel étonnement pour ces troupes qui se croyaient victorieuses : persuadées qu'on leur a dressé une embuscade, elles s'arrêtent et hésitent à franchir les deux rues. Pendant ce temps notre petit groupe de tirailleurs avait rejoint derrière la troisième barricade leurs compagnons déjà ralliés et disposés à bien défendre leur dernier rempart. Encouragés par ce succès inespéré, ils n'attendent pas l'ennemi, et, franchissant la barricade, s'élancent à sa rencontre. En ce moment les soldats, gourmandés par leurs capitaines, se mettaient en marche, mais lentement et avec mollesse ; en voyant ces bourgeois courir à eux en désespérés, ils s'imaginent qu'on les a fait tomber dans un guet-apens, qu'ils sont pris en tête et en queue ; les premiers rangs commencent à s'ébranler : les bourgeois, qui s'en aperçoivent, font un feu bien nourri ; et, sans se donner le temps de recharger, s'élancent en avant la dague au poing. Ils ne rencontrent pas de résistance : les soldats se jettent les uns sur les autres, fuyant de droite et de gauche dans les rues latérales pour n'être pas arrêtés par les débris des barricades qui obstruaient la grande rue. Un grand nombre, en fuyant ainsi, s'égarent dans le cimetière Saint-Jacques ; on les cerne, on les désarme, et la plupart sont égorgés. De toutes les fenêtres on faisait feu sur les fuyards ; tout le monde alors était d'avis de résister : le succès donnait du cœur aux moins braves ; il n'y avait pas jusqu'aux femmes et aux enfants qui sortaient des maisons pour courir sus aux vaincus. Enfin le gros du régiment, ainsi pourchassé l'épée dans les reins, parvient à l'extrémité de la grande rue : on se presse, on s'écrase pour sortir par cette porte qu'une heure auparavant on venait de franchir avec tant d'insolence. Par bonheur ils parviennent à la refermer derrière eux ; sans cela les vainqueurs allaient entrer dans le château pêle-mêle avec les vaincus, et c'en était fait des mille ou douze cents hommes de M. de la Mailleraye. La perte était déjà bien assez considérable : tant de tués ou blessés sur le lieu du combat, que d'égarés par la ville qui se rompirent le cou en voulant sauter de dessus les remparts, ou qui tombèrent dans les mains des bourgeois, il n'y eut guère moins de deux à trois cents hommes.

## § XIV.

Situation critique des troupes et de leurs chefs. — Singulière méprise. — Comment la ville tombe au pouvoir des vaincus.

Pendant que ses soldats se faisaient ainsi battre et désarmer, M. de la Mailleraye descendait au petit pas pour rejoindre ses gens ; il n'était pas à mi-chemin de la descente du château, que tout à coup il faillit être renversé par les fuyards les plus diligents qui montaient hors d'haleine. M. de la Mailleraye n'en pouvait croire ses yeux : tout bouillant de colère, maudissant M. de Sigognes, qui lui valait cet affront, il se mit à suivre le torrent des fuyards ; mais il était si pesamment armé et avait tant d'embonpoint qu'il fallut que deux soldats le portassent jusqu'au château. Il accablait M. de Sigognes de reproches ; mais celui-ci, l'air calme et affectant la plus grande assurance, lui répond qu'il ne faut pas s'étonner, qu'en moins d'une heure il aura pris sa revanche. Là-dessus il rassemble quelques-uns de ses officiers et de ses meilleurs soldats, et, vers la chute du jour, il descend hardiment à la porte du château, disant qu'il veut avoir bon marché de cette canaille. Les vainqueurs, quoique sans chef et sans plan de campagne, avaient prévu qu'on reviendrait les attaquer, et s'étaient logés avec force munitions dans les maisons qui font face au château; déjà ils les avaient percées de meurtrières, et, la mèche allumée, ils faisaient bonne garde. Lors donc que M. de Sigognes s'en vint ouvrir les portes, il fut reçu par une si terrible décharge de mousqueterie qu'il lui fallut lestement battre en retraite et rejoindre tout confus M. de la Milleraye. La consternation était dans le château : les soldats se croyaient ensorcelés par ces magiciens de huguenots, et refusaient de retourner se battre contre eux. Pendant toute la nuit, MM. de Sigognes et de la Milleraye restèrent en conférence, délibérant s'ils ne devaient pas se retirer à Arques ou autres lieux voisins plutôt que de se laisser affamer dans la citadelle. On dit même qu'ils avaient déjà donné l'ordre de brider et seller leurs chevaux, lorsqu'à la pointe du jour on vint leur dire qu'on voyait en mer quantité de petites embarcations qui semblaient chargées d'hommes d'armes, et qui faisaient voile au large; en même temps des soldats en sentinelle du côté de la campagne rapportèrent qu'on apercevait sur la côte de Neuville et dans toute la vallée une foule de fuyards qui s'échappaient de la ville. M. de Sigognes s'en vint sur l'esplanade, et s'assura par ses yeux qu'en effet les habitants, les uns en armes, les autres presque en chemise, s'enfuyaient de la ville dans toutes les directions. Que s'était-il passé dans la nuit qui les forçât à s'expatrier? D'où leur venait cette terreur panique? on ne pouvait le deviner.

Il paraît que pendant cette fusillade du soir qui força M. de Sigognes à rebrousser si promptement chemin, on tenait à l'hôtel-de-ville une grande assemblée, dans laquelle les démêlés et les cabales de la matinée se ranimaient avec plus de force. Il s'agissait toujours de savoir qui serait élu chef des deux caporaux Frimouse et Fournier, les deux héros de la journée. Pendant qu'on était au plus fort de la querelle, voilà le bruit de la fusillade qui se fait entendre; quelques poltrons accourent, disant que les portes sont forcées, que l'ennemi est dans la ville. A ces mots, nos querelleurs se précipitent hors de la salle; mais au lieu de courir aux armes, les uns s'enfuient par la porte du Pollet, au risque d'être assommés par les Polletais, qui n'étaient pas en général fort amis des Dieppois et de leur religion; les autres se sauvent par les quais pour se jeter dans leurs bateaux; d'autres enfin vont ramasser dans leurs maisons leurs effets les plus précieux. Cette étrange frayeur fut si subite, si aveugle, si folle, qu'il n'y eut pas moyen d'arrêter les fuyards; et, comme ils s'entraînaient les uns les autres, la ville se trouva au point du jour presque dégarnie de ceux qui le matin l'avaient si vaillamment défendue. A la vérité, les plus braves n'étaient pas ceux qui discouraient à l'hôtel-de-ville : ils avaient pris pour eux le poste dangereux, la garde de ces maisons qui faisaient face au château. Après s'être tenus l'œil au guet durant toute la nuit, ils furent bien surpris, quand il fit jour, de ne point voir revenir leurs compagnons pour les relever. Inquiets, ils envoient dans la ville, et bientôt ils apprennent qu'ils sont abandonnés : comme la résistance devenait impossible, ils prennent le parti de se retirer à leur tour.

On comprend maintenant que c'étaient ces derniers fuyards que les sentinelles du château venaient d'apercevoir s'échappant à force de rames ou courant dans la plaine. Il ne restait plus alors dans la ville que les Flamands et autres marchands étrangers tremblant pour leurs richesses, les vieillards, les enfants et les femmes, et ceux des bourgeois qui, ayant refusé la veille de faire résistance, devaient alors en être moins tentés que jamais. Néanmoins tel était l'effroi dont était saisie la garnison, que M. de Sigognes ne put trouver une compagnie de bonne volonté pour descendre dans la ville. Lui-même craignait de donner dans un piége : cette fuite lui semblait inexplicable, si elle ne couvrait quelque guet-apens. Enfin, pour sonder le terrain, il fit mettre le feu aux quinze ou vingt maisons voisines du château. En voyant qu'aucun renard ne sortait du terrier, il fallut pourtant bien se convaincre que la ville était abandonnée. Alors c'est à qui descendra le premier : tous les soldats du château sont bientôt dans les rues, enfonçant les portes, saccageant les maisons : le pillage dura tout le jour et toute la nuit suivante. Comme ils ne trouvèrent point de résistance, il n'y eut point de sang répandu. Enfin M. de la Mailleraye fit défendre de piller davantage. Toutes les maisons n'avaient pas été dévastées : les soldats n'avaient pénétré que jusqu'à l'hôtel-de-ville ; tout ce qui était au-delà, tout le quartier du Moulin-à-Vent, les quais, la rue du Haut-Pas et autres de ce côté avaient été respectés. C'était le riche quartier, celui qu'habitaient les commerçants étrangers et les plus opulents : ils proposèrent à MM. de Sigognes et de la Mailleraye de composer avec eux ; et, moyennant rançon, les uns de cent, les autres de quatre, de cinq et jusqu'à six cents écus, ils obtinrent que le pillage cesserait, et qu'on éteindrait l'incendie des maisons, au pied du château, qui brûlaient depuis la veille, et dont les flammes menaçaient de dévorer tout le reste de la ville.

Quatre compagnies furent logées chez les bourgeois pour y vivre à discrétion, et M. de la Mailleraye, afin d'achever ce qu'il appelait la pacification de cette malheureuse cité, lui demanda 16,000 livres pour frais de guerre et pour la solde des soldats qui l'avaient si bien pillée. On fit sortir des prisons du château les échevins et les autres magistrats qu'on y retenait depuis trois jours ; mais M. de la Mailleraye, de sa propre autorité, les déposa de leurs charges, et, sans convoquer d'assemblée, sans demander à personne ni avis ni suffrages, il leur donna des successeurs[1]. Ce furent quelques habitants obscurs restés secrètement catholiques. Cette élection, contre laquelle personne n'osa réclamer, fut ratifiée en conseil et par lettres patentes du roi du 27 novembre (1567)[2]. Enfin, quoique la ville

[1] Depuis la fin du quatorzième siècle (1396), les bourgeois étaient en possession d'élire librement deux échevins et un syndic. Il paraît qu'avant cette époque la ville avait un maire, lequel était élu pareillement: Il est parlé du maire de la ville dans les Mémoires de l'abbaye de Foucarmont, année 1211. Mais, après le treizième siècle, l'usage d'élire un maire se perdit peu à peu, et vers les dernières années du siècle suivant on créa un *corps de ville* composé de deux échevins et d'un syndic. On acquit, pour loger le *corps de ville*, une maison sur la place du Moulin-à-Vent. Cette maison fut échangée en 1477 contre celle où l'hôtel-de-ville était encore établi au seizième siècle durant les troubles. En 1498, le nombre des échevins fut porté à quatre. Enfin il existe une ordonnance de Louis XIV, en date du 27 octobre 1667, qui arrête que dorénavant le corps de ville sera composé du gouverneur, ou, en son absence, du lieutenant de roi, son second; du lieutenant-général de la justice d'Arques, de quatre échevins, de quatre conseillers, d'un syndic et d'un greffier; que l'assemblée des habitants pour l'élection des échevins se fera tous les ans au mois de septembre, le dimanche avant la Saint-Michel, et qu'à la pluralité des voix on y élira un échevin et un conseiller de ville pour prendre la place de ceux qui sortiront de charge pareillement chaque année. Le roi attribua en même temps à ce corps la police de la ville, et ordonna que dans toutes les assemblées publiques, et aux processions, les officiers de ville tiendraient toujours la droite ou le premier rang; les officiers royaux et ceux de la justice ordinaire, la gauche. Au mois d'août 1692, quand la création de nouveaux offices était devenue un système d'impôt, Louis XIV remit sur pied ou créa la charge de maire, éteinte depuis quatre cents ans. La ville la racheta, et elle se trouva ainsi, par arrêt du 30 juin 1693, réunie au corps de ville. (*Voyez* dom Duplessis, *Description de la Haute-Normandie;* et ci-dessus, page 37.)

[2] Par autres lettres-patentes, M. Sigognes fut fait chevalier de l'ordre en récompense de sa conduite.

Un *Te Deum* fut chanté devant une poignée d'auditeurs dans les deux églises Saint-Jacques et Saint-Remy, et il fut institué que tous

parût délivrée pour long-temps de ceux qui pouvaient donner de l'ombrage à M. de Sigognes, quatre compagnies lui furent laissées pour renforcer sa garnison et tenir tout en ordre. Cela fait, tout fier de sa belle besogne, mais le cœur encore gros de sa mésaventure, M. de la Mailleraye quitta la ville.

## § XV.

Troisième édit de pacification (1568); — sa durée. — Ce que deviennent les protestants après que la guerre a recommencé.

Est-il besoin de dire qu'à partir de ce moment l'exercice du culte réformé fut interdit? Il y avait encore grand nombre de protestants dans la ville, mais les pasteurs s'étaient enfuis avec l'élite du troupeau. Cependant, quelque temps après, ceux qui étaient restés, tout consternés et abattus qu'ils étaient, ranimèrent leur zèle et avisèrent aux moyens d'éluder les rigoureuses défenses du gouverneur. Ils appelèrent un ministre, qui prêcha en grand secret de maison en maison. Mais M. de Sigognes avait l'œil pénétrant; l'assemblée fut découverte et le ministre conduit en prison. On travaillait à son procès, et sa condamnation allait être prononcée, lorsque la paix, faite à Longjumeau le 20 mars 1568, vint mettre fin aux poursuites et lui rendre la liberté.

Grâce à ce nouvel édit, l'exercice de la religion devait être rétabli à Dieppe sur le même pied que lors de la paix de 1563. Force fut donc à M. de Sigognes de laisser faire publiquement le prêche, et de voir peu à peu la plupart de ceux qui avaient fui rentrer dans leurs maisons.

les ans à pareil jour, fête de saint Simon et saint Jude, il serait rendu grâces à Dieu pour la délivrance de la ville par une procession générale des deux paroisses et du corps de ville; qu'à la fin de la procession on chanterait le *Te Deum* et un *Libera me Domine* pour le repos de l'âme de ceux qui avaient été tués.

Mais il trouvait toujours moyen de mettre des entraves à l'exécution de l'édit. Tantôt, sous prétexe de crimes imaginaires, il faisait arrêter ceux dont il se défiait, ou leur commandait de vider la ville; tantôt c'étaient des soldats qui faisaient insulte à de pauvres femmes allant au prêche : les maris s'en mêlaient, une rixe s'ensuivait, et, comme les bourgeois seuls pouvaient avoir tort, le gouverneur donnait ordre qu'on fouillât leurs maisons, et que leurs armes de toute espèce fussent portées à la citadelle. De cette façon, à mesure qu'il rentrait un des exilés, il était, au bout de quelques jours, incarcéré, chassé de la ville, ou tout au moins désarmé.

Comme il en était ainsi dans presque tout le royaume, la paix ne pouvait durer long-temps; et, en effet, cinq mois après avoir été signée, vers la fin d'août, elle fut rompue, et chaque parti courut aux armes avec plus d'acharnement.

Si les protestants de Dieppe avaient été maltraités pendant la paix, lorsqu'ils vivaient sous la protection de l'édit, on pense quel fut leur sort lorsque la guerre eut éclaté. M. de Sigognes put se donner libre carrière; et quoiqu'il fût plutôt dans son caractère de recourir aux moyens astucieux et aux voies obliques que de persécuter à visage découvert, il ne se fit pas faute d'assouvir ainsi plus à son aise sa haine de catholique, et de tirer prompte et sûre vengeance de l'affront du 27 octobre. S'il fallait s'en rapporter au témoignage des protestants, il se serait conduit en cette circonstance comme un monstre et un scélérat; mais à n'en croire que les catholiques ses amis, il est déjà trop évident qu'il ne fut ni humain ni généreux.

Il remit en usage tous les moyens violents dont on s'était servi depuis trente ans, soit à Paris, soit dans le reste de la France, pour tourmenter les consciences : ordre fut donné aux sages-femmes chaque fois qu'elles accoucheraient une femme de la religion d'en faire déclaration deux heures après, afin qu'on enlevât l'enfant à ses père et mère, qu'on le fît baptiser à l'église catholique et élever par les prêtres.

Ordre à tous ceux qui n'étaient pas nés dans la ville d'en sortir dans les vingt-quatre heures ou d'aller à la messe. Or, il s'en trouvait dans le nombre qui étaient mariés, et avaient acquis leur maison depuis trente ans et plus; n'importe, il fallait sortir.

Ordre aux avocats, procureurs et tous autres exerçant une charge quelconque, de renoncer à leurs charges ou d'aller à la messe.

Ordre à quiconque avait des domestiques de la religion réformée de les chasser sur l'heure ou de les faire aller à la messe.

Ordre enfin à tous ceux qui s'étaient réfugiés soit en pays étranger, soit dans les châteaux des environs appartenant à des seigneurs de leur secte, de rentrer sous le plus court délai et d'aller à la messe, sous peine de voir leurs biens de toute nature vendus devant leur porte. Comme personne ne rentra, ces ventes à l'encan furent bientôt ordonnées sans pitié.

Pour saigner aussi la bourse de ceux qui étaient restés, et qui pour la plupart n'avaient renoncé à l'exil que parce qu'ils avaient de grands biens et de grandes richesses, on inventa un impôt destiné à de prétendues levées d'hommes pour s'opposer aux descentes des Dieppois réfugiés en Angleterre. Un conseiller au parlement, nommé Violart, vint présider à ces mesures fiscales : sous ce prétexte et sous beaucoup d'autres, il n'y eut subtilités, cruautés et vexations qu'il ne mît en usage pour lever de l'argent; en peu de jours il avait ramassé plus de 30,000 écus. On emprisonnait ceux qui refusaient de payer; il y en eut même qu'on fit payer deux fois, bien qu'ils montrassent leurs quittances à tout venant.

Ce qu'il y avait de plus odieux, c'est que M. de Sigognes ne laissait même pas à ses victimes la faculté de fuir, surtout quand il leur savait encore un peu d'or. Il apprit que trente à quarante riches protestants, soit de Dieppe, soit de Luneray, Bacqueville, et autres lieux voisins, avaient fait marché avec un marinier pour les passer en Angleterre. Cet homme devait leur amener une grande barque au bord de la mer, près du petit port de Veules : ils s'étaient tous trouvés au rendez-vous, à l'heure dite ; mais au moment de monter dans la barque, les voilà entourés par les cavaliers de M. de Sigognes, qui les ramènent à Dieppe, la corde au cou. Les uns, après avoir long-temps langui dans les prisons du château, n'en sortirent qu'à force d'or ; les autres moururent misérablement : le marinier fut pendu.

## § XVI.

Résultats des persécutions. — Découverte d'un complot vrai ou supposé. — Supplices et vengeances.

Il est impossible de tracer le tableau de tant de misères, de tant de cruautés. Quelques années auparavant, quand la population dieppoise n'avait pas encore été décimée par la guerre, par l'exil et par tant de catastrophes, quand elle avait encore ses armes et son courage, ces mesures barbares auraient causé dans la ville quelque grave soulèvement ; mais au moment où nous sommes arrivés, on pouvait persécuter sans crainte : il n'y avait plus que des femmes, des enfants, des vieillards ou des hommes désarmés. Quelques uns voulurent faire acte de résistance ; ils ne pouvaient travailler qu'à leur supplice. Nous ne donnerons pas ici la liste trop longue de ceux qui, presque chaque jour, s'en allaient recevoir l'estrapade en plein marché de la main du bourreau, ou faire promenade par la ville, nus en chemise, la torche ardente à la main, pour être ensuite flagellés, tenaillés, et souvent pendus. Nous pourrions compter bon nombre de ces inébranlables confesseurs de leur foi ; mais nous en verrions beaucoup d'autres plus souples dans leurs croyances, qui, par argent ou par prières, obtenaient de prêtres qu'ils connaissaient les attestations de confession et de communion exigées par le gouverneur.

D'autres enfin, gens de plus de cœur que de cervelle, tentèrent de nouer une trame pour reconquérir à main armée la liberté de conscience. L'entreprise était folle, puisqu'il n'y avait aucune chance d'être ni appuyés ni secourus ; aussi les protestants affirment-ils que cette conspiration ne fut qu'une fable forgée par M. de Sigognes, qui, après avoir ruiné les bourgeois et mis tous les protestants de la ville aux abois, voulut se défaire des gentilshommes du voisinage les plus remuants et les plus dangereux.

Ils prétendent que son instrument dans cette affaire fut un soldat nommé Revers, qui, sous prétexte d'avoir été maltraité par le gouverneur et de vouloir à tout prix en tirer vengeance, s'en vint trouver, dans son château, à trois lieues de Dieppe, le sieur de Catteville Maldéré, jeune capitaine très-brave, mais téméraire et étourdi, et qui, comme nous l'avons vu plus haut, avait joué un des principaux rôles dans la prise du château lors de l'assassinat de Ricarville. Ce Revers lui aurait proposé les moyens de renouer pareille entreprise et de lui livrer le château. Catteville donnant dans le panneau aurait fait des promesses et communiqué à quelques amis ses plans et ses espérances.

Instruit de tout par Revers, M. de Sigognes, de grand matin, fait défense d'ouvrir les portes de la ville ; il descend du château, bien accompagné, place des gardes à tous les coins des rues, fait assembler le corps de ville ; puis, d'un air sombre et inquiet, annonce aux échevins qu'il vient de découvrir une conspiration, qu'il en a des preuves certaines, et prie qu'on ne soit pas surpris s'il se saisit des coupables. Au même moment on arrêtait quarante des principaux bourgeois, tout ce qui restait encore de considérable dans la ville ; le même jour, sur le soir, on amena prisonniers les sieurs de Catteville, de Veules, de Linebœuf et beaucoup d'autres, tous gentilshommes des environs. Les accusés sont à l'instant conduits à Rouen sous bonne escorte. Leur procès fut instruit assez lentement d'abord, parce qu'on trouvait trop peu de preuves convaincantes : puis tout à coup on précipita la procédure, et il s'ensuivit arrêt de la Cour du parlement et exécution à mort contre les uns, en octobre 1569 ; contre les autres, en mars 1570. Les quartiers des sieurs de Catteville et de Lincbœuf, leurs têtes et celles des sieurs de Veules, de Rambures, de François du Bogerin, receveur de l'amiral, de Jacques Canu, lieutenant-général au bailliage de Dieppe, et de dix-neuf bourgeois, furent plantés et exposés sur des poteaux au pied du château [1].

Quelques mois après, ces pauvres gens eussent évité la mort ! La paix était à la veille d'être conclue ; il est vrai que le conseil, sur la demande de l'amiral, donna un arrêt qui proclamait leur innocence et la faisait luire aux yeux de tous ; que, par cet arrêt, l'honneur de leur mémoire fut rétabli, que leurs biens qui avaient été confisqués furent rendus à leurs parents, de même que leurs quartiers et leurs têtes ; que l'arrêt du parlement qui les avait condamnés fut cassé, annulé et rayé des registres ; mais tout cela ne leur rendait pas la vie !

Profitant de la découverte de cette conspiration, et sous prétexte des dangers qu'il prétendait encore courir, M. de Sigognes se fit envoyer deux compagnies d'infanterie pour renforcer sa garnison. Ce fut alors que la persécution parvint à son comble. Il n'y eut pas de tourments, de cruautés, d'avanies, qui ne fussent inventés pour mettre en poussière les misérables débris de cette église de Dieppe, naguère la plus florissante du royaume.

---

[1] Le chroniqueur protestant prétend que la plupart de ces malheureux étaient au nombre de ceux qui avaient donné à M. de Sigognes leur appui auprès de l'amiral pour être maintenu dans sa charge. Je ne sais pas jusqu'à quel point cette accusation est fondée. Ce qui paraît plus certain et plus probable, c'est que sous un prétexte ou sous un autre, M. de Sigognes parvint à se défaire de tous ceux qui avaient pris part à la résistance du 27 octobre.

## § XVII.

Quatrième édit de pacification (1570); — de quelle manière on l'exécute. — Quels étaient alors la situation et le degré d'influence du parti réformé. — Saint-Barthélemy. — Conduite de M. de Sigognes.

Enfin, après avoir été battus pendant deux années par cette furieuse tourmente, les pauvres religionnaires apprirent un jour que, pour la quatrième fois, la paix venait d'être faite entre eux et leurs persécuteurs[1]; triste paix, puisqu'elle cachait sous son voile les sanglantes horreurs de la Saint-Barthélemy !

Quand ce nouvel édit fut publié, quelques vieux Dieppois disaient en soupirant : « Attendons-nous à une cinquième guerre! » Mais la foule se berce si facilement d'espérance! Ces malheureux avaient tant besoin de repos, de bonheur, qu'ils se livrèrent avec confiance aux promesses de l'édit. Coligny et tous les habiles du parti ne dormaient-ils pas tranquilles! et qui sait si Catherine elle-même roulait alors dans sa tête tous les noirs desseins qu'on lui prête?

Quoi qu'il en soit, le jour où l'on eut à Dieppe nouvelle de l'édit, quelques fidèles se réunirent en petit nombre dans diverses maisons pour chanter des psaumes en l'honneur de Dieu. M. de Sigognes le leur fit interdire, sous prétexte que l'édit n'était pas enregistré. Après l'enregistrement ce fut pour quelque autre cause, si bien que, six mois encore après la conclusion de la paix, les protestants de Dieppe n'étaient guère mieux traités qu'auparavant. Ce n'était plus à titre de protestants qu'ils étaient poursuivis, puisque la huguenoterie par elle-même cessait d'être un crime; mais c'était à titre de *relaps*. M. de Sigognes pré-

---

[1] Au mois d'août 1570, quatrième édit.

tendait que les relaps ne devaient point jouir du bénéfice de l'édit. Or, comme pendant la guerre un grand nombre d'habitants avaient été contraints de déguiser leurs croyances et d'aller à la messe pour éviter la corde, retourner au prêche devenait pour eux un crime irrémissible.

Cependant, sur les plaintes réitérées qui en furent adressées à l'amiral, le duc de Montmorency et deux autres commissaires nommés pour faire exécuter l'édit de pacification arrivèrent à Dieppe le 3 mars 1571. Ils enjoignirent à M. de Sigognes de calmer un peu son zèle, et exhortèrent les protestants à oublier le passé, à vivre en repos dans leurs maisons et à n'aller au prêche que dans les lieux permis par l'édit. Or, il n'en était pas cette fois comme des trois autres : l'exercice public dans la ville n'avait pas été autorisé, attendu les désordres et les émotions dont la ville avait été le théâtre. Ce n'était qu'en dehors des murs qu'il leur était permis d'assister aux prédications de leurs ministres. Ils se réunirent d'abord chez la dame Languetot, au village de la Cour-le-Comte, distant de quatre lieues de la ville; puis à Bacqueville, qui n'est qu'à trois lieues; puis enfin ils établirent définitivement leur prêche dans un lieu plus proche encore, à Saint-Aubin-sur-Arques, dans le château du sieur de Saint-Aubin, Robert Desmarets, lequel avait plein fief de haubert à tous venants.

On voit combien la réforme était déjà déchue à Dieppe, combien les persécutions avaient depuis trois ou quatre ans abattu les prétentions et l'importance de la population protestante. En signant cette paix, qui pour la cause réformée en général était peut-être plus avantageuse que les précédentes, l'amiral n'avait pas cru devoir insister pour que le prêche fût public dans la ville, ce qui deux ans auparavant n'avait pas fait la moindre difficulté. Obligés d'aller chercher l'instruction religieuse à deux lieues hors des murs, les protestants, quelque nombreux qu'ils fussent encore, ne pouvaient plus être qu'une fraction de la population ; le culte réformé devenait le culte des gens qui avaient de la richesse et du loisir : de ce moment le petit peuple allait retomber sous l'influence des prêtres catholiques et reprendre, de guerre lasse, et grâce au voisinage, sa vieille habitude d'aller prier à Saint-Jacques et à Saint-Remy.

Pendant un an et quelques mois, on vit tous les dimanches matin le troupeau des fidèles sortir par la porte de la Barre et se répandre avec gravité et recueillement sur le chemin de Saint-Aubin ; souvent aussi dans la semaine un baptême, un mariage, un enterrement faisait recommencer ce pèlerinage. Il fallait bien quelquefois endurer les rires moqueurs des soldats du château ou les insultes des habitants d'Arques, ces vieux ennemis de la réforme dieppoise ; mais d'ordinaire tout se passait assez paisiblement, et ces malheureux se livraient avec confiance aux douceurs d'un repos inespéré, lorsque tout à coup la nouvelle de cette sanglante nuit du 24 août vint retentir à leurs oreilles. Au bout de quelques heures, pasteurs et troupeau, tout était dispersé : la plupart se sauvèrent en Angleterre ou à La Rochelle ; d'autres se cachèrent soit dans la ville, soit dans les châteaux ou masures du voisinage ; d'autres enfin firent abjuration.

On sait, car c'est un fait consigné dans presque toutes les histoires de France, que, sur le refus de M. de Sigognes, le massacre n'eut pas lieu à Dieppe. La réponse de ce gouverneur est citée à côté de celles des Matignon et des vicomte d'Orthès. Toutefois notre chroniqueur protestant s'évertue pour lui en ravir l'honneur : il ne peut nier qu'en cette circonstance M. de Sigognes ait refusé son concours aux volontés du conseil ; mais il ne veut pas qu'il ait cédé à un motif généreux, à un mouvement d'honneur et d'humanité. Les raisons qu'il en donne ne sont pas sans réplique, et la passion paraît les avoir dictées. Mais il faut convenir pourtant que si quelqu'un devait s'abstenir du massacre des calvinistes comme d'une cruauté inutile, c'était assurément M. de Sigognes, qui, pendant deux années, n'avait laissé ni paix ni trêve à ces malheureux, et les avait si bien harcelés, pourchassés, pressurés, qu'il ne leur restait qu'un souffle de vie. A moins d'un bien grand luxe de cruauté, il ne pouvait avoir envie d'écrire ce jour en lettres de sang dans le calendrier de Dieppe.

Quoi qu'il en soit, M. de Sigognes fit réponse au conseil que les calvinistes de Dieppe étaient presque tous en fuite, qu'un certain nombre avaient abjuré, et que ceux qui restaient fidèles à l'hérésie ne valaient pas la peine qu'on leur fît l'honneur de les craindre.

Cependant vingt à vingt-cinq coupe-jarrets du pays de Caux, hommes de sac et de corde, qui, après s'être trempé les mains dans le sang à Rouen, avaient couru les campagnes en qualité de massacreurs, arrivèrent un soir à Dieppe, porteurs, disaient-ils, de commissions royales pour faire danser le branle aux huguenots. Ils furent logés et traités joyeusement par Nicolas Dupont, catholique exalté, qui, persécuté lui-même par les huguenots en 1562, leur avait voué une haine furieuse. Sa maison était située au cœur de la ville, dans la Grand'Rue, à l'image de Saint-Georges. Déjà ses hôtes s'apprêtaient à leur exécrable exercice quand M. de Sigognes, instruit de leur arrivée, les envoya sommer de sortir de la ville au moment même, les menaçant, en cas de refus, de les y contraindre à main armée.

En même temps il convoqua l'assemblée de ville, et, après avoir donné connaissance de ce qu'il venait de faire, il ajouta qu'il espérait bien qu'en récompense d'un si grand service ceux qui persévéraient encore dans les erreurs de la prétendue religion réformée lui montreraient quelque obéissance et ouvriraient enfin les yeux à la vérité. Après ces paroles, il annonça qu'il allait prendre les mesures les plus sévères pour qu'il ne restât pas dans la ville une seule personne qui ne vécut à la catholique. « Je leur ai sauvé la vie, dit-il, il faut qu'ils la rachètent maintenant. »

M. l'évêque de Roze étant venu, sur ces entrefaites, passer quelques jours à Dieppe, il se fit entre ses mains un assez grand nombre d'abjurations publiques. Quant à tous ceux qui ne voulurent ni fuir ni abjurer en pleine église, ils n'en furent pas moins obligés de signer sur un registre qu'ils renonçaient à l'hérésie, et de présenter à certaines époques fixes l'attestation des prêtres qui les avaient confessés et admis à la communion catholique.

## § XVIII.

Mort de Charles IX (1574). — Henri III. — Cinquième édit de pacification (1576); — ses résultats. — Mort de M. de Sigognes.

Deux années se passèrent ainsi dans le silence et l'oppression, lorsque la mort du roi Charles IX, survenue le 30 mai 1574, vint ranimer quelques espérances. Une pauvre servante, bonne calviniste, en sentit tant de joie qu'elle ne put s'empêcher de la témoigner tout haut, en plein marché. On la conduisit en prison, et comme, chemin faisant, loin de s'amender, elle remerciait Dieu encore plus fort de la mort du tyran, elle fut traînée sur la claie et pendue.

Cependant les deux premières années du règne de Henri III n'amenèrent aucun changement notable dans les affaires des huguenots. M. de Sigognes, qui était le plus prudent des hommes, demanda que son château fût fortifié pour la bienvenue du nouveau roi. Henri lui donna permission de couper vingt-cinq arpents de bois dans la forêt d'Arques, pour faire les palissades et revêtir les ouvrages. Les murs de la ville furent réparés, et la ceinture du côté des quais bâtie à neuf.

Le château et la ville ainsi en bon état, avec garnison forte et fidèle, M. de Sigognes fit dire au roi qu'il répondait de la ville, et qu'il allait travailler à y faire refleurir la religion. Le roi, quoiqu'il se souciât alors de la romaine aussi peu que de la réformée, lui envoya un père minime, qui prêcha l'avent et le carême avec quelque succès. Les églises commençaient à se repeupler, moitié par force, moitié parce que le vent avait tourné. Toutefois, les protestants de la bonne roche ne renonçaient pas encore à la partie. Les plaies de la Saint-Barthélemy se cicatrisaient peu à peu, et, dans le mystère de quelques chapelles des châteaux d'alentour, il se faisait encore, de loin en loin, quelques prédications. Le sieur Mathieu Cartault, qui déguisait son nom sous celui de Carval, était le ministre et le lien de ces débris épars de l'ancienne église.

Enfin, vers le mois d'avril 1576, le duc d'Alençon, qui s'était fait le chef des calvinistes, ayant levé une puissante armée, le roi se vit contraint de venir à composition, et signa un cinquième édit de pacification, le plus favorable qu'eût encore obtenu le parti de la réforme. Liberté de conscience pleine et entière, sans exception de temps ni de lieux; exercice public de la religion dans toutes les villes de France, Paris seul excepté; faculté de célébrer les mariages et toutes les autres cérémonies du culte; de tenir des synodes, d'administrer les sacrements à leur mode; en un mot, protection presque aussi complète que celle dont jouissait le culte catholique : telles étaient les clauses et conditions de l'édit. Ces avantages et beaucoup d'autres, tels que celui de pouvoir être admis à toutes les charges, engagèrent la plupart des fugitifs à s'en revenir à Dieppe. Ils rentrèrent en dépit de M. de Sigognes, et bientôt le prêche devint public : on prit à cet effet deux maisons, une dans la rue du Haut-Pas, appelée le Moutier-Blanc; l'autre dans la rue d'Écosse, vis-à-vis la maison des Charités. On y faisait le service comme en deux paroisses : les sieurs Cartault et Pâris étaient les deux pasteurs.

Pendant ce temps, les catholiques de tout le royaume poussaient des cris de rage. Les Guise, furieux de cette paix faite à leur détriment, ne s'endormaient pas, et nouaient de puissantes intrigues pour l'établissement de leur propre grandeur et pour la domination de la foi catholique. Ce fut alors qu'ils commencèrent à faire signer la sainte *ligue*. Henri III, qui assistait à la tenue des états à Blois, crut faire un chef-d'œuvre de politique en signant aussi la ligue, et en s'en proclamant le chef. Or, la première conséquence de cette insigne faiblesse fut de se voir forcé de révoquer son édit [1]. A la vérité, les protestants, quelques mois après, le contraignirent de leur en accorder un autre moins avantageux peut-être, mais qu'ils pouvaient se vanter d'avoir arraché à la pointe de leur épée [2]. De sorte que le pauvre roi, pour prix de son habileté, n'eut d'autre avantage que d'avoir révélé aux deux partis, catholique et huguenot, leur force et sa propre misère.

Pendant le court intervalle qui s'écoula entre la publication de ce nouvel édit et la révocation du précédent, l'église de Dieppe, à peine renaissante et encore bien souffrante et bien faible, fut de nouveau dispersée, et vit la plupart de ses membres se réfugier encore une fois en Angleterre, leur asile accoutumé. Le second édit, moins tolérant que le premier, comme nous l'avons dit, n'autorisait pas le culte public dans la ville, mais seulement dans les châteaux et fiefs des seigneurs calvinistes des environs. Les pèlerinages à Saint-Aubin-sur-Arques recommencèrent donc, et les affaires du parti se retrouvèrent à peu près en l'état où nous les avons vues pendant l'année qui précéda la Saint-Barthélemy : seulement le nombre des fidèles avait encore diminué, tandis que le catholicisme

---

[1] Le 12 février 1577, sur la demande des États, des lettres de cachet portèrent dans tout le royaume l'ordre de suspendre et d'interdire les prêches et tout exercice public.

[2] Septembre, même année. Cet édit de paix fut signé à Poitiers.

n'avait pas cessé de reprendre une certaine faveur, surtout auprès du petit peuple.

Pendant les sept années qui suivirent, c'est-à-dire jusqu'en 1585, époque où la ligue devint triomphante et contraignit le roi de révoquer l'édit, les calvinistes continuèrent à jouir assez tranquillement de cette demi-tolérance. Peu d'événements dignes de mémoire se passèrent pendant ce temps à Dieppe. M. de Sigognes fut, comme de coutume, défiant, sévère et malveillant pour les huguenots. Des pères minimes et autres religieux vinrent faire chaque année des sermons, et chaque année ils obtinrent quelques abjurations. Il y en eut une entre autres qui fit éclat. On se souvient de ce ministre, nommé Toussaint Tiboult, qui, dans le temps de la grande prospérité de l'église, avait été pour les fidèles une cause de tant de scandales, de querelles et de troubles; suspendu de sa charge par arrêt du colloque des ministres de Caux, il ne savait que devenir, lorsqu'un père minime, un de ceux qui prêchaient à Saint-Jacques, entreprit sa conversion. Tiboult ne se fit pas long-temps prier : il se rendit à Rouen, où il abjura publiquement entre les mains du cardinal de Bourbon ; puis, d'après le commandement de celui-ci, s'en revint à Dieppe, où il prêcha dans la chaire catholique, réfutant ses anciens discours, et tonnant contre l'hérésie de toute la force de son éloquence [1]. Il ne survécut pas long-temps à sa conversion,

---

[1] « L'an 1581, le 3ᵉ jour de mars, dit la chronique catholique, M. le cardinal de Bourbon, archevêque de Rouen, en son église de Notre-Dame, en présence de son clergé, du Parlement et de plusieurs gentilshommes, reçut l'abjuration d'hérésie que fit publiquement M. Toussaint Tiboult, docteur en théologie de la Faculté de Paris. On assure qu'il donna de suffisants témoignages d'une parfaite conversion. Monseigneur l'archevêque lui commanda de faire pareille abjuration publique en la ville de Dieppe, et aux prédications qu'il fercit cy-après aux paroisses voisines de ladite ville, réfuter les erreurs de sadite hérésie et déduire les raisons par lesquelles il avoit été meu de s'en retirer, sans toutefois qu'il pût dire

et mourut assez misérablement, s'il faut en croire les chroniques protestantes, car il ne voulut ni s'approcher des sacrements catholiques, ni se réconcilier avec le calvinisme.

Sa mort fut regardée par les fidèles comme une justice de Dieu. Ils en dirent autant de celle de M. de Sigognes, qui arriva quelque temps après. Il était allé visiter certains domaines confisqués par lui sur des huguenots, près du village de Pourville; au retour, marchant en compagnie de quelques gentilshommes, son cheval s'abattit dans la rivière, et, en se débattant, lui donna du pied dans la poitrine si rudement qu'il en mourut. Le cheval avait appartenu à M. de Linebœuf, un des gentilshommes que M. de Sigognes avait fait décapiter pour le complot de Catteville : les biens du condamné ayant été confisqués, le gouver-

---

la messe ni exercer autre fonction sacerdotale jusqu'à ce qu'il en eût autrement été ordonné.

» En l'an 1645, ajoute le chroniqueur, soixante-quatre ans après cette abjuration, vivoit encore à Dieppe Anne Cauchie, vieille fille aagée de cent cinq ans, qui avoit le jugement fort bon et entier, laquelle m'a assuré avoir veu ledict Tiboult, tout blanc, monter à la chaise de Saint-Jacques avec des sabots de bois à ses pieds, et tout nud, couvert seulement d'une grande haire ou cilice de crins, faire publiquement abjuration de son hérésie à tirer les larmes de ses auditeurs. »

Il paraît que depuis plusieurs années Tiboult était fort ébranlé dans sa foi, et regrettait d'avoir quitté la religion catholique. Notre chroniqueur raconte à ce sujet une anecdote assez singulière. S'il faut l'en croire, la comtesse d'Eu, Catherine de Clèves, mariée alors au prince Porcien, et qui depuis devint duchesse de Guise, éprouvant quelques doutes de conscience, fit appeler Tiboult, alors pasteur calviniste à Dieppe, pour prendre ses avis, et savoir de lui si elle devait changer de religion. « Vous qui connoissez les deux, monsieur Tiboult, lui dit-elle, dites-moi quelle est la meilleure. — Pour vous parler vrai, madame, répondit le ministre, elles se valent et pèsent l'une comme l'autre. Il y a de l'orgueil et des cabales au fond de toutes deux. Ne changez pas : vous aurez même chance de faire votre salut, et de moins la peine du changement. »

neur s'était adjugé sa monture : or, il était puni par où il avait péché ; et de là les réformés de crier au miracle et de rendre grâce à la justice de Dieu.

Au reste, ils avaient quelque raison de ne pas pleurer M. de Sigognes ; car, malgré sa conduite à la Saint-Barthélemy, il était à coup sûr leur ennemi le plus dangereux, et le principal auteur de la décadence de leur parti. Pendant les dix-huit ou dix-neuf ans que dura son gouvernement, il ne passa pas un jour sans travailler à leur ruine, et rarement ses efforts furent impuissants.

## § XIX.

M. de Chastes gouverneur de Dieppe ; — son caractère ; — sa conduite vis-à-vis des deux partis. — Assassinat du duc de Guise. — Comment M. de Chastes parvient à empêcher Dieppe de se révolter avec le reste de la France. — Résistance à main armée contre la ligue.

On donna pour successeur à M. de Sigognes M. Aymar de Chastes, chevalier de Malte, homme d'honneur, d'esprit et de conduite, plein de mesure et de raison[1]. Il était catholique modéré et fort avant dans le parti *politique*, parti naissant alors, mais qui devait un jour survivre à tous les autres. C'était le parti des gens de bien,

---

[1] M. de Chastes se nommait frère Aymar de Clermont, était chevalier et maréchal de l'ordre de Saint-Jean, de la langue d'Auvergne, commandeur de Lormeteaux et de Saint-Paul. Il fut employé par Henri III pour remettre dom Antoine en ses états avec une armée navale de laquelle il fut général, et depuis par Henri IV, qui le fit général de l'armée navale qu'il envoya en Bretagne.

Il fut un des principaux fondateurs de la colonie du Canada. Ce fut sous ses auspices que Champlain se rendit sur les lieux, où il a laissé son nom à l'un des grands lacs. Sa description du Canada et son histoire de l'entreprise est un monument d'un haut intérêt, qui ajoute à la juste renommée de l'ancien gouverneur de Dieppe.

des vrais amis du pays, de l'ordre, des lois, de la royauté; le parti qui voulait qu'il y eût en France un gouvernement; le *juste-milieu* de ces temps-là, car chaque siècle a le sien. Placés entre deux factions qui toutes deux allumaient la guerre civile à grand renfort de lances étrangères : l'une pour obtenir, disait-elle, toutes les *conséquences* du catholicisme, l'autre pour imposer au pays des dogmes dont il ne voulait pas, les politiques avaient à soutenir le choc des uns et des autres; il leur fallait braver les dédains, les mépris, ce qu'on appelle aujourd'hui l'impopularité, et tenir tête à l'anarchie : rôle pénible, laborieux, le plus ingrat et le plus méritoire dans les temps de troubles et de passions.

On ne sera pas surpris si nous disons qu'à Dieppe ce parti n'existait encore ni de nom ni de fait quand M. de Chastes en vint prendre le gouvernement. Partout où deux factions ennemies sont en présence et se sont persécutées tour à tour, les passions seules ont des organes, et le parti du milieu, de la raison, se fait long-temps attendre. Les catholiques de Dieppe ne pouvaient pas être modérés, ils avaient trop souffert et depuis trop peu de temps; et quant aux protestants, ils avaient trop de sujets de rage et de regrets pour devenir raisonnables et conciliants. M. de Chastes, en arrivant avec ses idées de justice, de modération, d'égalité, ne pouvait donc trouver grande faveur ni chez les uns ni chez les autres : toutefois il sut se faire respecter, parce qu'il était homme de fermeté et de commandement.

Lorsque, après la mort du duc d'Anjou, Henri III, cédant aux menaces des Guise et des ligueurs, déclara le Béarnais déchu de la succession au trône, et révoqua, le 19 juillet 1585, l'édit qu'il avait accordé sept ans auparavant, M. de Chastes usa de douceur vis-à-vis des protestants, leur laissant six mois pour prendre leurs mesures et renoncer à la demi-liberté dont ils jouissaient. Au bout des six mois, le prêche *extra-muros* et tous les autres priviléges furent supprimés et interdits. Dès lors un grand nombre de réformés, s'expatriant pour la quatrième ou cinquième fois, passèrent en Angleterre.

Tel était l'état des choses lorsque, à la fin de décembre 1588, M. de Chastes, qui était parti quelque temps auparavant pour siéger aux états qui se tenaient à Blois, arriva précipitamment un soir, sans que son retour eût été annoncé. Le bruit se répandit bientôt dans la ville que M. de Guise avait été assassiné dans le cabinet du roi, et que les affaires du royaume étaient en danger. Pendant ce temps, M. de Chastes, qui avait convoqué sur l'heure les échevins et les conseillers, délibérait avec eux, et donnait les ordres les plus sévères pour que la ville restât fidèle au roi. Les catholiques n'étaient peut-être pas encore assez nombreux pour tenter un coup de main; néanmoins, comme ils avaient des intelligences avec les ligueurs de Paris, M. de Chastes les fit surveiller de près. Il forma quatre nouvelles compagnies de garde bourgeoise, les composa de protestants et de catholiques indistinctement, et appela les uns et les autres à élire les quatre capitaines; ensuite il établit auprès de sa personne un conseil de bourgeois où les protestants étaient en majorité, et avec lequel il délibérait chaque jour sur les affaires de la ville. En un mot, il sut par ces concessions et ces égards se rendre favorables les plus notables protestants; et, comme d'un autre côté, il leur défendait le prêche public, leur permettant seulement quelques assemblées particulières qu'il faisait semblant d'ignorer, il ne donnait pas prise sur lui aux catholiques exaltés, et se conciliait ceux qui, moins ardents, ne demandaient que la paix et la tranquillité de la ville.

Tels furent son activité, son adresse et son ascendant, qu'en peu de temps il forma dans cette population dieppoise un parti puissant de politiques comme lui, tandis qu'à son arrivée il n'en existait pas un seul. Punissant avec une égale sévérité le huguenot qui insultait à la

Vierge et aux saints, et le ligueur qui parlait mal de Henri de Valois, il se fit assez craindre et assez respecter des deux partis pour rester le plus fort et conserver sa ville et son château à Henri III, tandis que dans toute la France il n'était plus une place forte qui appartînt à ce malheureux monarque, la ligue s'étant rendue maîtresse de toutes celles que n'occupaient pas les protestants.

Les ligueurs firent mille tentatives pour surprendre sa vigilance : il les fit toutes échouer. Un père minime, envoyé de Paris, s'en vint pour prêcher le carême : M. de Chastes obtint de l'assemblée de ville, où siégeaient cependant bon nombre de catholiques, que le père minime serait renvoyé.

Après les missionnaires vinrent les bataillons : la ligue donna ordre à M. de Villars, qui commandait au Havre en son nom, de s'en venir harceler les Dieppois, afin d'aider les catholiques de la ville à se soulever ; mais, grâce à M. de Chastes, ces tentatives furent repoussées plus vite encore que les sermons du religieux. Deux cents chevaux et trois cents arquebusiers, commandés par le lieutenant du gouverneur, sortirent de la ville, et eurent promptement raison de ces bandes de ligueurs. Toutefois il fut impossible de les exterminer complétement, et d'empêcher qu'à tout moment de nouvelles escarmouches vinssent jeter l'épouvante dans les campagnes d'alentour.

Ces petits combats par eux-mêmes n'offrent pas grand intérêt, mais il s'y rencontre parfois des traits de mœurs qu'il faut recueillir, parce qu'ils révèlent d'un seul mot l'état des esprits et la situation respective des partis. Ainsi, dans une de ces rencontres, une compagnie de Dieppois, surprise par une bande assez nombreuse de ligueurs, fut acculée dans le village d'Offranville, et réduite à se retrancher dans une grange. Les ligueurs mirent le feu à la grange, ce qui força les assiégés de sortir en désespérés et de se faire jour à travers l'ennemi. Dans cette lutte acharnée, le capitaine dieppois tomba mort : c'était un gentilhomme protestant nommé Rufosse. M. de Chastes proposa, en considération de ce que le défunt était mort pour le service du roi et en bon et loyal serviteur, que l'on donnât la sépulture à son corps, et qu'on eût à voir, en conséquence, quel honneur on pourrait lui rendre, quoique huguenot. Mais à cela les curés des deux paroisses répondirent qu'ils ne souffriraient pas qu'il fût mis en terre sainte. M. de Chastes soumit la question à l'assemblée de ville. « Prenons garde, messieurs, dit un sieur Ravetot, que nos ennemis ne puissent estimer et persuader au petit peuple que nous sommes tous huguenots, selon qu'ils en ont opinion, quoiqu'à tort. Pour moi, je trouverais bon que le corps du défunt fût conduit avec honneur par ses soldats jusqu'à la porte de la ville, et que là il fût remis à ses parents pour l'enterrer où bon leur semblerait. » Cette proposition reçut l'assentiment de l'assemblée. En sortant de l'hôtel-de-ville, M. de Chastes disait au sieur Ravetot : « Un si brave homme méritait pourtant qu'on fît quelque chose pour lui ! — J'en conviens, monsieur le gouverneur, répondit Ravetot ; mais si nous nous donnons couleur de huguenots, demain tous nos catholiques seront ligueurs, et vous ne serez plus maître de la ville. »

## § XX.

### Mort de Henri III ; — ses conséquences.

M. de Chastes continuait à tenir tête à toutes les tentatives des ligueurs, lorsque la nouvelle de l'assassinat de Henri III fut apportée à Dieppe par un officier que le nouveau roi, Henri IV, envoyait du camp de Saint-Cloud, pour remettre aux habitants et au gouverneur une lettre dans laquelle il leur faisait le récit de la mort du feu roi, et leur demandait serment de fidélité.

Cette mort de Henri III fut pour nos réformés l'occasion d'une fausse joie ; ils s'imaginèrent qu'ils allaient être tout d'un coup au-dessus de leurs affaires ; que le roi de Navarre, devenu roi de France, tous les Français allaient aller au prêche, et que le bon temps des triomphes de l'Évangile était revenu. Pleins de ces folles idées, il y en eut qui s'avisèrent de parler de prêche public et d'autres imprudences de cette sorte. Mais M. de Chastes les avertit de s'en bien garder, ou qu'ils le paieraient cher. Il fut même contraint de faire un exemple : une femme ayant blasphémé tout haut contre la messe, fut condamnée à faire amende honorable la torche au poing dans les deux paroisses. D'un autre côté, M. de Chastes, qui tenait à ne se point brouiller avec les protestants, leur faisait savoir que, quant aux prêches secrets dans leurs maisons, il fermerait les yeux, comme déjà il faisait depuis six mois.

Ce n'était pas ce qu'ils voulaient ; néanmoins ils se contentèrent de murmurer et de ne laisser passer aucune occasion de manifester leur mauvaise humeur. A l'issue d'un service célébré dans l'église Saint-Jacques pour l'âme du feu roi, M. de Chastes se rendit à l'hôtel-de-ville, où il avait fait convoquer la noblesse et tous les habitants pour leur faire signer le serment de fidélité au roi Henri IV. Les protestants y vinrent comme les autres, mais d'un air boudeur, faisant bande à part, et proférant à demi-voix d'assez mauvaises paroles. Comme, d'un autre côté, les catholiques un peu exaltés et qui penchaient vers la ligue ne venaient pas avec de fort bonnes intentions, M. de Chastes, craignant que l'assemblée ne tournât mal, prit le parti de la dissoudre. Il chargea les huissiers de dire que chacun eût à se retirer, que l'assemblée ne se tenait que pour les seuls échevins, conseillers, capitaines et gens de justice. Ceux-ci écoutèrent en silence la lettre du roi, et, comme ils étaient presque tous amis de M. de Chastes et de son parti, ils signèrent de bonne grâce le serment de fidélité.

## § XXI.

### Henri IV à Dieppe. — Bataille d'Arques.

Pendant ce temps, le roi, après avoir quitté Saint-Cloud et conduit son armée vers la Normandie pour être mieux à portée de recevoir les secours qu'il attendait d'Angleterre, était venu se loger à Darnetal, près Rouen. Mais, sur la nouvelle que le duc de Mayenne, sorti de Paris avec quinze mille hommes de pied et trois mille chevaux, se mettait à sa poursuite, et que déjà il avait été rejoint chemin faisant par dix mille lansquenets et par un gros parti de cavalerie; ce qui portait son armée, au dire des Mémoires de Sully, à vingt-cinq mille fantassins et huit mille chevaux; le roi jugea que s'il restait sous les murs de Rouen, dont il n'était pas maître, il allait se trouver pris entre deux feux avec sa petite armée. Il se hâta donc d'abandonner Darnetal pour se rapprocher de la côte, et prit le chemin de Dieppe, en faisant dire à M. de Longueville et au maréchal d'Aumont de l'y rejoindre au plus tôt.

M. de Chastes, instruit de l'arrivée du roi, vint le saluer à une lieue de la ville, et lui présenta les clefs. Une bonne partie de la noblesse et des bourgeois accompagnaient le gouverneur. Le roi visita le château, la citadelle, le port et les fortifications de la ville. La place lui sembla de force à être bien défendue et à tenir long-temps. Après avoir tout parcouru en personne, il s'affermit de plus en plus dans la résolution de choisir cette position pour attendre l'ennemi. Outre les avantages du terrain et la bonté des remparts, il trouvait à Dieppe un gouverneur d'une fidélité à toute épreuve, des habitants bien disposés à se défendre, enfin, si la fortune lui était contraire, un chemin ouvert pour gagner La Rochelle ou l'Angleterre.

Il laissa donc à M. de Chastes cinq cents hommes de

garnison, que soutenaient en outre douze à quinze cents bourgeois bien armés ; et quant à lui, à la tête de ses gentilshommes et de cinq à six mille vieux soldats, il alla se retrancher à Arques ; l'assiette de ce bourg lui semblait favorable, et ce n'était qu'à la dernière extrémité qu'il avait l'intention de se retirer sur Dieppe.

M. de Mayenne ne tarda pas à paraître, et sa puissante armée vint se briser contre cette poignée de braves serrés en faisceau autour du drapeau de la royauté et de la France. Quand nous parcourrons la vallée d'Arques et les ruines de son château, nous étudierons d'un œil curieux les moindres détails de ce merveilleux combat, de cette journée qu'on a nommée, avec raison, la dernière de la chevalerie. Nous suivrons Mayenne et Henri, non-seulement pendant la bataille, mais dans leurs marches et contre-marches de la veille et des jours précédents. Quant à présent, il nous suffit de dire que les ligueurs, après leur défaite, essayèrent vainement de prendre une revanche : plusieurs tentatives contre le Pollet, contre la ville et même contre les retranchements du roi furent si vigoureusement repoussées que M. de Mayenne perdit tout espoir de réparer son échec, et, qu'ayant su que quatre à cinq mille Anglais étaient au moment de débarquer, il jugea prudent de ne pas les attendre, et décampa dans la nuit du 5 octobre, se retirant vers Paris.

Le roi, maître du terrain, continua son séjour à Dieppe jusqu'au 21 octobre. Pendant ce temps, il reçut les secours que lui envoyait la reine d'Angleterre, savoir : mille Écossais et quatre mille cinq cents Anglais. Vinrent ensuite des députés des États de Hollande, lui apportant, à titre de prêt, une somme de soixante mille écus, et enfin le comte de Soissons et d'autres gentilshommes royalistes, qui amenaient avec eux environ dix mille combattants. Alors le roi, se croyant assez fort pour se faire voir aux Parisiens, dit adieu à M. de Chastes et aux Dieppois, après avoir non-seulement confirmé, mais étendu notablement leurs priviléges, et donné des lettres de noblesse à tous ceux des échevins et capitaines qui n'étaient que simples bourgeois.

## § XXII.

Séjour d'Henri IV à Dieppe. — Sentiments des protestants à son égard. — Abjuration ; — ses résultats.

Pendant les deux mois que le roi passa ainsi à Dieppe ou aux environs, les choses qui concernaient la religion demeurèrent à peu près en l'état où il les avait trouvées. Les protestants ne se faisaient pas faute de murmurer tout bas, car ils s'étaient promis de recouvrer quelques-unes de leurs anciennes libertés, et peut-être même la possession d'une église. Lors de l'entrée du roi, quelques anciens vinrent le trouver, et le supplièrent de prendre en pitié la religion. « Êtes-vous les plus nombreux ? leur dit le roi. — Hélas ! non, sire ; les papistes ont repris le dessus, et, depuis vingt ans, le zèle s'éteint de plus en plus chaque jour. — C'est comme partout, reprit Henri ; que voulez-vous y faire ? Commençons par sauver la France, ou, si vous voulez, ma royauté, ce qui est tout un ; car, si je ne suis pas roi, croyez-moi, il n'y aura plus de France. » Toutefois, voulant leur témoigner quelque bonne volonté, harcelé d'ailleurs par madame Catherine de Bourbon, sa sœur, qui avait du zèle et de la foi pour deux, il fit faire, pendant quelques jours, le prêche publiquement dans son logis. Mais, ayant appris que les catholiques en parlaient mal, il ne jugea pas à propos de se les mettre sur les bras, et transporta ces prédications au jeu de paume du Pollet. Ce ne fut pas sans qu'il y eût encore du bruit et des huées ; les soldats de la garde du roi furent même obligés de mettre le holà. Néanmoins, encouragés par madame de Bourbon, et s'appuyant sur son crédit, les protestants recommencèrent leurs exercices dans différents quartiers de la ville. De temps en temps, M. de Chastes les envoyait avertir de s'abstenir du chant des psaumes, ou de n'en chanter que quelques versets, et d'une voix bien basse, tant il redoutait que les catholiques en conçussent de l'ombrage, et qu'il n'eût plus le pouvoir de les tenir en bride.

Les protestants restèrent dans cet état, jouissant de cette protection non avouée, pendant trois ou quatre ans environ, jusqu'aux nouvelles de l'abjuration du roi (27 juillet 1593). Cette apostasie fut pour eux un coup de foudre. Ils avaient fini par croire ce qu'on leur disait sans cesse, que c'étaient les catholiques que le roi voulait jouer : qu'il les ménageait pour qu'ils l'aidassent à devenir roi; mais qu'une fois roi il ferait régner sa croyance. Tout cela n'était plus que chimères, le roi était catholique. Leur découragement et leur stupeur furent tels que les prêches même secrets cessèrent dans toute la ville. Cependant il se réveilla quelque peu d'espérance quand on apprit que le roi avec madame de Bourbon, sa sœur, venaient à Dieppe. L'édit qu'il avait récemment publié à Surenne prouvait que, s'il renonçait à sa vieille religion, il n'avait pourtant pas dessein de la persécuter. Enfin, malgré leur rancune, les protestants lui firent assez bon accueil quand il entra dans la ville, le 10 octobre[1]. Sa sœur était si fortement attachée à sa croyance que, bien que le roi, pendant les six semaines que dura son séjour, allât régulièrement à la messe, elle fit faire publiquement le prêche dans la mai-

---

[1] C'était la troisième fois, depuis la bataille d'Arques, que le roi revenait à Dieppe. Il y passa quelques jours au mois de juin 1590 pour recevoir un régiment anglais et un grand convoi de poudre envoyés par la reine d'Angleterre. Le 8 ou le 9 février suivant, il vint se faire panser d'une blessure qu'il avait reçue en allant à la rencontre du duc de Parme. Il n'entra pas à Dieppe, parce que l'ennemi le talonnait. Il s'arrêta à Saint-Aubin-sur Arques, et de là s'en retourna par Auffay jusqu'à Rouen.

son du sieur Richard de Bure, où elle logeait. Les fidèles étaient en extase devant la constance de cette bonne princesse ; mais ce fut là toute la faveur et la satisfaction qu'ils eurent du voyage du roi.

Quant aux catholiques, au contraire, cette abjuration les avait mis dans l'ivresse : ils la regardaient avec raison comme le présage d'un avenir de paix et de tranquillité, comme le terme de la guerre civile et des fureurs des partis. Grâce à M. de Chastes et à son bon gouvernement, les ligueurs étaient rares à Dieppe ; et les ligueurs seuls parmi les catholiques pouvaient s'affliger de la conversion du roi. Mais, sans être de la ligue, les catholiques dieppois étaient ardents, scrupuleux sur l'article de la foi, et c'était pour eux une extrême douceur de ne plus sentir désormais leurs affections politiques en désaccord avec leurs sentiments religieux.

## § XXIII.

### Édit de Nantes.

Nous glisserons rapidement sur les événements qui suivirent : les Dieppois n'en furent que spectateurs ; leur province n'était plus le théâtre de la guerre ; et bientôt, d'ailleurs, la guerre cessa de déchirer la France. Mais lorsque le roi fut bien affermi sur son trône, et qu'on parla de régler l'état des protestants, ceux de Dieppe, quoique bien déchus de leur ancienne importance, ne furent pas des derniers à faire entendre leurs doléances et leurs réclamations. Ils chargèrent le sieur Legrand, conseiller assesseur en la vicomté d'Arques, d'aller plaider leur cause conjointement avec celle de leurs frères de Rouen, devant l'assemblée qui se tenait à Châtellerault au mois de juillet 1598. Leurs cahiers ayant été examinés avec soin, quelques-unes de leurs plaintes parurent fondées, et il fut décidé qu'il y serait fait droit dans le nouvel édit auquel on travaillait; provisoirement il leur fut accordé de faire le prêche trois fois la semaine, et de se livrer à leurs exercices avec un peu plus de liberté que par le passé.

L'année suivante, l'édit tant promis et tant désiré, le célèbre édit de Nantes, vint confirmer ces avantages provisoires aussi bien que tous les priviléges accordés par les précédents édits, et notamment par celui de 1576. On y ajouta pour les Dieppois la permission de se bâtir un temple, faveur qu'ils avaient toujours sollicitée vainement [1].

Si cet édit eût été publié trente ans plus tôt, quand la réforme dieppoise, au début de ses persécutions, avait encore de la vie et du courage, il eût probablement exercé sur son avenir une notable influence. Sous l'abri d'une sauvegarde aussi puissante, et qui, malgré quelques infractions passagères, fut, on peut le dire, observée religieusement pendant un siècle, on l'eût vue recouvrer rapidement sa première prospérité et lutter avec avantage contre le catholicisme. Mais, à l'époque où nous sommes, le feu sacré était éteint, et l'édit de Nantes ne produisit d'autres effets que de faire persister et vivre tranquillement dans leurs croyances certaines personnes que des persécutions nouvelles auraient peut-être ébranlées, et de rappeler dans leurs foyers un assez bon nombre de réfugiés qui comptaient mourir sur la terre étrangère. Ce furent là les seules conquêtes dont ce troupeau faible et dispersé fut redevable à l'édit. Du reste, pas un prosélyte nouveau ne vint

---

[1] L'édit de Nantes était plus avantageux que celui de 1576, en ce qu'il accordait aux réformés, non-seulement l'admission dans les colléges, hôpitaux, et dans les emplois civils et militaires, mais aussi l'entrée aux charges de finance et de judicature. Il contenait quatre-vingt-douze articles publics, et en outre cinquante-six articles *secrets*, dont le plus important était celui qui accordait aux chefs du parti plusieurs places de sûreté et toutes celles qu'ils tenaient déjà.

grossir ses rangs, tandis que son rival le catholicisme reprenait chaque jour une sève et une verdeur nouvelles.

## § XXIV.

Temple protestant bâti et renversé presque aussitôt;—sa reconstruction. — État des protestants. — Comment l'édit était exécuté à leur égard.

De ce moment l'histoire de la réforme à Dieppe devient terne et décolorée. Qu'importent les destins de ce qui végète? on ne s'intéresse qu'à ce qui grandit ou à ce qui s'écroule. Toutefois comme une grande catastrophe attend au bout d'un siècle les petits fils stationnaires de nos ardents sectaires de 1560, comme Louis XIV, pour payer sa bien-venue à la dévotion, prépare un triste dénoûment à l'histoire que nous racontons, retraçons dans une rapide esquisse, et toujours pour Dieppe seulement, les temps qui se sont écoulés entre la publication de l'édit et sa fatale révocation.

Ce ne fut pas d'abord sans quelques difficultés que l'article qui permettait aux Dieppois de se bâtir un temple fut mis à exécution. Ce temple devait être construit dans un faubourg. On proposa d'abord que ce fût dans celui du Pollet. Le lieu était mal choisi ; car les Polletais, même à l'époque où le protestantisme était triomphant dans la ville, ne lui avaient jamais été fort attachés ; et depuis que le catholicisme reprenait faveur, ils le pratiquaient dévotement[1]. Il fallut donc renoncer à placer au milieu d'eux

---

[1] L'église de Neuville, la paroisse du Pollet, est pleine de témoignages de ce que nous avançons. D'abord la date de sa construction en est une preuve. C'est en 1588, l'année des barricades, l'année de l'assassinat de Guise, l'année où la ligue s'insurgea, que cette église fut bâtie. Il fallait bien qu'il y eût dès lors grande ferveur catholique chez les Polletais pour qu'ils aient fait dans une telle

le temple protestant, ou s'exposer à des rixes et à des querelles continuelles. Après bien des pourparlers, ce fut dans le faubourg de la Barre, au pied du mont de Caux, que l'édifice dut être construit. On en posa la première pierre le 7 mai 1600, après que les fidèles eurent observé un jeûne de trois jours ordonné à cet effet.

Il n'y avait pas six ans qu'ils y faisaient leurs exercices, lorsque, un lendemain de Pâques (1606), sur les neuf ou dix heures du matin, un vent d'ouest vint à s'élever avec tant de violence qu'il renversa non-seulement la toiture du temple, mais les murailles, qui étaient de briques et reposaient sur un soubassement en silex. L'édifice s'écroula tout entier avec un horrible fracas, et enterra sous ses ruines plus de quatre-vingts personnes, dont trente-deux restèrent sur la place.

Ce désastre jeta la consternation parmi les fidèles. Les gens du Pollet et quelques catholiques de la ville ne manquèrent pas de crier que le ciel ne voulait point de huguenots, et qu'il avait jeté bas leur maison pour manifester sa volonté ; néanmoins, les magistrats de la ville, à la pressante requête des protestants, qui demandaient à recon-

---

année les frais de cette construction : si l'on eût été quêter à Dieppe, on n'aurait pas trouvé un sou. Qu'on lise l'inscription suivante, gravée sur un pilier dans la nef de l'église, on y verra le reflet de ce retour ardent au catholicisme qui s'emparait alors des Polletais :

    Éternel. Dieu. je. te. pry. que. ta. grace.
    Flue. des. cieux. desus. ce. saint. lieu. cy.
    A. celle. fin. que. selon. ta. mercy.
    Soit. achevé. pour. adorer. ta. face.
    Peuple. christien. ne. perdons. le. courage.
    De. poursuivir. cest. œuvre. commencé.
    Considérant. que. la. advancé.
    Côme. l'hôneur. de. son. sainct. héritage.

Quant Michel Hardouin fut d'icy thesaurier
Portail arches et piliers a fait édifier,
      L'an 1588.

struire leur temple, leur assignèrent un jardin plus proche encore de la porte de la Barre. On trouva que c'était trop à la vue et à la proximité de la ville ; des contestations s'élevèrent, et il intervint un arrêt du conseil du roi qui permettait aux religionnaires de construire dans une prairie sur le bord d'Épinay ; mais au moment où ils allaient commencer leurs travaux, ils en furent empêchés par les cris et les menaces des catholiques. Le gouverneur[1] fit si bien que l'arrêt fut rapporté. M. Maugot, maître des requêtes, ayant été envoyé sur les lieux pour terminer le différend, il fut décidé que le temple serait bâti sur le chemin de Saint-Nicolas de Caudecôte, à l'endroit même où ce chemin se joint à celui des Fontaines. Le lieutenant-général du bailliage de Caux vint exprès à Dieppe pour mettre les religionnaires en possession de ce terrain.

Les travaux commencèrent vers la Pentecôte, l'an 1607, et en moins d'une année le temple fut élevé. Il était contruit en brique et charpente, de figure allongée et presque ovale. La dépense s'éleva à 8,000 écus. On en fit l'inauguration le 21 septembre 1608[2].

---

[1] Ce gouverneur n'était plus M. de Chastes, mais M. de Sigognes, fils du précédent gouverneur, homme de bien moins d'esprit et de conduite que son père, fort débauché, et qui mangea son bien. Il mourut en 1610, après avoir été sept ans gouverneur. Sa charge fut donnée à François de Mouceaux, gentilhomme picard et seigneur de Villers-Houdan.

Quant à M. de Chastes, il était mort le 13 mai 1603. Le roi, en récompense de ses éminents services, l'avait fait lieutenant-général du pays de Caux, abbé bénéficiaire de Fécamp, vice-amiral de France, et enfin, quelque temps avant sa mort, lieutenant-général de la Nouvelle-France, c'est-à-dire des pays compris entre les 40 et 52 degrés de latitude, pays où les Dieppois commerçaient et avaient des établissements. Il fut vivement regretté à Dieppe. Son corps fut porté et enterré dans l'église des Pères Minimes, où il avait fait de grandes aumônes.

[2] On pratiqua ou plutôt on élargit un chemin pour conduire à ce temple. En 1614 il fut pavé aux frais des protestants. En 1621

Il ne paraît pas que la possession de ce temple ait été dans la suite l'occasion de nouveaux ennuis pour les protestants; mais sans cesse ils étaient en butte à des contestations et à des chicanes de tout genre. Tantôt il s'agissait de leur cimetière, qu'on leur défendait d'agrandir [1]; tantôt du droit qu'on leur contestait de monter la garde comme les autres habitants, et d'être enrôlés dans les compagnies bourgeoises; tantôt du collége [2] et des écoles, dont on excluait leurs enfants. A la vérité, quand ils portaient plainte au conseil, en vertu de tel ou tel article de l'édit, on leur envoyait un maître des requêtes qui leur faisait rendre justice. Mais c'était une vie laborieuse que d'être ainsi sans cesse sur la brèche, plaidant, argumentant, se défendant de bec et d'ongles, et finissant bien par être maltraités quelquefois.

Il y eut même des époques où ce défaut de bienveil-

---

ils commencèrent à travailler à une grande muraille dont ils voulaient ceindre leur temple. Cette muraille ne fut achevée qu'en 1658.

[1] Au mois d'avril 1610, M. Renard, maître des requêtes, et M. Saint-Simon, commissaires de l'édit de Nantes, vinrent à Dieppe, où, après quelques contestations, ils ordonnèrent, le 13, que le cimetière des prétendus réformés serait augmenté de soixante perches de terre aux dépens de la communauté de la ville (d'autres disent aux dépens du roi), ce qui n'eut lieu que trois ans plus tard, le 13 février 1613. Les religionnaires avaient été traversés par les propriétaires de cette terre, et il leur fallut obtenir à cet effet trois arrêts du conseil. Ce cimetière fut clos de larges fossés en 1614, et les protestants y firent construire une porte en maçonnerie sur laquelle ils mirent les armes du roi.

[2] Le collége de Dieppe fut fondé le 8 janvier 1616. Le contrat en fut passé le même jour entre les échevins et le supérieur de la congrégation des prêtres de l'Oratoire. Ce collége consista en une classe de théologie et de philosophie, trois classes où l'on enseignait les humanités, et une quatrième où l'on n'apprenait aux enfants que les éléments de la grammaire. Les chroniques disent que dans les premières années de sa fondation on compta dans ce collége jusqu'à quatre mille écoliers, sans y comprendre ceux qui y apprenaient à lire et à écrire.

lance de la part des magistrats dégénéra en une sorte de petite persécution. Ainsi en 1618 il plut au gouverneur [1] de renvoyer hors la ville tous les maîtres d'école protestants, de défendre aux réformés de célébrer leurs mariages dans les temps et aux jours défendus par l'église romaine. Il lui plut également de réduire à un très-petit nombre de personnes les convois qui accompagnaient les baptêmes et les enterrements. Il s'ensuivit de vives réclamations, et il fallut rendre plusieurs règlements destinés à interpréter le texte de l'édit sur ces divers points. Il fut décidé que pour les enterrements il ne pourrait y assister plus de vingt-cinq à trente personnes outre les porteurs; que depuis Pâques jusqu'à la Saint-Michel ils auraient lieu de six à huit heures du matin et de six à huit heures du soir, et seulement de sept à huit heures du matin et de trois heures et demie à cinq heures du soir pendant le temps qui est compris entre la Saint-Michel et Pâques; qu'à l'égard des convois pour les baptêmes ils ne seraient jamais que de quinze à vingt personnes, si toutefois ce n'étaient gens de qualité; enfin, que les prêches ne commenceraient qu'à dix heures du matin pour finir à midi, pendant toute l'année tant aux dimanches qu'aux autres jours, afin d'éviter la rencontre des processions. A force de règlements et d'interprétations de cette sorte, on finissait toujours par rogner quelque chose des libertés accordées par l'édit.

Les protestants n'étaient pas en mesure de s'en plaindre bien haut; ils n'avaient pour eux ni le nombre, ni le crédit, ni la richesse. A l'occasion de la levée d'un emprunt extraordinaire dont la ville de Dieppe fut frappée dans les dernières années du règne de Louis XIII, les échevins firent procéder dans les huit quartiers [2] au recensement gé-

---

[1] M. de Villers-Houdan.

[2] La ville n'était primitivement composée que de trois quartiers, savoir : le port d'Ouest, le Moulin à l'eau et le Moulin à vent. Plus tard on en forma un quatrième, celui de l'Hôtel-de-Ville. Enfin, en 1588, M. de Chastes ayant ajouté quatre nouvelles compagnies aux

néral de tous les habitants : or, il fut reconnu par ce travail qu'il n'y avait pour lors à Dieppe qu'un religionnaire sur cinq catholiques environ, et que, sauf quelques négociants et armateurs fort opulents, il ne restait parmi les religionnaires que des familles ruinées et presque misérables.

## § XXV.

Remuements dans le Languedoc et à La Rochelle. — Mesures de précaution prises contre les Dieppois. — Persécutions.

Toutefois le souvenir de leur ancienne puissance était encore si présent que, par habitude, on prenait des précautions contre eux dès que, sur un autre point du royaume, leurs frères en religion faisaient quelques démonstrations hostiles. Ce fut ce qui arriva en 1621, lorsqu'on apprit les préparatifs de guerre et les remuements qui se faisaient à La Rochelle. Aussitôt on écrivit à M. de Montigny, alors gouverneur de Dieppe, de s'assurer, n'importe par quels moyens, des huguenots de sa ville. Le duc de Longueville lui-même était porteur de ces ordres; il arriva le 2 mai au matin, et, après en avoir conféré avec M. de Montigny, il arrêta que, pendant que les réformés seraient au prêche dans les faubourgs, les portes de la ville seraient fermées, et qu'on ne les ouvrirait qu'après que toutes les maisons des huguenots auraient été visitées et leurs armes transportées au château. On eut beau se presser pour terminer ce désarmement, il fallut plusieurs heures, et, pendant ce temps, les pauvres protestants se morfondaient derrière les portes closes, frémissant de colère et d'inquiétude. Enfin on leur ouvrit, et M. de Longueville leur fit dire que tout cela se faisait par ordre du roi, mais

quatre qui existaient déjà, on assigna à chaque compagnie un quartier, et de là les huit quartiers dont on parle ici. Plus tard il y en eut douze. *Voyez* ci-après chap. III.

qu'on n'empêcherait pas leurs exercices de religion ; qu'on ne révoquerait pas un seul article de l'édit, qu'en conséquence ils restassent bien paisibles et ne s'étonnassent pas si, pendant toute la nuit, ils entendaient sa compagnie de chevau-légers marcher par la ville ; que c'était de peur de désordre et nullement pour leur faire du mal.

Ces belles paroles ne les apaisèrent point, et quand, à la nuit tombante, la cavalerie eut commencé sa promenade, bien loin de demeurer tranquilles dans leurs maisons, les voilà qui descendent dans les rues, formant des groupes çà et là, et se laissant aller à des soupçons si ombrageux, à de si vives appréhensions, qu'ils prennent la résolution de se bien défendre, et, puisqu'ils n'avaient plus d'armes, de mettre le feu à celles de leurs maisons qui touchaient aux logis des catholiques. Étonné de résolutions si furieuses, le duc de Longueville fit cesser la ronde ; mais le lendemain, trouvant que les esprits étaient plus calmes, et pensant qu'au grand jour leur petit nombre les rendrait moins entreprenants, il fit publier la déclaration que le roi rendit plus tard à Niort, déclaration qui enjoignait à tous ceux qui professaient la religion prétendue réformée et qui avaient atteint l'âge de quinze ans de comparoir au greffe de leur bailliage, et d'y déclarer, jurer et signer qu'ils désavouaient tout ce qui s'était passé, fait, traité et conclu en l'assemblée de La Rochelle, ou ailleurs, par les ministres révoltés.

Selon l'espoir de M. de Longueville, le plus grand nombre se soumirent et vinrent signer, quoique bien à regret ; mais tout ce qui restait de vrais zélés, et à leur tête les deux ministres, préférèrent quitter la place : trois ou quatre chaloupes qui les attendaient le long de la côte les passèrent une belle nuit à l'ancien asile des réfugiés dieppois. On pense combien leur fuite rendit l'église de plus en plus faible et chancelante : les anciens tâchèrent bien de suppléer par des lectures à l'absence des pasteurs ; mais, du moment qu'il n'y avait plus de ministres on pouvait, aux termes de l'édit, faire fermer le temple et les contraindre de baptiser leurs enfants et de célébrer leurs mariages dans les églises catholiques. Pour prévenir une telle disgrâce, leurs frères de Paris leur envoyèrent un pasteur ; plusieurs autres vinrent ensuite : toutefois, comme la guerre avait éclaté non-seulement du côté de La Rochelle, mais dans le Languedoc, l'édit se trouvant suspendu de fait, on ne continua les exercices qu'avec précaution et mystère. On dit même qu'à la nouvelle d'un avantage que les huguenots du Languedoc avaient obtenu devant Montpellier sur les troupes du roi, les catholiques de Dieppe avaient résolu par vengeance de courir sus à tous les réformés de la ville et d'en faire une petite Saint-Barthélemy. Mais un lieutenant de M. de Longueville découvrit le complot, et protection fut accordée aux protestants. Peu de temps après, la paix conclue devant Montpelllier (le 22 octobre 1623) vint dissiper leurs alarmes et remettre l'édit en vigueur.

Quand la guerre se ralluma quelques années plus tard, on ne les troubla pas dans l'exercice de leur culte, mais ils furent en butte à toutes sortes de vexations, à une entre autres qui leur était ruineuse. Les Rochellois rôdant sur la côte et menaçant sans cesse d'une descente, il fallait nuit et jour établir un cordon très-serré de sentinelles sur les remparts et le long du rivage : cela rendait le service de la garde bourgeoise très-fatigant. Or, les protestants n'étant plus admis à en faire partie, on s'avisa de leur en faire supporter la charge d'une autre façon : pour cela on les taxa à un certain nombre de nuits de garde par semaine, et pour chaque nuit ils devaient donner huit ou dix sous, plus ou moins, selon qu'il plaisait aux échevins et au gouverneur. En vain les pauvres diables offraient de monter la garde pour ne pas payer, on leur répondait qu'ils étaient gens à s'entendre avec les Rochellois, tandis que, leur argent étant bon catholique, il n'y avait pas à s'en défier.

## § XXVI.

*Ce que devient le parti protestant après la prise de La Rochelle. — Progrès du catholicisme à Dieppe. — Décadence du parti religionnaire.*

Enfin la prise de La Rochelle [1] vint enlever tout prétexte à ces mesquines persécutions. De ce jour, comme on sait, il n'y eut plus dans le royaume un seul huguenot qui prît les armes pour soutenir sa croyance : ceux de Dieppe, qui depuis long-temps n'étaient ni de force ni d'humeur à guerroyer, devinrent plus pacifiques que jamais. L'édit de Nantes leur restait comme sauvegarde; mais il avait déjà subi tant de commentaires, de rectifications et de retranchements, que pour conserver ce qu'il en restait, la prudence leur commandait de se tenir pour contents, de ne pas donner signe de vie, et de se condamner à une existence monotone et muette. Aussi les voit-on dès lors disparaître de l'histoire. Les chroniques qui nous servent de guides ne daignent plus faire mention d'eux, si ce n'est pour dire de loin en loin qu'on leur fait défense de tenir telle ou telle école qu'ils voulaient fonder ; qu'on les condamne à payer tel ou tel impôt, voire même, comme en 1629 [2], à contribuer à l'érection des églises catholiques.

---

[1] Le 1er novembre 1628.

[2] L'an 1629, les paroissiens de Saint-Remy prirent la fantaisie d'agrandir leur église ; à cet effet, il fut décidé qu'on lèverait 18 deniers par livre du loyer de chaque maison de la paroisse, pendant neuf années. Les religionnaires refusèrent d'y contribuer : la justice d'Arques les y condamna; et sur l'appel le Parlement confirma l'arrêt, si ce n'est pourtant qu'il ordonna que leurs meubles qui avaient été saisis leur seraient rendus, pour ne pas trop enfreindre l'édit de Nantes, qui les affranchissait de contribuer aux bâtiments des églises.

Mais en revanche ces chroniques nous apprennent jour par jour les nouveaux pas que fait le catholicisme, et avec quels constants progrès il parvient à reconquérir presque toute la population. D'année en année les fondations catholiques se succèdent : ce sont d'abord des pères capucins qui viennent s'établir au Pollet[1], puis des pères de l'Oratoire qui fondent un collége dans la ville[2], puis des carmes déchaussés[3], puis enfin des pères minimes[4]. Les jésuites viennent aussi travailler à la vigne du Seigneur et se fonder une bonne maison[5]; enfin, depuis les religieuses de la

[1] En l'année 1613 les pères capucins obtinrent un établissement au Pollet, et le 5 juin ils prirent à cet effet possession d'un terrain que leur acheta une dame pieuse. Ils édifièrent une petite chapelle, et eurent tant de charités et d'aumônes qu'au mois de décembre ils se trouvèrent en état d'augmenter leurs possessions par un achat de terrain de la valeur de 6,000 livres. En 1630 leur couvent fut encore considérablement agrandi.

[2] *Voyez* ci-dessus, page 145. Quatre ans avant la fondation du collége, M. le cardinal de Joyeuse, archevêque de Rouen, avait établi et fondé de ses bienfaits à Dieppe la congrégation des pères de l'Oratoire. Ils célébrèrent leur première messe le 31 octobre 1614.

[3] Le 28 juillet 1631 on tint assemblée de ville pour recevoir dans Dieppe les révérends pères carmes déchaussés, et les laisser s'y établir. Ces religieux prirent d'abord une maison à louage; puis, la trouvant incommode, ils en achetèrent une autre qu'ils inaugurèrent le 24 décembre. Ils se bâtirent ensuite une église et deux chapelles qui ne furent terminées qu'en 1675.

[4] C'est à tort que nous plaçons les pères minimes à la fin de cette liste, car ils vinrent les premiers à Dieppe. Nous en avons vu prêcher quelques-uns dès 1575, quand la réforme était encore puissante; et depuis cette époque ils ne quittèrent pas la ville. Mais ce fut vers le milieu du dix-septième siècle qu'ils construisirent leur église, et que leur ordre prit à Dieppe une grande importance.

[5] « En ce temps-là (1618), dit la chronique catholique, il vint à Dieppe des révérends pères jésuites par forme de mission et pour faire leur résidence; à quoi quelques principaux habitants s'opposèrent fortement. Mais, comme la peste moissonnait le peuple, deux de leurs pères s'exposèrent au péril, et secoururent les pes-

Visitation de Sainte-Marie[1], jusqu'aux carmélites[2], ursulines[3] et autres, il n'y eut presque pas une congrégation ou communauté de filles qui, dans le courant du dix-septième siècle, ne vînt s'établir à Dieppe. Ce vieil arbre catholique, que dans le siècle précédent les auditeurs de Vénable et du sieur de Saint-Paul avaient émondé si près du tronc, reverdissait alors, et poussait des rameaux plus vigoureux qu'une plante encore jeune et vierge. De même qu'en 1560 on s'arrachait *les petits livres*, et que pour un Marot on donnait 20 pistoles, de même alors on payait au poids de l'or un débris de reliques, un fragment de choses saintes échappé aux dévastations huguenotes. C'était à qui ferait des offrandes aux paroisses, à qui réparerait les églises et rendrait aux autels leur ancienne splendeur ; chaque jour de nouvelles processions, des cérémonies plus magnifiques et suivies d'un concours plus nombreux. En l'année 1656, nous voyons que la translation des corps de saint Victor et de sainte Pauline, accordée par le pape aux pères minimes de Dieppe, fut célébrée

tiférés avec tant de courage que cette charité leur gagna les cœurs et leva toutes les difficultés formées contre leur établissement. » Ils édifièrent leur chapelle en 1615.

L'ancienne maison des jésuites est comprise dans les constructions actuelles de l'Hôtel-de-Ville. On n'en voit plus aucune trace.

[1] Au mois d'avril 1641, les religieuses de la Visitation de Sainte-Marie s'établirent à Dieppe, une dame leur ayant donné 1,000 livres de rente pour leur fondation. Elles furent d'abord logées en ville ; mais, en 1643, elles s'installèrent au Pollet, et s'y construisirent un couvent.

[2] Au mois d'août 1615, madame de Viel-Rouen, sœur de M. le premier président Sevin, fonda de ses deniers un monastère de carmélites. La maison ayant été achetée, les sœurs en vinrent prendre possession vers la fin de l'année.

[3] Le 1er février 1616, mademoiselle Marie Desmarais donna la somme de 2,800 livres pour faire l'acquisition d'une maison sise près du rempart du midi pour y loger des religieuses ursulines. Celles-ci vinrent à Dieppe au mois de septembre. En 1669 elles agrandirent beaucoup leur couvent.

avec une incroyable magnificence. Et chaque année c'était des solennités de cette sorte, tantôt des translations de reliques, tantôt des canonisations de saints.

A côté de cette résurrection, de cette marche triomphale du catholicisme, on voyait dans les rues de Dieppe, sans cesse tapissées, jonchées de fleurs et parfumées d'encens, le protestantisme moribond, timide, taciturne, s'effacer pour n'être pas vu. Quel contraste! Un siècle auparavant, ces processions tremblaient à son approche et se dispersaient devant un de ses regards!

## § XXVII.

### Révocation de l'édit de Nantes.

Cinquante ans environ s'étaient écoulés depuis la prise de La Rochelle, depuis que les protestants n'étaient plus ni inquiétants ni inquiétés, lorsque, sous un misérable prétexte, les ministres de Dieppe et leur petit troupeau virent éclater contre eux une furieuse persécution. C'était l'orage précurseur du tremblement de terre!

Le 28 juin 1685, sentence fut rendue contre les ministres et anciens de la religion prétendue réformée de Dieppe, les déclarant atteints et convaincus *d'avoir parmi eux des relaps*, les condamnant en 400 livres d'amende envers le roi, et ordonnant que les ministres s'éloignassent de vingt lieues de la ville, et qu'au préalable le temple fût démoli.

Sur l'appel de cette sentence, porté devant le Parlement, il fut ordonné aux ministres, sans préjudice et par provision, de s'éloigner de trois lieues, sauf à laisser le temple debout jusqu'à ce que Sa Majesté en eût autrement ordonné.

Or, on commençait à savoir que Sa Majesté en ordonnerait autrement.

Au mois de septembre, Louis XIV révoqua l'édit de

Nantes ou plutôt les lambeaux de cet édit qui subsistaient encore. L'édit de révocation portait injonction aux ministres de sortir du royaume, et défense aux autres religionnaires de s'en évader, sous peine de confiscation de leurs biens. Deux compagnies de cuirassiers entrèrent à Dieppe pour mettre à exécution l'édit royal, c'est-à-dire pour chasser les ministres et retenir les bourgeois [1].

[1] Voici, sur les suites de la révocation de l'édit de Nantes à Dieppe, quelques détails écrits par un catholique, qui me semblent valoir la peine d'être cités. Je les extrais de ce manuscrit, intitulé *Remarques sur la ville de Dieppe*, qui provient de la bibliothèque du roi, et dont j'ai parlé plus haut, p. 59, note.

« Le roi continuant toujours à travailler, avec son application ordinaire, à parvenir aux moyens les plus doux pour détruire entièrement la religion prétendue réformée, et réduire tous ses sujets à la catholique romaine, il jugea que de droit divin et humain il pouvoit entièrement supprimer les édits concernant les priviléges que les prétendus réformés avoient arrachés, l'épée à la main et de vive force, des feux roys ses prédécesseurs. C'est pourquoy n'ayant plus de guerre étrangère à soutenir, et estant honoré ou craint de toutes les puissances du monde, il crut, et avec justice, qu'il pouvoit casser et anéantir ce fameux édit de Nantes.

» En effet, au mois de septembre 1685, il révoqua ce fameux édit, et donna une autre déclaration par laquelle il augmentoit la pension d'un tiers aux ministres qui voudroient se convertir, ou au contraire il leur ordonnoit de sortir du royaume avec leur famille, et deffence aux autres sujets d'en sortir, sous peine de gallères et confiscation de leurs biens, ni de s'assembler ou faire quelque exercice de la ditte religion prétendue réformée à l'avenir; qu'ils feroient abjuration d'icelle et qu'ils iroient à la messe avec les anciens catholiques.

» Mais, comme ils ne se mettoient pas bien en peine d'obéir aux ordres de Sa Majesté, il fallut les intimider et chastier par leur bourse, en leur envoyant des cuirassiers ou dragons à vivre chez eux à discrétion, et se faire traiter en enfants de bonne maison.

» Ces cuirassiers ou missionnaires bottez arrivèrent à Dieppe quelques jours avant la feste de tous les Saints, au nombre de huit compagnies, qui y furent toutes environ quinze jours, pendant lesquels les plus riches parurent assez constants; mais les moins accommodez furent en foule faire abjuration de l'hérésie (au cas qu'ils

Chaque bourgeois religionnaire dut recevoir dans sa maison deux cuirassiers chargés de l'épier, de le garder à vue.

En même temps, M. le marquis de Beuvron, lieutenant-

y fussent, disoient-ils) entre les mains de l'archevesque, ou des curez des paroisses et autres prestres et religieux.

» Quelques-uns des plus riches, s'étant ennuyez d'avoir en grand nombre des hôtes si joyeux et de bon appétit, prirent enfin le party de faire comme les autres. J'ay dit joyeux, car ils les faisoient dancer avec la bande de violons en buvant de bons vins clairet et d'Espagne. Les premiers de ceux-là furent le sieur Chauvel, dit l'Avocat, Gabriel Bauldry, Richard de Caux, Jacob Asselin, et plusieurs autres qui les imitèrent et allèrent, comme eux, signer leur abjuration.

» Celuy qui parut de tous le plus opiniâtre, fut un nommé le Monnier, bon marchand drappier, qu'on fut obligé de mettre prisonnier au chasteau, ayant demeuré long-temps fort constant. Ses enfants, ayant esté transférez hors la ville, ont enfin fait abjuration; mais, à dire le vray, leur conversion n'est guères sincère, comme on le reconnoît fort bien par leurs discours familiers et par leurs actions; il est vray aussy de dire que *relligio suadetur non imperatur*.

» Cela est si vray que, ni le dégast et le désordre que causèrent les cuirassiers chez les religionnaires les plus riches, ni les peines et les tourments qu'ils firent souffrir aux autres qui estoient moins accommodez, ne furent pas capables de faire une conversion véritable et sincère.

» Ceux de ces cuirassiers qui estoient logez chez quelque religionnaire riche et bien accommodé, se contentoient souvent de faire bonne chère, de fracasser des meubles, faire du dégast dans la maison, et diminuer tant qu'ils pouvoient la bourse de leur hôte pour remplir la leur; mais, lorsqu'ils se trouvoient logez chez quelque huguenot moins accommodé que les autres, et où il n'y avoit pas de quoy faire bonne chère ni d'argent à attraper, pour lors le zèle les emportoit, et faisoient toutes sortes de duretez à leurs malheureux hôtes, et souffrir toutes sortes de tourments, non pas tant pour les obliger de se convertir que pour leur faire dire où ils mettoient leur argent.

» Il y eut deux de ces cuirassiers entr'autres qui, ayant esté logez dans la Grande rue près les Carmes, chez un marchand de

géneral de la Haute-Normandie, faisait redoubler le guet et la garde sur toute la côte pour s'opposer à l'évasion des huguenots.

En dépit de tant de précautions, tout ce qu'il y avait à

toille nommé Despommades, après l'avoir bien tourmenté en plusieurs manières différentes, et n'en ayant pu tirer autant d'argent qu'ils en espéroient, ils s'avisèrent de luy arracher les poils de la barbe et luy mettre des bougies allumées dans les narrines pour le faire convertir. Ils prirent ensuite la femme du dit Despommades, à qui ils brusloient la plante des pieds pour l'obliger de baiser le crucifix qu'ils luy présentoient; ce qu'ayant réitéré plusieurs fois, la bonne huguenotte leur dit (en parlant du crucifix qu'on luy faisoit baiser si souvent) : *Vraiment il sera biau, car il est bien léqué.*

» D'autres de ces missionnaires boltez prenoient les licts, matelats et belles couvrepoin'es de leurs hôtes, puis les étendoient sous les pieds de leurs chevaux pour leur servir de lictière.

» Tout cela, bien loin de les faire changer sincèrement de religion, ne servit qu'à les faire résoudre de sortir du royaume contre les ordres du roy, et de passer en Hollande ou en Angleterre. En effet, malgré les sévères menaces et la garde exacte que l'on faisoit sur les costes et passages, il y en avoit toujours bon nombre qui risquoient l'évasion avec ce qu'ils pouvoient emporter, desquels on voioit revenir souvent des charrettes pleines qu'on avoit rattrappez et qu'on mit en prison jusqu'à ce que Sa Majesté en eût ordonné; et nonobstant cela, ils ne laissèrent pas de continuer toujours à s'enfuir.

» Une bande des plus considérables fut celle de la famille de Jean de Caux, Thomas de Caux, des sieurs Neel fils, et quelques autres, qui, au commencement de mars 1686, s'embarquèrent de nuit dans la barque de Michel Gosse, appartenant audit Thomas de Caux. Le dit Gosse, ayant pris un congé pour aller à la chasse du poisson aux côtes d'Angleterre, jetta l'anchre étant à la petite rade pour attendre la nuit, et dit à quatre ou cinq de ses gens anciens catholiques qu'il attendoit quelques bannettes de chapeaux et autre marchandise qu'on vouloit embarquer à Pourville pour frauder les droits de sortie, et qu'il y avoit bon lot à gagner; ce qui fit ouvrir les oreilles à ces grossiers animaux ; et aussitôt consentirent d'échouer avec la marée, le vent leur étant sud-sud-est fort favorable à renflouer leur barque. Etant donc échouez au signal qu'on leur

Dieppe de protestants tant soit peu riches, bien nés, industrieux, se trouva, au bout de quelques années, transporté sur le sol anglais.

Quelques-uns eurent le malheur de tomber dans les

avoit fait, aussitôt parurent lesdits de Caux et autres, tant grands que petits, de l'un et de l'autre sexe, au nombre de dix-huit ou vingt personnes. Alors ces cinq matelots, anciens catholiques, se voyant ainsi joués, voulurent, à ce qu'ils ont dit à la Rye, se jeter à l'eau pour se sauver et en venir donner avis; mais ils en furent de force empeschez par les autres, qui estoient de concert avec ledit Gosse et de Caux, et furent liez au fond de la barque pendant l'embarquement desdits susnommez, lequel estant fait avec la diligence possible, crainte d'estre surpris, ensuite de quoy ils mirent voile haut, et le cap vers la coste d'Angleterre, où ils arrivèrent à la Rye en peu de temps, n'ayant eu aucune traverse ni rencontre mauvaise à leur évasion, ce qui fut bientost divulgué par la ville, tant par ceux qui prétendoient à leur succession, que par d'autres dénonciateurs dans l'espérance d'y avoir part conformément à la déclaration du roi.

» Quelques autres pensoient en faire de mesme dans la barque d'un nommé Desaunoys de Caen, qui, passant par Dieppe, y avoit chargé quelques marchandises déclarées; mais, depuis l'embarquement d'icelles, on s'aperceut, je ne sçais comment, que ledit Desaunoys ou ses gens avoient adroitement embarqué quantité de petits paquets qu'ils n'avoient point déclarez; ce qui donna occasion à un officier de la romaine d'y aller visiter, ainsi qu'à ceux de l'amirauté, lesquels trouvèrent lesdits paquets cachez les uns sous du tabac, les autres fourrez dans lesdits ballots acquittez, et en d'autres endroits dudit vaisseau, qui furent tous conduits à la romaine pour en faire l'inventaire et en poursuivre ensuite la confiscation par devant le juge des traites, qu'il accorda avec l'amende et confiscation de ladite barque, dont la vente fut sursise.

» Dans ce mesme temps, monseigneur......., coadjuteur de l'archevesque de Rouen, arriva icy le 16e dudit mois de mars, accompagné de six prestres de l'Oratoire, fort habiles gens, pour rétablir une mission, afin de tascher d'amener les nouveaux convertis à la fréquentation de l'église et à bien user des sacrements.

. . . . . . . . . . . . . . . . . . . . . . . . . . . . . . .

» Pour revenir aux nouveaux endurcis plutost que convertis, ils ont presque tous oublié le chemin des églises qu'ils avoient com-

mains des cuirassiers et des dragons lancés à leur poursuite : ils y trouvèrent la mort, ou furent jetés dans les cachots.

Pendant ce temps, M. de Médary, archevêque de Rouen, s'était rendu à Dieppe pour exhorter les consciences et recevoir les abjurations.

Enfin le temple, bâti en vertu de l'édit de Nantes, et qui ne comptait pas encore quatre-vingts ans, fut démoli et rasé. Les matériaux furent donnés, un tiers à l'église Saint-Remy, un tiers aux religieuses de l'Hôtel-Dieu, un tiers à l'hôpital.

Ici doit se terminer l'histoire du protestantisme à Dieppe : il ne survécut pas à ce désastre. Ce n'est pas qu'il ne restât encore dans la ville quelques fidèles trop bons croyants pour porter lâchement leur abjuration à l'archevêque et trop pauvres pour trouver un batelier qui s'exposât à les passer à Douvres, mais le protestantisme n'en

mencé de tenir, voyant qu'on ne les a pas poussez plus vivement, taschant de s'évader toujours du mieux qu'ils peuvent, ce qui a obligé de faire monter la garde par les communes du pays, le long des costes de la mer, pour en empescher l'évasion, ce qui incommode fort les pauvres paysans, estants obligez de venir, pour cet effet, de trois ou quatre lieues loin dans les terres pour monter la garde. On a ordonné aussy des barques armées pour le mesme sujet.

» Mais toutes ces choses se trouvants inutiles pour empescher l'évasion des religionnaires, parce qu'ils corrompoient par argent ceux qui devoient les en empescher, on fit cesser cette garde si onéreuse au pauvre peuple. Ceux des religionnaires qui sont restez ont trouvé le moyen de s'évader pour passer en Angleterre ou en Hollande, en donnant caution de leur retour, dont plusieurs ne se sont pas souciez, pour y renouveller leurs vœux devant leurs ministres, et protester que ce qu'ils avoient fait avoit été forcé; qu'ils mourroient à l'avenir constamment pour leur religion, et qu'ils venoient concerter avec eux de quelle manière ils se comporteroient parmy nous, qui n'avions aucun soin de notre salut, étants une fois assurez par notre curez que nous serions sauvez; c'est ce que m'a osé dire un de leurs présomptueux politiques. »

était pas moins mort et éteint à Dieppe. Pendant tout le dix-huitième siècle, il ne fit pas la moindre tentative pour sortir de ses ruines; et aujourd'hui, dans notre temps de tolérance et de liberté, c'est à peine, comme nous le disions en commençant, s'il compte quelques familles qui lui soient restées fidèles.

## CHAPITRE III.

BOMBARDEMENT ET DESTRUCTION DE DIEPPE; — SA RECONSTRUCTION. — SUITE DE SON HISTOIRE JUSQU'A NOS JOURS.

Dix ans ne s'étaient pas encore écoulés depuis la révocation de l'édit, et la ville commençait à peine à sortir de cet état de stupeur et d'angoisse où l'avait jetée une perturbation si grande, lorsqu'elle fut frappée à mort par une de ces catastrophes qui ne se rencontrent heureusement qu'à de longs intervalles dans l'histoire des nations. Ici, ce ne sont plus seulement des persécutions et des souffrances pour une portion de ses habitants, c'est la ruine, la destruction de la cité tout entière : elle allait voir, comme Jéricho, crouler ses maisons et ses tours; elle allait encore une fois couvrir de cendres et de débris ce sol d'où cinq siècles l'avaient si lentement fait renaître.

### § 1er.

#### Bombardement.

Le 22 juin 1694, le sieur d'Aubermenil, venant de visiter, avec le procureur du roi de l'amirauté, le corps-de-garde de Pourville, dont il était commandant, aperçut du haut de la côte, vers le nord, une flotte dont on ne voyait que les huniers. Aussitôt il descendit de cheval pour braquer d'une main plus ferme sa lunette d'approche ; mais la distance était trop grande, il ne put reconnaître les voiles, et jugea seulement que c'étaient de gros vaisseaux qui mouillaient à l'extrémité de la rade. Rentrés en ville ils allèrent ensemble en donner avis à M. le marquis de Beuvron, lieutenant-général de la Haute-Normandie, qui se trouvait alors à Dieppe, et logeait dans la Grande-Rue, chez le sieur Gaulier.

Le marquis monta sur-le-champ au château : il voulait s'entendre avec le gouverneur, M. de Manneville, l'engager à presser les préparatifs d'une bonne défense, et donner l'ordre de travailler nuit et jour à mettre en état l'armement du château et des batteries de côte.

L'inquiétude était grande dans tous les ports de la Manche depuis près de deux années. Pendant que nos armées de terre soutenaient encore avec honneur et constance le choc des Anglo-Hollandais, et remportaient sur nos frontières les sanglantes et coûteuses victoires de Fleurus, de Steinkerque et de Nerwinde, notre marine commençait à déchoir de sa vieille renommée : Duquesne, cet illustre fils de Dieppe, avait cessé de vivre ; Tourville venait de laisser disperser devant la Hogue, en Basse-Normandie, la belle flotte qui protégeait cette côte, déroute fatale, après laquelle nos quinze plus beaux vaisseaux s'étaient vus réduits à se faire échouer et à se brûler eux-mêmes en vue de Cherbourg. Depuis ce temps la flotte ennemie tenait la mer avec orgueil et en liberté, menaçant d'incendier nos ports et d'opérer une descente tantôt sur un point, tantôt sur un autre.

Toutefois, vers le milieu du mois de juin, on venait d'apprendre à Dieppe qu'elle avait été forcée de relâcher à Plymouth, par suite d'une attaque manquée contre le fort du Camaret, et pour réparer quelques avaries survenues à ses vaisseaux. On ne s'attendait donc pas à la voir si promptement reparaître dans la rade. Le lendemain, au point du jour, M. de Beuvron et les Dieppois se réveillèrent plus tranquilles. On n'apercevait plus rien à l'horizon, et douze forts vaisseaux danois et suédois, vaisseaux amis, chargés de blé pour Bordeaux, passaient en vue des jetées, les voiles gonflées par un bon vent de nord.

Était-ce là cette flotte découverte la veille par M. d'Aubermenil? Tout le monde le crut dans la ville. L'ennemi était encore à Plymouth; on pouvait respirer. Au bout de quelques jours, comme toujours il arrive, personne ne songeait plus au danger; c'est à peine si l'on travaillait aux batteries.

Cependant, le 16 juillet, sur les cinq heures d'après-midi, on vit entrer dans le port *la Volage*, petite frégate du roi de 8 canons, traînant derrière elle un bâtiment de guerre anglais de 10 canons et de 70 hommes d'équipage qu'elle avait attaqué et pris quelques heures auparavant, à six lieues au large du Tréport.

Les quais étaient garnis de monde; tous les visages rayonnaient de joie; chacun se félicitait de ce beau fait d'armes, tandis que sur le vaisseau vainqueur toutes les physionomies semblaient sérieuses et préoccupées.

Le procureur du roi de l'amirauté, qui était dans la foule, ayant tendu la main au commandant de *la Volage*, M. Baujeu, enseigne de vaisseau, pour l'aider à monter sur le quai, celui-ci se penchant à son oreille lui dit : « Je crois que vous allez avoir l'ennemi sur les bras. Cette frégate que j'ai prise était en vedette, et le gros de l'armée n'est pas loin. » L'autre lui répondit : « Allons de ce pas en informer M. le marquis. » Et ils se rendirent chez le marquis de Beuvron.

Le capitaine du vaisseau anglais avait été blessé à la bouche d'un coup de feu qui l'empêchait de parler. Ses lieutenants se renfermèrent dans un silence obstiné. M. de Beuvron ne put obtenir le moindre renseignement.

Mais pendant qu'il procédait à cet interrogatoire, on commençait à apercevoir à l'horizon du nord huit ou dix gros points noirs carrés qui annonçaient de forts navires : la nuit qui survint empêcha d'en découvrir davantage.

Le lendemain, au point du jour, on reconnut que c'était l'escadre ennemie s'avançant à petites voiles, avec vaisseau amiral portant pavillon bleu. Il était monté par lord Barklay, commandant de l'escadre.

Du haut de la falaise du Pollet, avec de bonnes lunettes, on apercevait, à côté des vaisseaux de haut-bord, des galiotes à bombarbes ; on comptait les mortiers : évidemment il s'agissait d'incendier la ville.

L'art de lancer des bombes d'une assiette mouvante avec autant de justesse que d'un terrain solide était une invention toute récente. Un Français, le jeune Renaud, en était l'auteur, et Duquesne en avait fait le premier essai sur Alger en 1681. Se serait-il jamais douté alors que douze ans plus tard, sous le règne de Louis, une ville française, sa ville natale, deviendrait à son tour victime de cette belle mais funeste invention ?

Cependant l'alarme était dans la ville : les femmes, les enfants, les servantes, travaillaient à vider les maisons. Il fallait voir les rues encombrées de meubles et de hardes, et chacun les charriant sur le dos dans les faubourgs, tandis que les hommes de tout rang, bourgeois et menu peuple, se rendaient en armes à leurs postes, le long du rivage, derrière le chemin couvert.

Comme on craignait un débarquement, les mesures étaient prises pour le repousser avec énergie. La noblesse du pays et à sa tête le marquis de Beuvron, accompagné du chevalier de Lorraine, envoyé par la cour, occupait les hauteurs ayant vue sur la mer. Le gouverneur, ses officiers et la garnison, composée de 400 miliciens bretons et de douze compagnies bourgeoises, étaient postés en dehors de la ville sur le bord du rivage.

D'un autre côté, une compagnie de maçons, de couvreurs et de charpentiers fut spontanément organisée. Elle devait rester en ville, parcourir sans relâche les rues et les places publiques afin d'éteindre le feu dans chaque maison où éclaterait une bombe.

Un gros vent, qui dura trois jours et qui força la flotte à se tenir au large sur ses ancres, permit de prendre toutes ces dispositions. Mais le 21, le vent étant tombé, trois galiotes à bombes vinrent se poster sous le château, et celle du milieu, portant pavillon rouge au grand mât, fit partir une bombe qui s'en vint éclater sur le sable près du parc aux huîtres [1].

C'était une sommation militaire adressée au château. Le château fit réponse par un si grand feu de ses batteries basses, que les trois galiotes se retirèrent promptement hors de portée et se rallièrent à l'escadre, qui resta encore toute cette journée sur ses ancres.

Mais le lendemain 22, vers huit heures du matin, le flot commençant à monter, onze galiotes filèrent sur une ligne en travers de la petite rade des *Cordiers* ou *pêcheurs à la corde*, puis les vaisseaux, les frégates et tous les autres navires se rangèrent majestueusement, moitié à gauche, moitié à droite des galiotes, formant ainsi un immense demi-cercle de trois lieues environ, c'est-à-dire depuis la pointe d'Ailly [2] jusqu'au delà du *Camp de César*. Cent vingt voiles composaient cette formidable flotte.

A neuf heures, un coup de canon parti du vaisseau amiral donna le signal aux galiotes, et aussitôt un bouquet de bombes s'éleva dans l'air.

Les batteries des Dieppois ripostèrent. Elles n'étaient pas riches en mortiers; mais on y comptait, tant sur les deux hauteurs que le long du rivage, environ trente-huit canons de 36 et de 24; plus, quelques pièces placées à l'extrémité des jetées, et enfin toute l'artillerie du château. Le feu fut d'abord bien nourri et sembla jeter du

---

[1] Aujourd'hui l'établissement des Bains.
[2] Le cap où est maintenant construit le phare de Sainte-Marguerite.

trouble dans l'escadre. Une galiote à bombe fut assez maltraitée pour être obligée de se retirer au large. Quelques navires furent démâtés ; enfin, jusqu'à midi, le feu du rivage ripostait non sans quelque avantage à celui des ennemis. Mais ceux-ci avaient quatre coups à tirer contre un : leurs boulets bien lancés sur les batteries les plus avancées, les seules qui fissent de l'effet, finirent par démonter quelques canons. Au même instant, des pièces trop vieilles ou chargées outre mesure crevèrent avec fracas ; c'en fut assez pour rendre la défense impossible.

Au bout de quelques heures la plupart des feux de la côte et même du château étaient éteints, et l'ennemi pouvait s'avancer et se mettre à son aise pour achever son œuvre de destruction. Les bombes qui, depuis le matin, ne cessaient de pleuvoir, furent dès lors lancées avec une incroyable furie. La ville était bâtie en bois ; le feu prenait aux maisons comme à de l'étoupe. Dans le premier moment, quand il n'y en avait que quinze ou vingt qui fussent enflammées, on pouvait les secourir ; mais bientôt les fontaines furent à sec, et ce n'était plus par maison, c'était par rues entières qu'on voyait éclater l'incendie [1].

Croirait-on que pendant cette horrible journée, au milieu de ce bruit et de cet embrasement, une partie des miliciens auxquels était confié le soin de garder la ville et d'arrêter les progrès du feu s'amusèrent à piller les maisons et à boire le vin de ces pauvres bourgeois qui faisaient faction sur le rivage [2] ? La plupart trouvèrent la

---

[1] Ce qui rendait très-difficile de combattre l'incendie, c'est qu'aussitôt que l'ennemi voyait s'élever quelque part une colonne de fumée qui lui annonçait qu'une de ses bombes venait de réussir, il tirait sur ce point comme à la cible, afin d'empêcher qu'on n'arrêtât les progrès du feu ; et en effet, au bout de quelques instants, la place ne devenait plus tenable.

[2] Une chose peut-être plus extraordinaire que la brutalité de ces ivrognes, c'est le bel esprit du gouverneur, qui trouvait matière à rire et à faire rire la cour sur l'horrible spectacle qu'il avait sous les

mort dans ces orgies. Les maisons prenaient feu, s'écroulaient et les enterraient dans les caves [1].

Le bombardement durait depuis douze heures lorsque la nuit survint sans pouvoir rendre le ciel obscur ; car les bombes, avec leur pluie d'étincelles et ces tourbillons de flammes qui dévoraient la ville dans toute sa longueur, jetaient dans l'atmosphère plus de clarté que le jour même. Cependant l'ennemi n'était pas encore content de son ouvrage et tenait en réserve un moyen de destruction plus affreux que l'incendie. Un gros vaisseau chargé d'artifices, de chaînes de fer et de projectiles de toute sorte, devait être dirigé vers la côte de manière à ce qu'il s'engageât à l'entrée du chenal. On comptait que son explosion renverserait de fond en comble les deux jetées et boucherait ainsi l'entrée du port, sans compter que tous les édifices de la ville, que le feu ne pouvait détruire, s'écrouleraient comme par l'effet d'un tremblement de terre [2].

Aussitôt que la marée du soir se fit sentir, le vaisseau fut lancé ; mais comme personne n'osa monter à bord, il ne suivit pas exactement la route qu'on s'était promis. Un courant imprévu l'ayant fait dériver, il alla échouer à plus de cinquante pas de l'entrée du port, et le bonheur voulut

yeux. Voici ce qu'on lit dans un Mémoire du temps : « Il y eut des » bombes lancées sur le château..... le cuisinier du comte de Man- » neville eut si grand'peur d'être écrasé dans sa cuisine que, vou- » lant s'en sauver, à cause, disoit-il, que la grande fumée qui en » sortoit par la cheminée servoit de visée aux bombardes pour tirer » dessus, il fallut l'y lier avec des cordes pour l'obliger à continuer » son devoir et à faire servir la table du gouverneur, qui en rit » bien avec sa compagnie, et en divertit la cour par ses lettres jour- » nalières sur l'attaque et la défense. »

[1] Il y a quelques années, un habitant de la rue de la Barre, faisant vider son puits, trouva au fond plusieurs têtes de morts et des pipes d'une forme très-ancienne. Ces têtes et ces pipes appartenaient peut-être aux miliciens bretons.

[2] Cette machine infernale avait été inventée par un Français nommé Fournier, protestant réfugié en Angleterre.

qu'en échouant il penchât du côté de la mer. C'en fut assez pour déjouer tous les calculs : l'explosion eut lieu, mais sans faire beaucoup d'effet sur la ville[1].

La détonation fut si épouvantable qu'on l'entendit au Tréport, à sept lieues de là, et même, assure-t-on, jusqu'à Rouen. Au premier moment, tout le monde crut qu'il ne restait pas pierre sur pierre dans le port ; mais bientôt on s'aperçut que l'ennemi avait manqué son coup.

Vers six heures du matin, le bombardement, qui avait continué pendant toute la nuit, fut suspendu quelques instants ; mais à la marée montante les bombes recommencèrent à pleuvoir. Le feu se ralentit vers midi ; enfin, dans la soirée on n'entendit plus tirer, et la nuit se passa dans un morne silence. A la vérité les galiotes avaient fini leur tâche, il ne restait plus rien à incendier dans la ville.

Le gouverneur et M. de Beuvron, qui ne pouvaient croire à ce plaisir féroce de faire le mal pour le mal et de réduire une ville en cendres pour se donner le spectacle d'un incendie, s'imaginaient toujours que l'ennemi allait débarquer. Aussi, jusqu'au dernier moment, ils exigèrent que tout le monde restât sous les armes et à son poste.

Ils avaient fait fermer, par précaution, les portes de la ville pour que nul ne fût tenté d'y rentrer. Qu'on se figure pendant ces deux journées tous ces bourgeois cloués sur le rivage, condamnés à voir brûler leurs maisons sans pouvoir y porter secours, exposés aux coups de l'ennemi sans moyens de les lui rendre, car dès la fin du premier jour presque toutes leurs batteries étaient hors de service.

Jamais, je crois, pareille désolation n'était tombée sur une cité. Dieppe n'était plus qu'un monceau de décombres

---

[1] Les maisons du Petit-Veules et du Moulin-à-Vent, quartiers voisins de la jetée, furent découvertes et eurent leurs fenêtres brisées. Une barre de fer de cinquante livres tomba dans le Pollet sur le couvent des Capucins. On trouva, sur les falaises et à un quart de lieue environ, dans l'intérieur, des morceaux de fer et autres corps d'une grande pesanteur.

et de cendres chaudes d'où s'échappait çà et là une épaisse fumée. Sur deux mille sept cent vingt-cinq maisons dont se composait la ville, mille huit cent cinquante-deux avaient été brûlées ou complétement détruites[1].

Toutefois quelques édifices restaient encore debout : d'abord les deux églises ; elles étaient bâties en pierres, et les cimetières qui les entouraient les avaient isolées et garanties du feu des maisons voisines. Cependant que de bombes et de boulets durent frapper cette haute tour Saint-Jacques ! on en voit encore les traces : là, ce sont de larges trous dans ces élégantes dentelles, dans ces délicats réseaux de pierres ; ici des aiguilles brisées, des clochetons mutilés. Mais au dedans les désastres étaient plus graves encore : la voûte du chœur était défoncée, l'autel et les stalles avaient pris feu, et l'admirable plafond de la chapelle de la Vierge, chef-d'œuvre de la plus fine sculpture, était réduit en poussière. Heureusement le curé Gabriel Letellier était un homme de cœur et tout dévoué à la conservation de son église. Tant que dura le bombardement il travailla de ses propres mains à éteindre le feu ; marchant à la tête de ses bedeaux, armé d'un long bâton garni d'éponges, il s'exposait à tous les dangers[2]. Il faut citer aussi un gardien des Capucins, le père Fidel, vieillard plein de courage, qui contribua puissamment à la conservation de la tour dans laquelle, par trois fois, le feu avait éclaté[3]. Ce brave homme, au commencement de l'action, était allé sous le feu de l'ennemi donner l'absolution générale à tous les bourgeois et soldats combattant sur le ri-

---

[1] *V.* le mémoire de Vauban, 1699.

[2] Un de ces bedeaux fut tué à ses côtés d'un éclat d'obus.

[3] Lorsqu'on déblaya, dans ces dernières années, les voûtes de Saint-Jacques pour entreprendre les travaux de restauration que l'on fait à cette église, on trouva des masses d'ardoises, de plomb et de clous, le tout fondu ensemble comme une espèce de lave. Ces scories provenaient évidemment de l'incendie des toits de l'église en 1614.

vage; cérémonie touchante, et qui inspira à cette population pieuse un redoublement de fermeté et de résignation.

Le clergé de Saint-Remy fit aussi bien des efforts pour préserver son église; mais elle fut encore plus endommagée que Saint-Jacques. Elle perdit ses cloches; le haut de la tour, le chœur, la sacristie et presque toute l'aile méridionale furent ruinés.

A côté des deux paroisses on voyait s'élever du milieu des décombres l'hôtel-de-ville, dont le beffroi avait été renversé; les couvents et les églises des minimes, des carmes, des jésuites, des carmélites, des ursulines. Tous ces édifices avaient horriblement souffert, mais ils se tenaient encore debout; enfin, dans chacun des trois quartiers on retrouvait aussi quelques habitations sauvées comme par miracle, grâce à leur position retirée, à leur isolement, et aussi grâce au zèle et au dévouement du maître charpentier Dolique, de l'échevin Mittaut et de quelques matelots sous les ordres des sieurs Leber et La Gaillonière[1]. Ces habitations sont les seules maisons de bois qu'on voie encore à Dieppe. Par malheur elles n'ont rien de remarquable, tandis que toutes les belles maisons des quais et du Moulin-à-Vent, le quartier des riches, et entre autres la superbe demeure ou plutôt le palais d'Ango, véritable merveille de la sculpture en bois, furent brûlés et consumés de fond en comble.

[1] Il est probable que si la police de la ville eût été confiée à ses propres magistrats, et si l'autorité militaire n'eût pas accaparé le commandement, le désastre eût été moins complet. L'exemple de ces trois ou quatre citoyens qui parvinrent à préserver leurs maisons et celles de leur voisinage, prouve que si le service eût été partout bien organisé on eût sauvé bon nombre d'habitations. Ce fut une faute d'empêcher les bourgeois de faire eux-mêmes la garde autour de leurs demeures : mieux valait mettre les miliciens sur le rivage pour s'opposer au débarquement, et les bourgeois dans la ville pour combattre le feu. Mais le rivage était le poste d'honneur, et le gouverneur crut faire merveille en y envoyant les bourgeois.

## § II.

### Reconstruction de la ville.

Le samedi 24, de bon matin, la flotte anglaise appareilla. Le vent soufflait de terre; en quelques heures elle avait disparu de la rade.

Alors les pauvres habitants se hasardèrent à rentrer dans leur ville. Nul ne pouvait reconnaître l'emplacement de sa maison; la trace des rues elle-même n'était plus visible[1]. Le gouverneur et les magistrats ne savaient que faire de cette population désolée. Le seul asile qu'ils pouvaient lui offrir était le faubourg du Pollet, qui, grâce à la falaise dont il est abrité, n'avait pas été atteint par les bombes[2]. Mais quand on eut logé tant bien que mal douze à quinze personnes dans chacune de ces maisonnettes de pêcheurs, les quatre cinquièmes de la population restaient encore sans abri. Les uns se répandirent dans les campagnes, cherchant leur gîte et leur lit sous des pommiers ou dans des pressoirs, car les granges commençaient à se remplir de grains; les autres qui avaient des parents dans les villes ou villages des environs, émigrèrent, et malheureusement pour toujours.

Cette journée du 24 juillet fut déchirante : d'un côté le spectacle de la ville, véritable chaos de décombres et de cendres; de l'autre, les cris de désespoir, les lamentations des habitans. Ils s'en prenaient à tout de leur disgrâce : les bourgeois maudissaient le gouverneur, le peuple

---

[1] Deux mois après le bombardement, le roi donna l'ordre de nettoyer les rues, et de jeter les décombres sur les ruines des maisons, afin qu'on pût circuler dans la ville. Ce fut alors seulement que le feu, qui avait couvé jusque-là sous la cendre, fut complétement éteint.

[2] Une seule maison vis-à-vis du quai fut écrasée par un obus.

maudissait les bourgeois; enfin je ne sais qui s'avisa de profiter de l'occasion pour maudire aussi les huguenots, les accusant d'être cause de tout; c'étaient, disait-on, leurs frères réfugiés en Angleterre qui avaient excité les Anglais à incendier la ville. Ces mots jetés en l'air firent fortune : au lieu de se plaindre on ne songea plus qu'à crier haro sur les huguenots! La populace en vint bientôt à une telle fureur qu'elle pourchassa deux pauvres femmes et un vieillard soupçonnés d'anciennes habitudes d'hérésie, les mit en pièces et les jeta dans l'eau du haut du pont. D'autres meurtres allaient être commis, lorsque la force armée intervint. Des informations furent faites par l'amirauté contre ces violences; mais il ne s'agissait que d'une noyade de huguenots : on ne trouva pas assez de preuves pour châtier les coupables.

A la première nouvelle du désastre de Dieppe, le roi avait envoyé son ingénieur, M. Perronnel, pour tracer le plan d'une nouvelle ville. Il voulait que désormais Dieppe fût hors de la portée des bombes; il fallait donc bâtir sur un nouveau terrain. M. Perronnel choisit la prairie qui s'étend derrière les remparts. Dans ce vaste emplacement, il dessina une ville grande au moins comme Rouen, dont toutes les rues devaient être tirées au cordeau, réserva la place de quatre paroisses au lieu de deux, fit les plus beaux projets du monde pour tous les édifices publics, et s'en revint à Paris soumettre ses plans au roi.

Les échevins, au nom des habitants, protestèrent contre le travail de M. Perronnel, remontrant qu'il faudrait des sommes considérables pour le réaliser, qu'il y en avait pour dix années avant que les maisons fussent élevées au premier étage; que ce qu'il fallait aux Dieppois, ce n'était pas un Versailles, mais une ville telle quelle pour se loger, car ils couchaient à la belle étoile : enfin ils priaient le roi de considérer que, sous les rues de l'ancienne ville, il existait une centaine de beaux canaux fournissant d'eau douce toutes les fontaines; que ces canaux, établis à si grands frais, n'avaient nullement souffert; que les églises subsistaient encore, que la plupart des caves n'avaient été endommagées ni par les bombes, ni par le feu; qu'en conséquence ils suppliaient Sa Majesté de vouloir bien leur permettre de reconstruire leur ville sur ses anciennes fondations.

Un débat s'engagea, et près de huit mois s'écoulèrent avant qu'il fût jugé. Ce retard était funeste à l'avenir de Dieppe; car une partie des habitants qui seraient restés sans établissement fixe, s'ils eussent été retenus par l'espoir de rebâtir promptement leurs maisons, perdirent patience, et allèrent s'établir ailleurs avec leurs familles. Ce furent surtout les commerçants, les marchands les plus industrieux, ceux qui tenaient les meilleures maisons qu'on vit émigrer ainsi. Leur exemple fut bientôt imité par la plupart des capitaines de long-cours et par nombre de pilotes et d'officiers de marine, de matelots, de charpentiers, de calfats, cordiers et voiliers, qui, faute d'armement de navires dieppois, ne pouvant rester plus longtemps sans salaire, allèrent offrir leurs services dans les différents ports du royaume, où depuis ils sont restés.

Quelque prompte qu'eût été la reconstruction de la ville, une émigration considérable était à craindre; mais ces lenteurs furent cause que plus de la moitié des habitants abandonnèrent ces ruines qu'on ne leur permettait pas de relever. Avec la moitié des habitants s'en allaient les trois quarts des richesses. Dès lors il était facile de tirer l'horoscope de cette malheureuse ville. De quelque façon qu'on la fît bâtir, elle était destinée à ne jamais revoir, non-seulement sa splendeur première, son éclat commercial du seizième siècle, mais même l'état de demi-prospérité où l'avait surprise le bombardement. Depuis l'invasion de la réforme, elle n'avait fait que déchoir [1],

---

[1] Pour juger quelle était la décadence de Dieppe long-temps avant le bombardement, il suffit de voir qu'en l'année 1667 on

mais peu à peu, par degrés ; désormais elle tombait de toute sa hauteur : l'ancienne métropole du commerce français dans les deux mondes n'allait plus être à l'avenir qu'un des premiers ports de pêche du royaume.

Le 8 mars 1695, la question en litige fut enfin tranchée. Le roi décida qu'on rebâtirait les maisons sur les anciens fondements, que la ville serait maintenue dans ses premières limites, que le port et les remparts resteraient tels qu'ils étaient, que seulement toutes les maisons seraient construites en briques, soumises à un plan uniforme, et que, pour assainir la ville, certaines rues seraient élargies, et certains groupes de maisons transformés en places publiques [1].

parlait de sa *splendeur passée*, et qu'on s'occupait des moyens de ranimer son commerce et sa prospérité. Le passage suivant en fait foi ; il est extrait d'un manuscrit du temps : « Sa Majesté, par ar-
» rêt du 27 octobre (1667), ordonna en son conseil d'État que des
» commissaires seroient nommés pour connoître l'état des affaires
» de la ville de Dieppe, pour y maintenir les officiers et les habi-
» tants dans une bonne union, pour examiner les moyens d'acquit-
» ter ses dettes, pour y rétablir le commerce et les manufactures,
» augmenter le nombre des gens de marine, les disposer à entre-
» prendre, *comme ils ont fait par le passé*, les navigations et les
» voyages de long cours, visiter les murailles, les portes et les
» ponts-levis de la ville, mettre en bon état les quais, le port et
» son entrée, pourvoir à la bonté et sûreté de la rade, et faire pê-
» cher les ancres ; établir des pilotes, des balisiers ; examiner enfin
» ce qui se pourroit faire, tant pour bannir de Dieppe et de ses
» faubourgs l'oisiveté et la fainéantise, par l'établissement d'un hô-
» pital général, que *pour remettre la ville en sa première splen-
» deur.* »

On voit combien, depuis 1560, tout avait dégénéré ; combien, en l'espace d'un siècle, ce florissant port de mer avait perdu de son importance et de son activité ; eh bien ! la chute fut encore plus grande en une année qu'elle n'avait été en un siècle ; et même après sa reconstruction il y a plus de distance entre le nouveau Dieppe et celui de 1694 qu'il n'y en avait entre le Dieppe de 1667 et celui de 1560.

[1] Cet assainissement est la seule compensation que Dieppe ait

Le roi, dont l'orgueil avait souffert de cet insolent bombardement, prit à cœur la résurrection de Dieppe, et une fois le parti arrêté de reconstruire la ville à la même place, ne négligea rien pour faire disparaître au plus vite les traces de l'incendie. Il accorda pour dix années exemp-

rencontrée à sa disgrâce. Des pestes terribles l'avaient frappée à divers intervalles; depuis sa reconstruction, il est peu de villes en France qui l'égalent par la salubrité.

C'est encore à ces pauvres huguenots que les préjugés populaires attribuaient les pestes de Dieppe. On prétendait qu'avant l'invasion du protestantisme jamais on n'avait vu ni peste ni épidémie dans la ville, bien qu'elle fût le rendez-vous des marins de tous les pays, et que des vaisseaux venant d'Afrique et d'Amérique y abordassent tous les jours sans quarantaine. Rien de moins exact que cette prétendue salubrité de Dieppe avant la réforme. M. Méry a retrouvé *une information, faite le 3 février 1507, sur la construction et l'établissement du Marché-Neuf*, dans laquelle on lit ce qui suit :

« A cause de ladite peste qui est souvent audit marché, peut
» venir souvent inconvénient de maladie de peste à ceux qui y
» hantent, parce que ladite ville est d'elle-même sujette à ladite
» maladie. »

Ce qui a probablement donné lieu à accuser les réformés d'avoir pestiféré la ville, c'est qu'en 1562 une foule de huguenots de Picardie, fuyant devant l'armée du duc d'Aumale, se réfugièrent à Dieppe, et que l'encombrement qu'ils causèrent dans la ville y fit éclater une violente contagion.

Depuis cette époque jusqu'en 1619, on ne voit pas trace de nouvelles épidémies ; mais, le 2 octobre de cette année, « trois vais-
» seaux faisant voile pour les Moluques laissèrent dans la ville des
» germes pestilentiels. Huit à dix maisons furent d'abord atteintes
» du fléau ; puis il devint si violent qu'il fallut bientôt faire aux
» pestiférés des loges avec des planches sur le bord des prairies et
» des fossés de la ville. La police, tant du côté des catholiques
» que des religionnaires, s'employa pour étouffer ce mal en sa
» naissance ; mais ce fut en vain, puisque la ville en fut affligée
» pendant *huit années consécutives* sans aucune relâche, de sorte
» qu'on fut obligé de faire bâtir un très grand nombre de loges
» dans les prairies et les tranchées du mont de Caux. Un jésuite
» s'exposa le premier au danger de la peste pour assister les ma-

tion de tous les droits qui se levaient dans la ville au profit du trésor royal, permit de couper du bois dans la forêt d'Arques pour payer la brique, la chaux et la tuile des trois cents maisons qui seraient les premières bâties, autorisa l'établissement d'une foire franche pendant quinze jours de chaque année, et consentit à laisser lever 60,000 livres par an sur trois élections de Normandie pour payer le nettoiement des rues et les réparations des deux églises.

Les échevins et le gouverneur se hâtèrent de rendre en l'hôtel-de-ville (le 14 mars 1695) un règlement qui dé-

» lades, et les religionnaires posèrent un consolateur pour ceux de
» leur croyance. » (*Chronique manuscrite*.)

La peste, qui s'était éteinte vers 1627, recommença avec plus de furie quarante ans plus tard environ, à la fin de l'été de 1668. Je trouve dans le manuscrit du prêtre Guilbert les détails les plus circonstanciés sur cette affreuse contagion. Elle dura moins longtemps que celle de 1619, mais fut bien plus meurtrière. Les uns disent que la peste avait été apportée par un havre venant d'Angleterre, chargé de *vieux souliers*, d'autres par une bourgeoise nommée Petit, arrivant de Rouen, où elle était allée déterrer un vieux sac de procédure. En effet, la maladie s'était déjà fait sentir à Rouen, mais légèrement. Il n'en fut pas de même à Dieppe; la mortalité, qui n'était pas d'abord très-forte, ne fit que croître pendant l'hiver, ce qui n'a pas lieu ordinairement. Ses ravages devinrent plus terribles encore quand arriva l'été. Dans le seul mois de juillet il mourut, principalement dans le Pollet et dans les quartiers de la ville infectés de misère et de malpropreté, cinq cents catholiques, *sans compter* cent vingt protestants, comme dit le manuscrit. Le mois de septembre vit périr plus de mille personnes; enfin, du 18 au 26 octobre, dans une seule paroisse, on compta cent quatre-vingt-douze nouvelles maisons infectées, dix-huit cents personnes frappées de la peste, et plus de la moitié qui en moururent. Depuis cette terrible semaine la maladie se modéra, et alla toujours diminuant jusqu'au mois de février (1670), où un froid rigoureux, qui dura depuis le 3 jusqu'au 27, et surpassa le grand hiver de 1658, purifia si bien l'air, les hommes et les maisons, que la maladie disparut complétement.

Elle avait fait périr sept mille neuf cent dix-sept personnes, et chassé de la ville toutes les familles assez riches pour voyager ou

terminait la manière de bâtir les maisons, leurs plans et leurs dimensions. On suivit aveuglément les dessins d'un ingénieur nommé M. de Ventabren, lequel, à en juger par son ouvrage, ne devait pas être un homme de génie [1].

Sans parler de l'extérieur de ces maisons, qui est lourd et sans grâce, de cette grande arcade qui fait à elle seule toute la façade, et de cette fenêtre unique presque aussi large que l'arcade, il y a dans la distribution intérieure la plus étrange maladresse : fausse coupe, différences de niveau d'une pièce à l'autre, rien n'y manque ; enfin, par

se retirer à la campagne. Un tel désastre n'était pas fait pour rendre à la ville sa *splendeur première*, comme on en cherchait les moyens l'année précédente.

Durant cette peste, le commerce de mer fut interrompu ; les vaisseaux n'entraient plus dans le port, et le poisson frais des pêches se vendait à Pourville, d'où partaient les *chasseurs de marées* pour Paris et autres lieux.

Le roi donna sur sa cassette des sommes assez considérables pour soulager les pauvres pestiférés. Colbert envoya les médecins les plus habiles, prescrivit les précautions les plus sévères. Entre autres mesures de police, on avait organisé un service d'*éventeurs* : c'étaient des hommes du peuple qu'on payait pour désinfecter les maisons attaquées en y brûlant du charbon et des parfums pendant un certain temps. Ils éventèrent si bien deux maisons dans la rue de l'Oranger qu'ils les brûlèrent de fond en comble ; il est vrai que tout en éventant ils cherchaient l'argent de ceux qui étaient morts.

Quand on fut bien assuré que le danger avait disparu, on abattit les loges construites dans la prairie, et on enferma les tombereaux et autres objets dont on s'était servi pendant la maladie, dans l'hôpital, dont on barra les portes. Ces bâtiments ainsi fermés subsistèrent jusqu'en 1694 ; ils furent brûlés et détruits par le bombardement.

[1] Selon M. Méry, M. de Ventabren, ingénieur en chef des fortifications à Dieppe, n'aurait fait tout au plus que le dessin des façades de quelques maisons ; mais, la distribution intérieure de ces maisons étant étrangère à ses attributions, il ne faut pas supposer qu'il s'en soit occupé. Je ne demande pas mieux que de disculper M. de Ventabren ; mais, s'il n'a pas fait, il a laissé faire, et de là sans doute la responsabilité que la tradition fait peser sur lui.

une incroyable distraction, l'architecte avait oublié dans ses maisons la place de l'escalier, ce qui est cause qu'aujourd'hui encore c'est à grand'peine si vous trouvez à Dieppe, sauf dans les maisons toutes modernes, un escalier plus large et moins escarpé qu'une échelle.

On raconte que Vauban, étant venu visiter les travaux lorsque la ville était déjà presque à moitié rebâtie, ne put cacher à l'ingénieur le peu d'estime qu'il faisait de ses œuvres. « Monsieur, lui dit-il, vous pouviez faire beaucoup » mieux, mais vous ne pouviez jamais faire plus mal[1]. » La besogne était malheureusement trop avancée pour qu'il tentât de la corriger : il se contenta de faire exécuter quelques travaux de défense autour de la ville et du château.

La paix de Riswick, qui survint en 1697, avait été pour la reconstruction de la ville un plus puissant aiguillon que toutes les libéralités du monarque. Les Dieppois, voyant la mer libre, s'imaginèrent que si leur ville était rebâtie ils pourraient ranimer leur commerce avec l'Afrique et l'Amérique, et s'indemniser rapidement de leurs désastres. On se mit donc au travail avec une ardeur extrême ; mais, au bout de trois ans, la guerre éclata de nouveau, et fit évanouir toutes ces belles espérances. Les hivers, la famine, les armes de l'Europe entière, tous les fléaux enfin se conjurèrent contre la France, et l'on sait quelle fut sa détresse. Il va sans dire que pendant ces douze années de misère Dieppe ne vit pas s'accroître le nombre de ses maisons ; mais la paix d'Utrecht vint enfin (1713) achever ce que celle de Riswick avait commencé. Les travaux de construction furent repris activement, et en sept ou huit années, vers 1720, la ville était presque entièrement rebâtie. On y comptait, disent les mémoires du temps, deux mille cinquante maisons, c'est-à-dire sept cents de moins environ qu'avant le bombardement. Néanmoins il restait peu d'es-

---

[1] Les Dieppois, pour se venger de ce malencontreux architecte, l'appelaient M. *de Gâte-ville.*

paces vides, parce que presque toutes les rues avaient été élargies, parce que les maisons étaient moins entassées, et que plusieurs grandes places publiques avaient été ouvertes.

### § III.

Encombrement du port. — Projets et travaux pour le déblayer. — Conclusion.

Rien de moins varié et de moins piquant que l'histoire de Dieppe depuis sa reconstruction : autant vaut se promener dans ses nouvelles rues régulières et symétriques ; les événements ressemblent aux maisons. Tout à l'heure nous étions dans une ville du moyen âge, chaque habitation avait sa physionomie, et présentait au passant un pignon diversement orné : pas une porte, pas un balcon, pas un toit qui n'eût son style, qui ne portât sa date ; la pierre, la brique, le bois peint ou sculpté s'entremêlaient de maison en maison, et offraient une continuelle variété de tons et de nuances ; enfin à chaque pas c'était un souvenir et un spectacle différent : tandis que nous voilà introduits dans une grande manufacture ; pas une corniche, pas une cheminée qui ose dépasser ses voisines ; même taille, même patron, même couleur pour toutes ces façades : c'est un chapelet de maisons toutes fabriquées de même sorte, et toutes nées le même jour. Eh bien ! il en est de même des annales de cette pauvre ville. Vous venez de les voir pittoresques, dramatiques, variées ; vous n'allez plus y trouver désormais qu'une série de journées qui se ressembleront à tel point, qu'elles aussi vous les croirez coulées dans un seul moule et passées sous un même niveau.

Nous pouvons donc tout dire en peu de lignes. Qu'importe que tous les trois ou quatre ans un prince, une princesse ou tel autre grand personnage prenne fantaisie de venir voir la mer à Dieppe, ou traverse ses murs en voyageant ? Tantôt ce sera madame la duchesse du Maine, tantôt madame la duchesse de Conti, une autre fois un nonce du pape ou M. l'archevêque de Rouen. Les compagnies bourgeoises se mettront sous les armes avec plus ou moins d'apparat, les batteries du château tireront depuis sept jusqu'à vingt et un coups de canon, le gouverneur recevra une tabatière enrichie de diamants plus ou moins beaux ; mais ce sera toujours à peu près même cérémonie, et ce n'est pas la peine d'en instruire le lecteur.

Ce ne sont pourtant que des événements de ce genre qu'on peut recueillir dans les mémoires et manuscrits du temps. On y trouve aussi par intervalles quelques tentatives pour rappeler la vie et la richesse dans le port, mais jamais elles ne sont couronnées de succès. Il semble que pour être ainsi resté vingt années en jachères ce sol dieppois fût devenu stérile aux affaires de commerce et de navigation. Bordeaux, Nantes, le Havre, avaient hérité de ses armateurs, de ses marins, de ses capitaux ; il lui fallait dire adieu aux vastes spéculations et aux voyages de long cours.

La pêche seule faisait vivre ce qui restait de son ancienne population, et, grâce à la supériorité des pêcheurs dieppois sur tous ceux de la côte, les bénéfices de cette industrie étaient encore assez considérables. Mais bientôt la pêche elle-même fut interdite, car la guerre éclata de nouveau entre l'Angleterre et la France, en 1744.

Depuis cette année jusqu'à la paix d'Aix-la-Chapelle (1749), Dieppe fut en proie à la plus affreuse détresse et à des angoisses continuelles. Son port était bloqué par les frégates anglaises ; à tout instant on parlait de siége et de bombardement : le moindre bateau ne pouvait sortir sans risquer d'être pris, et la population était sans cesse appelée aux armes par le tocsin des clochers d'alentour.

On jugera jusqu'à quel point le commerce de la pêche, le seul qui restât à Dieppe, avait été détruit par ces cinq années de guerre, et combien la ville était épuisée et misérable, quand nous dirons qu'une fois la paix signée on resta près d'un an sans pouvoir pêcher, faute de bateaux et faute d'argent pour en construire. La plupart des anciens bateaux avaient été pris par les Anglais; ceux qui restaient s'étaient pourris dans le port, et les armateurs et marchands de poisson, qui tous étaient ruinés, ne pouvaient fournir aux pêcheurs de nouvelles barques. Il fallut que la ville fît un emprunt pour faire construire à ses frais soixante bateaux de quatre-vingts tonneaux. Cet emprunt se couvrit péniblement : le gouverneur, pour donner l'exemple, fut obligé d'avancer de sa bourse 20,000 livres.

Le port commençait pourtant à se repeupler, et la ville voyait renaître lentement une ombre de prospérité, lorsque la funeste guerre de 1756, cette guerre de sept ans, suivie d'une si triste paix, vint anéantir toutes les espérances et replonger les Dieppois dans de nouveaux malheurs. Leur côte étant le point de débarquement le plus rapproché de la capitale, l'ennemi croisait sans cesse dans la rade, et, bien que leur port et leur marine eussent perdu cette importance qui, en 1694, portait ombrage à l'Angleterre, ils furent à plusieurs reprises sérieusement menacés d'une nouvelle catastrophe. En 1758, par exemple, le 7 juin au matin, un courrier arrivant à bride abattue annonça que les Anglais avaient paru devant le Havre avec environ cent voiles. Aussitôt on fit garder les portes par les bourgeois; le régiment de Xaintonge fut posté sur le rivage, et les capitaines gardes-côtes eurent ordre d'aller camper chacun dans les gorges ou vallons qu'ils étaient chargés de défendre. La consternation régna dans la ville pendant trois jours : on en vit sortir plus de quatre cents charretées de meubles; plusieurs familles se retirèrent. Le gouverneur passait les nuits à faire armer les batteries; les échevins, à prendre des dispositions pour la sûreté de la ville. Ils ordonnèrent aux habitants d'avoir de l'eau devant leur porte, d'enfermer en cave toutes leurs marchandises combustibles, de retirer des magasins les goudrons et eauxde-vie, et même de démonter les bateaux en chantier, de peur qu'ils ne prissent feu. Heureusement ces précautions furent inutiles : on apprit le 1ᵉʳ juillet que la flotte anglaise était rentrée à Portsmouth.

La paix de 1763, quoique désastreuse pour la France, fut accueillie à Dieppe avec bonheur. La mer redevenait libre ; les pêcheurs pouvaient sortir. Aux profits de la pêche se joignirent bientôt ceux d'un commerce de cabotage assez actif avec le Nord ; mais une influence maligne semblait planer sur cette malheureuse ville depuis sa reconstruction : ce n'était pas assez que la peste, la famine, la guerre, l'incendie l'eussent tour à tour ravagée depuis un siècle, il fallait qu'un nouveau fléau vînt la frapper et lui interdire un retour de prospérité que la persévérance de ses industrieux habitants aurait fini peut-être par conquérir. C'est la mer maintenant qui se conjure contre eux ; quand les croisières anglaises ont disparu, c'est elle qui se met à bloquer leur port en l'encombrant de *galets*.

Le galet est un silex arrondi par le frottement des vagues, que la mer de Normandie jette incessamment sur notre côte, et qu'elle amasse dans nos baies, principalement depuis Fécamp jusqu'à l'embouchure de la Somme. Ce rivage est bordé, comme on sait, de roches ou falaises taillées à pic, contre lesquelles, dans les gros temps, la mer vient se briser, et qui, à force d'être ainsi sapées par le pied, finissent par succomber au choc des vagues. Ces falaises sont composées de bancs de craie séparés par des couches de silex : en s'écroulant, elles se brisent ; la craie se délaie dans l'eau de la mer, le silex seul résiste ; mais il est roulé nuit et jour sur la côte : il s'use, ses parties anguleuses se brisent ; il s'arrondit enfin, et devient ce qu'on nomme en Normandie *galet*.

Les falaises sont donc la mine du galet ; or cette mine

---

[1] *Voyez* le Mémoire de M. l'ingénieur Lamblardie, sur les côtes de la Haute-Normandie.

est intarissable, et chaque hiver ce sont de nouvelles masses que la mer détache du rivage, et qu'elle pousse ensuite sur nos côtes et à l'entrée de nos ports, poussée elle-même avec furie par ces terribles vents d'ouest qui règnent huit mois sur douze dans ces parages.

Déjà depuis long-temps l'entrée du chenal de Dieppe était menacée d'être obstruée par le galet. On voit dans les mémoires que j'ai sous les yeux que, dès le commencement du dix-septième siècle, on concevait de sérieuses inquiétudes à ce sujet. Des travaux considérables furent entrepris en 1613 pour rompre la lame et l'empêcher d'entasser à l'entrée du port des montagnes de galet. En 1616, sans qu'il en coûtât rien et sans mains d'hommes, une grande marée fit seule, en une nuit, un ouvrage merveilleux. Elle changea l'entrée du port, et la porta au pied de la falaise du Pollet, après avoir rompu l'épi construit en 1613. Il résulta de ce coup de mer un chenal nouveau, plus facile et plus commode que l'ancien[1]. C'est, à quelques changements près, celui qui existe aujourd'hui.

[1] On n'est pas unanime sur ce point; il n'est pas prouvé que ce fût un service que la mer venait de rendre aux Dieppois. Ils s'en applaudirent beaucoup dans le premier moment; mais bientôt on s'aperçut qu'à tout prendre il eût été préférable que l'ancien chenal subsistât.

Toutefois, il résulte des recherches de M. Méry que les mérites de cet ancien chenal ont été fort exagérés. Ainsi les traditions locales n'hésitent pas à dire qu'au seizième siècle des navires de sept à huit cents tonneaux entraient tout armés dans le port de Dieppe, or rien ne confirme de tels récits. Il est prouvé au contraire qu'au seizième siècle les navires de Dieppe n'étaient pas de plus de deux cents tonneaux, et que dans le siècle suivant ils ont rarement été de plus de trois cents. Si du temps d'Ango le commerce de Dieppe s'est élevé à un haut degré de prospérité, ce n'est pas à cause de la profondeur du port, mais parce que les voyages de long cours se faisaient alors avec de petits navires. Le port d'Harfleur était envasé, et le Havre-de-Grâce était d'une création trop récente pour rivaliser avec Dieppe. Dans le dix septième siècle, au contraire, sa supériorité était déjà bien établie.

Mais ce miracle ne pouvait se renouveler, et ses bons effets ne devaient pas être éternels. Bientôt la mer, sans respect pour son propre ouvrage, commença à entasser du galet à l'entrée du nouveau chenal comme elle faisait à l'entrée de l'ancien. Des travaux ingénieux portèrent remède à ce fléau, mais ce n'étaient que des palliatifs; le mal subsistait et ses ravages s'étendaient sourdement.

Toutefois, jusqu'en 1694, la ville était assez riche pour faire de grandes dépenses, et le port assez important pour que le gouvernement s'occupât activement de sa conservation[1]. Depuis le bombardement il n'en fut plus de même. Quand il n'y avait pas assez d'argent dans la ville pour faire fabriquer quelques pauvres bateaux, comment se fût-il trouvé des fonds pour construire des digues, des épis et autres grands ouvrages? On ne pouvait pas même entretenir ceux qui existaient: aussi les masses de galet grossissaient à vue d'œil; l'encombrement du port devenait chaque jour plus imminent.

Ce fut surtout après la paix de 1763, lorsqu'on voulut renouveler quelques essais de commerce et de grande pêche, lorsque le port dut recevoir des bâtiments marchands de fort tonnage, qu'on reconnut combien le mal s'était accru pendant les sept années de guerre. Toutes les me-

---

On croit à Dieppe que les vases et limons qui tendent à combler le port se sont élevés de plus de dix à douze pieds depuis le seizième siècle. M. Méry prouve que c'est encore là une erreur : il a fait sonder les murs du quai les plus anciens, ceux qui remontent au quinzième ou seizième siècle, et il a été constaté que ces fondations étaient beaucoup plus élevées que le fond du port dans son état actuel.

[1] M. Méry a fait les recherches les plus intéressantes sur les dépenses qui ont été faites dans le port de Dieppe pendant le dix-septième et le dix-huitième siècle. Il en résulte que de temps immémorial les habitants et commerçants de Dieppe avaient supporté seuls tous les frais de construction et d'entretien de tous les ouvrages établis dans leur port. Pour la première fois, sous le règne de Louis XIV, l'État, c'est-à-dire le roi, intervint dans la direction

sures de précaution avaient été tellement négligées qu'une grosse mer d'équinoxe réduisit tout à coup la passe à des dimensions qu'on ne lui avait pas encore vues. Les moindres vaisseaux touchaient de la quille dès qu'ils manquaient l'heure précise de la haute mer. Une barre de galet s'élevait en avant des deux jetées; et, comme à chaque marée elle changeait de place, les pilotes les plus habiles ne pouvaient l'éviter ; tous les jours c'étaient de nouvelles avaries, de nouveaux malheurs.

Un cri de détresse parvint jusqu'à Versailles : les Dieppois suppliaient le monarque de prendre en pitié leur ville jadis si florissante, si utile à l'État, aujourd'hui si malheureuse. Des ingénieurs furent bientôt envoyés pour aviser aux moyens de rendre praticable l'entrée du port de Dieppe.

On avait à choisir entre deux partis : ou bien déblayer et raccommoder le vieux chenal, ou bien en créer un nouveau.

Le premier avis avait pour lui les pêcheurs, les matelots, les vieux marins, les bourgeois de la ville, tous les gens pressés de jouir ou dominés par d'anciennes habitudes : l'autre plaisait aux capitaines de long cours, aux arma-

des travaux, les fit surveiller par ses ingénieurs et fournit des fonds. Mais, par compensation, il s'empara d'une partie des droits perçus par la ville. Après le bombardement de 1694, les ingénieurs du roi devinrent exclusivement chargés de tous les travaux.

De 1700 à 1762, il fut dépensé par les ingénieurs militaires 2,510,636 livres, seulement pour la réparation des jetées et pour leur prolongement sur une longueur de 110 mètres, d'après un plan de Vauban.

Pendant la guerre de sept ans, le port de Dieppe fut privé des fonds indispensables pour son entretien. En 1761 et 1762, on ne fit absolument aucune réparation, et, lorsqu'à la fin de cette dernière année les ingénieurs des ponts et chaussées, succédant aux ingénieurs militaires, prirent le service du port, il y avait plusieurs brèches dans les jetées, et elles semblaient menacer ruine de tous côtés.

teurs, aux pilotes habiles, et à quelques magistrats éclairés. Il avait en outre l'avantage d'avoir été conçu, quatre-vingts ans auparavant, par Colbert ; ce qui n'était pas une médiocre autorité [1].

En 1672, ce ministre vint à Dieppe pour juger une vaste question qui lui était soumise. Un sieur de Fumechon lui avait proposé de faire creuser un canal de Dieppe à Pontoise. Ce projet hardi, qui devait mettre la capitale en communication si prompte et si directe avec l'Océan, plaisait au génie de Colbert ; mais il voulait voir de ses yeux avant de décider.

Accompagné du corps de ville, il visita le port, fit de longues promenades sur les jetées, sur les quais du Pollet jusqu'à l'endroit où les eaux de la rivière se jettent dans l'arrière-port ; puis, étant revenu se placer vis-à-vis du collége, il se tourna vers les échevins, et rompant le silence qu'il avait gardé jusque-là : « Il paraît, messieurs, leur dit-il, que vous n'avez jamais connu le don que vous a fait la nature : si vous pratiquiez un passage d'eau dans le terrain où je viens de marcher, et une écluse où je suis, dont l'explosion nettoierait et creuserait une entrée directe, vous auriez un des plus beaux ports du royaume et un

---

[1] C'est là, selon M. Méry, une tradition que rien ne justifie. Il n'a trouvé aucun dessin du projet de Colbert, mais il possède le projet de 1684 et celui que fit Vauban en 1699 (ces deux derniers ont été gravés) ; aucun de ces trois plans n'indique que l'on ait eu l'intention de changer la position de l'entrée du port. M. Méry pense que Colbert n'avait d'autre projet que de faire des écluses de chasse et un bassin. Ce qui le confirme dans cette opinion, c'est que Guibert dit dans son manuscrit que le ministre, après avoir visité les jetées, donna l'ordre d'ajouter à l'une d'elles une tête qui la dominerait. Eût-il fait faire ce travail s'il avait eu l'intention d'ouvrir une nouvelle passe ? Selon M. Méry, il n'a pas été question de ce dernier projet, selon toute apparence, avant 1775. Toutefois les documents que nous avons eus sous les yeux il y a douze ans ne laissaient guère de doute sur la vérité de la tradition que nous avons rapportée.

bassin sûr et tranquille. Je trouve votre situation si avantageuse que je puis vous assurer, de la part de Sa Majesté, le paiement de la moitié des fonds nécessaires pour ce travail, si vous voulez y contribuer pour l'autre moitié. »

Cette proposition fut mise en délibération à l'hôtel-de-ville. Quelques membres de l'assemblée, pensant que c'était un coup de fortune, se levèrent pour qu'on l'adoptât sur-le-champ; mais ils ne purent convaincre un grand nombre de leurs confrères. On alla aux suffrages, et il fut décidé que la ville n'était pas en état de faire une si grande dépense.

Neuf ans plus tard, en 1681, le marquis de Seignelay, fils et successeur de Colbert, vint à Dieppe avec l'espoir de mettre à exécution ce grand projet que son père lui avait recommandé de ne pas perdre de vue. Il fit aux bourgeois et au corps de ville la même proposition, mais il essuya le même refus.

Lorsqu'au bout de quatre-vingt-dix ans, l'ancien port devenant impraticable, il fallut prendre un parti, le projet de Colbert fut de nouveau mis en délibération. Les ingénieurs envoyés par le roi étaient unanimes sur la nécessité de l'adopter, mais il n'en rencontra pas moins la plus vive opposition [1].

Cependant, comme on ne demandait plus à la ville de contribuer à la dépense, comme l'État se chargeait de tous les frais, il fallut bien céder à ses ingénieurs le droit de diriger les travaux. Le projet de créer un nouveau chenal fut donc adopté, et l'on se mit à l'ouvrage [2].

---

[1] Voir un recueil de tous les mémoires imprimés sur cette controverse. — Bibliothèque du Roi, L 934.
† A.

[2] Voici, en quelques mots, quel était le projet attribué à Colbert, revu et élaboré par les nouveaux ingénieurs : 1° Creuser un nouveau chenal de cent vingt pieds de large seulement, à peu près au milieu de la vallée, sur l'emplacement occupé aujourd'hui par le

Toutefois, avant de creuser le chenal, on jugea convenable d'établir les écluses de chasse. On les construisit juste en face de l'emplacement destiné à la nouvelle passe, afin que leur explosion opérât *directement*, comme le voulait Colbert.

Il y avait cet avantage à s'occuper d'abord des écluses, qu'en attendant l'ouverture de la passe projetée, elles devaient contribuer provisoirement à rendre l'ancienne moins impraticable ; car leur action, bien qu'oblique et indirecte, devait chasser une partie du galet entassé entre les deux jetées.

L'avenir a prouvé combien cette décision était prévoyante : car le nouveau chenal n'a pas pu être ouvert, et c'est à cette action indirecte des écluses de chasse que

collége, dans la direction nord-ouest quart nord, au sud-est quart sud ; 2° construire les jetées en claires-voies pour amortir la lame ; 3° combler l'ancien chenal et donner au port une forme de parallélogramme régulier ; 4° pratiquer au delà du pont du Pollet, dont la grande arche devait être ouverte, un arrière-port régulier ; 5° ouvrir et mettre en communication avec cet arrière-port un vaste bassin destiné à tenir les navires constamment à flot, nonobstant les marées ; 6° enfin, ce qui était comme la cheville ouvrière du projet, construire des écluses de chasse dont la bouche, placée vis-à-vis du nouveau chenal, lancerait toutes les douze heures une masse d'eau suffisante pour en chasser constamment le galet.

Le réservoir de ces écluses, qui ont été construites comme on le verra plus bas, est un immense terrain limoneux au milieu duquel, à marée basse, on voit couler la rivière de Béthune, et que la mer en montant couvre de ses eaux. Ce terrain a été encaissé, et contient ainsi une masse d'eau de soixante-dix mille toises superficielles sur quinze à dix-huit pieds de hauteur. Ce grand bassin une fois rempli, on ferme les portes des écluses, la mer se retire ; au bout de cinq heures environ le port est à sec, tandis que l'eau de la retenue reste toujours à la même hauteur ; alors on ouvre les portes, l'eau se précipite en bouillonnant dans le port et va gagner la mer. On conçoit que ce torrent artificiel entraîne dans sa course de grosses masses de galet ; il a la même force qu'une rivière qui, dans une grande crue d'eau, creuse son lit et arrache jusqu'aux roches qui l'encaissent.

Dieppe doit aujourd'hui d'être encore *provisoirement* un port de pêche, et de voir entrer dans son havre des bâtiments de deux à trois cents tonneaux.

Ces écluses et le vaste bassin qui leur sert de réservoir étaient terminés vers 1780. En 1789, on s'occupait activement de l'ouverture de la nouvelle passe[1]; on avait même commencé à construire la tête du canal qui devait aller rejoindre Pontoise, lorsque la révolution vint interrompre tous les travaux, ajourner tous les plans, renverser toutes les espérances.

Après la tourmente révolutionnaire, le premier consul, qui avait compris, d'un seul coup d'œil, l'importance de Dieppe comme tête de pont de la France vis-à-vis l'Angleterre, et qui était homme à apprécier l'excellence des plans de Colbert et de Duquesne[2], ordonna que les an-

---

[1] « Pour parvenir à faire la fondation des nouvelles jetées, on » a fait une digue de garantie fort avancée à la mer, à l'abri de la-» quelle on compte fonder les têtes de jetées. C'est vraiment un » ouvrage hardi et bien exécuté : mais c'est un bouclier qui coûte » cher; et, si l'on n'en profite pas pour fonder les têtes de jetées, » il est à craindre que cette digue ne soit endommagée, peut-être » enlevée avant peu d'années, d'autant qu'elle n'est remplie qu'en » galet; que l'enlèvement d'un bordage suffit pour la vider; que » l'acide marin rouille promptement les têtes des clous qui seuls » tiennent les bordages; que cette digue est très-exposée; que la » mer est très-dure à Dieppe, et qu'il est à craindre, si les circon-» stances ne permettent pas de donner les fonds nécessaires pour » fonder cet été (1789), comme on l'espérait, au moins la tête de » jetée de l'ouest, cet ouvrage provisoire ne soit détruit par une de » ces tempêtes de plusieurs jours, qui ne sont pas très-rares à » Dieppe. » ( *Journal de Normandie* du 2 mai 1789.)

Cette prédiction s'est réalisée; les tempêtes ont ruiné la digue, le nouveau chenal n'a pas été creusé, les nouvelles jetées n'ont pas été fondées, et de tous ces ouvrages provisoires il ne reste que quelques centaines de vieux pilotis plantés sur la grève, qui chaque jour, à marée basse, laissent voir leurs têtes rongées par les vagues et couvertes d'herbes marines.

[2] Avant même que Colbert vint à Dieppe, dès 1667, Duquesne

ciens travaux fussent remis en activité. Les écluses de chasse étaient à moitié ruinées, il les fit reconstruire à neuf en 1803.

Les Anglais, qui pressentaient ses desseins, voulurent les empêcher d'éclore. Le 14 septembre de cette même année 1803, ils envoyèrent devant Dieppe une flotille et deux bombardes. Mais, après avoir jeté environ cent cinquante bombes sur la ville, voyant qu'il n'y causait aucun dommage, l'ennemi se retira.

Le premier consul, devenu empereur, n'abandonna pas l'idée de faire de Dieppe un port considérable. En 1806, le préfet du département de la Seine-Inférieure vint ouvrir les travaux du bassin à flots, qui devait être établi dans la prairie, au sud de la ville, le long des cours et des anciens remparts [1].

Mais, au bout de quelque temps, les travaux furent abandonnés. L'empire s'écroulait : ce n'était plus le temps de fonder pour l'avenir. Quand la paix nous fut rendue, dix ou douze ans se passèrent encore avant qu'on jetât les yeux sur Dieppe et sur ses travaux en souffrance : enfin, vers les dernières années de la restauration, l'intercession de madame la duchesse de Berry mit un terme à cette indifférence. Quelques fonds furent consacrés à l'achèvement du bassin et de l'arrière-port. Ces ouvrages faisaient partie du grand projet de rénovation du port, mais ils n'en étaient pour ainsi dire que les conséquences accessoires.

Depuis cette époque, un système tout nouveau a prévalu. Le projet d'une passe nouvelle a été complétement et définitivement abandonné. On a prolongé la jetée du pollet et rétréci l'ouverture du chenal, afin de donner

---

avait présenté à Louis XIV un Mémoire dans lequel il démontrait combien la vallée de Dieppe offrait d'avantages pour construire un des ports les plus beaux et les mieux situés de l'Europe.

[1] Ce bassin, dont la moitié est ouverte depuis 1830, doit avoir dans sa totalité une étendue de quarante mille mètres.

dans cette partie plus d'action et de puissance aux écluses de chasse.

A ces travaux, déjà très-coûteux, il a fallu en ajouter d'autres. On s'occupe en ce moment de convertir l'arrière-port en bassin à flot. Ce travail était indispensable après la décision qui maintient l'entrée du port dans son état actuel. En effet, la distance est si grande entre cette entrée et l'ancien bassin à flot que les navires ne pouvaient presque jamais la franchir dans une seule marée et se voyaient ainsi dans la nécessité de s'échouer sur la vase, au risque de se faire des avaries. Au moyen du nouveau bassin, la distance se trouve beaucoup diminuée, et les navires fins de quille ne courent plus les mêmes dangers.

Mais l'ensemble de tous ces grands travaux a coûté des sommes considérables : avec quelques sacrifices de plus, on eût pu faire la nouvelle passe. A-t-on bien fait de renoncer à l'entreprendre? L'avenir seul le dira. Jusqu'à présent, les avis sont partagés sur l'efficacité probable des grands travaux dont la ville de Dieppe est redevable depuis six ou sept années à la munificence du gouvernement.

Ici doivent se terminer nos recherches historiques. Déjà peut-être avons-nous dépassé le terme que nous aurions voulu assigner à ce préambule.

Mais, avant d'entrer dans cette ville, aujourd'hui si modeste, avant de visiter et de décrire ses monuments, ne fallait-il pas avoir dit quel rôle elle avait joué jadis, et combien sa condition passée était au-dessus de son état présent? ne fallait-il pas montrer derrière le simple chef-lieu de sous-préfecture, la noble et puissante cité du seizième siècle, la ville qui, par sa population et ses richesses, était au moins la seconde de Normandie et une des premières du royaume, qui, comme boulevard du protestantisme, fut quelque temps l'égale de La Rochelle, et qui, semblable à ces généraux tombés au champ d'honneur, a vu ses destinées s'éteindre dans une fin si éclatante et si tragique.

Toutefois, notre tâche n'est qu'à moitié remplie. Dieppe a encore d'autres titres de noblesse que ceux qu'on vient de lire.

L'histoire d'une ville maritime est double en quelque sorte : ce n'est pas tout d'avoir parlé du sol sur lequel elle est assise, d'avoir étudié l'origine de ses monuments et décrit les combats dont ses murs furent le théâtre : elle a un autre territoire, elle a ses monuments flottants, ses *murs de bois*. C'est là maintenant, c'est sur le vaste Océan qu'il nous faut suivre les Dieppois, si nous voulons compléter leur histoire. Une différence plus étonnante encore entre leur sort d'aujourd'hui et leur fortune passée va se présenter à nous : car, au lieu de chaloupes et de pêcheurs de harengs, nous trouverons dans ce port de Dieppe une forêt de navires voyageurs obéissant aux inspirations et à l'audace des plus précoces navigateurs de l'Europe.

**FIN DE LA PREMIÈRE PARTIE.**

# HISTOIRE DE DIEPPE.

## DEUXIÈME PARTIE.

## VOYAGES ET DÉCOUVERTES
### DES
### NAVIGATEURS DIEPPOIS

« Il est de tout temps sorti de notre bonne ville de
» Dieppe les plus expérimentés capitaines et pilotes, et
» les plus habiles et hardis navigateurs de l'Europe; ceux
» de ce lieu-là ont fait *les premières découvertes* des
» pays les plus éloignés. »

( *Lettres patentes du* 17 *aoust* 1668.)

# HISTOIRE DE DIEPPE.

## DEUXIÈME PARTIE.

## VOYAGES ET DÉCOUVERTES

DES

## NAVIGATEURS DIEPPOIS.

> *Penès quos (Deppenses) præcipua rei nauticæ gloria semper fuit.*
> THUANUS.

Il y a quelques années, par une belle matinée d'automne, j'étais assis à l'extrémité de la jetée de Dieppe, sur un des bancs de bois adossés au parapet : c'était l'heure de la mer montante ; les yeux fixés sur l'immense horizon, je me plaisais à voir de temps en temps jaillir de cette bande bleuâtre qui sépare le ciel de la mer une petite voile noire qui, grossissant peu à peu, se transformait bientôt en navire, et s'en venait enfin glisser et bondir à mes pieds sur les eaux bouillonnantes à l'entrée du chenal. Distrait par ce spectacle, je ne m'étais pas aperçu qu'un personnage assez étrange était venu prendre place à mon côté. Son pays était écrit sur sa physionomie : il était Anglais ; son costume ressemblait à celui des quakers ; il tenait sous le bras deux ou trois volumes, dans une main des cartes marines, dans l'autre une longue lunette.

Cette lunette, qu'il me prêta avec obligeance, fut cause que je liai conversation avec lui ; et j'eus bientôt appris qu'il était voyageur de son état ; que déjà trois fois il avait passé les tropiques, visité l'Amérique du sud dans tous les sens, et qu'il se préparait à faire voile pour l'Afrique, avec l'intention de la traverser à pied, si Dieu lui prêtait secours. Il était fort conteur, comme tous ceux qui ont beaucoup vu, et je subissais depuis une demi-heure le flux de ses paroles, lorsqu'il prononça quelques mots qui réveillèrent mon attention et que je n'oubliai point. Je l'entends encore me dire avec son mauvais accent : « Vous ne savez pas, monsieur, combien cette petite ville me touche. Voilà trois fois que je reviens du continent, et toujours je veux passer par ce port de Dieppe. J'y viendrais en pèlerinage comme les musulmans vont à la Mecque. C'est ici la patrie des premiers navigateurs de l'Europe. » Et comme je le regardais avec un peu d'étonnement : « Oui, monsieur, les premiers, n'en déplaise aux Portugais et à tous ces méridionaux : car, nous autres Anglais qui avons été des paresseux, nous sommes sans prétentions dans ce débat. Mais vous, Français, comment laissez-vous depuis si long-temps ces gens-là vous dépouiller d'une gloire qui vous appartient ? J'ai la conviction que vos compatriotes, et surtout ceux de ce petit port, ont fait, sinon les plus belles, au moins les premières découvertes, et qu'ils naviguaient sur les côtes de Guinée, où j'espère aborder bientôt, trente ou quarante ans avant qu'un vaisseau portugais eût osé franchir le cap de Boïador. »

Comme je lui demandais à quelles sources il avait puisé

sa conviction : « Dans les relations de ces vieux voyageurs oubliés aujourd'hui, répondit-il en me montrant les volumes qu'il tenait sous le bras, et dans tant d'autres anciens livres peu connus : car j'ai beaucoup lu, beaucoup fouillé les récits de voyages avant de voyager moi-même ; et partout, sur toutes les mers, aux époques les plus reculées, j'ai trouvé le nom de vos Dieppois et la trace de leurs navires. Si j'étais Français, monsieur, je ne laisserais pas les Portugais tranquilles, je vous jure. » Et là-dessus, ouvrant un de ses volumes, qui portait ce titre : *Villaut's relation of the coasts of Africa; London*, 1670, il commençait à le feuilleter, et allait m'en lire quelques passages, lorsqu'un coup de pierrier tiré dans le port annonça le départ du paquebot à vapeur sur lequel mon homme devait retourner en Angleterre. Il se leva brusquement, tira sa montre, puis, sans me dire adieu, prit sa course et disparut.

Je me souvenais bien d'avoir entendu quelques habitants de Dieppe afficher ces prétentions au droit d'aînesse en fait de découvertes ; je connaissais entre autres un ancien armateur, homme assez peu instruit, mais dont la mémoire était meublée de toutes les traditions dieppoises, qui disait à tout propos : « Quel malheur que les archives de l'amirauté aient été brûlées par le bombardement ! on prouverait aussi clair que le jour que ce sont des Dieppois qui ont découvert l'Amérique. » Or, je l'avoue, je n'avais vu dans ces *dictons* qu'une de ces forfanteries provinciales dont bien peu de petites villes sont exemptes, et qui survivent pendant des siècles, même aux arrêts de l'évidence. Je connais deux ou trois villes en France qui sont convaincues que leur clocher égale en hauteur la flèche de Strasbourg ; tous les géomètres du monde ne les en feraient jamais démordre.

Bien que mon Anglais me parût plus désintéressé dans la question et partant moins suspect, ses assertions si tranchantes, son ton d'oracle, ne m'avaient pas, je dois le dire, inspiré beaucoup plus de croyance. Mais, depuis ce temps, le hasard fit tomber entre mes mains l'original français du livre dont il ne m'avait montré que le titre, c'est-à-dire la *Relation des côtes d'Afrique, appelées Guinée, par Villaut, escuyer, sieur de Bellefond*. Après avoir lu ce petit livre, je sentis que mon scepticisme commençait à s'ébranler. Le sieur de Bellefond, qui n'était, je crois, ni Dieppois ni même Normand, raconte naïvement à M. de Colbert, auquel il dédie son livre, les remarques qu'il a faites dans un voyage aux côtes d'Afrique, entrepris par lui dans les années 1666 et 1667. Ce qui l'a frappé surtout, c'est de trouver des traces incontestables du séjour des Français dans ces parages à une époque nécessairement très reculée, attendu, dit-il, que depuis près d'un siècle les Hollandais y commercent exclusivement, et qu'avant eux les Portugais passent pour en avoir été les premiers et les seuls possesseurs. Il fait part au ministre des recherches auxquelles il s'est livré pour expliquer cette énigme, et comment il a reconnu, non-seulement par le témoignage d'anciennes traditions, mais par des monuments et des actes irrécusables, que les premiers explorateurs de cette côte avaient été des marchands dieppois; qu'au mois de novembre 1364 deux vaisseaux partis de Dieppe s'étaient avancés jusqu'aux régions situées entre le dixième et le cinquième degré de latitude nord; et que depuis ce temps jusqu'à l'an 1410 environ, c'est-à-dire jusqu'à l'époque des malheurs de la France, sous Charles VI, les Dieppois n'avaient cessé d'envoyer chaque année de nombreux navires sur cette côte, qui leur fournissait de riches marchandises et d'immenses profits.

Je venais d'achever cette lecture lorsque M. Estancelin fit paraître une brochure intitulée *Dissertation sur les découvertes faites par les navigateurs dieppois*. J'y trouvai le témoignage de Villaut confirmé par des autorités si nombreuses et si respectables que de ce moment je conçus le désir d'étudier cette question de plus près, et de remonter aux sources que m'indiquait M. Estancelin, bien convaincu que ce n'était pas de contes populaires, mais d'une véritable et belle question historique qu'il s'agissait. Je me surpris alors disant avec mon vieil armateur : « Quel dommage que le bombardement ait anéanti les archives de l'amirauté ! »

Toutefois il n'est pas de naufrage qui ne laisse après lui quelques débris flottants : les preuves de ces anciennes expéditions, les vieux titres de gloire des Dieppois, ne doivent donc pas être tous et à jamais perdus. Déjà un hasard heureux, qui peut se renouveler, a fait découvrir à M. Estancelin le journal de voyage d'un des plus anciens navigateurs de Dieppe; découverte qui confirme toutes les merveilles que la tradition racontait de ce navigateur. En effet, le nom de Jean Parmentier était célébré dans toutes les chroniques manuscrites; on y disait, sans preuves, qu'il avait navigué dans les mers des Indes orientales concurremment avec les premiers vaisseaux portugais, et qu'il y avait, sinon devancé, du moins suivi de bien près Vasco de Gama. Le journal, dont le texte original a été retrouvé par M. Estancelin, est daté de 1529, et relate la *dernière* expédition de Parmentier dans la mer des Indes, celle pendant laquelle il mourut. Or, comme la découverte de Gama est de 1497, et que dans ce journal on voit Parmentier naviguer sur ces mers dangereuses sans hésitation et en homme qui les a déjà souvent parcourues, il devient plus que probable que les récits de la tradition sur son compte étaient vrais et fidèles.

De mon côté j'ai trouvé ou plutôt remarqué, car il ne s'agissait pas de le découvrir, un autre monument moins précis, moins positif dans son langage, mais qui n'en démontre pas avec moins de certitude et d'évidence combien, dès les premières années du seizième siècle, les relations des Dieppois avec les contrées les plus reculées étaient déjà fréquentes et anciennes, combien la connaissance des mœurs et des costumes de leurs habitants était chose populaire et familière à tous. Ce monument est un bas-relief sculpté dans l'intérieur de l'église Saint-Jacques vers 1530 environ, et qui représente une série de personnages *indiens*, comme on les nommait alors, c'est-à-dire habitants de ces nouveaux mondes qui venaient de se révéler, soit à l'orient, soit à l'occident.

La découverte de M. Estancelin lui a donné occasion de faire une nouvelle publication beaucoup plus étendue que la première[1]. Il l'a enrichie, non-seulement du journal de Parmentier, mais d'une foule d'autres pièces et de documents, résultats de ses recherches ultérieures.

La lecture de cet intéressant ouvrage, qui résumait tout ce que j'avais lu ou entendu dire jusque-là, les faits nombreux qui m'ont été indiqués par M. Féret, pendant mon dernier séjour à Dieppe, les observations qu'a bien voulu me communiquer depuis mon retour une autre personne qui prépare un travail complet sur ce même sujet[2], enfin le témoignage de monuments tels que le journal de Parmentier et le bas-relief de l'église Saint-Jacques, tout a contribué à changer en conviction ce qui chez moi n'était encore que demi-croyance. Je ne me fais cependant ni le garant, ni le champion de toutes les prétentions des Dieppois; mais il en est au moins trois ou quatre que je tiens pour bonnes et valables; et, si les autres me semblent encore hypothétiques, ce n'est pas sans espoir d'en voir quelques-unes se justifier un jour.

Mais, maintenant, qui voudra partager ma conviction? Il est si difficile de faire accepter sur parole ce qui ressemble à un paradoxe! M'est-il arrivé par hasard de dire ce que je pensais des découvertes des Dieppois, en ai-je parlé surtout à des hommes d'étude et de savoir, ils se

---

[1] *Recherches sur les voyages et découvertes des navigateurs normands, suivies d'observations sur la marine et les établissements coloniaux des Français;* par M. Estancelin. *Paris*, 1832, 1 vol. in-8°.

[2] M. le vicomte Ernest de Blosseville.

sont récrié ou ont souri. Heureusement je me souvenais en avoir fait autant sur la jetée de Dieppe, assis à côté de mon quaker voyageur.

Il faut donc ne se point contenter de simples affirmations, il faut exposer les preuves auxquelles je me suis rendu ; je dirai également celles qui me semblent plus douteuses, et enfin quelles causes ont contribué à envelopper d'un si profond et si long oubli ces glorieuses découvertes dont l'honneur, après tout, ne rejaillit pas seulement sur les Dieppois, mais sur notre marine et sur la France elle-même.

§ 1er.

Quatorzième siècle. — Premiers voyages. — Établissements sur la côte de Guinée.

« La plus commune opinion a donné, jusqu'à présent, cet avantage aux Portugois, d'avoir paru les premiers qui ayent découvert et habité ces costes; mais c'est une vieille erreur qui a pris sa naissance et son accroissement dans la longue possession qu'ils en ont eue, et le grand pouvoir qu'ils s'estoient donné parmi ces peuples. Cette gloire est due aux François, et surtout aux Dieppois, qui ont navigué plus de soixante ans avant que les Portugois en eussent eu la connoissance.

» Comme la France commençoit à respirer, sous Charles V, des guerres et malheurs qu'elle avoit souffert sous le roy Jean, son père, les Dieppois, de tout temps adonnés au commerce, attirés par le profit qu'ils y trouvoient et la commodité de leur havre, se résolurent aux voyages de long cours, de passer les Canaries, et de costoyer l'Afrique. Pour cet effet, ils équipèrent, au mois de novembre de l'année 1364, deux vaisseaux du port d'environ cent tonneaux chacun, qui firent voile vers les Canaries, et arrivèrent vers Noël au cap Vert, et mouillèrent devant *Rio-*

*Fresco*, dans la baie qui conserve encore le nom de *baie de France*....

» Au sortir du cap Vert (qu'ils nommèrent ainsi, comme j'ai dit, pour la verdure éternelle qui l'ombrage), ils coururent le sud-est et arrivèrent à *Boutombet* ou *Sierra-Leone*, ainsi que depuis l'ont nommé les Portugois; de là ils passèrent devant le cap de *Mouté*, d'où les habitants de ces deux places, et de toutes les costes, furent étonnés, croyant que tous les hommes estoient noirs; et enfin, ils s'arrestèrent à l'embouchure d'une petite rivière, près de *Rio-Sestos*, où est un village qu'ils nommèrent le PETIT-DIEPPE, à cause de la ressemblance du havre et du village, situés entre deux costeaux : là ils achevèrent de prendre leur charge de *morphi* (ou d'ivoire), *et de ce poivre appelé malaguette*. Et l'année suivante, 1365, à la fin de may, furent de retour à Dieppe, ayant fait des profits qui ne se peuvent exprimer, n'ayant demeuré que six mois dans leur voyage.

» La quantité d'yvoire qu'ils apportèrent de ces costes donna cœur aux Dieppois d'y travailler, qui depuis ce temps ont si bien réussi qu'aujourd'hui ils se peuvent vanter d'estre les meilleurs tourneurs du monde, en fait d'yvoire.....

» Au mois de septembre suivant, les marchands de *Rouen* s'associèrent avec ceux de *Dieppe*, et au lieu de deux vaisseaux en firent partir quatre, desquels deux devoient traiter depuis le *cap Vert* jusqu'au *Petit-Dieppe*, et les deux autres aller plus avant pour découvrir les costes.

» La chose ne fut pas exécutée ainsi qu'on l'avoit projetée; car un de ces vaisseaux, qui devoient passer plus outre, s'arresta au *Grand-Sestre, sur la coste dite Malaguette*, y trouvant une si grande quantité de ce poivre, qu'il crut devoir en charger, et qu'il ne pouvoit faire plus grand profit ailleurs. Il en prit sa charge, et l'autre passa plus outre. Le grand accueil et la douceur avec laquelle les habitants de ce lieu les reçurent, joints à la rivière et à la richesse de ce poivre, firent qu'ils appelèrent ce lieu *Paris*. Les deux autres, cependant, faisoient leur charge sur ces costes, où ils avoient déjà esté, et, à trois semaines l'un de l'autre, retournèrent au bout de sept mois richement chargés de *cuirs*, d'*yvoire* et de ce *poivre*, qu'ils portèrent ensuite chez les autres nations.

» Le quatrième vaisseau passa la coste *des Dents*, et poussa jusqu'à celle *de l'Or*, d'où il en rapporta quelque peu, mais quantité d'yvoire. Comme ces peuples ne leur avoient pas fait si grand accueil que les autres, surtout ceux de la coste *des Dents*, qui sont très-méchans, les marchands, sur le rapport de leurs commis, se bornèrent au *Petit-Dieppe* et au *Grand-Sestre* ou *Paris*, où ils continuèrent d'y envoyer, les années suivantes, même une colonie, d'où vient qu'encore aujourd'hui le peu de langage que l'on entend de ces peuples est françois[1].

» Le grand profit qui se trouva dans le débit de ce poivre donna envie aux estrangers de faire ces voyages et d'aller eux-mêmes choisir ce qu'ils acheptoient des Dieppois; c'est pourquoi, environ l'an 1375, dix ans après que nous y estions, ils commencèrent d'y traiter; mais voyant que les François y avoient partout des loges, comme à *Cap-Vert*, *Sierra-Leone* et *Cap de Monte*, le *Petit-Dieppe* et au *Grand-Sestre*, et que les Mores les aimoient de sorte qu'ils ne pouvoient souffrir les autres, ils quittèrent le commerce, qu'ils reprirent par après, et depuis ont toujours continué.

» Comme le profit commença à diminuer, par la grande quantité de marchandises que les François et les estrangers apportoient de ces costes, ceux de *Dieppe* et de *Rouen*

[1] Ils n'appellent pas le poivre *sextos* à la portugaise, ni *grain* à la hollandaise, mais malaguette; et lorsqu'un vaisseau aborde, s'ils en ont, après le salut ils crient : *Malguette tout plein, tout plein! tant à terre de malguette!* qui est le peu de langage qu'ils ont retenu de nous. (Villaut de Bellefond, p. 159-160.)

résolurent de renvoyer au même endroit, plus bas, où seize ans auparavant le premier navire avoit trouvé de l'or.

» Pour cela, au commencement du règne de Charles VI, en l'an 1380, ils équipèrent à *Rouen* un vaisseau du port d'environ cent cinquante tonneaux, appelé *la Nostre-Dame de bon voyage*, qui partit en septembre, quoiqu'il fust prest long-temps auparavant, mais parce qu'ils avoient déjà remarqué que les pluyes qui tombent sur ces costes aux mois de juin, juillet et août, estoient très-dangereuses et causoient plusieurs maladies, dont il est mort beaucoup de monde dans leurs habitations.

» Ce vaisseau arriva vers la fin de décembre à la rade des lieux où seize ans auparavant ils avoient esté. Les habitants, qui avoient reconnu que dans les terres plus avancées ils recherchoient les marchandises qu'ils avoient achetées de nous, et que nous les traitions doucement, apportèrent quantité d'or ; et ce vaisseau, neuf mois après, retourna à *Dieppe* richement chargé : *ce fut ce qui commença de faire fleurir le commerce à Rouen*.

» L'année suivante, ils envoyèrent jusqu'à trois vaisseaux, qui partirent de *Dieppe* le 28 septembre, nommés *la Vierge*, *le Saint-Nicolas* et *l'Espérance*. *La Vierge* s'arresta au premier lieu que l'on avoit découvert (qu'ils appelèrent *la Mine*), pour la quantité d'or qui s'y apportoit des environs. *Le Saint-Nicolas* traita à *Cap-Corse* et *Mouré*, au-dessous de *la Mine*; et *l'Espérance* alla jusques au *Akara*; ayant traité à *Fantin*, *Sabou* et *Cormentin*, dix mois après ils retournèrent, et seurent si bien persuader les marchands, leur vantant le pays, la douceur des habitants, et la quantité d'or que l'on en pourroit tirer, qu'enfin ils résolurent de s'y établir et abandonner plustost tout le reste.

» En 1383, ils y envoyèrent trois vaisseaux, deux grands et un petit, qui devoit passer au-delà d'*Akara* pour découvrir le reste des costes : les deux grands estoient lestés de matériaux propres à bastir; estant à *la Mine*, ils y firent une petite loge où ils laissèrent dix à douze hommes, et s'en revinrent encore richement chargés, dix mois après leur départ.

» Mais le petit vaisseau, qui vouloit passer *Cormentin* et *Akara*, ayant esté emporté par les marées, fut contraint de retourner, et arriva trois mois auparavant les autres, avec la moitié de sa cargaison.

» L'on le fit partir dans l'instant que les autres furent venus, pour porter des rafraîchissements à ceux qui estoient demeurés dans la nouvelle habitation de *la Mine*, qui, en quatre ans, s'augmenta si fort par la grande colonie qui alla s'y établir, qu'ils y bastirent une église *que l'on y voit encore aujourd'hui*.

» Ces commencements estoient trop heureux, et les profits trop grands, pour avoir de longues suites. Les guerres civiles ayant commencé en 1410, le commerce dépérit avec la mort de quantité de marchands; et au lieu de trois et quatre vaisseaux qui partoient tous les ans du port de *Dieppe*, c'estoit beaucoup quand, pendant deux ans, ils pouvoient en mettre un à la mer, pour la *Coste-d'Or* et un autre pour le *Grand-Sestre*. Enfin les guerres augmentant, ce commerce se perdit tout-à-fait.

» Cependant les Portugois commencèrent de vouloir aller plus loin que les isles du *cap Vert*, qu'ils tenoient, et de tâcher de s'établir aussi bien que les François à la *Coste-d'Or*.

» Pour cet effet, du règne de Jean 1er, roy de Portugal, ils équipèrent un grand vaisseau à Lisbonne pour courir les costes d'Afrique, où ils se trouvèrent au temps des pluyes, ce qui leur donna tant de maladies qu'ils furent contraints de les abandonner, et, voulant gagner le vent pour retourner en Portugal, furent portés le 23 décembre 1405, feste de saint Thomas, dans une isle sous la ligne, qu'ils nommèrent, à cause de ce, l'isle de *Saint-Thomé* ou *Thomas*.

» Là, ils commencèrent à bastir et y faire des cases, voyant que toutes les chosesn écessaires à la vie s'y trouvoient en si grande abondance, et envoyèrent en rendre compte au roy de Portugal, qui y renvoya en 1407.

» Peu de temps après ils vinrent à l'isle du *Poivre*, et de là, dans la terre ferme, vinrent au *Benin*, passèrent en *Akara*, où ils trouvèrent de l'or ; ce qui leur donna tant de joye qu'ils résolurent de retourner à *Saint-Thomé* pour chercher les choses nécessaires pour faire des habitations sur ces costes, ce qu'ils firent, et rendirent compte de tout au gouverneur de cette isle, qui ne perdit point de temps.

» En 1433, il envoya des caravelles qui s'avancèrent jusques à *la Mine* (que nous avions abandonnée vingt ans auparavant, n'en ayant joui que trente ans à cause des guerres); ils y arrivèrent le 23 avril, feste de *Saint Georges*, sous le règne de Charles VII, roy de France, des malheurs duquel ils profitèrent, et qui ne nous avoient pas seulement forcés d'abandonner cette place, mais aussi toutes celles que nous avions sur les autres costes.

» Les Mores, qui s'estoient bien trouvés de nous, les mirent en possession de notre habitation, leur firent mille caresses et achetèrent leurs marchandises au prix qu'ils voulurent. Les Portugois voyant ces profits immenses le font savoir au roy de Portugal, Jean II, qui y envoye trois vaisseaux avec exprès commandement d'y bastir un chasteau ; ce qui fut fait en 1482, sur la fin du règne de Louis XI, roy de France, et donnèrent à ce chasteau le nom *Saint-Georges-de-la-Mine*, en mémoire de ce qu'ils y estoient arrivés le jour de *Saint-Georges*, quarante-neuf ans auparavant, d'où ensuite ils se sont répandus dans les terres et dans toutes les costes d'Afrique.

» Le chasteau basti, le roy de Portugal forma une compagnie pour faire ce commerce, à l'exclusion de tous autres, laquelle rendit de grands revenus au roy. Comme elle se sentit assez puissante quelque temps après, elle bastit le chasteau d'*Axime* au-delà du cap de *Tres-Puntas*, un fortin en *Akara*, et une case en *Achema*, à cause de la bonté du lieu d'où ils tiroient la plupart des choses nécessaires à la vie.

» Cependant les François, qui commençoient un peu de respirer après tant de guerres civiles et estrangères, au commencement du règne de Henri III, reprirent ces voyages, et vinrent premièrement sur la coste de *Malaguette* et passèrent de là sur celle d'*Or* ; mais appréhendant les Portugois, qui y avoient toujours de bons vaisseaux, ils ne trafiquoient que dans les lieux éloignés de *la Mine*, comme *Akara*....

» Les Portugois voyant que de tous costés ils ne pouvoient empescher les Mores de négocier avec les François, qui, outre les deux habitations qu'ils avoient déjà à *Akara* et à *Cormentin*, avoient encore basti un fortin à *Takora*, au commencement de la coste, se résolurent d'en venir à la violence avec les Mores, bruslant de nuit tous leurs canots, leur faisant des défenses sous peine de la vie, et les faisant esclaves, ce qui ne servit de rien ; c'est pourquoi ils s'en prirent aux François qui venoient à *Mouré* et à *Cap-Corse*.

» Ayant fait venir deux navires de guerre de *Lisbonne* en l'année 1486, dix ans après que les François y furent retournés, ils nous coulèrent à fond, en *Akara*, un grand vaisseau de Dieppe, nommé *l'Espérance*, tuèrent une partie des gens, et firent les autres prisonniers.

» Cinq ans après, ils nous firent encore la même chose (1491), ayant bruslé un grand vaisseau qui estoit à la rade du *Cap-Corse*, et en diverses autres rencontres brusloient nos chaloupes, tuoient nos gens et faisoient des prisonniers qui n'osoient pas après se sauver, à moins que de perdre la vie, ce qui arriva à un jeune François qui estoit prisonnier depuis huit ans à *la Mine*, d'où se sauvant, il fut attrappé le 17 décembre 1499, et fut mis sur l'heure à l'embouchure d'un canon, auquel on mit le feu, ce qui épouvanta si fort les autres prisonniers qu'ils y périrent misérablement.

» C'est pourquoi tout cecy, joint aux guerres civiles des temps de Henri III et Henri IV, d'heureuse mémoire, qui tenoient occupés les François chez eux, fut cause que nous abandonnâmes tout, aimant mieux manquer de gagner que d'estre perpétuellement au hazard de perdre la vie; ce que nous fîmes, et quittâmes non seulement la *Coste-d'Or* mais aussi toutes les autres.

» Or, par ce que dessus, je conclus que les François ont les premiers habité ces terres; qu'ils les ont connues avant les Portugois, et que les Dieppois doivent avoir cet avantage, qui leur est justement dû, d'avoir esté les premiers navigateurs de l'Europe. »

C'est ainsi que s'exprime Villaut de Bellefond dans son Voyage aux côtes de Guinée : il a placé ce récit circonstancié à la fin de sa relation, sous ce titre : *Remarques sur les costes d'Afrique, pour justifier que les François y ont esté long-temps auparavant les autres nations*[1].

Dans le cours de l'ouvrage, il cite des faits qui détruiraient tous les doutes s'il pouvait en subsister encore. Ainsi, comme on l'a vu tout à l'heure, il a entendu les Nègres au voisinage de l'ancien *Petit-Dieppe* et des autres établissements dieppois prononcer quelques mots de *français*, dont le souvenir s'était sans doute perpétué parmi eux de père en fils; ainsi, au château de la Mine, il a vu les Hollandais se servir d'une église sur laquelle on apercevait encore les armes de France à peine effacées.

Villaut de Bellefond n'est pas le seul qui ait signalé

---

[1] Le savant M. Eyriès (dans la *Biographie universelle*) parle ainsi de la relation de Villaut de Bellefond : « Ce livre est un des meilleurs qui aient été publiés sur l'Afrique occidentale. L'auteur fait preuve de discernement et de sincérité. Il a très-bien observé les usages des nègres, etc. »

cette dernière circonstance. Le sieur d'Elbée, dans le journal de son voyage à la côte de Guinée, en 1669 et 1670, s'exprime ainsi : « Le long de Cébéré (*Rio Cobus*) » et proche de là, il y a un château qui appartient aux Hol- » landois, que l'on appelle Saint-Antoine d'Axem ( Axim ) ; » il paroît rouge, assez bien bâti; l'on m'a assuré qu'au- » trefois cela avoit été aux François, et même qu'il y » avoit eu sur la porte de ce château les armes du roy de » France, qui ont esté ostées par les Hollandais depuis huit » à dix ans, et qu'il y a encore des vestiges d'une chapelle » qui y étoit [1]. »

Dapper, dans sa Description des côtes de Guinée ( Amsterdam , 1686 ), dit : « Le fort de la Mine est à trois lieues » du petit Commendo. C'est un bâtiment fort vieux, à ce » qu'on peut en juger par les dates et par les masures. Il » y a quelques années que, les Hollandois relevant une » batterie qu'on appelle la *batterie des François,* » parce que, selon l'opinion des originaires du pays, les » François en ont été les maîtres avant les Portugois, on » trouva gravés sur une pierre les deux premiers chiffres » du nombre treize cents, mais il fut impossible de distin- » guer les deux autres. Il y avoit un autre écriteau, gravé » aussi sur la pierre, entre deux colonnes, dans une petite » chambre, en dedans du fort ; mais il étoit tout effacé. On » peut conjecturer, par un chiffre qui est sur la porte du » magasin, que cet appartement a été bâti l'an 1484, » sous Jean II, roi de Portugal. Or, comme les chiffres de » ce nombre sont encore aussi entiers que s'ils avoient été » gravés depuis neuf ou dix ans, on a raison de croire que » les autres sont d'une grande antiquité [2]. »

---

[1] Journal du voyage du sieur d'Elbée, commissaire général de la marine, aux îles et à la côte de Guinée. *Paris*, 1671.

[2] Au témoignage de ces voyageurs, on pourrait encore ajouter celui d'historiens contemporains qui, à la vérité, ne sont pas de très-grands critiques, mais qui, par la date de leurs publications, doivent aussi faire autorité en cette matière. Ainsi, dans l'histoire

Une preuve sans réplique, selon moi, que les Dieppois naviguaient sur cette côte avant qu'elle fût fréquentée par aucune autre nation, c'est que les Portugais, les Anglais et les Hollandais, qui seuls passent pour y avoir eu des

sommaire de Normandie, publiée à Rouen en 1793 [*] par le sieur de Masseville, on lit ce passage :

« Ceux qui ont écrit les anciennes chroniques de notre province y ont mis si peu de chose du treizième et du quatorzième siècles, que l'on ne doit point être surpris de n'y pas trouver les belles navigations des habitants de Dieppe. Celle dont parlent M. de Manesson-Mallet, dans sa *Description de l'Univers*, et M. de la Croix, dans son *Afrique*, est trop considérable pour n'en pas faire mention dans cette histoire.

» L'an 1364, quelques vaisseaux marchands de Dieppe entreprirent de pénétrer vers le midy sur l'Océan atlantique, quoique cette mer et les terres qui sont de ce côté-là fussent alors entièrement inconnuës à ceux de l'Europe ; et ils s'avancèrent si loin qu'ils passèrent le tropique et le cap Vert, et qu'après avoir fait dix-huit cens lieuës de chemin, ils arrivèrent heureusement dans la Guinée, qui est une région d'Afrique située auprès de la ligne équinoxiale, et habitée par des nègres idolâtres.

» Les Dieppois imposèrent le nom de *Dieppe* à un lieu qui l'a toûjours conservé, malgré les colonies portugoises et hollandoises qui s'y sont depuis établies ; et ils en raportèrent une si grande quantité d'yvoire, que la plupart des habitans de Dieppe se mirent à y travailler, et à force de s'y être apliquez ils se sont aquis la réputation de surpasser ceux de toutes les autres villes du monde pour la délicatesse des ouvrages d'yvoire.

» Ainsi les Portugois ne doivent point s'attribuer la gloire d'avoir été les premiers de l'Europe qui ayent découvert la Guinée, puisque leurs navigations n'y ont commencé que le siècle d'après celle de nos Normans. »

Voici le passage de Manesson-Mallet :

« Les Portugois s'atribuent l'avantage d'estre les premiers peuples qui l'ont découverte (la Guinée) l'année 1417. Mais il est constant que cette gloire est duë à des vaisseaux marchands de Dieppe, qui la reconnurent et y firent la traite ou trafic en l'année

---

[*] 6 vol. in-12. *Rouen*, chez la veuve d'Ant. Maurry. 3e Partie, pag. 393, 394.

établissements et des comptoirs, ont conservé long-temps l'habitude d'appeler *Petit-Dieppe, Petit-Paris, Grand-Sestre, baie de France,* les lieux qu'ils avaient trouvés ainsi baptisés. Ces dénominations sont marquées sur toutes les cartes qu'ils ont publiées dans le dix-septième siècle. Le fait est facile à vérifier, et pour ma part j'ai parcouru cinq ou six cartes de cette époque copiées sur des cartes étrangères, et j'ai trouvé qu'elles reproduisaient toutes ce nom de *Petit-Dieppe,* au milieu d'une foule d'autres noms à terminaisons portugaises [1].

1364, sous le règne de Charles V. Ils imposèrent des noms françois aux endroits les plus considérables de la coste ; ceux de *Petit-Dieppe*, de *Grand-Sestre* dit *Paris*, et plusieurs autres, s'y sont conservés malgré les changements que les Portugois y ont voulu apporter lorsqu'ils se sont prévalus des guerres qui troublèrent la France et qui traversèrent le progrès de nostre commerce, de mesme façon que de nostre temps les Hollandois se sont prévalus des guerres d'Espagne et de Portugal pour chasser les Portugois de la plus grande partie des Indes.

» Dans cette première traite de 1364, les Dieppois emportèrent de Guinée une telle quantité de *morfi* ou yvoire, c'est-à-dire des dents d'éléphant, que la plupart des artisans de leur ville s'appliquèrent à le mettre en œuvre : d'où vient qu'il n'y a point de lieu en Europe où les tourneurs travaillent mieux en yvoire. » (*Description de l'Univers*, par Allain Manesson-Mallet. *Paris*, 1683 ; Thierry, 5 vol. in-8º, t. III, p. 146.)

Le même passage est reproduit dans l'ouvrage intitulé : *Relation universelle de l'Afrique ancienne et moderne*, par le sieur de la Croix. *Lyon*, 1688. Amaulry, 4 vol. in-12, t. II, p. 493-94.

[1] « A six lieues est de la rivière de Junco est un enfoncement considérable dans les terres, en manière d'une anse profonde qui sert d'embouchure à la rivière de Tabo. Il y a sur le bord oriental de la rivière un village qui a été autrefois bien plus considérable qu'il ne l'est aujourd'hui ; il est pourtant encore assez gros et fort peuplé : mais les habitants assurent que c'étoit tout autre chose quand les Normands étoient établis sur une petite isle fort agréable qui est dans le milieu de la rivière. Ils y avoient un comptoir considérable par le nombre de ses édifices et par le commerce qu'ils y faisoient. Ils l'avoient appelé le PETIT-DIEPPE. Quoiqu'il y ait plus

Les étrangers ne pouvant pas être soupçonnés de fabriquer des romans en notre honneur, je crois que leur témoignage est ici tout-puissant. Qu'on songe d'ailleurs que l'acte d'association entre les marchands de Dieppe et ceux de Rouen, pour envoyer quatre vaisseaux à la Côte-d'Or, était une pièce authentique, officielle, déposée en septembre 1365 au greffe de l'amirauté ; que l'existence de cette pièce était chose publique : toutes les chroniques manus-

d'un siècle que ce comptoir ne subsiste plus, les nègres du païs ont toujours conservé le nom de *Petit-Dieppe* à cette isle; et les Anglois, Hollandois et autres Européens qui trafiquent à la coste ont continué de nommer ce lieu le *Petit-Dieppe*, et le marquent ainsi sur leurs cartes. » ( *Voyages du chevalier des Marchais en Guinée, îles voisines, et Cayenne, en* 1725, 1726, etc.; par le R. Père Labat. *Paris,* 1730, Saugrain.)

Au risque de trop multiplier les citations, je veux encore extraire de ce voyage le passage suivant relatif au fort de la Mine :

« L'établissement que les Européens ont à la Mine est absolument l'ouvrage des Normands, c'est-à-dire des Dieppois et de ceux de Rouen, qui firent une compagnie et une société de commerce en 1366. Les Dieppois avoient reconnu les côtes d'Afrique, depuis le cap Vert jusqu'à Rio-Sextos, sur la côte de Malaguette, dès l'année 1364. Ils se bornèrent, pendant quatorze ou quinze ans, au commerce de l'ivoire, du poivre, de l'ambre gris, du cotton et de quelques autres marchandises. Ce ne fut qu'en 1380, sous le règne malheureux de Charles VI, qu'ils reconnurent la côte d'Or, au-delà du cap de Trois-Pointes, et que leur vaisseau, appelé *la Notre-Dame-de-bon-Voyage*, étant rentré à Dieppe neuf mois après en être parti, apporta, outre les marchandises ordinaires, une quantité d'or qui enrichit bien vite la compagnie, et qui l'encouragea à pousser plus vivement son commerce dans ce riche païs.

» Ils firent partir de Dieppe, en 1382, trois vaisseaux, dont l'un, appelé le *Saint-Nicolas*, s'arrêta au lieu qu'ils nommèrent la *Mine d'or*, à cause de la grande quantité de ce métal qu'ils y traitèrent, et dont ils rapportèrent une très-riche charge après dix mois de navigation.

» Ces heureux succès firent résoudre la compagnie à s'établir solidement sur cette côte, au lieu appelé la Mine, quand même ils seroient obligés pour cela d'abandonner tous les autres établissements qu'ils avoient au cap Vert, à Mouré, au Petit-Dieppe, au

crites en font foi. Or, comme Villant de Bellefond et les autres voyageurs que nous venons de citer écrivaient avant 1694, c'est-à-dire avant l'incendie des archives de l'amirauté, il y a lieu de croire que pour entrer dans des détails aussi particuliers, pour rapporter tant de faits circonstanciés, ils n'avaient pas seulement consulté les souvenirs et les traditions des habitants des côtes de Guinée, mais qu'ils avaient fait prendre à Dieppe, par quelques

Grand et Petit-Paris, et en d'autres endroits. Pour cet effet, ils firent partir de Dieppe trois vaisseaux en 1383, dont les deux plus grands étoient lestés des matériaux propres à bâtir une loge. Ils mirent la main à l'œuvre dès qu'ils furent arrivés; et, pendant que les uns s'appliquoient au commerce avec les naturels du païs, les autres, aidés par ces mêmes naturels, bâtirent la loge, où ils laissèrent douze hommes avec des vivres et des marchandises de traite, et les instructions nécessaires pour connoître le païs et augmenter le commerce qu'on avoit commencé d'y établir. Ces deux vaisseaux revinrent à Dieppe très-richement chargés, après un voyage de dix mois; le plus petit, qui avoit ordre de découvrir les côtes vers l'est, ayant été emporté par les courans, reprit la route de Dieppe, et arriva trois mois avant les autres. On le fit partir à l'instant que les autres arrivèrent, et on le chargea de marchandises de traite et de tout ce qui étoit nécessaire pour ceux qui étoient demeurés à l'établissement de la Mine, qui s'augmenta si fort en moins de quatre années par les François qui s'y établirent, qu'on fut obligé d'agrandir les bâtimens, de les enfermer d'une forte muraille avec des tours et des batteries, et d'y bâtir une église *qu'on voit encore aujourd'hui*, au lieu de la petite chapelle qu'on y avoit élevée dans le commencement.

» Voilà l'époque véritable de la fondation du château de la Mine, qu'on ne peut avancer ni reculer qu'entre 1383 et 1386.

» Cet heureux et riche commerce continua sur le même pied jusqu'en 1410, que les guerres civiles commencèrent à désoler la France pendant le règne de Charles VI, et une partie de celui de Charles VII, son successeur. »

On trouve également dans la collection de Théodore de Bry, au voyage de Samuel Braun (*Samuelis Brunonis civis et chirurgi Basiliensis peritissima navigatio*), page 40, de nouvelles preuves que le fort de la Mine avait été primitivement bâti par les Français.

personnes de la ville, des notes et des renseignements qu'alors il était facile de se procurer.

Enfin, s'il était besoin d'une autorité plus imposante encore, ne suffirait-il pas de citer ce passage des lettres-patentes de 1668, dans lesquelles Louis XIV, accordant aux Dieppois un hôpital général, disait pour motiver cette faveur : « Il est de tout temps sorti de notre bonne » ville de Dieppe les plus expérimentés capitaines et pilo- » tes, et les plus habiles et hardis navigateurs de l'Europe; » ceux de ce lieu-là ont fait les *premières découvertes* » *des pays les plus éloignés.* » Il est évident que si le roi n'eût voulu faire à la ville qu'un compliment banal, il se serait arrêté à la première phrase; mais il a ajouté : *Ceux de ce lieu-là ont fait les premières découvertes des pays les plus éloignés.* Colbert aurait-il laissé Louis XIV délivrer en termes aussi solennels un brevet aussi glorieux, s'il n'avait su que *ceux de ce lieu-là* avaient des titres pour justifier leur droit à cet honneur?

Pour moi, il est peu de faits historiques qui me semblent mieux démontrés que la présence des Dieppois sur les côtes de Guinée vers 1364. Assurément la Guinée n'est pas au bout du monde, elle n'est séparée de nos contrées que par dix-huit cents lieues environ, et pour l'aborder il n'y a pas à franchir l'équateur; mais néanmoins, de toutes les belles navigations dont les Dieppois revendiquent la gloire, j'avoue que c'est à celle-ci que je donne la palme. Elle me semble, à cause de sa date, plus merveilleuse que l'entreprise de Colomb elle-même. Qu'on imagine ce qu'il fallait de témérité, de constance, d'exaltation, d'amour des hasards, de curiosité sublime, pour tenter à cette époque un semblable trajet! Je sais bien que ces pêcheurs étaient de sang normand, héritiers de ces hommes téméraires qui, s'abandonnant sur leurs mauvaises pirogues, avaient navigué depuis le pôle jusqu'à nos rives comme un troupeau d'oiseaux de mer; je sais bien que chez eux l'habitude de courir l'Océan s'était perpétuée comme une tradition, comme un besoin de leur race, et depuis le onzième siècle les côtes d'Espagne, d'Italie, de Sicile, n'avaient cessé d'être visitées par eux; mais autre chose était naviguer en deçà des colonnes d'Hercule, autre chose se lancer, dans l'inconnu, sur ces mers réputées si terribles, au delà de ce cap de *Nun*, que l'imagination de tous les peuples européens peignait comme infranchissable, que les Portugais, de leur propre aveu, n'osèrent dépasser que quarante ans plus tard, et qu'en 1431 un navigateur vénitien nommait encore *luoghi incogniti e spaventosi a tutti i marinari*[1].

## § II.

### Quinzième siècle. — Conquête des Canaries par Jean de Bethancourt.

Le président Hénault, qui n'est pas homme à se compromettre en fait d'assertions historiques, après avoir parlé de la découverte de Colomb, ajoute ces mots : « Vers l'an » 1402, Jean de Bethancourt, gentilhomme normand, » chambellan de Charles VI, et cousin de l'amiral de » France, avait déjà voyagé aux îles Canaries, et s'en était » fait déclarer souverain. »

Plusieurs écrivains espagnols, entre autres don Fernandez Navarette[2], conviennent que ces îles, qui, selon toute apparence, étaient connues des anciens, et que les géographes arabes ont décrites, avaient été visitées vers le milieu du quatorzième siècle par des aventuriers normands. En 1392 ou 1393, quelques marchands de Séville ayant armé quatre ou cinq vaisseaux pour reconnaître l'extrémité des côtes du royaume de Maroc, découvrirent les

---

[1] Pietro Quirino.
[2] *Colleccion de los Viages*, etc.

îles Ténériffe et Lancerote, y firent une descente, les ravagèrent, et en rapportèrent de riches marchandises. Cette expédition, au dire d'Antonio de Viana et de Gallendo, était dirigée par un Normand nommé *Servand*, muni d'un brevet du roi de Castille; d'autres disent par un sieur Robert ou Robin de Braquemont, lequel était aussi normand d'origine et même dieppois, car Braquemont est un village à demi-lieue de Dieppe, sur la route d'Eu. Cette dernière version est sans contredit la plus croyable; d'abord parce qu'on sait positivement qu'à cette époque un Robert de Braquemont était au service du roi de Castille en qualité d'amiral; ensuite parce qu'il existe quelques titres d'un acte passé entre ce même Robert de Braquemont et Jean de Bethancourt, son parent, au sujet de la souveraineté des îles atlantiques. Dans ce singulier contrat, Bethancourt échangeait, pour un temps, ses terres et domaines de Normandie contre l'investiture des îles Canaries, concédée à Braquemont par le roi de Castille.

Il paraît que, sur les récits de son parent, l'envie était venue à ce brave gentilhomme de courir les aventures et d'aller à la découverte. Il partit de son château de Grainville-la-Teinturière, accompagné de quelque noblesse des environs de Dieppe, et s'en vint à La Rochelle, où il fit rencontre du sieur Gadifer de la Salle, chevalier, lequel se joignit à lui, et l'aida à organiser son expédition. Parvenu sans trop de peine à l'île Lancerote, Bethancourt jugea que, pour en prendre possession, il avait trop peu de monde, et qu'il lui fallait retourner en Europe pour demander des renforts : il laissa Gadifer à la tête de sa petite colonie, lui recommandant d'achever les travaux de fortification qu'il avait fait commencer.

Mais durant son absence, un nommé Berneval, originaire des environs de Dieppe, commit toutes sortes d'excès, et souleva la population de l'île contre les Européens. Sans la prudence de Gadifer, Bethancourt n'eût pas retrouvé un seul des siens à son retour.

Il était alors en Europe, allant de cour en cour pour trouver un monarque qui voulût bien l'aider à devenir roi des Canaries. Le roi de France, Charles VI, avait trop à faire dans son royaume pour lui prêter l'oreille : Henrique III, roi de Castille, fut mieux inspiré, et accueillit sa demande.

Quoique le secours qu'il avait obtenu fût bien faible, Bethancourt parvint à s'emparer de toute l'île de *Lancerote* : il passa ensuite dans celle de *Forta Ventura*, en soumit les habitants et les fit baptiser en assez grand nombre. Mais tout à coup il fut pris du désir de revoir la Normandie, et s'en vint débarquer à Harfleur, où il fut reçu en *roi* et en *conquérant*. Quand il s'en retourna dans ses *États*, tous ses amis et vassaux, émerveillés de ses récits, voulaient s'embarquer avec lui : il en venait vingt et trente par jour, sollicitant de lui faire compagnie sans demander de gages, et même offrant de porter leur provision de vivres. Il en accepta cent soixante, dont vingt-trois ammenèrent leurs femmes.

De retour à Lancerote, Bethancourt fit de nouvelles conquêtes : il s'empara de l'île de Fer et de l'île de Palme ; puis il retourna en Espagne et passa en Italie pour demander au Saint-Père d'ériger un évêché dans son nouveau royaume. Le pape, Innocent VIII, consentit à sa requête, et nomma évêque des Canaries don Alberto de las Casas.

Ce ne fut qu'en 1425, vingt-trois ans après son premier départ, que Bethancourt retourna pour la seconde fois dans sa patrie. En quittant Rome, il s'était rendu à Florence ; de là il vint à Paris, puis à son château de Bethancourt. Les Anglais étaient alors maîtres de la France ; Bethancourt vit avec douleur son pays livré à l'étranger. Étant tombé malade dans ses terres de Grainville, il rendit l'âme peu de temps après son retour, et fut enterré devant le maître-autel dans l'église de Grainville-la-Teinturière.

L'histoire de cette expédition de Bethancourt a été écrite, de son vivant, par deux de ses familiers, François-Pierre Bontier, religieux de Saint-François, et Jean Le Verrier, prêtre, qui s'intitulent *domestiques* du sieur de Bethancourt. C'est de leur récit plein de grâce et de naïveté que j'ai tiré les détails qu'on vient de lire. Il existe à Rouen un manuscrit de cette précieuse chronique : si ce n'est pas l'original, c'est au moins une copie faite dans le temps même, c'est-à-dire peu d'années après la mort de Bethancourt, car l'écriture est de la première moitié du quinzième siècle. J'ai peu vu de manuscrits plus intéressants. Chaque tête de chapitre, et il y en a quatre-vingt-treize, est ornée d'une vignette qui représente la scène principale décrite dans le chapitre : ce sont des dessins qui tiennent la moitié de la page, teintés comme des espèces de camaïeux : les figures sont tracées avec peu de finesse, mais elles ont du mouvement et de l'originalité.

On a imprimé en 1630 la chronique de Bethancourt[1], et on y a joint comme appendice un *traité de la navigation, des voyages et des découvertes, principalement des Français*. Je ne sais quel en est l'auteur, mais il est écrit avec bon sens et esprit, abonde en faits

---

[1] *Histoire de la première descouverte et conqueste des Canaries*, faite dès l'an 1402, par messire Jean de Bethancourt, chambellan du roy Charles VI, escrite du temps mesme par F. Pierre Bontier, religieux de Sainct-François, et Jean le Verrier, prestre, domestiques dudit sieur de Bethancourt, et mise en lumière par M. Galien de Bethancourt, conseiller du roy, en sa cour de Parlement de Rouen ; plus un *Traicté de la Navigation*, et des voyages de descouvertes et conquestes modernes, et principalement des François. *A Paris*, chez Michel Soly, ruë Sainct-Jacques, au Phoënix. M. DC. XXX.

La chronique est précédée d'une préface des deux auteurs, qui se termine ainsi :

« ..... Jean de Bethencourt, chevalier, né du royaume de France, entreprint ce voyage à l'honneur de Dieu, et au soustenement et accroissement de nostre foy, és parties méridiennes, et certaines

curieux et en données instructives. Voici comment il y est parlé de l'expédition de Bethancourt : les réflexions qui terminent ce passage ne paraîtront pas, je crois, étrangères à notre sujet :

« Environ l'an 1402, messire Jean de Bethancourt, gentilhomme normand d'auprès Dieppe, ennuyé, comme il est aisé à croire, des querelles et divisions qui estoient lors en France entre les maisons d'Orléans et de Bourgogne, qui tant y causèrent de maux, et furent la source des longues et cruelles guerres du depuis entre celles de France et d'Autriche : il se résolut d'aller chercher ses adventures en quelque lieu eslongné pour y vivre avec plus de repos ; et sur ce qu'il avoit ouy renommer ces isles, fît dessein de les aller conquérir à ses propres cousts et despens, non pour désir de gagner et butiner, comme les autres avant luy, mais seulement pour la gloire de pouvoir réduire ces peuples-là à la cognoissance du vray Dieu, comme il fit heureusement; ainsi que ceste histoire nous apprend. Ce qui est confirmé par tous les autres historiens Italiens, Espagnols et François, encores que ce soit avec quelque différence des années et autres circonstances, comme nous ferons

isles qui sont sur celle belle bende, qui se dient les isles de Canare, habitées de gens mescreans de diverses loix et de divers langages, dont la grand' Canare est une des meilleures, et des plus principales et mieux peuplée de gens et de vivres, et de toutes autres choses ; et pour ce est ce livre nommé *le Canarien*, auquel, s'il plaist à Dieu, on trouvera au temps advenir de bien estranges choses en escrit. Et nous, frère Bontier, moine de Sainct-Jovin de Marnes, et Jean le Verrier, prestre, et serviteur dudit de Bethencourt dessus nommé, avons commencé à mettre en escrit le plus des choses qui luy sont advenues à son commencement, et aussi la manière de son gouvernement, dont nous pouvons avoir eu vraye connoissance dès ce qui se partit du royaume de France, jusques au 19e jour d'avril 1406, que ledit Bethencourt est arrivé ès isles de par deçà, et là en avant est venue l'escriture en autres mains, qui la poursuivront jusques à la fin de sa conqueste... »

voir cy-après ; mais tousiours s'accordent-ils en substance à ceste histoire, d'autant plus vraye, qu'elle est escrite du temps mesme et par ceux qui avoient accompagné ce seigneur en toute ceste entreprise. Ce qui sert à rabattre d'autant la vanité des Portugois et Castillans, qui se vantent d'estre les premiers descouvreurs et conquesteurs de nouvelles terres, depuis près de deux cents ans ou environ : veu que nos François les ont précédés en cela, et leur ont rompu la glace et monstré le chemin qu'ils ont fort bien suivy, et leur a plus heureusement et utilement réussi qu'à nous, pour y avoir apporté plus d'ordre, de patience, de résolution, et d'autres qualitez, dont, avec raison, ils s'avantagent sur nous.... ils devindrent sages de bonne heure à leurs despens, par la prudente conduite de leurs chefs. Ce qui n'arrive pas si aisément entre nous, qui ne faisons pas guères profit de nos fautes, que nous laissons venir à tel comble, que tout remède après y est inutile et mesme dangereux. Ce qui vient ordinairement du peu d'ordre qui est parmi les nostres, et que la pluspart sont plus touchez de leur particulier intérest que de celui du public, et de la gloire de la nation et de l'empire françois : qui est au contraire ce qui picque principalement les Espagnols, et qui leur a acquis ce très grand estat qu'ils possèdent aujourd'hui. A la vérité nostre nation seroit assez disciplinable, voire autant ou plus qu'autre qui soit, si elle estoit conduite et menée comme il faut, suivant le témoignage du feu prince d'Aurenge, bon juge de cela : et que ne feroit-elle avec les forces et commoditez qu'elle a, et qui manquent à la plupart des autres? car on sçait assez que la nature a doué la France d'une excellente situation, tant pour son climat doux et tempéré, que pour estre comme le centre et milieu de l'Europe ; pour avoir les deux mers comme ses deux bras à commandement, nombre d'hommes de courage et de service, abondance de tous vivres, et commoditez nécessaires pour faire équiper et fournir armes et flottes pour la guerre et le commerce. Ce qui seroit un bon employ de ce qu'elle a de trop, et un salutaire remède aux maux qui l'accablent, comme est la fainéantise, la mendicité, les duels, les procez, le nombre excessif des officiers de justice et de finances, la multiplication non nécessaire de gens qui estudient et qui pourroient plus utilement estre employez au trafic, peuplades, arts et agriculture, ainsi qu'il y a esté sagement pourveu en Espagne par la pragmatique de l'an 1623. Et lors la marchandise et le labourage, qui sont les vrayes richesses et forces de l'Estat, seroient remises en l'honneur qui leur est deu...

» Enfin, donc il faut que les estrangers, veuillent ou non, nous cèdent en ce point des premières conquestes de terres nouvelles; car si bien ils peuvent avoir descouvert les premiers, la gloire d'avoir conquis emporte tousiours le dessus; puisque Christofle Colon, bien que instruit par ce pilote incognu qui avoit desjà descouvert les Indes d'Occident, ne laissa pas de remporter à bon droit tout l'honneur de ceste entreprise. Ainsi peut-on dire que Bethencourt et les François ont esté ceste estoile matinière qui par son lever a ouvert la porte à la lumière du soleil, par laquelle le monde en ces derniers jours a esté remply de la veue et de la cognoissance de soy-même.

» Il est donc bien certain que dès l'an 1402 nostre Bethencourt entreprit sa conqueste, qu'il acheva en cinq ou six ans; où les Portugois ne commencèrent les leurs que quelques années après, et les Castillans bien plus tard encore. »

## § III.

Suite du quinzième siècle. — Nouveaux voyages en Guinée. — Science de l'hydrographie cultivée à Dieppe. — Le capitaine Cousin; — ses voyages. — Conjectures à son sujet.

La conquête des Canaries n'est qu'un épisode isolé. Pendant que Bethancourt entreprenait son grand voyage, les marchands dieppois commençaient à renoncer aux leurs : de jour en jour le commerce allait tombant; ils ne trouvaient plus le débit de leurs épices ni de leurs marchandises; enfin la misère des temps devint telle qu'ils furent réduits à ne plus expédier qu'un ou deux vaisseaux chaque année pour traiter sur la côte d'Afrique.

Villaut de Bellefond nous apprend, comme on l'a vu plus haut, que les établissements de la *Mine*, du *Petit-Dieppe*, du *Petit-Paris*, et tous les autres comptoirs fondés depuis quarante à cinquante ans sur ces rivages, étaient, en 1410, complétement abandonnés par les Dieppois.

Il paraît que jusqu'à la bataille de Formigny, cette belle journée qui acheva d'affranchir la Normandie du joug des Anglais (1450), et même jusqu'à la mort de Charles VII (1461), les Dieppois se trouvèrent hors d'état de tenter de nouvelles expéditions. Grâce à la paix et à la main vigoureuse de Louis XI, on vit enfin renaître la sécurité et l'abondance. Alors nos marchands se mirent à construire et à équiper des navires; mais quand ils voulurent les envoyer dans ces parages où s'étaient enrichis leurs pères, ils trouvèrent la place prise. Les Portugais, pendant les cinquante années qui venaient de s'écouler, s'étaient mis en possession de tout le littoral africain jusqu'à l'équateur, et ne paraissaient pas d'humeur à partager avec qui que ce fût leurs immenses profits. Il ne fallait donc plus songer à naviguer paisiblement comme par le passé, sans autres ennemis que les vents et les flots. Les premiers vaisseaux dieppois qui se présentèrent en firent la triste expérience; ils furent coulés à fond par les Portugais. Alors on profita de la leçon : tous les bâtiments de commerce furent équipés en guerre, armés de quatre canons au moins, et montés comme les corsaires par un équipage nombreux et exercé au métier des armes.

Cette manière hasardeuse de faire le commerce devait être goûtée des Dieppois; c'était encore une de ces inclinations dont ils avaient hérité de leurs pères, les hommes du Nord. Aussi ne tardèrent-ils pas à devenir formidables à leurs rivaux. Toutefois, comme des richesses ainsi achetées finissaient par coûter cher, on jugea qu'au lieu de se disputer dans de sanglants combats l'or, le poivre et l'ivoire de cette côte d'Afrique, mieux valait peut-être tâcher d'en trouver ailleurs.

Dieppe possédait alors des ressources toutes nouvelles pour tenter des découvertes. Si pendant un demi-siècle les vaisseaux s'étaient pourris dans le port, les esprits n'étaient pas restés stationnaires. Ces navigateurs, rentrés dans leurs foyers, s'étaient mis à réfléchir sur leurs courses passées, leurs idées s'étaient mûries; et tandis que la pratique languissait, la théorie avait pris son essor. C'est dans ces temps de repos que la science hydrographique paraît être née à Dieppe, et je ne crois pas qu'en aucun lieu d'Europe elle fût alors aussi généralement cultivée. On voit bien l'infant don Henri de Portugal[1] se livrer à ces études; mais ce sont plaisirs de princes ou d'hommes de génie, tels que Colomb et quelques autres; on s'y adonne mystérieusement comme à une espèce d'alchimie, et rien n'indique que les éléments de cette science fussent devenus familiers aux pilotes et aux navigateurs du Midi.

A Dieppe, au contraire, quelques hommes dont les noms se sont gravés dans le souvenir de leurs concitoyens, et que toutes les chroniques manuscrites signalent à notre admiration, donnaient dès cette époque des leçons d'hydrographie, et enseignaient aux moindres matelots l'art de

---

[1] Quatrième fils du roi Juan, qui, dès l'âge de vingt-un ans, se retira dans son château de Segros, près du cap Saint-Vincent, pour se livrer à l'étude de la géographie et de la navigation. Il finit par acquérir la *conviction* qu'il existait des contrées au delà des mers connues, et qu'il était possible d'y parvenir. Ce ne fut qu'à prix d'argent et de promesses qu'il parvint à trouver quelques pilotes portugais qui osassent, sur ses indications, se hasarder à franchir les caps de Nun et de Boïador.

devenir pilote, c'est-à-dire de se diriger en pleine mer, de prendre la hauteur et de reconnaître son chemin.

La preuve que cette prétention des Dieppois n'est pas vaine et que, au moins parmi les Français, ils sont bien les premiers qui aient cultivé avec succès l'hydrographie et la cosmographie, c'est que les cartes manuscrites les plus anciennes que possède aujourd'hui le dépôt de la marine ont été tracées par des Dieppois. On peut faire la même observation dans tous les cabinets d'amateurs de ces sortes de raretés. D'un autre côté, l'existence d'une chaire d'hydrographie à Dieppe dès les temps les plus reculés paraît un fait incontestable. Colbert, en *confirmant* cette chaire en 1669 et en chargeant le sieur Denis de *continuer* le cours, reconnaît que la ville de Dieppe en a joui de temps immémorial [1].

---

[1] Voici ce qu'on lit au sujet des cartes marines, fabriques d'instruments, etc., à Dieppe, dans la chronique manuscrite d'Asseline, qui est de 1682 :

« Pour ce qui est des cartes marines, je diray avec M. Dablon
» que le sieur Pierre des Cheliers, prestre à Arques, a eu la gloire
» d'avoir esté le premier qui en ait fait en France. Aussi estoit-il
» un si habile géographe et astronome qu'il fit une sphère plate,
» au milieu de laquelle on voyoit un globe qui représentoit toutes
» les parties du monde. J'adjouteray à cela, à la louange de nos Diep-
» pois, que le sieur Presot, surnommé le Sçavant, excelloit en la
» pratique des globes, et que le capitaine Coussin, qui estoit habile
» à les construire, ne l'estoit pas moins à fabriquer des sphères. On
» tient qu'il en fit une dans un œuf d'autruche avec tant d'indus-
» trie et de justesse que cet ouvrage imitoit les mouvements des
» cieux. Ce qui m'a fait souvenir de la machine du nommé Meniel,
» lequel y avoit enfermé un grand globe qu'il faisoit rouler par
» des ressorts imperceptibles, en sorte que le ciel du soleil et celuy
» de la lune régloient leurs mouvements avec une cadence si juste
» que ces deux luminaires ne manquoient à s'approcher ou se re-
» culer au temps destiné pour faire le croissant ou la pleine lune,
» ou la nouvelle, et même les éclypses de ces deux astres. Comme
» je sçais que le nommé Pierre Desliens fut un excellent géographe,
» et qu'il fit par l'ordre de M. de Guise un plan universel de tou-

## DEUXIÈME PARTIE.

L'étude de l'hydrographie présupposant la connaissance de la boussole, une fois qu'on est forcé de reconnaître que la science hydrographique avait pris naissance à Dieppe vers le milieu du quinzième siècle, on peut admettre, jusqu'à un certain point, la vraisemblance d'une autre tradition fort répandue parmi les Dieppois, et selon laquelle ils auraient connu les propriétés nautiques de la pierre aimantée dès le règne de saint Louis, c'est-à-dire en même temps qu'elles se révélaient à ce savant d'Amalfi auquel on en attribue généralement la découverte[1]. Il

» tes les forêts de France. Comme je sçay encore que le nommé
» Charles Blous a fait de rares cadrans, dont un s'appelle équi-
» noxial ou universel, et un autre azimutal, et un autre silindre. »

Dieppe avait dans le moyen âge une grande réputation dans tout ce qui concernait la fabrique des instruments astronomiques, ce qui s'accorde parfaitement avec la renommée de ses navigateurs.

Les cartes réduites sont de l'invention d'un nommé Le Vasseur, Dieppois, qui était un simple tisserand, mais qui s'occupait en même temps de géographie. Il avait eu en main, dit un vieil hydrographe, les mémoires de certains prêtres d'Arques, bourg près de Dieppe, qui étaient excellents géographes, dont l'un se nommait des Celiers et l'autre Breton. Le Vasseur mourut à Rouen dans les premières années du dix-septième siècle.

Les écrivains qui ont parlé du père de notre hydrographe varient sur la manière d'écrire son nom. On écrit aujourd'hui Descaliers. Les deux plus anciens auteurs qui en aient parlé le nomment l'un des Cheliers, l'autre des Celiers.

[1] Ce qui est certain, c'est que les Dieppois excellaient dans l'art de fabriquer des boussoles, et que pendant long-temps ils en ont fourni à tous les ports de France. Cette industrie, comme celle de la sculpture en ivoire, paraît avoir été exercée par eux depuis l'époque la plus reculée.

M. Estancelin croit que les Vénitiens avaient au treizième siècle de fréquents rapports avec le port de Dieppe; qu'ils y relâchaient dans leurs grands voyages en Hollande et dans la Baltique. Alors on pourrait concilier les traditions des deux pays; la boussole à peine inventée en Italie aurait été apportée à Dieppe par les Vénitiens.

Au reste, il n'y a pas de question plus mystérieuse que celle de

est impossible de juger la valeur d'une telle prétention, qui ne se fonde que sur des données traditionnelles ; mais ce qui n'est pas douteux, c'est que Dieppe dut être une des premières villes où l'usage de la boussole fut importé, et que, comme ses mariniers avaient plus d'intelligence que la plupart des gens de mer de ce temps-là, ils com-

la découverte de la boussole. On peut voir, dans les Recherches de Pasquier, combien les opinions varient sur ce sujet. Le passage suivant, extrait du Traité de la Navigation qui suit la Chronique de Bethancourt, me semble contenir quelques faits assez curieux.

« ..... L'aiguille aymantée, que l'on dit auoir esté trouuée à Melfe, il y a près de quatre cents ans, par un nommé Flavius, que d'autres appellent Jean Gira ou Goya. Nos poëtes de ce temps-là appellent à ceste occasion *marinete* la pierre d'aymant qui sert aux voyages de mer, à cause de ses poles qu'elle tourne vers ceux du monde, selon sa situation en la mine; ainsi la nomme Hugues de Bercy du temps de sainct Louys, en l'an 1260, quand il souhaite que le pape ressemble à l'estoille du north\*.

> De nostre père l'Apostoile
> Voulsisse qu'il semblast l'estoile
> Qui ne se muet ; moult bien le voyent
> Les maronniers qui s'y auoient ;
> Par celle estoille vont et viennent,
> Et lor sens et leur voye tiennent ;
> Celle est attachee et certaine,
> Ils l'appellent la Tramontaine ;
> Toutes les autres se remuent,
> Et lor lieux rechangent et muent,
> Mais ceste estoille ne se muet ;
> Un art font qui mentir ne puet,
> Par vertu de la mariniere,
> Une pierre laide et noiriere
> Ou li fers volontiers se joint ;
> Et si regardent le droit poinct,
> Puis que l'aiguille l'a touchié
> Et en un festu l'ont fichié,

\* En sa bible Guiot. *Voyez* Pasquier en ses Recherches, Liv. VII, ch. III.

prirent plus tôt le parti qu'ils pouvaient tirer de ce merveilleux instrument.

Tel était donc l'état des esprits et des connaissances dans cette cité de Dieppe vers le commencement du règne de Louis XI. Un grand mouvement théorique, beaucoup d'idées en circulation sur les régions d'outre-mer et sur la

> En l'iau le mettent sans plus,
> Et li festus li tient dessus,
> Puis se tourne la poincte toute
> Contre l'estoille, si sans doute
> Que per riens n'y faulsera
> Ne maronniers n'en doutera.
> Quand la nuict est obscure et brune
> Qu'on ne voit estoille ne lune,
> Lors font à l'aiguille alumer,
> Puis ne peuvent-ils s'esgarer ;
> Contre l'estoille va la poincte ;
> Per ce font li maronniers cointe
> De la droite voye tenir.
> C'est un arts qui ne puet mentir ;
> Là prennent la forme et le molle
> Que ceste estoille ne se crolle,
> Mout est l'estoille belle et claire,
> Tel devroit estre le sainct Pere.

» Là il enseigne que l'aiguille frotée d'aymant tourne tousjours tant qu'elle s'arreste au north, et qu'en la nuict la plus obscure les mariniers allument de la chandelle pour voir le cadran ; mais alors on mettoit quelques festus en l'eau, et sur iceux on asseoit l'aiguille, qui ne demeuroit en repos tant qu'elle eust atteint son poinct polaire : maintenant on la met dans la boussole sur une petite poincte de leton.

» L'on void en nos histoires sainctes que l'usage en estoit desjà assez ordinaire pour la navigation dès l'an 1213 [*]. Et cependant on n'en attribue l'invention aux Amalfitains que depuis l'an 1260, ou environ. Quelques uns mesme veulent que Marc Pole, Venitien, en ait apporté l'invention de la Chine; mais avant luy elle estoit desja assés cogneue, côme ces passages monstrent. »

[*] Jacques de Vitry, *Hist. orient.*, Liv. I.

possibilité de les découvrir, enfin un cours public où les vieux pilotes faisaient part aux jeunes gens de leur expérience, et où l'on professait, entre autres nouveautés, qu'il y avait moyen de se reconnaître en pleine mer avec autant de certitude que sur une route de terre. On comprend maintenant que, lorsque, à la renaissance du commerce, les marchands dieppois s'aperçurent que, pour trafiquer dans leurs anciens comptoirs d'Afrique, il fallait guerroyer et subir les inconvénients de la concurrence, l'idée leur vint bientôt que mieux valait aller en avant et chercher quelques mines vierges qu'ils pourraient exploiter seuls et en paix, comme leurs pères avaient fait en Guinée.

Il se forma une association de commerçants, et un gros navire fut armé pour aller à l'aventure, pour faire ce qu'on appellerait aujourd'hui un voyage de découvertes. Le commandement en fut confié à un jeune homme nommé Cousin, qui s'était distingué quelque temps auparavant dans un combat naval contre les Anglais. On lui recommanda d'explorer la côte d'Afrique au delà de l'équateur. Cousin était bon pilote, il avait beaucoup étudié l'hydrographie, et était l'élève favori d'un nommé Descaliers, que les chroniques dieppoises citent comme le père et l'inventeur de cette science[1]. A en croire les chroniques, Descaliers aurait été pour Cousin ce qu'avait été pour Colomb le Florentin Paolo Toscanelli lorsqu'il confirmait ce grand homme dans ses conjectures et l'engageait à tenter d'aborder en Asie par la voie du couchant. Descaliers se-

---

[1] V. ci-dessus, p. 222 — Descaliers était né, dit-on, vers 1440. Il était prêtre d'une des églises de Dieppe, mais passionné pour l'étude des mathématiques et de l'astronomie. D'après la Chronique dieppoise il aurait eu pour successeur, comme professeur d'hydrographie, d'abord un nommé Prescot, puis le célèbre capitaine Cousin, devenu vieux et n'allant plus en mer. Après eux Jean Guérard et Jean Gaudron, prêtres comme Prescot et Descaliers, auraient continué à donner des leçons d'hydrographie aux Dieppois jusqu'à l'époque où la chaire fut confirmée par Louis XIV.

rait parvenu à inspirer au jeune Cousin des pressentiments semblables, et lui aurait communiqué les convictions que lui-même devait à sa science.

Quoi qu'il en soit, Cousin partit de Dieppe au commencement de l'année 1488. Descaliers lui avait recommandé, dit-on, de ne pas serrer les côtes, comme avaient fait tous ses devanciers, et de se lancer hardiment au travers de l'Océan. Une fois parvenu dans l'Atlantique, Cousin aurait suivi ce conseil, et se serait trouvé bientôt entraîné par le courant équatorial, qui porte à l'ouest, comme on sait. Après deux mois de navigation il aurait abordé sur une terre inconnue, près de l'embouchure d'un fleuve immense.

Quelle était cette terre, quel était ce fleuve inconnus? Les Mémoires de Dieppe n'hésitent pas à prononcer que c'était l'Amérique du sud et le fleuve des Amazones, auquel Cousin aurait donné le nom de *Maragnon*.

Ce n'est pas tout : notre navigateur, au lieu de revenir directement dans sa patrie, aurait formé le dessein de regagner ce rivage d'Afrique qu'on l'avait chargé de reconnaître ; et, jugeant, d'après sa science cosmographique, sous quelle latitude il devait le chercher, il aurait fait route vers le pôle du midi en courant sur l'est. Suivre cette direction avec constance, c'était le moyen infaillible de rencontrer la pointe d'Afrique, c'est-à-dire le cap de Bonne-Espérance.

Ainsi, dans ce seul voyage, Cousin aurait accompli les deux grandes découvertes qui ont immortalisé Christophe Colomb et Vasco de Gama. Il aurait précédé le premier de quatre ans sur le sol américain, et reconnu neuf années avant le second qu'il y avait à l'extrémité de l'Afrique un passage pour aller aux Indes.

On sent combien une telle assertion est téméraire. Il faudrait, non pas des preuves, mais une sorte de révélation pour ravir aujourd'hui à des hommes tels que Colomb et Gama la gloire dont ils sont en possession depuis trois siècles. Or, je me hâte de le dire, les Dieppois n'ont pas même ce qu'on peut appeler des preuves pour justifier leur prétention. Seulement ils soutiennent que cette navigation du capitaine Cousin avait été consignée officiellement au greffe de leur amirauté. La seule trace qu'il en reste aujourd'hui se trouve dans un ouvrage écrit malheureusement avec trop peu de critique pour faire autorité : ce sont les *Mémoires chronologiques pour servir à l'histoire de Dieppe et de la navigation française* (par M. Desmarquets)¹.

Convenons toutefois que, si ce livre est souvent inexact, plein d'erreurs et de négligences, il a pourtant l'avantage d'avoir été composé sur des manuscrits que la révolution nous a ravis, et qui n'étaient eux-mêmes que des compilations écrites avant le bombardement par quelques ecclésiastiques érudits, habitués à compulser les archives de l'Hôtel-de-Ville. En général, ce sont plutôt les détails que le fond des choses qui sont inexacts dans ce livre; et déjà, comme nous le verrons plus bas, des preuves inattendues sont venues, sur quelques points, vérifier la véracité de l'auteur.

Après tout, quand on considère l'état de la navigation à Dieppe à cette époque, quand on songe que depuis plus d'un siècle on y faisait des voyages aux contrées situées sous l'équateur, que la science hydrographique y était connue, que la boussole était dans les mains des moindres patrons de navire, choses qui sont toutes hors de contestation, on doit convenir que rien n'était moins extraordinaire que la découverte accidentelle qu'on attribue à Cousin. Du moment que les navigations dans l'Atlantique devenaient plus fréquentes, il était inévitable qu'un jour ou l'autre un navire, écarté par le vent de son droit chemin, tombât dans ce courant si puissant qui porte à la côte de l'Amérique du sud. C'est ce qui arriva en 1500 à

---

¹ Paris, 1785, 2 vol. in-12.

Cabral, qui, parti de Lisbonne pour doubler le cap de Bonne-Espérance, découvrit fortuitement le Brésil. Pourquoi le même hasard n'aurait-il pas favorisé Cousin douze ans plus tôt, puisqu'il est bien certain que dès lors il naviguait dans ces mers? Robertson l'a dit avec justesse, la découverte de l'Amérique était un événement nécessaire : si Colomb ne l'eût point faite, elle n'eût été ajournée que quelques années, tant les chances d'une *découverte fortuite* se multipliaient chaque jour.

M. Estancelin a consacré tout un chapitre de son ouvrage à discuter les titres de Cousin à la gloire qu'on lui attribue. Ce morceau, plein d'aperçus ingénieux, ne détruit assurément pas l'objection qui pourra toujours naître de l'absence de preuves positives ; mais il démontre très-bien, selon moi, qu'il n'y a aucun motif pour nier de prime abord, comme chimérique et inadmissible, la double découverte dont on fait honneur au capitaine dieppois.

Il est un point que M. Estancelin s'attache surtout à éclaircir, c'est la question de savoir si le voyage de Cousin n'a pas quelque connexion avec l'entreprise de Colomb, et s'il n'a pas contribué à son succès. En effet, j'oubliais de dire que la tradition dieppoise, non contente de donner à Cousin les prémices de la gloire de Colomb, prétend que celui-ci, en faisant voile vers l'Amérique, n'ignorait pas qu'un vaisseau français l'avait déjà découverte par hasard.

Cousin, pendant son long voyage, avait eu pour contre-maître *un étranger* nommé *Vincent Pinçon* ou *Pinzon*. A son retour il dénonça dans son rapport aux magistrats de la ville l'insubordination de cet homme, qui n'avait cessé de contrarier ses projets, et avait même essayé de faire révolter l'équipage. Le *corps de ville*, qui exerçait alors la juridiction maritime, fit une enquête ; et, d'après les témoignages des officiers et matelots du navire, déclara Vincent Pinçon incapable d'être à l'avenir employé sur les vaisseaux du port de Dieppe.

Ces faits paraissent constants ; mais ce qui n'est qu'une conjecture, c'est ce qu'ajoute la chronique. S'il faut l'en croire, Vincent Pinçon se retira en Espagne, sa patrie, et il n'est autre qu'un de ces trois frères Pinzon qu'on voit trois ans après accompagner Colomb dans son voyage.

Ces trois frères Pinzon étaient originaires de Palos en Andalousie, et leur famille y vit encore aujourd'hui. Dans l'espoir de découvrir quelques renseignements sur la vie qu'ils avaient menée, sur les pays qu'ils avaient fréquentés avant de s'associer avec Colomb, M. Estancelin a fait faire des recherches dans les archives de Palos ; mais il n'a rien trouvé qui indique d'une manière certaine que l'un des trois frères ait navigué sur un vaisseau dieppois.

Quant à l'identité du nom, elle existe. Les trois frères se nommaient Martin-Alonso Pinzon, Vincent-Yanez Pinzon et Martin Pinzon. *Vincent*-Yanez *Pinzon* peut très-bien être le *Vincent Pinçon*, contre-maître de Cousin. La différence de la prononciation explique suffisamment la différence de l'orthographe.

Mais ce contre-maître était-il Espagnol ? Rien ne le prouve, rien non plus ne rend la chose impossible. Au contraire, il y a mille preuves des relations continuelles entre les Dieppois et les Castillans à cette époque. Non-seulement on voit le Dieppois Robert de Braquemont, amiral de Castille ; Jean de Bethancourt, souverain des Canaries au nom du roi de Castille ; mais la présence de nombreux marchands espagnols dans la ville de Dieppe pendant le quinzième siècle est un fait également constaté. On sait même qu'il était d'usage que, sur presque tous les vaisseaux dieppois qui partaient pour un voyage de long cours, on prît à bord soit un Espagnol, soit un Portugais, pour servir d'interprète ou de facteur. Or, comme il partait sans cesse de nouveaux vaisseaux, il fallait que le nombre de ces interprètes fût considérable, et, par conséquent, qu'il y eût de fréquents rapports entre les Castillans et les Dieppois.

Ainsi rien ne s'oppose à ce que Vincent-Yanez Pinzon se trouvât comme capitaine en second sur le navire confié au commandement de Cousin pour entreprendre son grand voyage.

Et d'un autre côté, lorsqu'on voit que Colomb, après avoir essuyé les dédains de ses compatriotes et les refus de plusieurs souverains, après avoir vainement attendu les secours que lui promettaient Ferdinand et Isabelle, trouve tout à coup chez trois navigateurs de Palos, marins habiles et expérimentés, hommes prudents et réfléchis, non-seulement des compagnons dévoués, mais des associés qui lui ouvrent leur bourse et se chargent de presque tous les frais de l'armement; lorsqu'on ne perd pas de vue que ces trois navigateurs sont précisément les trois frères Pinzon; que les espérances de Colomb leur semblent si peu chimériques que tous trois ils veulent s'embarquer avec lui et risquer toute leur fortune dans cette entreprise que tant d'autres appellent insensée; lorsque plus tard, quand le vaisseau est au milieu de l'Océan, on voit l'un des Pinzon discuter avec Colomb sur le chemin qu'il convient de tenir et insister à chaque instant sur la nécessité de se porter plus au sud que ne le voulait l'amiral, en un mot, agir comme un pilote qui cherche à retourner dans un lieu déjà visité par lui et dont la position lui est connue, tandis que Colomb semble marcher en homme qui n'a fait que rêver ce qu'il cherche [1]; n'est-on pas tenté de se demander si la

---

[1] Le fils de Colomb, dans la relation qu'il a écrite du premier voyage de son père, ne nie pas que Pinzon fut consulté par lui dans toutes les occasions difficiles. A quel titre l'interrogeait-on? comme habile marin? non: Colomb n'avait pas besoin de ses leçons; ce n'était pas à sa science, c'était plutôt à ses souvenirs qu'on semblait adresser des questions. Supposez que Pinzon se souvint du courant équatorial qui l'aurait entraîné dans un premier voyage, et vous comprendrez pourquoi il demandait à l'amiral de cingler plus au sud; il voulait retrouver ce courant favorable.

« Cette hypothèse, dit M. Estancelin, est fondée sur la déclaration de dix témoins qui, dans l'information, affirmèrent que sou-

tradition dieppoise n'a pas donné le véritable mot de cette énigme, et si l'un des Pinzon ne serait pas cet étranger qui accompagnait Cousin dans son voyage de 1488?

Je doute qu'on puisse jamais éclaircir un tel mystère; quoi qu'on fasse, on ne sortira point des conjectures. Christophe Colomb et Vasco de Gama continueront à jouir paisiblement de cette gloire que leurs compatriotes ont eu le talent de faire enregistrer officiellement par l'histoire; mais, pour être né dans une patrie plus insouciante de sa renommée, Cousin n'en doit pas moins être considéré *sur parole* comme un grand et hardi navigateur. Il est impossible qu'il fût un génie ordinaire. De tels souvenirs ne s'attachent pas au nom d'un homme, il n'est pas déifié par ses concitoyens, sans que ses actions se soient élevées au-

vent Colomb, dans le cours du voyage, ayant demandé à Alonso s'ils étaient en bonne route, celui-ci, dont en toute circonstance on vante la haute capacité et la grande expérience (*el cual era a quel tiempo hombre muy sabido en las cosas de la mar*), lui répondit toujours négativement, et ne cessa de répéter qu'ils devaient cingler vers le sud-ouest pour trouver terre; e- à quoi Colomb finit par consentir : *Sea asi, Martin Alonso, hagomos lo asi*, dit-il. C'est en suivant cet avis qu'il arriva à Guanahani... Francisco Garcia Vallejo, l'un des principaux témoins dans l'information, déclare que, se trouvant à douze cents lieues de la terre, l'amiral convoqua, le 6 octobre, les capitaines pour les consulter sur ce qu'il y avait à faire pour calmer le mécontentement qui éclatait à bord. « Allons, » dit Vincent Yanez, jusqu'à deux mille lieues, et, si nous ne trou-
» vons pas la terre, alors nous virerons de bord. — Comment! dit
» plus résolument Alonso, nous sommes partis hier de Palos, et
» déjà le courage nous manquerait! En avant! Dieu est avec nous;
» nous découvrirons bientôt la terre. Dieu nous préserve de nous
» arrêter à la lâche pensée de revenir honteusement au pays! »

» On voit dans cette immuable volonté de cingler au sud-ouest, dans cette résolution de persister dans l'entreprise, dans cette assurance de découvrir la terre, plus que l'effet de simples conjectures; il n'en eût pas été autrement si les Pinzon eussent été sûrs de l'existence des terres. Un tel caractère, une telle conduite, de telles intentions font présumer quelque chose de plus que le dévouement inspiré par la seule confiance ou par des probabilités. »

dessus de celles du vulgaire. En effet, ce n'est pas d'hier que Cousin est célébré à Dieppe comme le premier qui ait découvert la côte d'Amérique et les aiguilles du cap de Bonne-Espérance. Dès le commencement du seizième siècle, dès l'époque où la renommée de Colomb et de Gama se répandit en Europe, il y eut à Dieppe réclamation et protestation constantes en faveur de Cousin, et La Popelinière, dans son Histoire du Monde, écrite en 1582, dit, en parlant du capitaine dieppois : « Notre Français, » malavisé, n'a eu ni l'esprit ni la discrétion de prendre » de justes mesures publiques pour l'assurance de ses des- » seins, aussi hautains et généreux que ceux des autres, » comme si c'était trop peu d'avoir commis une semblable » faute touchant les découvertes des nôtres en Afrique, où » les vaisseaux normands trafiquaient avant que les Portu- » gais y eussent abordé. »

## § IV.

Seizième siècle. — Voyage à Sumatra. — Journal du capitaine Jean Parmentier.

Nous nous sommes écarté un instant dans le champ des conjectures, maintenant il nous faut revenir à l'histoire et aux faits dont nous pouvons donner la preuve. De tous les monuments qui nous attestent la réalité des grandes navigations accomplies par des Dieppois, le Journal de Jean Parmentier est assurément le plus positif, le plus incontestable.

En racontant comment il a été retrouvé et quelle clarté subite sa découverte est venue répandre sur des faits jusque-là hypothétiques, on sentira mieux encore, je crois, qu'il y aurait quelque imprudence à traiter avec trop de dédain les traditions que nous venons de rapporter.

Le nom de Parmentier était célèbre à Dieppe, comme celui de Cousin, sans qu'on pût donner la preuve de ce qu'il avait fait. Il passait pour avoir conduit plusieurs fois son vaisseau jusqu'aux Grandes-Indes et à la Chine dès les premières années du seizième siècle. « Jean Parmentier, disent les *Mémoires chronologiques*, était un génie rare, bon astronome, excellent hydrographe et bon marin. » L'auteur ajoute qu'après plusieurs voyages à la Chine il mourut vers l'an 1529, dans une des îles de la mer des Indes, à l'âge de quarante-neuf ans.

Voilà tout ce qu'on savait de Jean Parmentier il y a quelques années. Le hasard voulut que M. Estancelin, passant à Sens, trouvât chez un de ses amis, M. Théodore Tarbé, un manuscrit dont celui-ci avait hérité d'un de ses frères, négociant à Rouen, pour qui l'histoire du commerce et de la navigation avait été l'objet de sérieuses études. Ce manuscrit était intitulé : *Voyage des Dieppois*. M. Estancelin n'eut besoin que de le parcourir pour reconnaître qu'il contenait le journal d'un voyage de Jean Parmentier à l'île de Taprobane, aujourd'hui Sumatra.

Ce journal a été tenu à bord de *la Pensée*, un des deux navires dont se composait l'expédition commandée par Parmentier[1]. Il est l'ouvrage d'un des hommes de l'équipage. On y voit chaque jour le chemin qu'a fait le navire, l'état de l'atmosphère et la description de tous les incidents de la navigation. Il commence au 8 mars 1529, et finit au 22 janvier 1530; enfin il constate un fait que la tradition avait recueilli, la mort du capitaine dans une des îles de l'Archipel indien.

Après avoir étudié ce manuscrit, M. Estancelin s'aperçut, à son grand étonnement, que, sans nous en douter, nous possédions déjà un témoignage écrit non-seulement de ce voyage à Sumatra, mais de plusieurs autres accomplis par ce même Parmentier soit dans la mer des Indes,

---

[1] L'autre navire, comme on le verra plus bas, se nommait *le Sacre* ; ils appartenaient l'un et l'autre au célèbre armateur Ango. Parmentier avait deux frères : l'un d'eux, *Raoul*, l'accompagnait dans ce voyage.

soit sur les côtes des deux Amériques. En effet, dans un grand recueil de voyages, assez peu connu, mais très-estimé des savants et des géographes, dans la collection de *Ramusio*, on trouve au tome III un morceau ainsi intitulé : *Discours d'un grand capitaine français du port de Dieppe sur les voyages à la terre neuve des Indes occidentales appelée Nouvelle-France, aux terres du Brésil, de la Guinée et aux îles de Saint-Laurent et de Sumatra; jusqu'où sont parvenus les caravelles et les navires français.*

Quel était ce grand capitaine? Ramusio convient à regret que, malgré bien des recherches, il n'a pu le découvrir, mais qu'il n'en a pas moins traduit du français en italien son discours, parce qu'il lui semble « réellement très-beau, très-remarquable et digne d'être mis au jour. » Eh bien! la découverte du journal de Parmentier a mis M. Estancelin à même de satisfaire le vœu de Ramusio : il a reconnu, en confrontant les deux récits, que c'était évidemment du même voyage qu'ils faisaient mention, et que le grand capitaine de Ramusio n'était autre que Jean Parmentier. Si l'on en veut une preuve, il suffit de dire que dans ce journal on voit le capitaine dieppois donner à trois îles situées en face de *Ticou* les noms de *Marguerite*, *Louise* et PARMENTIÈRE, et que ces trois noms sont indiqués sur la carte annexée au récit traduit par Ramusio [1].

On sent combien ces deux relations, en se prêtant mutuel appui, acquièrent un plus haut degré d'intérêt et d'importance historiques. Du moment que le *Discours*

[1] Ce récit, conservé par Ramusio, mérite d'être consulté. M. Estancelin l'a cité textuellement en italien, et l'a traduit en français. Il croit pouvoir présumer que son auteur, qui paraît très-versé en cosmographie, et qui commence par étaler tout son savoir en cette science, pourrait bien être un des compagnons de Parmentier, qu'on voit jouer un rôle assez important pendant la traversée, savoir, Pierre Mauclerc, *l'astrologue du Sacre*.

*du grand capitaine* est confirmé et sanctionné par le *journal* quant à ce qui concerne le voyage à Sumatra, il doit inspirer une confiance à peu près égale dans toutes ses autres parties. Or il parle de voyages à *Terre-Neuve* et au *Brésil*, c'est-à-dire aux deux extrémités nord et sud du continent américain : ces voyages ont été nécessairement entrepris avant celui de Sumatra, puisque Parmentier est mort en quittant cette île. Ainsi, dès les premières années du seizième siècle, les Dieppois connaissaient les côtes du Brésil et du Canada ; ainsi la tradition qui leur en attribue la découverte, comme nous le verrons tout à l'heure, se trouve confirmée par une puissante autorité.

La lecture de quelques extraits du journal de Parmentier fera sentir plus vivement que toutes nos paroles quels hommes étaient ces premiers marins dieppois et combien, dans ces temps d'ignorance et de tâtonnement, ils étaient déjà merveilleusement servis par leur expérience héréditaire et par leur instinct.

Voici comment débute cette pièce, que je crois à peu près unique en son genre :

« *Mémoire que nous issismes du havre de Dieppe, le jour de Pasques, 28ᵉ jour de mars 1529, environ deux heures après midi, et notre nef, la Pensée, fut mise en rade honnestement sans toucher ; mais le Sacre toucha et ne peut isser de ceste marée, et issit et fut mis en rade la marée après minuit.*

» *Le vendredi en suivant 2ᵉ avril, environ six heures après midi, se recueillit nostre capitaine Jouan Parmentier et nostre maistre Michel Merry et le reste des compagnons ès tous les deux navires la Pensée et le Sacre.*

» *Ce dit jour, après minuit, environ deux heures du*

samedi, 3ᵉ avril, furent hallés nos ancres, mis les voiles hault, partismes de la rade de Dieppe, à la conduite d'un doux vent nord-est, qui nous poussa sérieusement jusqu'au travers de la Hougue (le cap de la Hogue).

» .... Ce samedi 10ᵉ jour d'avril, vers le soir, nous vismes le cap de Finis-terres, environ au sud-sud-est de nous, et courusmes au sud-sor-ouest toute la nuit.

» Le dimanche, 11ᵉ jour, eusmes bon vent de nord, courusmes au sud-sor-ouest ; le soir nous courusmes au sud, vent derrière, allant bon train.

» .... Le jeudi, 15ᵉ jour, fut prinse la hauteur du soleil, et estions à 32 degrés de la ligne.

» Le vendredi, vismes le cap de *Nun* et la terre dite Afrique...

» Le samedi, 17ᵉ, au soleil couchant, nous vismes deux isles des Canaries, Fort-aventure et Lancel, au ouest-nord-ouest de nous.

» .... Le samedi, 24ᵉ, courusmes au sud-sor-ouest tout le jour. Le soir, à la fin du premier quart, vismes l'isle *Saint-Jacques* du *Cap-Vert*, et eusmes calme plat toute la nuit[1].

» .... Le 11ᵉ (de mai), au matin, furent faits chevaliers environ cinquante de nos gens, et eurent chacun l'accollée en passant sous l'équateur, et fut chantée la messe de *Salve sancta Parens*, à notes, pour la solennité du jour, et prinsmes un grand poisson nommé *albatore*, et des bonites, dont fut fait caudière[2] pour le souper, en solemnisant la feste de chevalerie.

---

[1] Les 25, 26 et 27 avril, ils restent en face de l'île Saint-Jacques pour y faire de l'eau. Le chef des *avantureurs* qu'on envoie à la côte est *Jehan Suisy*, dit le Peintre. Cet homme était probablement le *dessinateur* de l'expédition.

[2] Cette expression est encore en usage parmi les marins de Dieppe. Vous voyez sur le port des cabarets dont l'enseigne porte ces mots : *Ici on fait chaudière*. Cela veut dire : « Ici on fournit une chaudière et du feu à qui voudra venir y faire cuire *son*

» .... Le jeudi 27°, jour du Saint-Sacrement, la mer estoit limpe et sereine, et faisoit un petit vent d'est et avions le cap au su-su-est. Ce jour, le capitaine, le maistre et l'astrologue du *Sacre* nous vinrent voir et disnèrent avec nous, et furent faites plusieurs récréations joyeuses, en louant et remerciant Dieu du beau temps qu'il nous donnoit.

» .... Le mercredi 9° (de juin), le *Sacre* eut empeschement à cause de son mast qui estoit empiré par haut, et le fallut accourcir; pour quoy nous ne portions pas grand'voile.

» .... Le 12° juin, prins l'orient, à 37 degrés et demi de la ligne en l'antarctique, et petites voiles pour attendre le *Sacre*....

» .... Le mercredi, 23° juin, la hauteur fut prinse à midi à 39 degrés et un tiers. Le soir il fit calme, la minuit bon vent d'ouest, et par l'estime de mon point estions au droit du cap de Bonne-Espérance.

» .... Le 24°, environ midi, le vent fut grand, y eut tourmente, et fismes petites voiles.

» .... Ce jeudi, 1ᵉʳ juillet, fit la plus grosse tourmente et gros vent que nous eussions encore eus depuis notre départ de Dieppe, et crois que le dieu *Eolus*, accompagné de *Favorinus* et d'*Africus Libo*, faisoit ou célébroit les nopces de lui et de Thétis, fort délibéré de la faire bien danser; et plusieurs grands poissons, comme *marsouins* et *chauderons*, s'assembloient par grandes troupes et faisoient saults et parades, et mesmes notre nef, et nous tous dedans, dansions d'une haute sorte.

» .... Le samedi, 3°, la hauteur fut prinse à midi, à 34 degrés 54 minutes, le temps beau et calme, faisant l'est-nord-est.

poisson. » Les matelots, au retour de la pêche, étant payés en nature, c'est-à-dire en poisson, entrent dans ces cabarets, font cuire en commun les produits de leur pêche, et mangent à la gamelle.

» .... Le 6ᵉ on ne fit pas grand chemin.
» Le mercredi encore moins. »

Le samedi 24, vers le soir, ils voient la mer trouble, on jette la sonde, la terre est à six ou sept brasses, et bientôt l'île Saint-Laurent (Madagascar) apparaît devant eux. Ils envoient à la reconnaissance les barques de leurs deux navires : les naturels s'enfuient d'abord à leur approche; puis les deux jours suivants ils semblent s'apprivoiser, et font quelques échanges de fruits et de provisions contre des patenôtres, des bonnets et du bougran.

Mais le mercredi, les Dieppois enhardis s'engagent plus avant dans les terres : le contre-maître du *Sacre*, Jacques *l'Écossois*, et *Vasse*, matelots de *la Pensée*, plus deux ou trois autres qui les suivaient, se mettent au bois avec les *Mores*, comme ils les appellent, dans l'espoir qu'ils leur feront découvrir de l'or et de l'argent. Mais tout à coup Jacques pousse un grand cri, et l'on voit accourir le contre-maître et *Vasse* qui étaient suivis de seize ou dix-huit Mores, tenant dards en leurs mains.

« Ceux du batteau firent sonner la trompette, afin que ceux qui estoient allé faire emplir les barillets d'eau se retirassent au batteau, lesquels ne surent sitôt venir qu'ils virent tuer le dit *Vasse* et le contre-maître du *Sacre* nommé *Briant*, et poursuivirent le demeurant jusqu'au bord de la mer, tenant déjà la chemise du premier qu'ils avoient tué, toute ensanglantée, et celui qui la portoit, de dépit qu'il ne sust ratteindre les autres de nos gens, jetta la chemise contre terre et piéta dessus; puis retournèrent dépouiller les autres, et en prinrent chacun leur pièce; puis les vinrent laver au bord de la mer, et s'en allèrent vers le costé du sur (sud). Nos batteaux revinrent bien tard, et quand les capitaines surent la chose advenue, furent fort courroucés et marris.... »

Néanmoins ils ne mettent pas à la voile, « pour ce que aucuns disoient qu'il y avoit mine d'argent. »

» .... Le jeudi, 29ᵉ, fut dit une messe et un *dirige* pour les trépassés, et au soir fut délibéré de retourner audit lieu, pour avoir de l'eau et pour voir s'il y a mine d'argent ou d'or. Nos deux batteaux et les deux batteaux du *Sacre*, équipés de mariniers avec des futailles pour l'eau, arrivèrent au point du jour à la terre, où il y a une belle descente, et de prime face, nous allasmes chercher les lieux où nos gens avoient esté tués, et trouvasmes *Briant* en terre, hors le bois, sur le sablon, enseveli en des feuilles de palmes et enfoui de mi-pied dans le sablon, et dessus avoient mis une grosse boise sèche et planté un roseau au bout de la fosse ; nous ostasmes un petit peu de sablon de dessus sa fosse pour voir lequel c'estoit, et vismes à son visage que c'estoit *Briant*, et y aperçusmes aucuns coups qu'il avoit à la poitrine et au visage, puis fut retourné, et entrasmes au bois pour chercher les autres, et assez avant dedans, nous trouvasmes *Jacques l'Écossois* tout nud, couché à dentz, ayant diverses plaies par tout le corps, fut retourné, et lui vismes la poitrine toute couverte de dardilles et puoit fort. Auprès du lieu où il estoit, nous lui fismes sa fosse et le mismes dedans, en retournant vers la rive : environ quinze espaces de ce lieu, nous trouvasmes *Vasse* tout nud, couché à dentz et percé tout à travers par les reins, si qu'on lui voyoit les entrailles et plusieurs coups de dards aux fesses et au costé, et fut retourné, et les tripes lui sortoient du ventre, et avoit plusieurs coups de dards à la gorge ; en ce lieu on lui fit sa fosse et fut enterré en priant Dieu qu'il lui plust avoir merci de leurs ames : cela fait, nous nous retirasmes du costé de la fontaine qui est du costé du nord, environ à cent vingt-cinq pas, y furent roulés nos vaisseaux qui furent légèrement emplis par la bonne diligence de nos gens avec le bon ordre qu'y mirent nos capitaines ; et à mesure qu'on les emplissoit, on les conduisoit aux batteaux, et pendant qu'étions là, fut regardé l'arène du bord de la mer qui sembloit toute argentée, et fut conclu que c'estoit une mine d'argent, par ceux qui disoient s'y connoistre; mais quand nos capitaines eurent bien considéré le coust et le temps qu'il y faudroit mettre pour en avoir quantité, ils trouvèrent qu'il y auroit plus de perdre que de gagner, par quoi fut conclu de ne s'y plus arrester. Et cependant qu'estions à remplir nos vaisseaux, nous aperçusmes dans le bois, sur la montagne, quatre ou cinq nègres du pays et un More blanc, qui portoient chacun une dardille ou deux, ayant le fer long, plat et aigu, bien poli, qui, par signes, nous montroient le lieu où nos gens avoient été tués, et puis nous montroient signe de l'autre costé, mais nous n'avions nul qui le sust entendre, et aussi qu'ils n'entendoient point le portugois. Ils s'assemblèrent à la fin jusqu'au nombre de dix, et approchoient au long de la montagne, branlant leurs dardilles. L'on tira vers eux plusieurs coups d'arquebuse, mais jamais ne bougèrent de leur lieu, par quoi nous estimions qu'ils ne savoient ce que c'estoit d'artillerie, ainsi qu'après ils le montrèrent assez bien. Car sitost que nous retirasmes vers les batteaux, ils accoururent de toute leur puissance vers nous, pensant en trouver quelqu'un d'escarté derrière. Mais nous estions déjà dans les batteaux quand ils arrivèrent au bord de la mer, s'offrant de jetter leurs dards jusques dans le petit batteau du *Sacre*, qui estoit le plus près de terre; et combien que tous les arquebusiers des batteaux tirassent vers eux, ils n'en faisoient compte, et si n'y en eut point de frappé. On tira un coup ou deux de passe-volant, mais point ne s'en effrayèrent. Toutes fois le Flamand du *Sacre*, en laschant un passe-volant, en frappa un par la cuisse qui s'accroupit tout en coup en un mousseau, et les autres, tous ébahis, vinrent voir que c'estoit, puis retournèrent vers nos gens pour jetter leurs dards; mais on tira encore un passe-volant, dont ils eurent peur; et l'un d'iceux print son compagnon blessé et le chargea sur ses épaules, puis prinrent la fuite vers le bois. Mais le Flamand du *Sacre* tira encore un coup après eux, dont plusieurs de nos gens disoient avoir vu frapper par le dos celui qui estoit navré et celui qui le portoit. Toutes fois il les vit choir et non point relever, et les autres de la bande s'écartèrent; et, en nous en retournant à bord des navires, vismes une bande de sauvages qui venoient par dessus le sablon du costé du sur. Nous retournés à bord, fut conclu entre nos capitaines et maistres de quitter ce lieu au premier vent servant.

» Le samedi matin, dernier jour de juillet, le vent vint au sur-sor-ouest, et fismes voile au ouest-nord-ouest et passasmes plusieurs bancs à quatre, à cinq, à six et à huit brasses d'eau. Ainsi à dix lieues de la terre fut prinse la hauteur et se trouva 19 degrés juste, selon la déclinaison des Portugois, et selon la déclinaison de *M. Pierre Mauclerc*, astrologue du *Sacre*, nous estimions à 25 degrés 52 minutes, et environ midi vismes plusieurs limes venants de quelque costé, qu'on estimoit l'eau de commencement, mais ce n'estoit qu'herbes et ordures, et vers le nord environ sept ou huit lieues, on voyoit de grands brisans qu'on estimoit bancs ou batures, et si on voyoit de la hune une isle ou deux, et vers le soir nous en vismes sept, et ancrasmes auprès de la 6ᵉ isle nommée, par nos capitaines, l'*Andouille*, à cause qu'elle est longuette, gresle, et y fut dit la grand'messe sans consacrer, et passasmes le demeurant de la journée à l'ancre.

» Le lundi, 2ᵉ jour d'aoust, au matin, nous déhalasmes et fut mis le cap au ouest-nor-ouest, au nor-ouest et au ouest, et jusqu'à midi, fut toujours envoyé le petit batteau devant à tout la sonde, et trouva-on encore plusieurs bancs et batures, jusques environ six lieues de la 6ᵉ isle, où nous avions ancré, et toutes ces isles furent nommées *les isles de Crainte*, à cause des craintes qu'elles nous donnèrent, et chacune à part fut nommée d'un nom propre : la 1ʳᵉ, prochaine de terre ferme, *l'isle Maïeure;* la 2ᵉ, *l'Enchaisnée;* la 3ᵉ, *la Boquittonne;* la 4ᵉ, *Lintille;* la 5ᵉ, *l'isle Saint-Pierre;* la 6ᵉ, *l'Andouille;*

la 7e, *l'Aventurée*, et le lieu où nos gens furent tués fut nommé le cap de *Traison*. Le soir fismes petite voile au ouest-nord-ouest.

» Le mardi, à midi, il calmit, et la mer grosse et jarleuse, et fut nommée la mer Sans Raison, et est à savoir que depuis que nous commençasmes à doubler le cap de *Bonne-Espérance*, les gens de nos navires commencèrent à devenir las, faillis et vains, ayant maladie de reins et aucuns aiguillons de fièvre; autres avoient mal de jambes, qui se faisoit comme par taches meurtrières de gros sang, et aucuns avoient les jambes et les cuisses couvertes de pourpre, sans les autres maladies que aucuns avoient gagnées *par leur mérite* en nostre terre avant que partir[1]... »

A mesure qu'ils font du chemin, leurs gens deviennent plus malingres et plus souffrants. Le 6 août, un nommé *Guillaume Richer* succombe : c'est le premier depuis le départ de Dieppe qui soit mort à bord; en peu de jours ils en perdent deux autres : le fils *Pontillon* et un nommé *Jean Dessaux*, « lequel avoit langui un mois ou deux, et fut ouvert pour voir d'où le mal lui venoit. Fut trouvé qu'il avoit le poulmon fort empiré, et avoit le creux du corps plein d'eau rousse et noire, tirant au jaune, et avoit une grosse apostume à la jointure du genoil, sous le petit os qui meult, qui n'apparoissoit point par dehors. Il fut enseveli à la mode marinière : Dieu en ait l'asme. »

« Le jeudi 5e, la hauteur fut prinse à 16 degrés. Ce jour se montra au ciel une nuée en cinq ou six endroits, aucune pièce de la nuée descendante vers l'horizon de la mer d'une manière d'une chausse à pris ras, la pointe en bas, puis se allongeoit, longue et gresle, tenant toujours à la maistresse nuée, dont nos gens eurent peur, craignant que

---

[1] Le manuscrit nomme sans cérémonie celle de ces maladies qui commençait alors à se répandre en Europe.

ce ne fussent *puchos* ou *tiphons*; mais cela ne fit aucune chose ; et aussi ceux qui ont vu des *puchos* disent qu'ils se forment autrement, et que la pointe est en haut et le large demeure en la mer, et que la pointe est crochue et se tient en suspens, et attirant l'eau [1]. »

Après un mois de navigation, qui n'offre rien de particulier que la rencontre d'une île inconnue, nos deux vaisseaux se retrouvent, le 7 septembre, *au droit sous la ligne*, ayant mis quatre mois moins quatre jours à doubler le continent africain depuis leur premier passage sous l'équateur, c'est-à-dire à faire plus de deux mille lieues.

Ils se mettent alors à longer la ligne, marchant à un demi-degré tantôt nord, tantôt sud. Pendant cette navigation, ils découvrent une île et y abordent. Les habitants leur font bon accueil : le grand-prêtre de l'île vient s'agenouiller devant le capitaine et lui présente un gros limon en signe d'amitié.

« En ceste isle avoit un temple ou mosquée de façon assez antique et magistralement composé de pierre. Le capitaine le voulut voir tant dedans que dehors : le grand-prêtre le fit ouvrir, et entra dedans, et l'ouvrage lui plut fort, et, en espécial, une closture de hucherie, de mouleures d'antiques, les meilleures qu'il vist jamais, avec balustres mignonement tournés, si que le menuisier de nostre nef s'ébahissoit de voir si bon ouvrage. En ce temple avoit des galeries tout autour, et au bout un lieu secret clos de hucherie, comme un *Sanctus Sanctorum*. Le capitaine le fit ouvrir pour voir ce qui estoit dedans et pour savoir s'y avoit nulles idoles dedans ; mais il n'y en aperçut qu'une faite de coques de noix de palmes. Le comble ou

[1] On voit, par ce passage, qu'il y avait à bord un certain nombre de marins qui ne naviguaient pas pour la première fois dans ces mers de l'Inde, puisqu'ils connaissaient par expérience ces sortes d'orages, qui ne se rencontrent que sous cette zone.

vouste dudit temple estoit de forme ronde et lambrissée, et peint d'antique. Auprès de ce temple il y a une piscine ou lavatoire, pavée à fond de cuve de pierre noire comme marbre, bien taillée à bonnes moulures d'antiques, et sembloit être composée de grande architecture. En un autre lieu plus à costé avoit une manière de puits ou fontaine carrée, profonde de six ou huit pieds, et dedans avoit plusieurs perches ayant chacune une courge au bout, dont ils puisent l'eau; et ce lieu estoit pavé à fond de cuve de semblable pierre que le lavatoire susdit; et ont en ceste isle plusieurs fontaines et puits semblables, et si y a plusieurs petites chapelles et oratoires en suivant la forme du grand temple. Les maisons sont fort petites et méchantes, les gens petits et maigres; et nos gens ne virent guères de femmes, mais quasi toutes vieilles et maigres, pauvres et chauves... »

Suivent encore quelques détails sur l'île et ses habitants, puis on se rembarque. Alors s'élève un petit incident assez piquant : c'est une discussion entre le capitaine de *la Pensée*, Jean Parmentier, et le Portugais embarqué comme interprète à bord du *Sacre*. Le Portugais soutient que cette île est une Maldive; le capitaine prétend qu'il a tort, attendu qu'ils ne sont en ce moment qu'à demi-degré sud, tandis que les Maldives, selon lui, s'étendent depuis le 7e jusqu'au 13e degré. On fait le grand-prêtre juge du débat, et le grand-prêtre dit que son île a nom *Moluque*. Il paraît néanmoins, d'après sa position, qu'elle appartenait réellement à l'archipel des Maldives.

Les deux vaisseaux continuent, chemin faisant, à perdre quelques-uns de leurs matelots et mariniers; mais enfin ils touchent au terme du voyage. Le mercredi 20 octobre ils abordent aux trois îles qui sont en avant de l'île nommée alors *Taprobane*, qu'ils appellent *Scapotane*, et qu'on nomme aujourd'hui *Sumatra*. Ces trois îles, situées en face, mais encore à grande distance de la ville de

Ticou, sont baptisées par eux la *Parmentière*, la *Louise* et la *Marguerite*. Ils descendent à terre plusieurs jours de suite pour se ravitailler.

« Le dimanche retournasmes à l'isle, et y fut chanté messe par nostre chapelain, et aussi y avoit chanté le samedi ; puis recueillasmes du bois pour faire racoutrer nostre nef ; et, pendant que nous allasmes à terre, *Lefour*, fils de *Loublieur*, nommé *Thomas le Boulanger*, mourut. Et allasmes, le capitaine et moi, avec le capitaine du *Sacre*, voir l'isle, qui estoit fort bien plantée de bois ; et si y avoit au bord de la mer une fontaine d'eau douce fort claire et excellemment bonne. Le lundi, 10°, fusmes requérir le demeurant de nostre bois, et recueillismes nasses en chemin avec les bouées et cordages, et si eusmes du poisson pour faire caudière, et jettasmes deux de nos nasses près de nostre nef. Le mardi on y trouva force poissons.

..... » Le mercredi mourut un nommé *Nicolas Boucher*, et le jour de devant mourut *Collenet Flarelle*, argentier du *Sacre*. Ce jour, après midi, partismes desdites isles.

» Le 28 octobre fismes voile en l'est-nord-est, et passasmes entre la *Parmentière* et la *Marguerite*, outre la *Marguerite* et la *Parmentière*, et la *Louise*, et une longue barre de bancs environ de huit ou dix lieues, et gissent nord-nord-ouest sur-su-est. Ce jour fismes environ huit lieues. Le soir mismes les voiles bas, et y a diverses marées ; car n'y a isle ni cap qui n'ait marée diverse, mais la marée plus continue vient de l'est.

» Le 29°, au matin, nous vismes terre grande toute rangée quasi nor et sur. Le samedi nous approchasmes à dix ou douze lieues près.

» Le dimanche, dernier octobre, ancrasmes à deux lieues près de la terre ; et le lundi nostre grand batteau et celui du *Sacre* furent à terre, et nageasmes longuement le long de la coste sans trouver descente. Mais, à une petite anse, nous trouvasmes lieu assez convenable pour descendre, et se vint présenter devant nous plus de trente des gens du pays avec rondelles, dards et épées. Sitost que nostre truchement et facteur, nommé *Jean Masson*, eut parlé à eux, il s'en mit deux ou trois à l'eau, et vinrent à nostre batteau, apportèrent un peu de riz pour des couteaux et des miroirs, et un coq et un poussin, que nous renvoyâmes, parce qu'ils vouloient un bougran, et nous montrèrent du poivre, disant qu'il en croissoit fort en ceste isle, et qu'il y croissoit de l'or ; mais qu'il y avoit à trois de là, vers le sur, une ville nommée *Ticou*, où le roi, nommé *sultan Megilica*, se tenoit, et s'en vinrent trois avec nous, qui nous promirent nous y mener, moyennant que chacun eust un bougran rouge, et cinq quartiers de toile blanche, un couteau et un miroir.

» Le mardi matin, 10ᵉ dudit mois, nous vint une esquife de terre, et trois hommes dedans, dire au capitaine que le roi lui mandoit qu'il fust le bien venu, et qu'il menast ancrer son navire entre la terre et trois islots qui sont devant la ville de *Ticou*, et que nostre navire y seroit sûrement et en bon abry, et que le roi lui vouloit faire quelque présent. Et le capitaine lui dit qu'il remercioit le roi, et qu'il avoit volonté aussi de lui faire quelque honneste présent, et l'aller voir à terre. Et les ancres furent levées, et allasmes ancrer entre la grande terre et le prochain islot ; et quand nous fusmes arrivés et jettés les ancres hors, arriva une autre esquife de terre, qui fit présent au capitaine, par le roi, de deux chèvres, un quartier de coques et un boisseau de riz, avec feuilles de betel et chaux vive, et d'une racine forte, mise en une escuelle de cuivre en façon de tasse, et une feuille dont ils font grand état, et en mangeant souvent devant et après le repas, avec un peu de chaux desteinte, et en la maschant donne bonne odeur, et rend un suc rouge qui leur teint les dents et leur conserve. Le mercredi, il vint encore une esquife de terre, et le roi attendoit que le capitaine descendist; le capitaine dit qu'il n'iroit point à terre, qu'il n'eust de bons pleiges¹ dans sa nef, et ils dirent qu'ils auroient des pleiges assez. Il fut conclu que *Jean Marre, Nicolas Boult* et *moi* irions à terre, et demeura deux ou trois pleiges pour nous dedans le bord, à celle fin que nous eussions connoissance de ceux de la terre, qui estoient plus suffisants pour estre pleiges de nos capitaines. Nous descendus en terre fusmes reçus assez humainement de ceux du pays, et conduits jusqu'aux lieux où le lieutenant, nommé *Tue Biginderais*², nous attendoit avec toute la seigneurie de la ville de *Ticou*, lequel vint au-devant de nous, le saluasmes, pensant qu'il fust le roi, ainsi que nous avoient donné à entendre ceux qui nous conduisoient. Après la salutation, il nous mena sous un arbre où tous ses gens l'attendoient et s'assit à terre les jambes croisées comme un cousturier, et, à sept ou huit pieds ou environ, ses gens s'assirent, et en manière d'une couronne, les jambes croisées, et nous fit signes que nous fassions comme les autres, ce que nous fismes, et nous lui vismes prendre des feuilles de betel et aux principaux, et nous en fit donner que nous mangeasmes. Après cela, ledit lieutenant demanda qui nous estions, qui nous menoit, qui nous cherchions. *Jean Masson* lui dit, *en langue malaye*, que nous estions François, et qu'il y avoit sept ou huit mois que nous estions partis de nostre pays pour les venir voir, et que nous apportions de bonnes marchandises de nostre pays, dont il nomma plusieurs espèces, et aussi pour avoir de leur poivre et autres marchandises : ce qu'ils écoutoient volontiers. Ils demandèrent si nous estions point gens de guerre; il leur répondit que nous es-

¹ Otages.
² Nous croyons qu'il y a erreur dans cette dénomination; mais nous la donnons telle qu'elle est au manuscrit : nous observons seulement que l'on peut lire *Biginde raïa*.
(*Note de M. Estancelin.*)

tions marchands, et que nous ne demandions que paix et amour; mais qui nous voudroit faire tort, c'est qu'estions gens pour nous défendre, et que nos capitaines avoient grand désir de trouver bonne paix et amour avec eux; et ils dirent qu'ils le désiroient ainsi. Et après plusieurs paroles, où n'entendions rien, car *Jean Masson* ne nous disoit pas tout en françois, le lieutenant du roi se leva et tous les seigneurs et nous aussi, et fusmes conduits à la maison de l'un des principaux de la ville, où nous fusmes traités à la mode du pays. Une natte de jonc blanc fut étendue sous nos pieds; et fut présenté pour nostre souper un plat de porcelaine plein de riz à demi cuit à l'eau, sans sel, et environ un demi-coq haché par morceaux, avec le brouet qu'ils mirent sur le riz, et la grande tasse de cuivre pleine d'eau claire, et mangeasmes tout à la belle sans d'appétit, avec du pain que nous avions apporté de la nef qui bien nous servit; et puis, après souper, nous couchasmes au lieu où nous avions soupé, sur la natte de jonc blanc, et nos manteaux nous servirent d'oreiller. Le matin nous retournasmes à la nef, et vint avec nous le *chabandar*[1] de *Ticou*, qui est quasi tout, gouverneur du roi et priseur sur toutes les marchandises qui s'achètent ou vendent, et tient les poids et les mesures, et nul n'oseroit vendre ou acheter sans son congé, et crois qu'il a lui seul tous les offices du royaume, car nous n'y vismes pas d'autres officiers; et Dieu sait les belles promesses que ledit *chabandar* nous fit tant de bien faire vendre nos marchandises, desquelles il nous promit d'avoir bientost la dépesche, que de nous faire charger du poivre. Nous venus en nostre nef, il fut recueilli honorablement de nos capitaines, ainsi que si c'eust esté la personne du roi. Le capitaine lui fit un présent assez honneste, et lui fit montrer de plusieurs sortes de

---

[1] Beaulieu, qui fit le même voyage en 1620, nomme cet officier *sabandar*.

nos marchandises. Mais il disoit que l'on ne savoit faire marchandise, tant que l'on eust fait le présent au roi; et eust bien voulu que l'on eust esté ce même jour le faire; mais il fut différé jusqu'au dimanche, 7ᵉ novembre, ce que nonobstant que tous les jours venoit quelque messager dire que le roi n'attendoit que ce présent, et pourquoi on différoit tant. Cependant nos capitaines firent faire des habits triomphants pour se présenter devant le roi en bon ordre pour faire le présent.

» Le dimanche, 7ᵉ novembre, nos capitaines équipèrent les batteaux, et descendirent en bon ordre à terre avec les présents, et je n'y sus aller à cause d'un heurt que j'avois eu à la jambe en retournant de terre en descendant à nostre nef, parquoi je n'en ferai pas long récit, à cause que je n'en ai rien vu; mais le présent fut honorablement porté et honorablement reçu, selon la coustume du pays, avec bonne paix, alliance et amour. Par foi promise entre *France* et *Ticou*, promettant tous estre amis de leurs amis et ennemis de leurs ennemis, et eux à nous par réciproque, tant qu'ils disaient tous: *Ticou! France! France! Ticou!* Après ces choses, les capitaines louèrent une maison pour mettre les marchandises, et nostre capitaine *Jean Parmentier* demeura huit jours à terre pour faire fortifier la maison, et aussi pour connoistre des poids et mesures, et apointer des coustumes avec le *chabandar*, où il se trouva fort empesché, et à grande difficulté accordèrent-ils ensemble.

» Le dimanche, 14ᵉ jour de novembre, pour ce qu'il m'estoit un peu amendé de ma jambe, j'allai voir le capitaine à terre, et me tins huit jours avec lui et austres huit jours avec son frère, à cause du barbier du *Sacre*, qui me médicamentoit durant ce temps. L'on fit quelque peu de marchandises avec ceux de la ville et les marchands de dehors, environ jusqu'à une livre d'or, d'un peu de miroirs, de coins de fer, et sept ou huit aunes de rouge, et non sans fort barguigner, et ne fit-on austre chose pendant quinze jours que nous fusmes à terre, par quoi nos capitaines délibérèrent de eux retirer et nos marchandises au plutost. M⁰ *Raoul Parmentier*, qui estoit demeuré à terre, fut prendre congé du Roi et des *orenchaires* : ce sont les grands seigneurs du pays de *Ticou;* mais quand ce vint au partir, le *chabandar* ne voulut point laisser aller qu'il n'eust un sien frère, et encore un austre de *Ticou*, qui estoit en ostage au *Sacre*. Le capitaine lui promit qu'il ne partiroit point de la terre que les austres ne fussent venus. Nonobstant toutes promesses, voyant que nous faisions nos appresls pour partir, le *chabandar* assembla plus de cinq cents hommes, ayant chacun une pertuisane emmanchée de roseau ou de bois, une rondelle et un ais. Le Portugois du *Sacre*, qui alloit et venoit dans la ville, fut averti de ces choses, et vint prier au capitaine, qui leur bailla ostage jusqu'à ce que les leurs fussent venus, pour éviter à tous belliqueux débats, qui sont dangereux de tous costés, et qu'il estoit content de demeurer pour un, et je dis que je demeurerois volontiers pour l'autre. Le capitaine dit que je ne demeurerois point, et M⁰ *Jean Lepeintre* se présenta pour y demeurer, ce que le capitaine accorda. On fit venir le *chabandar*, et le Portugois lui dit ce qui avoit été ordonné, dont il fut content, car il ne voulut point que M⁰ *Jean* demeurast, mais que je demeurasse avec le Portugois pour ostage; le capitaine ne vouloit, mais je le priai de demeurer, ce qui m'accorda bien avec le *chabandar*. Il nous mena chez notre premier hoste, et nos gens se retirèrent à bord en bon ordre, à tout lances à feu, arquebuses et rondelles, et nous voyions en allant dans la ville grande flotte de gens portant rondelles et dardilles, dont je faisois semblant de rire, et nostre hoste me regardoit et rioit. »

Le capitaine de *la Pensée* est contraint de montrer les dents, de débarquer son monde bien armé sur le rivage, avec tambour, fifre et trompette, ce qui cause un peu d'effroi à ceux de Ticou. Après quelques démêlés on finit par s'entendre et l'on s'embrasse ; mais le chabandar, qui devait six marcs d'or au capitaine par suite de leurs échanges, refuse de les payer ; alors le capitaine déclare la guerre à ceux de Ticou : le chabandar se décide enfin à payer.

Sur ces entrefaites, le capitaine de *la Pensée* va rendre visite à *Molan*, le grand-prêtre de *Ticou*, et à l'aide du trucheman entame avec lui une conversation très-curieuse.

« Il lui fit demander qui estoit le premier homme, père de tous les hommes ; il dit que c'estoit *Adam* et *sa femme Ève*, et qu'ils eurent huit enfants ; mais le propos, pour cette heure, ne dura point longuement à cause d'autres *orançaies* qui estoient présents, et fut dit qu'ils en parleroient plus à plein une autre fois ; par quoi en un matin notre capitaine se délibéra de l'aller voir et mena seulement avec lui *Nicolas Aout*, le truchement et moi. Le capitaine lui fit demander s'il avoit bien connoissance comme *Adam* transgressa le commandement de Dieu, et par la transgression fut banni du paradis des délices, et fut sujet à mort, et après mort, aller en enfer, lui et tous les humains ; il dit que oui, et nous conta comment le diable ou serpent présenta le fruit à la femme, en donna à *Adam*, et comment il s'enfuit et cacha, et que *Adam* mentit à Dieu, et qu'il dit qu'il n'en avoit point mangé. Le capitaine lui demanda s'il savoit bien qu'il lui feroit miséricorde, il lui dit que oui ; il demanda plus outre, s'il avoit connoissance comme Dieu envoya son Verbe divin se faire chair en terre, et s'incarner dans une Vierge, par l'opération du Saint-Esprit, et comment le Verbe qui est fils est engendré du père, ainsi que la parole est engendrée au cœur et à la pensée de l'homme, et que le Saint-Esprit procède du père et fils, qui est l'amour de Dieu : notre truchement dit qu'il ne sauroit lui dire tout cela : il lui demanda s'il avoit ouï parler de Jésus-Christ et de la Vierge Marie, il dit que oui ; et pour ce que le truchement ne trouvoit bien parler de ces choses, le propos fut changé.

» *Ticou* est situé sous l'équateur, justement en la terre de *Taprobane*, au costé du ouest; la coste gist sur quart du su-est. La ville de *Ticou* n'est pas grande, et y a deux ou trois rues; elle est close aux deux bouts de gros pieux fichés en terre, et là sont les portes; et pour la closture, il y a des boises traversantes passées à travers deux gros pieux, par les mortoises qui y sont. Les maisons ne sont pas de gros bois, et sont toutes d'une façon, mais y en a de plus grandes les unes que les autres. Le lieu où ils se tiennent est élevé de terre environ quatre pieds, et est tout sollé de petit sollage à demi rond, de trois doigts de large et lié de petites harchelles, et là dessus, aux bonnes maisons, ils mettent des nattes de jonc dessus, et ont une autre boise élevée environ de deux pieds de terre au long de la maison, sur quoi ils marchent, et se siessent à l'entrée de la maison, et a une coque pendue pleine d'eau, de quoi ils lavent leurs pieds devant que marcher sur lesdites nattes, et la maison est toute ouverte proche, et la closture est faite de roseaux fendus en trois ou en quatre, et y a environ un doigt d'espace entre deux roseaux, et sont tenus de harchelles, et de jour cela est roulé et tenu d'un crocq en haut; de nuit, on le décroche et s'abat jusques sur le plancher: il n'y a autre estage en la maison que cestuy là. La closture de la maison est de roseaux ou de feuilles de palmes, de quoi la maison est couverte comme une bouche; les *orançaies* ont de gros bracelets d'or aux bras, les manches de leurs cris ouvrées d'or, aucuns ont la tête toquée de toile, aucuns ont de petits bonnets à dix à douze carres; ils ne sont point pénibles à faire quelques ouvrages, et plus du temps ils ne font rien; les femmes besognent à filer du coton ou à filer des toiles dont elles se vestent; leur vie est bien austère. Au repas, ils ont pour tout mest un petit plat de riz à demi cuit à l'eau, sans sel, et aucune fois un petit peu de poisson menu comme le doigt, séché au soleil, qu'ils mangent, et c'est quelque bon grand banquet quand il a quelque coq haché par morcelets, rostis sur les charbons ou bouillis en un peu d'eau, et meslés avec le riz; ils boivent de l'eau, puis aucune fois du vin de palme, qui a le goût bon au matin, quand il est nouveau cueilli à l'arbre; mais au soir, il a un mauvais goût, et aussi ils n'en boivent guère. Leur coucher est sur le sollage de leurs maisons, une natte de jonc sous eux; ils ne sont point forts, mais fins et astucieux, grands flatteurs, menteurs et maraux, toujours demandent. Qui eust voulu obtempérer à leur requeste, nous n'avions point marchandises pour y fournir. Ils sont fort barguigneux, plus qu'*Écossois* ou *Houinetz;* car, après marché fait, ils veulent rabattre du prix, ou ils se dédisent; et n'est si sage qui aucune fois n'en fust courroux contre eux. Mais nous le portions plus patiemment à cause que voyions que c'estoit coutume du pays; car le roi et les plus grands sont tous faits à ce moule....

...... » Et partismes de *Ticou* le 27 novembre; et plusieurs de nos gens furent pris des fièvres chaudes; et estimions que c'estoit des mauvaises eaux que nous avions beues à terre; car, de tous ceux qui se tinrent à terre, n'en réchappa qu'un ou deux, que tout ne fut malade fut de fièvre chaude mal ou plus, et en mourut une grande partie; et pour le premier *notre chef et capitaine, Jean Parmentier*, commença et trépassa le 3ᵉ décembre, et huit jours après que la fièvre le prinst. Ses obsèques furent faites en l'islot. »

Voilà donc le chef de l'entreprise, le capitaine Jean Parmentier qui succombe. De ce moment le découragement s'empare des deux équipages. Ils lèvent l'ancre de devant Ticou, ne sachant s'ils doivent aller plus avant ou retourner dans leur pays. Enfin ils vont à *Andripoivre* ou *Indapoure*, dans l'espoir d'y trouver du poivre; mais ils ne peuvent entrer en commerce avec les habitants. Alors on se met de nouveau à délibérer sur le parti à prendre.

« Aucuns disoient qu'il falloit aller en *Java*; d'autres disoient qu'il valloit mieux retourner à *Andripoivre* ou en *Priame*, et qu'on y vendroit nos marchandises, et qu'on y trouveroit du poivre; d'autres disoient qu'il s'en falloit retourner au pays à cause des morts et malades des deux navires, et aussi de nos victuailles qui estoient fort empirées. Par quoi ceux du *Sacre* et de *la Pensée* concluoient d'avoir les avis de toute la communauté des deux navires, à savoir lequel leur sembloit le meilleur de passer outre et aller en *Java* ou de s'en retourner au pays.

» Le 28 décembre, furent envoyés au *Sacre*, *Guillaume Sapin*, contre-maistre de *la Pensée*, *Jean Leroux* et *moi*, pour ouïr et voir enregistrer la délibération de ceux du *Sacre*, lesquels, après plusieurs belles remontrances à eux faites par M⁰ *Pierre Mauclerc* et le maistre du *Sacre*, des fortunes et inconvénients à eux advenus, *comme d'avoir perdu leur capitaine, deux contre-maistres, plusieurs bons compagnons, leur grand bateau, et encore plusieurs malades en leur bord en danger de mort, les victuailles empirées et grand nombre de breuvage coulés, et puis la nuaison du temps qui approchoit où il faudroit estre sept ou huit mois davantage, si l'on attendoit qu'elle fust venue;* sur quoi il y en eut treize ou quatorze qui dirent qu'ils s'en vouloient retourner en France, et neuf ou dix qui dirent qu'ils vouloient aller à *Java*; aucuns dirent qu'ils feroient tout ce qu'il plairoit au maistre, mais qu'ils eussent des victuailles, qu'on les menast où l'on voudroit.

» Ce mesme jour, après disner, le maistre du *Sacre*, *M⁰ Pierre Mauclerc* et *Antoine de la Sarde* vinrent en *la Pensée* pour ouïr la délibération de tous nos gens, mais n'en fut trouvé que deux ou trois qu'ils ne fussent tous délibérés d'aller ou l'on voudroit moyennant qu'il y eust victuailles pour les nourir. Sur quoi fut dit qu'on leveroit les ancres pour aller chercher lieu à visiter les victuailles et tournasmes vers *Indapoure*.

» Le jeudi, 29ᵉ dudit mois, *Jean Masson* fut à terre au port d'*Andripoivre* où ceux de ce lieu leur dirent qu'ils portassent échantillon de leurs marchandises à terre et qu'ils avoient de l'or pour les acheter, et non point de poivre.

» Le pénultième jour de décembre, nous portasmes échantillons à tous les marchands et firent marché d'une pièce de drap, mais ils nous dirent qu'ils n'osoient acheter tant qu'ils eussent congé du roi, et que nous lui eussions fait un présent et au *chabandar*, et on leur dit que le prix fust fait et que eussions délivrance de nos marchandises, que nous leur ferions un présent honnête et dont ils n'auroient occasion se plaindre de nos toiles : ils en vouloient avoir huit pour un *facel*, un bougran pour deux *coupens*.

» Le dimanche, 14ᵉ novembre, le maistre et moi fusmes voir le capitaine à terre, et m'y tins avec lui le demeurant de la semaine. En ces jours, vinrent plusieurs voir et barguiner nos marchandises, mais on ne leur pouvoit rien vendre; toutes fois, vers la fin de la semaine, on vendit un peu de coins de fer, et des miroirs, et quelque peu de patenostres d'ivoyre et d'étain en rouge en troche de victuailles.

» Et cette semaine, nous fust dit qu'il y avoit un *orançaïe* nommé *Moroudou*, qui avoit prédit notre venue deux mois avant que nous arrivissions; nous fusmes voir ledit homme et lui fismes demander par notre truchement comment il savoit notre venue, il répondit qu'il l'avoit vue au ciel.

» Le premier jour de l'an, le bateau du *Sacre* et le nostre furent à terre pour avoir des victuailles, car nous en avions besoin, car nous ne mangions que du riz et buvions de l'eau pure pour épargner nos victuailles. Depuis ce jour jusqu'au 18e de janvier, nous continuasmes à faire marchandises avec eux, et leur vendismes du rouge de Paris, de la toile et des bougrans, des miroirs et des patenostres, pour de l'or, du riz et du miel, des cocqs et poules pour vivre, et ne sçusmes avoir de poivre que deux bachars pour *le Sacre* et pour nous.

» Et pour ce que la *nuaison* se passoit, vivres nous failloient, nos gens se mouroient, et quatre hommes du *Sacre* furent noyés à la barre d'*Indapoure*, le 15e jour de janvier.

» Pour ces raisons et plusieurs autres, le samedi 22 de janvier, nous devadasmes et fismes voile au ouest-sor ouest pour retourner à notre pays. »

Ainsi se termine le Journal tenu à bord de *la Pensée*. Avait-il une suite? son auteur pendant le retour a-t-il continué de noter ses observations quotidiennes? rien ne l'indique, et il importe assez peu de le savoir.

Comme monument historique et même pour ainsi dire comme œuvre littéraire, cette chronique marine doit, ce me semble, inspirer le plus vif intérêt. Indépendamment de la naïveté et de la justesse des observations, de la simplicité concise du récit, et de ce charme qui s'attache aux paroles de quiconque peut dire *j'étais là, telle chose m'advint*, il y a dans le journal de Parmentier ample matière à réflexions. Les marins seront surpris de voir combien la marche de ces deux vaisseaux était habile[1] :

[1] Leur traversée de Madagascar à Ticou fut de deux mois et demi seulement (du 1er août au 19 octobre). Beaulieu, qui naviguait un siècle après (1620), employa six mois à faire le même trajet (du 1er juin au 1er décembre). Les détails que celui-ci donne de sa navigation attestent son inexpérience de ces mers, et font ressortir l'habileté des anciens Dieppois. Aussi est-il probable que les traditions étoient perdues en 1620 ; on avait assurément des occasions plus fréquentes d'étudier le chemin des Grandes-Indes du temps de Parmentier que du temps de Beaulieu.

ils remarqueront que pour doubler le cap de Bonne-Espérance Parmentier manœuvre comme on le ferait aujourd'hui, avec une expérience consommée des dangers dont est entourée cette pointe terrible ; qu'il s'élève à une grande hauteur pour être porté plus aisément dans le canal de Mozambique ; que dans la mer des Indes il suit la direction qu'on a depuis jugée la meilleure et la plus sûre pour éviter les moussons et tous les périls qui menacent sur ces mers le navigateur ignorant. Quand vient la saison du départ ils s'aperçoivent que la *nuaison se passe*, et bien vite on les voit mettre à la voile. En un mot, tout concourt à prouver que nos Dieppois n'en étaient pas à leur coup d'essai [1], que déjà plus d'une fois ils avaient doublé le cap

---

[1] Le fait suivant, *extrait d'un auteur portugais*, témoigne de ce que nous avançons.

« Avendo poucos dias que el rei ( Badur de Chitor ) era partido para Champanel, na entrada de julho do anno de 1527, chegou ao porto de Dio hûa nao francesa que se armara no porto de Diepa\*, de que era capitão, e piloto hum Estevão Diaz Brigas de Alcunha portugues, com até quarenta Francezes. »

(João de Barros, quarta decada da Asia, *Dos feitos que os Portugueses fizerão no descobrimento, e conquista dos mares, e terras do Oriente*. Em Madrid, Impressão real, 1615. Lib. V, cap. vi, p. 296.)

» Il y avait peu de jours que le roi (Badour de Chitor) était parti pour Champanel, au commencement de juillet de l'année 1527, quand un vaisseau français, qui avait été armé dans le port de Dieppe\*\*, arriva au port de Diu. Ce vaisseau avait un équipage de

---

\* As naos francesas forão tres. Hûa aportou na ilha de S. Lourenço, da quel era o Frances que nella achou Diogo da Fonseca, como se disse no capitolo ii do Livre III. Outra era esta de que aqui tratta João de Barros ; et da outra era capitão, e piloto hum portugues natural de Villa do Conde, que se chamava *O Rosado*. A qual nao se perdeo en hûa bahia da costa occidental da ilha Sumatra.

\*\* Les vaisseaux français étaient au nombre de trois. L'un arriva à l'île de Saint-Laurent ; c'était à celui-ci qu'appartenait le Français que Diogo da Fonseca y trouva, comme on l'a dit dans le chap. ii du Liv. III. Le second était le vaisseau dont parle ici Jean de Barros, et le troisième était commandé par un capitaine-pilote portugais natif de Villa do Conde, et nommé *O Rosado*. Ce dernier vaisseau se perdit dans une baie de la côte occidentale de l'île de Sumatra.

Comorin; or, comme le premier Portugais qui soit allé au delà de ce cap est Jacques Lopez de Sequeira qui naviguait en 1510, on conviendra que si les Dieppois n'ont pas précédé les Portugais dans ces parages, ils ont bien le droit de prétendre qu'ils les ont visités à peu près en même temps. Le journal de Parmentier constate un fait qui démontre que Dieppe aussi bien que Lisbonne avait déjà vu quelques-uns de ses fils revenir de l'Archipel indien : sur chacun des deux vaisseaux nous voyons un interprète à qui la langue *malaye* est familière ; celui du *Sacre* est un Portugais, celui de *la Pensée* un Dieppois [1].

A côté de ce monument, je veux maintenant en montrer un autre qui, quoique parlant un langage différent, me semble digne de servir de pendant au journal de Jean Parmentier.

quarante Français environ, et il était commandé par un capitaine-pilote portugais, nommé Étienne Diaz, dont le sobriquet était *Brigas* (c'est-à-dire querelles ou rixes). »

(Jean de Barros, quatrième décade de l'Asie, *Des faits des Portugais dans la découverte et la conquête des mers et des terres de l'Orient*. Madrid, Imprimerie royale, 1615, Liv. V, ch. VI, p. 296.)

Ainsi, de l'aveu d'un Portugais, voilà trois vaisseaux dieppois qui, deux ans avant Parmentier (juillet 1527), se trouvaient dans les mers de l'Archipel indien. Ils étaient nécessairement partis en 1526, et rien ne prouve qu'ils fussent les premiers qui tentassent ce voyage.

Un autre fait résulte de ce passage de Barros : c'est cette coutume alors fréquente à Dieppe de prendre à bord des navires français des pilotes étrangers, en échange, pour ainsi dire, des nombreux pilotes dieppois qui s'en allaient servir dans la marine des autres nations. N'est-ce pas encore un argument de plus pour admettre la possibilité de la présence de Vincent Yanez Pinzon sur le vaisseau monté par Cousin en 1488 ?

[1] Il se nomme *Jean Masson*. (*Voyez* ci-dessus, dans les extraits du Journal.)

## § V.

### Bas-relief de l'église Saint-Jacques.

Dans l'intérieur de l'église Saint-Jacques, du côté de l'Évangile, sous la voûte de la contre-allée du chœur, la seconde travée, en partant de la chapelle de la Vierge, est murée du haut en bas, à fleur des piliers collatéraux, par une maçonnerie recouverte de la plus riche sculpture. Au moyen de cette muraille faite après coup, la travée se trouve close et forme une petite salle dans laquelle se réunissaient jadis les trésoriers de la paroisse : on la nomme encore aujourd'hui *le Trésor*.

Intérieurement il ne reste de l'ancienne décoration de cette salle qu'un bel escalier, véritable chef-d'œuvre de la sculpture en bois; le reste a disparu : ce n'est qu'à l'extérieur que la muraille de clôture porte encore les traces assez bien conservées d'une grande magnificence. L'artiste s'est complu à fouiller la pierre, à lui faire exprimer tous les gracieux et brillants caprices du style de la renaissance. Si un odieux badigeon ne recouvrait pas ces dentelles légères, on en sentirait mieux encore la délicatesse; mais en dépit de ce grossier enduit, on devine la grâce et la finesse du ciseau. Ce sont surtout les ornements et les arabesques qui sont traités avec supériorité; les figures semblent un peu lourdes : il est vrai que presque toutes celles qui sont à la portée de la main ou du bâton ont été mutilées plus ou moins, soit par les protestants en 1562, soit à des époques plus récentes.

Mais par bonheur il n'était pas aussi facile d'atteindre et de profaner une suite de personnages sculptés sur la frise de cette charmante façade; la frise, supportée par cinq pilastres à haute base, lesquels sont séparés par sept petites niches peu profondes, terminées en coquilles, peut bien être à la hauteur d'environ vingt pieds au-dessus du sol.

La première fois que je levai la tête pour étudier l'ensemble éblouissant de cette architecture, cette frise me frappa par le singulier ajustement des personnages que j'y voyais représentés. Il ne fait que demi-jour dans cette contre-allée du chœur, et la distance de vingt pieds est assez grande pour qu'il me fût impossible de distinguer nettement de si petites figures, car elles n'ont guère que douze à quinze pouces de hauteur, sur un développement d'environ vingt pieds. Toutefois, je crus remarquer des hommes nus avec ceintures et coiffures de plumes, des têtes rondes et frisées, de vraies têtes de nègres, des espèces de sauvages, que sais-je? même des singes et des serpents.

C'était la première fois que dans un lieu saint je voyais une image aussi profane; j'avais beau chercher parmi cette longue série de personnages la mitre ou la crosse d'un évêque, la tonsure d'un abbé, ou seulement un crucifix; je ne voyais toujours que sauvages, sauvagesses et orangs-outangs. Évidemment ce n'était pas une cérémonie chrétienne qu'on avait voulu représenter; la scène n'était pas en Europe : il y avait là quelque souvenir de pays lointain, de mœurs étrangères.

Alors l'idée me vint que la divinité à laquelle était consacré ce bas-relief pouvait bien n'être autre que la vieille gloire des navigateurs dieppois. A l'époque de leurs grands voyages, quand cette cité, riche bazar des nouveaux mondes, accueillait chaque jour dans son port quelques vaisseaux proclamant la découverte d'une nouvelle terre, d'une nouvelle race d'hommes, l'artiste qui sculptait cette façade n'avait-il pas cru devoir payer son tribut aux merveilles qui retentissaient à ses oreilles, dont toute la ville était folle, qui enflammaient toutes les imaginations? De là l'idée de représenter une suite de scènes des contrées nouvellement découvertes. Restait bien, il est vrai, la difficulté d'expliquer comment le clergé avait été assez complaisant pour donner asile, en face du saint autel, à une représentation si peu canonique, et que rien ne rattachait, même indirectement, au culte et à la religion. Mais était-ce la première fois qu'un clergé fût entré en accommodement avec l'esprit dominant d'une population? et si quelque homme puissant, fondateur de ce petit monument, avait exigé qu'il fût ainsi décoré; si le clergé, au prix de cette complaisance, avait espéré conserver et augmenter les largesses de ce bienfaiteur, tout n'était-il pas expliqué?

J'étais plein de ces idées, lorsqu'au sortir de l'église j'allai demander à M. Féret s'il n'avait pas quelques éclaircissements à m'offrir sur ce singulier bas-relief. Il m'assura, et depuis je l'ai vérifié par moi même, qu'aucune histoire de la ville, aucune chronique imprimée ou manuscrite ne donnait sur ce monument la moindre indication; que la tradition était muette à son égard. Le prêtre Guibert, qui consacre quinze ou vingt grandes pages à la description de l'église Saint-Jacques, qui passe en revue chapelle par chapelle, quand il en vient au *Trésor*, se contente de dire : « Sa face est richement sculptée, » sans ajouter une seule parole. M. Féret me dit que l'explication qui m'était venue à l'esprit lui semblait aussi depuis long-temps la plus naturelle, mais qu'il n'avait pas encore pu étudier ni même examiner ce bas-relief, à cause de sa trop grande élévation.

Grâce à l'obligeance du bedeau, une longue échelle nous fut procurée, et bientôt, en nous trouvant face à face avec ces petits personnages, nous acquîmes la conviction qu'ils étaient bien réellement habitants des terres équinoxiales. M. Féret n'était pas le seul dont j'eusse réclamé les lumières et l'assistance pour cette ascension : deux hommes bien connus par leurs connaissances en archéologie, MM. Charles Lenormand et Panofka, se trouvaient alors en passage à Dieppe; ils s'adjoignirent à moi, et c'est à quatre que nous fîmes l'examen le plus détaillé de ce bas-relief. En interrogeant tous nos souvenirs, il nous était impossible de retrouver en quelque lieu que ce fût un monument analogue, et je crois qu'on peut dire hardiment qu'il est unique en son genre[1].

Le premier groupe se compose de trois personnages : un homme, une femme et un enfant. Ils sont tous trois coiffés de grandes plumes, comme les Brésiliens et autres habitants de l'Amérique du sud ; tous trois sont nus. L'homme et la femme portent une ceinture de plumes ; la femme a de plus une espèce de collerette également en plumes : elle tient d'une main une grande feuille de palmier, de l'autre un thyrse terminé par une grosse fleur. L'homme est armé d'un arc ; derrière son dos on voit un paquet de flèches.

Le second groupe a un tout autre caractère : c'est un nègre, une négresse allaitant son enfant, et un négrillon dansant et ayant l'air de sortir d'une case ; le nègre tient deux zagaies de la main gauche, de la droite il en fait vibrer une autre au-dessus de sa tête : sa femme et lui portent aux oreilles de grands anneaux ; ils ont les cheveux crépus ; c'est un type de figures nègres bien prononcé. Entre l'homme et la femme on voit se rouler autour d'un tronc d'arbre un énorme serpent ; un gros oiseau est posé sur une branche.

Vient ensuite un troisième groupe, composé, comme les deux autres, d'un *ménage*, c'est-à-dire d'un homme, d'une femme et d'un enfant. Mais ici les personnages ont encore un nouveau caractère. D'abord ils ont des vêtements ; l'homme porte un petit manteau et une draperie roulée autour des reins : le reste de son corps est nu ; sa tête est coiffée d'un large turban avec mentonnière. Quant

---

[1] On voit sous le porche de l'église de Gonfreville-Lorcher, près du Hâvre, deux médaillons, de la même époque que notre bas-relief, qui représentent deux têtes de nègres ; on retrouve aussi dans la maison d'Ango, à Varengeville, des médaillons semblables. Mais ces têtes isolées ne peuvent entrer en comparaison avec le monument de Saint-Jacques, et ne l'empêchent pas d'être, comme nous le disons, probablement unique en son genre.

à la femme, un grand voile ou manteau lui couvre la tête et descend jusqu'à ses talons; elle a de plus, comme son mari, une draperie autour des hanches. Enfin l'enfant lui-même n'est pas complétement nu; il porte sur la tête une espèce de petit casque dont les oreilles sont armées d'une plaque hexagone.

Je crois voir dans ces trois groupes le résumé du bas-relief tout entier, le fond même du sujet qu'a voulu exprimer l'artiste. Le premier groupe, selon moi, représente l'Amérique; le second, la côte de Guinée; le troisième, les Grandes-Indes; c'est-à-dire les trois points du globe visités alors par les Dieppois, les trois théâtres de leurs découvertes, les trois grands buts de leurs navigations, les trois fleurons de leur couronne.

Cette explication ne s'est présentée à moi que depuis que j'ai étudié l'histoire maritime des Dieppois; je ne la donne que comme une conjecture, mais elle me paraît appuyée sur beaucoup de probabilités.

D'abord, quant au costume des premiers personnages, il est bien certainement américain; le second groupe offre une image exacte des nègres de Guinée, et le troisième reproduit les principaux traits du costume oriental : le turban, ces draperies, ce grand voile, tout cela appartient soit aux Africains de la côte de Mozambique ou aux habitants de Madagascar, soit aux populations de l'Archipel indien. Dans les deux cas, mon hypothèse ne reçoit aucune atteinte; je retrouve toujours mes trois grandes divisions : Amérique, côte de Guinée, mer des Indes.

Ces trois groupes seraient donc placés là en tête du bas-relief comme un échantillon des trois sortes de peuples fréquentés par les Dieppois à l'époque où cette sculpture a dû être exécutée, c'est-à-dire en 1530 environ.

Le reste des personnages est beaucoup moins symétrique, et par conséquent moins facile à interpréter; cependant il semble qu'après avoir, en débutant, distingué soigneusement les trois espèces d'acteurs qu'il avait à mettre en scène, l'artiste aura voulu les faire reparaître ensuite, mais pêle-mêle et en confusion. J'ai d'abord cherché à trouver un lien entre toutes ces figures, à leur supposer une action commune : je n'ai pu y réussir. Ainsi, ce sauvage qui vient après le troisième groupe me semble tout à fait isolé, sans aucune relation avec les figures qui précèdent ni avec celles qui suivent; seulement, il paraît appartenir à la première famille, à celle des Américains. Que fait-il? danse-t-il? fait-il effort pour arracher ce tronc d'arbre qu'il vient d'émonder avec une sorte de serpe? c'est ce qu'il serait difficile de déterminer.

Il y a peut-être quelque liaison entre les six figures qui suivent. Ces trois hommes nus, armés de boucliers et de lances, c'est une tribu qui va combattre ses ennemis. Le personnage qui est en avant, portant à sa ceinture un carquois plein de flèches, et dont le bras droit aujourd'hui cassé tenait sans doute un arc, c'est peut-être le chef de la tribu; enfin ce sauvage chargé de fers, et dont les cheveux relevés et noués derrière la tête semblent annoncer une race différente, c'est sans doute un des ennemis de la tribu, vaincu et prisonnier, que cet autre homme va conduire en esclavage. Ces six figures me semblent devoir rentrer dans la troisième famille : celui que nous supposons le chef est coiffé d'un turban, ses reins sont revêtus d'une draperie; les guerriers, il est vrai, sont tout nus, mais ils portent des espèces de petits casques en cuir et des boucliers, les uns en plumes, les autres en écaille de tortue; il y a chez eux une apparence de demi-civilisation. L'artiste a probablement voulu représenter des Indiens, des Madécasses, ou, pour adopter la dénomination générale qui leur est donnée dans le Journal de Parmentier, des *Mores*.

Les douze ou quinze personnes qui viennent ensuite concourent évidemment à une action commune; il y a là intention de représenter quelque cérémonie racontée par les voyageurs, et les costumes sont assez particuliers pour qu'il soit probable que l'artiste a voulu placer la scène dans un lieu déterminé. Sans me hasarder à prouver si c'est dans l'île de Sumatra, à Java ou sur la côte de Ceylan, je crois pourtant pouvoir dire que ces personnages appartiennent encore aux contrées orientales. Quant à la cérémonie, que signifie-t-elle? je n'en sais rien. Quel est cet enfant qu'on porte sur cette grande civière? est-ce un fils de prince? est-ce quelque fétiche? cette parade est-elle religieuse? peut-être quelque voyageur nous l'apprendrait-il. Mais pour nous, tout ce que nous voyons, c'est qu'il y a grande fanfare autour de ce palanquin; les uns battent du tambour, les autres soufflent dans de longs cornets ou trompettes; un homme portant une espèce de hallebarde marche en avant, comme pour faire faire place. J'avoue que j'ignore complétement ce que tout cela signifie.

Je m'explique aussi assez difficilement ces deux sauvages qui semblent lutter; et quant au dernier, celui qui tient un long javelot, marche-t-il en tête de la petite bande joyeuse? est-il au contraire isolé et sans rapport avec les autres? c'est ce que je ne puis décider. Je remarque seulement que ce personnage, et les trois qui le précèdent, sont entièrement nus et la tête ornée à peu près comme le premier groupe, à moins toutefois que leur coiffure soit composée de grandes feuilles plutôt que de plumes.

Après ces quatre figures dont il me semblerait difficile de déterminer le pays, viennent trois personnages qui nous reportent dans les régions africaines. Comme conclusion à cette longue série de sauvages, l'artiste, avec une intention qu'on serait presque tenté de croire maligne, nous a donné des sauvages par excellence, c'est-à-dire trois grands singes de la haute espèce des orangs-outangs. Ces trois singes sont peut-être les figures les mieux sculptées, les plus finement étudiées de tout le bas-relief. Il serait impossible de rendre avec plus d'esprit et de vérité l'allure et les gestes à demi humains de ces êtres bâtards et disgracieux [1].

De quelque manière qu'on interprète ce monument, qu'on y voie, comme je le propose, une mosaïque des diverses espèces de nations découvertes par les Dieppois; qu'on veuille, au contraire, y chercher la représentation d'un fait, d'une action quelconque dont tous ces personnages seraient les acteurs, ce que je crois impossible; ou, enfin, qu'on suppose que ce sont autant de figures isolées jetées au hasard et sans intention, toujours est-il qu'on devra reconnaître que ce bas-relief est une image des mœurs et des costumes des pays situés au delà de l'équateur. Or, quand même il n'existerait à Dieppe ni souvenirs, ni traditions, ni manuscrits attestant les grandes découvertes des navigateurs de cette ville; quand même vingt autres preuves directes ou indirectes ne témoigneraient pas des immenses richesses que ces découvertes ont répandues sur leur ville, de leur ardeur pour les voyages et pour les hasards de la mer, du rôle grandiose qu'a joué ce port de Dieppe comme entrepôt du commerce des deux Indes, je crois qu'il suffirait, pour le deviner, pour en acquérir la certitude, de retrouver dans une église, en dépit de tous les canons catholiques, un monument tel que le bas-relief que je viens de décrire.

On voit bien, dans certains ports de mer, suspendre à la voûte d'une chapelle de petits navires artistement imi-

---

[1] Après avoir décrit le bas-relief, je devrais peut-être chercher si les innombrables petites figures semées sur toute la façade ne se rapportent pas au même sujet; je crois qu'en effet il y a entre elles et celles de la frise un rapport harmonique : elles sont, pour ainsi dire, l'accompagnement, l'orchestre du bas-relief. Ainsi, on voit çà et là des singes, des oiseaux, des hommes nus; mais toutes ces figures sont en général si mutilées, qu'il serait presque impossible de les étudier : on serait réduit à faire sur leur compte des conjectures trop vagues et trop imparfaites.

tés, *ex voto* de quelques patrons ou matelots; mais ce ne sont là que de simples offrandes à la Divinité : les images, surtout celles de pierre, restent exclusivement consacrées à Dieu ou aux saints. Ici, au contraire, voici un bas-relief sur lequel sont représentés des idolâtres, des nudités, tout ce qui est en horreur à l'Église! Quelle est donc la puissance qui a pu donner l'entrée du temple au sculpteur profane par qui cette pierre a été cisclée? Cette puissance, c'est l'orgueil d'une ville; ajoutons aussi ce culte pieux que les hommes aiment à rendre au génie et aux grandes découvertes de leurs semblables.

Ce monument ne nous apprend pas seulement quelle était alors à Dieppe la passion des voyages, la splendeur du commerce et l'importance des navigations, il nous prouve jusqu'à quel point ces contrées lointaines devaient être déjà connues, combien de fois elles avaient été visitées, observées, étudiées, puisque d'un côté les élèves et les successeurs de Descaliers les traçaient sur leurs cartes, et que de l'autre les sculpteurs et les artistes en donnaient des portraits si détaillés et si fidèles.

Deux coutumes qui s'étaient introduites dès le commencement des voyages expliqueront comment, en 1530, il se trouvait déjà à Dieppe des hommes capables de peindre ou de sculpter les costumes de ces régions situées à deux ou trois mille lieues. D'abord il était rare que soit le maître charpentier du bâtiment, soit ses apprentis, ne sussent pas un peu dessiner; souvent même on faisait monter à bord un dessinateur de profession, lequel prenait des croquis de costumes, d'armes, d'instruments et ustensiles, en un mot de toutes les singularités qu'on rencontrait dans le pays nouvellement découvert. Ces dessins étaient annexés au rapport du capitaine, et déposés avec ce rapport au greffe de l'amirauté. Si l'expédition faisait du bruit, les curieux et les artistes de la ville ne tardaient pas à aller consulter et copier les dessins [1].

[1] Presque toutes les relations des voyages des seizième et dix-

D'un autre côté, c'était un usage chez presque tous les capitaines de long cours de ramener sur leur bord, comme pièces de conviction, des habits de sauvages, et plus souvent encore les sauvages eux-mêmes, hommes, femmes ou enfants. Aussitôt arrivés, on les exposait à la curiosité publique; s'ils étaient de naturel complaisant, on leur donnait le baptême, ce qui faisait une grande cérémonie; puis, quand ils étaient bien apprivoisés, on les faisait remonter à bord, et l'on se servait d'eux en qualité d'interprètes pour un nouveau voyage. Comme les vaisseaux allaient et venaient sans cesse, il était rare qu'il ne se trouvât pas toujours à Dieppe cinq ou six sauvages, tantôt des Grandes-Indes, tantôt Américains, tantôt nègres de Guinée; c'était autant de modèles vivants pour notre sculpteur du Trésor de Saint-Jacques[1].

---

septième siècles étaient accompagnés de dessins à la gouache intercalés dans le texte.

M. Féret possède le manuscrit d'un voyage de Champlain dans l'Amérique du Sud; il est plein de gouaches entremêlées au récit.

[1] Il existe une preuve bien positive de ce double usage de nos premiers navigateurs, savoir, d'emmener avec eux des dessinateurs et de ramener des sauvages; on la trouvera dans la relation du capitaine Gonneville, citée par fragments dans un touchant opuscule de l'abbé Paulmier de Gonneville, écrit pour supplier le pape Alexandre VII et le roi de France d'envoyer une mission dans la Nouvelle-Hollande (*Mémoires touchant l'établissement d'une mission chrétienne dans le troisième Monde, autrement appelé la Terre australe, méridionale, antarctique et inconnue*, par l'abbé Binot-Paulmier de Gonneville. 1663.)

Bien que le capitaine Gonneville ne fût pas de Dieppe, mais d'Honfleur, je ne puis m'empêcher d'entrer à son sujet dans quelques détails.

Il partit d'Honfleur au mois de juin 1503, sur un vaisseau équipé par des marchands de cette ville, alors l'émule de Dieppe pour les navigations de long cours. Après avoir doublé le cap de Bonne-Espérance, il essuya une furieuse tempête qui le jeta hors de sa route, c'est-à-dire hors de la direction de l'Archipel indien. Surpris par un grand calme, il erra long-temps dans une mer inconnue,

J'ai dit que ce bas-relief avait dû être exécuté vers 1530. Voici les raisons sur lesquelles je fonde cette conjecture.

Il existe dans l'église Saint-Jacques un autre monument

puis enfin rencontra une immense contrée qu'il nomme dans sa relation les *Indes méridionales*, et que, d'après sa position au sud-sud-est, on peut conjecturer être la Nouvelle-Hollande. Après six mois passés dans ce pays, après avoir reçu des habitants un doux accueil, il planta une croix sur le rivage, et se rembarqua, *emmenant avec lui deux Indiens*. L'un d'eux, nommé *Essomericq*, fut baptisé; le capitaine, qui lui avait servi de parrain, étant mort par la suite sans enfants, le jeune Indien prit ses nom, prénoms et armoiries. Il se maria, eut des enfants, et devint ainsi le chef de la famille des Gonneville. L'abbé Binot-Paulmier de Gonneville, auteur du Mémoire cité ci-dessus, était le petit-fils de l'Indien Essomericq.

C'est à titre d'héritier de la gloire du capitaine Gonneville que le pieux abbé demande à aller prêcher la foi dans cette terre australe découverte par son aïeul adoptif. Après avoir donné quelques détails sur cette expédition, dont le souvenir aurait certainement péri s'il n'eût fait imprimer ce Mémoire, il ajoute :

« Ils mouillèrent dans un fleuve qu'ils comparent à la rivière d'*Orne*, qui est celle dont les eaux baignent les murailles de la ville de *Caen*. Le séjour qu'ils y firent fut d'environ six mois entiers, lesquels ils furent obligez d'employer à remanier et rebastir leur vaisseau, et à chercher de quoy le charger pour le retour en France, qui fut résolu par le refus que l'équipage fit de passer outre, sous prétexte de la foiblesse et du mauvais estat du navire.

» Dans ce long intervalle, ils eurent assez de loisir pour remarquer les qualitez de cette terre et les mœurs de ses habitants, et ils l'avoient fait fort curieusement; mais ils furent si malheureux que de tomber entre les mains d'un corsaire anglois, à la veue des isles de *Jersay* et *Grenesey*, et des costes de la Normandie ; dont ils rendirent leurs plaintes au siége de l'admirauté, et l'accompagnèrent d'une déclaration de leur voyage, le procureur du roy l'ayant ainsi requis, *conformément à la disposition des anciennes ordonnances de la marine, lesquelles ont sagement et utilement désiré que le matelot françois dépose au greffe de ces siéges les Mémoires des navigations de long cours*.

» Cette déclaration du capitaine *de Gonneville*, qui est une

à peu près du même style et dont la date est certaine. C'est la chapelle bâtie ou plutôt réparée et embellie par Ango, et destinée par lui à recevoir sa sépulture. Cette chapelle fut achevée en 1535, l'année où François Ier vint

pièce judiciaire et authentique, dastée du 19 juillet 1505, signée des principaux officiers du navire, et qu'un historiographe de Sa Majesté très chrestienne, des mieux connus, n'a pas estimée indigne de ses recueils et annotations, nous apprend que ce pays est fertile et peuplé. Elle nous fait voir que ces *Austraux* firent une si bonne réception à nos Européens, qu'elle semble les convier à leur rendre de nouvelles visites. J'en rapporteray ici les propres termes, m'assurant que leur rudesse et leur naïveté ne seront peut-estre pas entièrement désagréables :

« Item disent (ce sont les paroles de l'original) que pendant leur démourée en ladite terre ils conversoient bonnement avec les gens d'icelle ; aprez qu'ils furent apprivoisez avec les chrestiens, au moyen de la chere et petits dons qu'on leur faisoit...

» Disent oustre, avoir entré dans ledit pays, bien deux journées avant, et le long des costes davantage, tant dextre que senextre ; et avoir *remerché* (remarqué) ledit pays estre fertile ; pourvu en forces bestes, oiseaux, poissons et autres choses singulieres, inconnuës en chrestienté, et dont feu *maistre Nicole Lefebure d'Honfleur*, qui estoit volontaire au viage, curieux, et personnage de sçavoir, avoit *pourtrayé* les façons ; ce qui a esté perdu, avec les journaux du veage, lors du piratement de la navire, laquelle perte est à cause qu'icy sont maintes choses et bonnes rechierches obmises.

» Item, disent que voulant laisser *marches* (marques) audit pays, qu'il avoit là abordé des chrestiens, fust faite une grande croix de bois haute de trente-cinq pieds, et mieux bien peinturée, qui fust plantée sur un tertre à veue dela mer, à belle et dévoste cérémonie, tambour et trompette sonnant à jour exprès choisy ; sçavoir, le jour de la grande Pasques 1504, et fust la croix portée par le capitaine et principaux de la navire, pieds nuds ; et aydoient ledit seigneur *Arosca* (un des rois du pays) et ses enfans, et autres *greigneurs* (notables, *quasi grandiores*) indiens, qu'à ce on invita par honneur, et s'en monstroient joyeux ; suivoit l'équipage en armes, chantant la létanie, et un grand peuple d'Indiens de tout aage, à qui de ce long temps devant on avoit faist feste, *coys et moult ententifs* au mistère. Ladite croix planstée, furent faistes plusieurs

à Dieppe, dans le temps de la grande richesse et de la puissance d'Ango. Quoiqu'elle soit bien mutilée, bien défigurée aujourd'hui, on peut dire que les sculptures en sont peut-être plus fines et plus pures que celles du Tré-

descharges de scoppeterie et artillerie, festin et dons honestes audit seigneur *Arosca* et premiers Indiens; et pour le populaire, il n'y eust *cil* (aucun) à qui on ne fist quelque largesse de quelques mesnues babioles, de petit coust, mais d'eux prisées; le tout à ce que du fait il leur fust mémoire; leur donnant à *entendre* (entendre), par signes et autrement, au moins mal que pouvoient, qu'ils eussent à bien conserver et honorer ladite croix, et à icelle estoit engravé d'un costé le nom de notre saint Père le pape de Rome et du roy nostre sire, de monseigneur l'admiral de France, du capitaine, *bourgeois* (armateurs) et compagnons, depuis le plus grand jusques au petit, et faist le charpentier de la navire cest œuvre, qui ly valut un présent de chaque compagnon; d'autre costé, fut engravé un *deuxain nombral* (deux vers) latin, de la façon de *maistre Nicole Le Feure*, dessus nommé, qui, par gentille manière, déclaroit la datte de l'an du placement de ladite croix, et qui plantée l'avoit, et y avoit: *Hic sacra Palmarius, posuit Gonivilla Binotus, grex socius pariter neutraque progenies.*

» Disent oultres qu'à la parfin, la navire ayant estée radoubbée, *gallifrestée* (calfatée), et munie au mieux qu'on peut pour le retour, fut arresté de s'en partir pour France, ET PAR QUE C'EST COUSTUME A CEUX QUI PARVIENNENT A NOUVELLES TERRES DES INDES, D'EN AMENER EN CHRESTIENTÉ AUCUNS INDIENS, fust tant fait par beau semblant, que ledit seigneur *Arosca* vousist bien qu'un sien jeune fils, qui d'ordinaire tenoit bon avec ceux de la navire, vint en chrestienté, parce qu'on promettoit aux père et fils le ramener dans vingt lunes du plus tard (car ainsi donnoient-ils entendre les mois), et ce qui plus leur donnoit envie, on leur faisoit accroire que *cils* (ceux) qui viendroient par deçà on leur apprendroit l'artillerie, qu'ils souhaitoient grandement pour maistriser leurs ennemis, comme *astout* (aussi) à faire miroüers, cousteaux, haches, et tout ce qu'ils voyoient et admiroient aux chrestiens, qui estoit autans leur promettre, que qui promettoit à un chrestien or, argent et pierreries, ou luy apprendre la pierre philosophale, lesquelles offres, crues fermement par ledit *Arosca*, il estoit joyeux de ce qu'on vouloit amener son dit jeune fils, qui avoit à nom *Essomericq*, et luy donna pour compagnie un Indien d'aage de trente-cinq ou quarante ans,

# DEUXIÈME PARTIE. 273

sor; non-seulement on reconnaît qu'elles sont l'ouvrage d'une main encore plus délicate, mais on doit présumer qu'elles ont été faites postérieurement. Sur la façade du Trésor, le style de la renaissance n'est pas encore dégagé

appelé *Namoa;* et les vint, luy et son peuple, convoyer à la navire, les pourvoyant de force vivres et de maintes belles plumasseries et autres raritez, pour en faire présent de sa part au roy nostre sire, et ledit seigneur *Arosca* et les siens attendirent le départ de la navire, faisant jurer le capitaine de s'en revenir dans vingt lunes; et lors du dit départ tout ledit peuple faisoit un grand cry, et donnoient à entendre qu'ils conserveroient bien la croix, faisant le signe d'icelle en croisant deux doigts.

» Item, disent qu'adonc partirent des dites *Indes méridionales,* le tiers jour de juillet cinq cent quatre, et depuis ne virent terre jusques au lendemain saint Denis, ayant couru diverses fortunes et bien tourmentez de fièvre maligne, dont maints de la navire furent entachez, et quatre en trepasserent, sçavoir: *Jean Richerel,* du pont d'Euesque, chirurgien de la navire; *Jean Renoult*, soldat d'Honfleur; *Stenot Vennier,* de Gonneville sur Honfleur, varlet du capitaine, et l'Indien *Namoa*, et fut mis en doute de le baptiser pour éviter la perdition de l'ame; mais ledit *maistre Nicole* disoit que ce seroit prophaner baptesme en vain, pour ce que ledit *Namoa* ne sçavoit la croyance de nostre mère sainte Eglise, comme doivent sçavoir ceux qui reçoivent baptesme, ayant aage de raison, et en fut creu ledit *maistre Nicole,* comme le plus savant *clerc* de la navire, et pourtant dempuis en eut scrupule, si que l'autre jeune Indien, *Essomericq,* estant malade sa fois, et en péril, fut de son advis baptisé, et lui administra son sacrement ledit *maistre Nicole,* et furent les parrains ledit de *Gonneville*, capitaine, et *Anthoine Thiery;* et au lieu de marraine fut pris *Andrieu de la Marc* pour tiers parrain, et fut nommé *Binot,* du nom de baptesme d'iceluy capitaine. Ce fut le quatorzième septembre que ce fut fait, et semble que ledit baptesme servit de médecine à l'ame et au corps, parce que dempuis ledit Indien fut mieux, se guérit, et est maintenant en France, etc. »

Sans parler du charme de cette relation, de l'importance de la navigation de Gonneville, lequel paraît bien réellement avoir découvert la Nouvelle-Hollande en 1503, indépendamment enfin de l'intérêt romanesque qu'inspire ce jeune Indien devenu chef d'une famille française, nous ferons remarquer dans ce fragment du rap-

de tout souvenir gothique : on y remarque quelques petites figures à la vérité bien mal conservées, mais dont le costume paraît avoir le caractère du quinzième siècle; enfin il s'y trouve certaines dentelures qui appartiennent plutôt au temps de Louis XII qu'à celui de François I<sup>er</sup>. Toutefois, je ne voudrais pas faire remonter l'exécution de ce monument jusqu'aux premières années du seizième siècle; je sais trop combien, quand il s'agit de déterminer une date à quelques années près, il est facile de prendre pour une différence de temps ce qui n'est qu'une différence de savoir et de goût entre deux artistes; mais en admettant que le Trésor ait été construit quelques années avant la chapelle d'Ango, c'est-à-dire de 1525 à 1530 environ, je ne crois pas qu'on puisse craindre de se tromper beaucoup.

N'est-il pas d'ailleurs tout à fait probable que celui qui obtint du clergé de Saint-Jacques le droit de s'édifier une chapelle avait acquis antérieurement, par quelques grandes libéralités, des titres à une telle tolérance? On pourrait donc présumer que cette façade du Trésor a été construite aux frais du célèbre armateur, comme son coup d'essai dans l'église, comme un prélude de sa magnificence, avant qu'il commençât à faire décorer sa chapelle. Et alors, si c'est Ango qui a fait édifier le Trésor, comme il était au moins aussi vaniteux que riche et puissant, on s'explique tout naturellement pourquoi ces sauvages, ces nègres, ces Indiens; ce sont en quelque sorte les insignes du fondateur. D'autres font graver sur leurs offrandes leur

---

port *officiel* de Gonneville trois choses : d'abord, que les *anciennes ordonnances de la marine exigeaient que les relations des capitaines de long cours fussent déposées au greffe des amirautés*, ce que nous avions affirmé plus haut; ensuite, qu'il était assez ordinaire qu'un des voyageurs *pourtrayât* les choses singulières des pays nouvellement découverts, et en rapportât les dessins en France; enfin que *c'était la coutume à ceux qui parvenoient à nouvelles terres des Indes d'en amener en chrestienté aucuns Indiens.*

chiffre ou leur écusson ; Ango aura mieux aimé faire sculpter le portrait des peuples ses tributaires.

Quelle que soit la valeur de cette hypothèse, quelle que soit la main qui fit ériger ce Trésor de Saint-Jacques, le bas-relief qui le décore doit sortir de l'oubli où l'a laissé languir jusqu'ici une inexplicable indifférence. Il est, je le répète, le digne pendant du journal de voyage de Jean Parmentier. Dans le journal, j'admire l'audace de ces premiers navigateurs, je vénère leur science si précoce, leurs calculs encore confus, mais fondés sur des observations si justes, si sensées ; le bas-relief me fait assister aux transports de la multitude, à l'ivresse des imaginations pendant cette ère de découvertes, quand le monde en se réveillant se trouva subitement agrandi de moitié. Ces deux monuments sont l'expression d'un même fait : l'un en parle scientifiquement, l'autre le révèle poétiquement.

## § VI.

Seizième et dix-septième siècles. — Commerce des Dieppois. — Établissements coloniaux. — Le capitaine Ribault. — Diel d'Enambuc. — Les flibustiers. — Duquesne.

Tant qu'il s'était agi de courir les mers, d'affronter des périls, de chercher et d'atteindre des rivages inconnus, les Dieppois avaient pu lutter avec tous les marins de l'Europe. C'était un défi d'adresse, d'audace, de science nautique ; ils l'avaient soutenu avec honneur, et souvent, on l'a vu, le prix avait été pour eux. Mais quand le sillon fut tracé, quand pour aborder à ces mondes nouveaux il ne fut plus besoin ni de génie ni de courage ; quand les souverains, se les partageant comme une proie, eurent dit : Ceci est Espagne, ceci Portugal, cela est Angleterre, alors la situation des Dieppois devint difficile ; ils ne pouvaient plus marcher de pair avec leurs rivaux.

En effet la France seule, dans ce partage, n'avait rien

réclamé; et pourquoi? parce que, à vrai dire, il n'y avait pas encore de France : une agglomération de provinces, dont quelques-unes n'étaient que de la veille réunies à la couronne, qui toutes avaient des lois, des mœurs, des intérêts différents, ce n'était pas là un royaume. Le monarque, dont l'autorité n'atteignait pas sans résistance et sans contestation jusqu'aux frontières de ses États, ne pouvait guère songer à semer ses soldats sur les mers pour conquérir des empires au bout du monde, quand il en avait à chaque instant besoin pour se faire respecter de ses propres sujets. L'eût-il voulu, il ne l'aurait pas pu; il fallait plus d'un siècle encore avant que l'établissement d'une marine royale devînt praticable. Non-seulement le roi de France n'avait pas alors de vaisseaux à lui[1], sauf quelques pauvres galères naviguant de loin en loin dans la Méditerranée, mais il n'avait pas sur toute la côte de l'Océan un seul port de mer qui lui appartînt réellement; les uns étaient villes libres plutôt que royales, les autres relevaient des grands feudataires, qui, tout déchus qu'ils étaient de leur antique puissance, n'avaient pas encore passé sous le joug d'un Richelieu, et conservaient l'habitude d'être maîtres dans leurs seigneuries.

Le roi de France n'ayant donc ni ports de mer ni marine, ce qui se passait sur l'Océan lui était aussi étranger qu'à un électeur de Bohême ou de Bavière. Que les vaisseaux de Dieppe, de Honfleur, de Saint-Malo, de La Rochelle ou de telle autre de *ses bonnes villes* découvrissent avant tous autres Européens une île, voire même un continent au delà des tropiques, peu lui importait, ce n'étaient pas ses affaires; cela ne regardait que les marchands qui avaient armé les navires. Les marchands, de

---

[1] *Voyez* les États tenus, en 1484, sous Charles VIII. Il y fut demandé de construire et d'armer quelques vaisseaux pour protéger le commerce. Cette proposition n'eut pas de suite. Un siècle plus tard Sully l'adressait derechef à Henri IV, comme une *nouveauté* qui devait être profitable à l'État.

leur côté, savaient si bien qu'ils n'avaient aucune protection à attendre, ils s'isolaient tellement du gouvernement, agissant uniquement pour leur propre compte, qu'ils ne donnaient pas même avis de leurs découvertes au roi ni à ses conseillers.

Quelle différence dans le reste de l'Europe! A Lisbonne, en Castille, les rois, mieux avisés ou investis d'une autorité plus forte, eurent à peine entendu parler des *nouvelles Indes*, que, comprenant les profits qu'on en pouvait tirer, ils se firent les premiers commerçants de leurs royaumes, équipant des vaisseaux, armant des flottes, s'adjugeant les terres nouvelles, en exploitant les trésors, et pour comble de précaution s'en faisant déclarer, par le vicaire de Dieu, souverains et propriétaires de *droit divin*.

Sans doute les belles découvertes de quelques-uns de leurs sujets, le génie des Gama, des Colomb, leur avaient donné droit à la possession ou du moins à l'exploitation d'une partie de ces riches contrées; mais nos navigateurs dieppois, qui n'avaient eu ni moins d'audace ni moins de génie, qui avaient les premiers planté leurs drapeaux sur tant de rivages, qui pouvaient à si bon droit demander aussi leur part au saint-père, parce qu'ils ne sont que de simples marchands isolés, sans appui, parce que dans leur patrie les rois s'amusent à guerroyer en Italie et à faire les chevaliers au lieu de prendre place à ce grand festin du nouveau monde, les voilà dépossédés de leurs découvertes et réduits à se faire corsaires s'ils veulent encore naviguer.

On a dit souvent: La France a le secret d'inventer, mais elle n'a pas l'art de profiter de ses inventions. Jamais adage ne fut justifié par un plus éclatant exemple.

A la vérité, trente ou quarante ans après que la carrière était ouverte, le roi François I$^{er}$ s'avisa de vouloir y entrer. Quand tous les souverains de l'Europe s'étaient adjugé leur lot, l'idée le prit d'avoir aussi le sien, et il fit faire à ses frais deux ou trois expéditions sur les côtes de l'Amérique septentrionale; explorations hardies et savantes, qui complétèrent la connaissance qu'on possédait déjà de cette partie du nouveau continent, mais qui, pour la fortune de la France, ne produisirent aucun résultat solide ni durable[1]. Un défaut de suite dans la volonté du souverain et dans la politique de son conseil, une certaine légèreté insouciante, une façon de vivre et de gouverner au jour le jour, furent cause que ces entreprises échouèrent, pour ainsi dire, avant de naître.

Mais d'où vient, dira-t-on, qu'à défaut du roi de France une compagnie de marchands français ne s'éleva pas pour tenir tête aux usurpateurs couronnés? Si dès le quatorzième siècle les commerçants d'Honfleur et de Rouen s'associèrent avec ceux de Dieppe pour fonder des comptoirs sur la côte de Guinée, pourquoi n'aurait-on pas vu, en 1500,

[1] La première de ces expéditions eut lieu en 1524. François 1er en avait donné la direction à Jean Verazzani ou Verazzano, pilote florentin, qui avait déjà navigué dans ces mers septentrionales. Verazzano parcourut les côtes d'Amérique, depuis le 30e degré de latitude nord jusqu'à Terre-Neuve. Il écrivit au roi de France une lettre qui est parvenue jusqu'à nous, et qui renferme une description curieuse des hommes et de la nature de ces contrées. On conserve à Florence, dans la bibliothèque Strozzi, une description cosmographique des côtes que Verazzano avait reconnues, et l'on voit sur cet autographe qu'il avait cherché un passage par le nord pour arriver aux Indes orientales. Quant à la lettre écrite au roi de France, on la trouve dans la collection de Ramusio. Marc Lescarbot, dans son *Histoire de la Nouvelle France* (Paris, 1669), donne une relation détaillée du voyage de Verazzano.

Dix ans après, en 1534, François 1er, sur l'invitation de Philippe de Chabot, son amiral, chargea un navigateur de Saint-Malo, nommé Jacques Cartier, d'aller de nouveau explorer les côtes reconnues et décrites par Verazzano. Cartier partit de Saint-Malo, le 20 avril 1534, avec deux navires de 60 tonneaux et de soixante hommes d'équipage chacun. Après une navigation très-heureuse, il vint atterrir sur la côte orientale de Terre-Neuve, à peu près à l'endroit où Verazzano en avait abandonné la reconnaissance. Il pénétra dans le fleuve Saint-Laurent, et acquit la certitude que Terre-Neuve était séparée du continent. De retour à Saint-Malo, le 5

## DEUXIÈME PARTIE.

une semblable association se former et créer des établissements coloniaux sur telle ou telle côte nouvellement découverte par les Dieppois?

Les circonstances étaient bien changées. Pour traiter de puissance à puissance avec les rois de Portugal et d'Espagne, pour opposer des flottes à leurs flottes, il fallait toutes les richesses et toutes les forces militaires d'un grand État. La bourse de simples marchands peut fonder des colonies, mais ne peut pas les défendre. La compagnie des Indes elle-même, cette vaste association qui est presque un gouvernement, pourrait-elle subsister sans l'appui des armées et des vaisseaux de ligne de l'Angleterre?

Pendant les premières années du seizième siècle, les Dieppois n'ayant pas encore l'expérience de cette impossibilité de former des établissements fixes dans les pays

septembre 1534, il en repartit le 19 mai 1535; et, dans ce second voyage, il remonta le fleuve Saint-Laurent jusqu'à sept ou huit lieues au delà de l'endroit où, depuis, la ville de Québec a été bâtie. Étant revenu en France en 1536, il reçut l'ordre de mettre une troisième fois à la voile en 1540. Le but de cette expédition était de fonder un établissement. Cartier devait être sous les ordres de François de la Roque, seigneur de Roberval, qui était nommé vice-roi de tous les pays environnants. Ce vice-roi ne partit que plus de dix-huit mois après Cartier, qui resta pendant ce temps abandonné à ses propres ressources; pressé par la disette, il fut obligé d'évacuer l'établissement qu'il avait à peine ébauché sous le nom de *Nouvelle France*.

Tel fut le premier essai de notre gouvernement pour fonder une colonie. On voit comment les mesures étaient prises, et avec quelle sagesse tout était concerté! Le sieur de Roberval, après s'être fait attendre si long-temps, rencontra Cartier qui s'en revenait en France. Il voulut le forcer à retourner au Canada; mais Cartier, qui savait l'état des choses, prit sur lui de désobéir.

Cet habile navigateur a laissé un Journal de ses voyages. Lescarbot le cite en entier dans son *Histoire de la Nouvelle-France*. Ramusio l'a inséré dans sa collection. Lorsque le dépôt des cartes et plans de la marine a publié *le Pilote de Terre-Neuve*, on a voulu consacrer les découvertes de Cartier, en écrivant les noms qu'il leur avait donnés au-dessous de ceux qui sont usités aujourd'hui.

qu'ils découvraient, et conservant un souvenir séduisant des grands profits que leurs pères avaient tirés du *Petit-Dieppe* et de leurs autres comptoirs de Guinée, conçurent le dessein de tenter de semblables entreprises. Ainsi nous voyons, en 1508, le sieur Ango, père du célèbre armateur, confier *la Pensée*[1], un de ses navires, à un pilote nommé Thomas Aubert, pour aller fonder un établissement à la *Terre-Neuve*, dont les rives avaient été découvertes quatre ans auparavant par deux vaisseaux, l'un dieppois, l'autre breton, et qu'un pilote de Honfleur, Jean Denis, avait visitée depuis ce temps, en 1506[2]. Thomas Aubert reconnut qu'on pouvait faire sur cette côte un grand commerce de pelleteries, que les mers qui la baignent offraient une abondance extraordinaire de poissons et surtout de morues. Ango, profitant de cet avis, renouvela souvent ses expéditions vers cette côte et en tira de beaux profits. Mais quant à l'établissement qu'il avait essayé d'y fonder, il reconnut bientôt que ce n'était pour lui qu'une source de dépenses, et ne tarda pas à l'abandonner.

Cette expérience et quelques autres aussi peu profitables persuadèrent aux Dieppois que fonder des colonies était un métier de rois; que des commerçants devaient faire du

---

[1] On a vu plus haut que c'est sur un navire du même nom, appartenant à Ango fils, que, vingt ans après, Parmentier faisait voile pour Sumatra.

[2] Ces faits sont attestés par un écrivain espagnol, Navarette, qui ajoute même que le capitaine Aubert ramena et conduisit à Paris le premier sauvage qui y eût paru. Dans le *Discours du grand capitaine*, conservé par Ramuzio, les mêmes faits sont attestés. Voici ce passage, extrait de l'ouvrage italien :

« E sono circa 33 anni che un navilio di Honfleur, del quale era capitano Giovanni Dionisio, ed il pilotto Camarto di Roano primieramente vi andò, e nell'anno 1508, un navilio di Dieppa detto *la Pensée*, il quale era già di Giovan Ango, *padre del monsignor lo capitano e viscomte di Dieppa* vi andò, sendo maestro over patron di detta nave maestro Thomaso Aubert, e fù il primo che condusse qui le genti del detto paese. »

commerce et non des forteresses. « L'argent que nous consacrerions à établir des comptoirs et à soudoyer des gens pour les défendre, employons-le, disaient-ils, à construire des vaisseaux, à les bien armer de canons, à leur donner un fort équipage. Faisons ensuite quelques sacrifices pour nous rendre favorables les habitants des lieux où nous allons trafiquer; arrangeons-nous pour qu'ils nous aiment, pour qu'ils aient intérêt à traiter avec nous plutôt qu'avec leurs maîtres; quand même on nous prendrait de temps en temps quelques navires, si nous en expédions un grand nombre, nos pertes disparaîtront dans l'étendue de nos profits. »

Tel fut, à ce qu'il paraît, le système d'Ango, fils de l'armateur dont nous venons de parler. Augmentant sans cesse le nombre de ses navires, les confiant à des capitaines qui savaient glisser sur les mers sans être aperçus ou se battre comme des lions quand l'ennemi était bon voilier; les envoyant partout où le commerce était avantageux, sans s'inquiéter s'il empiétait sur les droits de tel ou tel souverain, il trouva le secret d'établir à son profit la *liberté des mers*, en dépit de la jalousie de nos ennemis et de l'insouciance de notre gouvernement.

Devant le droit naturel, rien de plus légitime qu'un tel commerce : il est fondé sur l'échange et non sur la spoliation; on ne peut en aucune manière le confondre avec la *course*, cette industrie de violence et de rapine. Mais devant le droit des gens, toute différence devait bientôt disparaître. Du moment qu'on acceptait cette fiction que de tel degré de latitude à tel autre degré toutes les terres, même non découvertes, étaient la propriété de quelqu'un et que le droit d'y trafiquer n'appartenait qu'au propriétaire, il était conséquent d'appeler *vol* et de poursuivre comme *brigandage* tout commerce fait au profit d'un étranger dans ces zones réservées.

Or, une fois le commerce *interlope* assimilé de droit à la *course*, les périls étant les mêmes dans les deux professions, elles devaient bientôt s'identifier de fait. C'est ce qui arriva. Quand le partage des *nouvelles Indes* fut bien consacré dans le code européen, quand il n'y eut plus un seul coin de terre ni de mer disponibles, alors tout commerce extra-légal se transforma en *course*. Ango lui-même fut un corsaire en grand plutôt qu'un armateur; il ne se faisait pas scrupule de s'adjuger les cargaisons des navires qu'il pouvait prendre, puisque, dans tous les cas, celles qu'on lui enlevait étaient de bonne prise.

C'est avec ce genre de commerce, savoir : les échanges interlopes comme but, et la course par occasion, que le port de Dieppe acquit ses immenses richesses; c'est ainsi que, pendant cinquante ans, il put lutter de splendeur commerciale avec ces ports de Portugal et d'Espagne, où les trésors affluaient de par Dieu et le droit canon, sous la protection de belles flottes, de bonnes armées et des foudres du Vatican.

Plus tard, lorsque nos troubles religieux eurent porté un coup si funeste à la prospérité du port de Dieppe, la *course* fut encore la seule ressource qui, de temps en temps, ranimât ses quais déserts. Mais alors elle ne tarda pas à perdre le caractère commercial qu'elle avait conservé jusque-là, pour dégénérer en véritable piraterie, jusqu'à ce qu'enfin, dans le dix-septième siècle, elle fût exploitée par ces terribles flibustiers qui portèrent l'épouvante dans les mers occidentales et en firent trembler les jaloux dominateurs.

Ces hardis corsaires étaient Dieppois; mais avant de dire quelques mots de leur histoire, nous avons à jeter un coup d'œil sur les divers essais de colonisation tentés par la France, car c'est Dieppe encore qui les a presque tous vus naître : il était dans la destinée de ses marins de jouer toujours parmi nous le rôle de précurseurs; ils furent les premiers à fonder comme ils avaient été les premiers à découvrir.

La tentative de former un établissement au Canada,

conçu en 1540 par François 1er, ne mérite pas qu'on en tienne compte. Ce n'était ni au roi de France ni à son gouvernement que devait revenir l'honneur de la première entreprise sérieuse en ce genre : il appartient à Coligny.

L'imagination triste et prévoyante de l'amiral lui faisait entrevoir que le sol français pouvait un jour être interdit à ses co-religionnaires, ou que du moins la persécution leur en rendrait le séjour odieux. L'idée lui vint de leur préparer un refuge, un *champ d'asile* au delà des mers.

Sans découvrir le fond de sa pensée au roi, il en obtint la permission d'essayer l'établissement d'une colonie. Ce fut vers le Brésil qu'il tourna d'abord les yeux; mais le chevalier de Villegagnon, gentilhomme protestant, auquel il confia l'expédition[1], se conduisit envers les naturels avec tant d'arrogance et de perfidie qu'il ne put se maintenir dans le pays. L'entreprise échoua complétement.

L'amiral, sans se décourager, fit armer, à Dieppe, cinq navires; les équipages furent composés de cinq à six cents hommes, tous de la religion. Un des meilleurs capitaines du port, Jean Ribault, zélé protestant, fut choisi pour diriger l'escadre.

L'amiral avait renoncé au Brésil : c'était pour la Floride qu'on faisait voile. Ribault, parti de Dieppe le 15 février 1560, aborda, après deux mois de navigation, près d'un cap qu'il appela le *Cap Français*. Il fit élever sur le rivage une colonne aux armes de France. Le 1er mai, il entra dans un fleuve auquel il donna le nom de ce mois; puis, à mesure qu'il rencontra d'autres fleuves, il les baptisa des noms de rivières de France. Enfin, après avoir

---

[1] Elle était composée de deux vaisseaux, qui partirent du Havre le 12 juillet 1555, touchèrent à Dieppe pour réparer des avaries, et atterrirent, le 10 novembre, à l'embouchure du Ganabava. Trois autres vaisseaux furent ensuite envoyés aux frais des ministres et fidèles de Genève; mais les hommes et munitions qu'ils portaient ne purent prévenir la disgrâce que Villegagnon avait rendue inévitable par sa conduite.

construit une redoute qu'il appela *Charles-Fort*, et y avoir laissé une petite garnison, Ribault mit à la voile, et, le 20 juillet, rentra dans le port de Dieppe.

Il avait promis à ses compagnons de les rejoindre bientôt ; mais la guerre civile ne lui permit pas de tenir sa promesse. Ce ne fut qu'après l'édit de pacification de 1564 que Coligny put reporter ses regards vers la Floride. Il persuada à Charles IX de lui donner quelques secours ; d'un autre côté les fidèles se cotisèrent, et bientôt une nouvelle escadre fut armée : elle se composait de sept navires. Le capitaine Ribault en prit comme la première fois le commandement ; on lui adjoignit un bon officier nommé René Laudennière. De plus, on enrôla grand nombre d'habiles ouvriers munis de tous les outils et instruments nécessaires à une colonie. Enfin quantité de jeunes gens de famille voulurent être du voyage et s'embarquèrent à leurs frais.

Ribault prit terre à l'embouchure de la rivière de Mai ; et après avoir découvert aux environs un emplacement plus favorable que celui sur lequel il avait, à son premier voyage, bâti *Charles-Fort*, il y construisit une forteresse d'une plus grande étendue, qu'il nomma fort *Caroline*. Il se préparait à en augmenter les ouvrages lorsque, le 4 septembre, parut en vue de la côte une flotte espagnole commandée par Pedro Menezez. Quoique les deux nations fussent alors en paix, cette flotte était partie de Cadix avec ordre de combattre à outrance Ribault et ses compagnons. Une tempête ayant dispersé la petite escadre dieppoise, Menezez en eut bon marché pièce à pièce ; puis, quand il eut pris les vaisseaux il attaqua les retranchements, égorgea tous les Français, et les fit pendre avec cette inscription : *Non comme Français, mais comme hérétiques*. Pour distinguer le chef de l'entreprise, il le fit écorcher vif. Quelques historiens ajoutent que la peau du brave Ribault fut envoyée en Espagne[1].

[1] Jacques Lemoyne de Morgues, peintre, natif de Dieppe, a écrit

Qu'on juge de l'indignation des Dieppois à la nouvelle de ce massacre. Coligny demanda vengeance au roi ; mais Charles IX se réjouissait au fond de l'âme et sa cour s'applaudissait tout haut de voir l'amiral *détrôné*. En effet, le succès de la colonie eût donné à l'amiral une espèce de royaume, son parti en eût acquis de l'importance; il y avait donc lieu de bénir les Espagnols plutôt que de les combattre. Quant aux Dieppois, les nouveaux troubles qui survinrent, et dont leur ville sentit le contre-coup, les empêchèrent de venger eux-mêmes leur querelle : mais ils ne faisaient qu'ajourner cette dette de sang ; plus tard les flibustiers la payèrent.

Dominique de Gourgues n'attendit pas si long-temps. Ce gentilhomme de Gascogne, navigateur habile, avait voué haine à mort aux Espagnols, dont il avait reçu des outrages personnels. En apprenant l'assassinat de Ribault il ne se contient plus, vend tout son bien, fait construire deux navires, les arme, les équipe à ses frais, et le voilà cinglant vers la Floride avec des compagnons déterminés comme lui. Il attaque à son tour le fort *Caroline*, passe la garnison au fil de l'épée, et, pour que la vengeance soit complète, les vaincus sont pendus à des arbres sur lesquels on écrit : *Non comme Espagnols, mais comme assassins*.

Ce coup d'audace n'empêcha pas l'Espagne de rester

une relation de cette seconde expédition à la Floride, et de la catastrophe de Ribault. Il s'était embarqué avec ce capitaine pour dessiner les côtes où l'on aborderait, et prendre la topographie des villes, rivières, etc. Étant parvenu à se sauver avec le neveu de Ribault et Laudonnière, il arriva en Angleterre, et s'occupa du récit de son voyage, ainsi que des dessins destinés à l'accompagner. Théodore de Bry, l'ayant trouvé à Londres en 1587, l'entendit souvent parler de ses voyages, de ses manuscrits, de ses dessins; il en fit l'acquisition. C'est ainsi que la relation de Jacques Lemoyne s'est trouvée conservée dans la collection de Théodore de Bry (6e partie). — (*Voyez*, dans la *Biographie universelle*, l'article RIBAULT, par M. Eyriès.)

maîtresse de la Floride, et la France n'essaya pas de lui en disputer la possession. C'était vers le Canada qu'elle devait désormais concentrer tous ses efforts.

Tant que durèrent les guerres civiles, il ne fut question ni de colonies ni d'expéditions d'outre-mer ; mais aussitôt que Henri IV fut affermi sur son trône, il rendit en faveur d'un gentilhomme breton, le marquis de La Roche, des lettres patentes à peu près semblables à celles que François Ier avait accordées en 1540 au sire de Roberval. Investi du titre de *vice-roi*, M. de La Roche partit pour le Canada, mais il échoua dans toutes ses tentatives de colonisation et fut contraint de revenir en France confesser son imprévoyance et ses revers.

Ce fut alors que Henri IV, pour récompenser les services du gouverneur de Dieppe, Aymar de Chastes, lui confia cette vice-royauté du Canada dont avait si mal profité M. de La Roche. Malheureusement M. de Chastes mourut quelque temps après; mais il avait choisi pour son lieutenant un homme d'un grand mérite, et qui devint le fondateur et le père de la *Nouvelle France*. Champlain, c'était son nom, dirigea avec tant de sagesse et de persévérance les diverses expéditions qui lui furent confiées, qu'en dépit des intrigues du père Cotton et de ses jésuites qui voulaient le supplanter, en dépit des fautes de la cour qui donnait la *vice-royauté* du Canada à des hommes tels que M. le prince et M. le maréchal de Montmorency, il parvint à élever et à maintenir un établissement. Avec l'assistance de Pontgravé, de Démons, de Pontraincourt et de Lescarbot, hommes de cœur, d'esprit et de dévouement, il jeta les fondations de Québec, et bientôt la nouvelle colonie devint pour la métropole la source d'un grand commerce et d'abondantes richesses. En 1627, le cardinal de Richelieu consolida l'œuvre de Champlain en concéda t le Canada, non plus comme un apanage et une vice-royauté à des gentilshommes oisifs qui n'étaient bons qu'à en accaparer les revenus, mais à une société de commerce dite *la Compagnie des cent associés*, qui devait en décupler la prospérité et les trésors. Depuis ce temps jusqu'en 1759, cette belle colonie resta en notre pouvoir [1] ; la triste paix de 1763 nous en dépouilla sans retour, et nous ne conservâmes de nos possessions dans l'Amérique septentrionale qu'un bout de plage stérile sur le banc de Terre-Neuve, où l'on daigna nous accorder la permission de sécher le produit de nos pêches.

En même temps que Champlain créait l'établissement du Canada, la mer des Antilles voyait un Dieppois, bravant les Espagnols, fonder une autre colonie non moins célèbre, celle de l'île Saint-Christophe et de la Martinique, notre premier établissement aux îles Sous le Vent [2].

[1] Les Anglais s'étaient emparés de Québec en 1628. Un calviniste *dieppois*, nommé Kerth, commandait leur escadre ; mais, en 1632, le Canada fut rendu à la France, et c'est depuis cette époque, jusqu'en 1759, que nous l'avons possédé sans interruption.

[2] Si l'honneur d'avoir fondé les colonies françaises dans les îles du Vent appartient à un Dieppois, celui d'y avoir introduit la culture, qui en a fait et qui en maintient la prospérité, est dû à un de leurs concitoyens.

« Les Hollandais sont les premiers qui transplantèrent le caféyer de Moka à Batavia, d'où ils en envoyèrent quelques pieds à Amsterdam. Au commencement du dix-huitième siècle, les magistrats de cette ville en envoyèrent un à Louis XIV. Cet arbuste, qui fut soigné au Jardin des Plantes de Paris, destiné à n'être qu'un objet de curiosité et d'étude, a été le père de tous les caféyers plantés depuis dans les îles françaises de l'Amérique.

» En 1723, de Clieux, issu d'une des familles les plus distinguées de la ville de Dieppe, où il est né lui-même, ayant été nommé lieutenant du roi à la Martinique, demanda et obtint un des caféyers élevés dans les serres du jardin. Cet arbuste était très-délicat, et exigeait les plus grandes précautions dans son transport. La traversée fut longue et pénible ; l'eau douce devint tellement rare que l'équipage fut réduit à la plus faible ration. De Clieux se priva de la sienne pour arroser et sauver son précieux arbuste.....

» Un de ces terribles ouragans auxquels la Martinique est trop

Vandrosques Diel d'Enambuc était bon pilote, homme de résolution et d'honneur; il courait les mers depuis son jeune âge, et s'était rendu fameux dans maints combats. Vers 1625 l'envie lui vint de ne plus s'en tenir à la *course*, et de tenter quelque exploit plus hardi. Ayant choisi quarante marins intrépides, il monte un brigantin de huit canons, construit à Dieppe de ses propres deniers, et s'en va dans la mer des Caraïbes, avec dessein de s'emparer de quelque coin de terre, et d'y établir un port, une station pour les vaisseaux français trafiquant dans ces parages. Après s'être vaillamment défendu contre un galion espagnol de trente-cinq canons, il aborde à l'île Saint-Christophe. Ce lieu lui semble dans une situation favorable, et il en prend possession; mais par un hasard singulier, Warner, navigateur anglais, débarquait au même instant à l'autre extrémité de l'île avec les mêmes projets. Les deux nations, au lieu d'en venir aux mains, se partagèrent de bonne amitié le territoire, et firent un pacte d'alliance offensive et défensive qui devait avoir son effet même dans le cas de guerre entre les deux mères-patries. Après huit mois de séjour dans cette contrée fertile, d'Enambuc revint en France, son navire richement chargé. Il fut présenté au cardinal de Richelieu, et lui mit sous les yeux un projet d'association pour le commerce des Antilles. Le ministre, ayant goûté les plans de d'Enambuc, lui délivra une patente pour fonder sa colonie, et signa le premier l'acte d'association. Quelque temps après, voulant rendre sa protection plus efficace, il lui donna des secours

souvent exposée ayant détruit tous les cacaoyers qui en formaient la principale culture, de Clieux, qui avait multiplié ses caféyers dans ses pépinières, les distribua généreusement à tous les planteurs, qui en savaient apprécier les avantages; bientôt Saint-Domingue, la Guadeloupe et les îles voisines participèrent à la multiplication de cet arbuste, dont les produits sont encore leur richesse la plus sûre et la culture la moins dispendieuse. » (*Recherches*, etc., par M. Estancelin, p. 106.)

en hommes et en argent, avec l'aide desquels d'Enambuc sut garantir de la jalousie des Espagnols son établissement naissant, et le faire respecter de ses voisins les Anglais, qui tentaient quelquefois de dépasser les limites convenues. Quand la colonie de Saint-Christophe ne réclama plus sa présence, d'Énambuc passa, en 1635, à la Martinique, suivi de cent hommes, demi-soldats, demi-cultivateurs, qui l'aidèrent à bâtir le *fort Saint-Pierre*. Il travaillait avec une ardeur infatigable à la prospérité de cette nouvelle colonie, lorsque la mort le surprit en 1636. Le cardinal, en apprenant cette nouvelle, dit au roi : « Votre Majesté vient de perdre un de ses plus utiles serviteurs [1]. »

[1] Le cardinal avait aussi favorisé l'établissement des Dieppois sur la côte du Sénégal. Voici ce qu'on lit dans Asseline, sur l'an 1638 :

« Ce capitaine dieppois (le capitaine Lambert), ayant pratiqué, les années précédentes, la traite du Sénégal avec le même navire, qui en fut surnommé le *Sénégalois*, les marchands de Rouen et de Dieppe (lesquels faisoient une compagnie de commerce) s'efforcèrent de l'entretenir et de l'envoyer en ce pays-là avec deux autres navires, dont l'un estoit chargé de provisions de bouche et de guerre, et l'autre d'ouvriers et de matériaux propres pour y bâtir une habitation et faciliter, par ce moyen, le commerce qu'ils avoient entretenu jusqu'alors avec beaucoup de dépense et de pertes, ainsy que ceste compagnie représenta au roy, qui eut la bonté de leur en accorder la permission en faveur de M. le cardinal de Richelieu, à l'exclusion de tous les autres marchands françois. Comme ces vaisseaux furent équipés avec beaucoup de diligence et conduits avec bien du bonheur, ils arrivèrent au Sénégal l'an 1638. D'abord chaque Dieppois se mit en devoir de rendre ses services à la compagnie. Les uns firent monter sur la rivière des barques chargées de marchandises qu'ils devaient traiter avec les nègres, les autres s'occupoient à construire, avec des briques et d'autres matériaux qu'ils avoient apportés, une habitation pour la sûreté des hommes et de ce qu'ils avoient de précieux. Mais cette habitation, qui fut la première que les chrestiens avoient faite en ce pays-là, ne subsista que jusqu'au temps que nous marquerons sur l'an 1661.

» 1661. Lorsque le *Saint-Louys* partit du Sénégal, il laissa l'ha-

Ce fut quelques années après la mort de d'Enambuc qu'on vit apparaître les flibustiers. Richelieu venait de mourir [1], et la protection qu'il accordait aux colonies ne lui avait pas survécu. Bientôt le royaume tomba dans un tel état d'agitation et de trouble, que personne ne songea plus à donner signe de vie à ces milliers de Français transportés au bout des mers. Se voyant ainsi abandonnés, effrayés de leur isolement, la plupart des colons émigrèrent de leurs habitations et vinrent se réfugier sur la côte septentrionale de Saint-Domingue, se cachant dans les forêts qui la couvrent, et faisant, pour se nourrir, la chasse aux bœufs sauvages dont l'île était peu peuplée ; de là vient que d'abord on les nomma *boucaniers*. Bientôt leur nombre croissant chaque jour, et la chasse devenant moins productive, il fallut chercher un autre genre de vie. Quelques-uns entreprirent des défrichements et des essais de culture ; la plupart dédaignant cette vie sédentaire, et préférant les hasards et les périls de leur première profession, se lancèrent sur l'Océan. Ils s'établirent d'abord en confrérie, sous le nom de *Frères de la côte*, mettant leurs biens en commun et ne reconnaissant d'autre supériorité entre eux que celle de la force et de l'adresse. Subdivisés en petites sociétés de cinquante ou cent hommes au plus, ils se mirent à voguer nuit et jour dans de grandes

bitation des Dieppois en très-bon estat, sous la conduite du sieur Louys Caullier, commis de la compagnie des marchands de Dieppe, de Rouen et d'ailleurs. Je diray, en passant, que ceste habitation estoit dans une petite isle de la rivière de *Sénéga*, à une lieue de la mer, et que les Dieppois avoient esté contraints de s'y establir et d'y retirer leurs marchandises, voyant que la mer avoit percé la barre de l'embouchure de cette rivière et qu'elle renversoit les bâtiments de l'habitation que le sieur Caullier avoit fait construire environ l'an 1658, après que celle du capitaine Lambert, dont nous avons parlé, eut esté sapée par les vagues et tombée en ruines peu après sa mort. »

Telle fut l'origine de la colonie du Sénégal.

[1] 4 décembre 1642.

barques découvertes, comme des sauvages, l'œil toujours fixé sur l'horizon. Apercevaient-ils une voile, aussitôt ils bondissaient sur leurs rames; et si le navire venait d'Espagne, malheur à lui : c'était un duel à mort. Sans consulter leurs forces ni celles de l'ennemi, les frères s'élançaient à l'abordage, et, point de milieu, ils exterminaient l'équipage, ou se faisaient tuer jusqu'au dernier. Vis-à-vis des autres nations, ils n'éprouvaient pas cette haine implacable; mais la vue d'un Espagnol les transportait de fureur.

La renommée des Frères de la côte et les richesses qu'ils amassaient engagèrent bon nombre de leurs compatriotes à les aller rejoindre et à s'enrôler dans la confrérie[1]. Vers le milieu du dix-septième siècle on voyait fréquemment sortir du port de Dieppe quelques petits lougres ou brigantins armés de quatre canons, chargés, en guise de filets, de haches, de pistolets, d'arquebuses et de poudre : trente à quarante hommes de bonne mine, l'air résolu, chantant à pleine voix, se tenaient debout sur le pont. Ne demandez pas où s'en vont ces bateaux : *A la pêche aux Espagnols*, vous répondraient les enfants du port.

Indépendamment de ces petites associations isolées, on compta bientôt à Dieppe jusqu'à sept grandes sociétés qui armaient des navires pour la *flibuste :* c'est ainsi qu'on désignait ce genre de piraterie. Flibuste est un vieux mot qui signifie *butin ;* de là le nom de *flibustiers*.

Parmi les flibustiers dieppois, plusieurs se sont illustrés par des traits de bravoure héroïques et presque fabuleux. On cite les Dupré, les Bontants, les Thomas Langlois. Pierre Legrand est un des plus célèbres. Voici comment

[1] L'exemple des Dieppois fut suivi par beaucoup de marins des autres ports de France ; déjà, parmi les *boucaniers* et autres réfugiés à Saint-Domingue, on comptait des Bretons et des Rochellois ; mais les Dieppois étaient incomparablement plus nombreux et plus influents dans la confrérie que tous les autres Français.

il débuta dans la carrière. Il croisait depuis quinze jours au débouquement de Bahama, lorsqu'il vit venir à lui un grand galion espagnol avec pavillon de vice-amiral. Forçant aussitôt de voiles et de rames, Legrand court au-devant du galion, l'aborde, s'élance sur son bord, et en même temps coule à fond son propre navire. Cette audace désespérée étourdit le capitaine espagnol; son équipage, stupéfait, ne songe pas même à se défendre. Legrand, maître du galion, dépose une partie de ses prisonniers sur le rivage, et n'emmenant avec lui que le capitaine et ses officiers, s'en retourne fièrement à Dieppe faire admirer sa prise, et en récolter les immenses profits.

La puissance de ces aventuriers ne fut qu'éphémère. Après avoir fait trembler pendant vingt ou trente ans les Espagnols, après avoir régné en despotes sur les mers des Caraïbes et dans le golfe du Mexique, on les vit, avant la fin du dix-septième siècle, s'éteindre et s'éclipser peu à peu. La plupart avaient trouvé la mort; d'autres, épuisés de fatigue, s'étaient retirés dans leurs foyers. La confrérie avait complétement disparu [1].

[1] Le dernier de cette milice flibustière que nous ayons vu à Dieppe, dit l'auteur des *Mémoires chronologiques*, était le sieur Sevault, mort très-âgé en 1743. Il était surnommé le *Vera-Cruz*, parce qu'il s'était distingué près de cette ville dans une expédition périlleuse.

Long-temps après l'extinction des flibustiers, on remarquait encore dans la population dieppoise des germes de son ancien penchant à la flibusterie.

« Le 25 mars 1725, dit la Chronique manuscrite du prêtre Guibert, deux navires arrivant à la rade de Dieppe, la mer pour lors devenue orageuse, les dits navires firent coste, et plusieurs personnes y périrent. Les marchandises qui estoient venues jusques sur le bord du galet, par la mer qui les y entraînoit, furent pillées des habitants de la ville de Dieppe. Comme cet accident estoit justement arrivé dans le temps de la Pasques, les confesseurs obligèrent tous ceux qui avoient de ces marchandises chez eux de les rendre ; mais cela ne retourna pas aux marchands à qui estoient les navires, ce fut au profit de MM. de l'amirauté. »

L'époque approchait où la patrie des flibustiers allait elle-même s'ensevelir sous ses ruines; mais avant de dire un long adieu à cet Océan, témoin depuis trois siècles des découvertes et des exploits de ses enfants, il lui était réservé de fournir à la France un dernier tribut de gloire en lui donnant un de nos plus grands hommes de mer, l'immortel Duquesne.

Fils d'un des meilleurs capitaines du port de Dieppe ce fut sur le vaisseau de son père que Duquesne apprit l'art de la navigation. Il se félicita toute sa vie de cet apprentissage de la marine marchande. « Je ne connais pas, disait-il, de meilleure école pour former des amiraux[1]. »

Ces mêmes gens qui pillaient ces deux navires échoués n'auraient pas touché à deux charrettes versées sur la grande route : sur terre le bien d'autrui leur eût semblé sacré, sur mer ils ne pouvaient s'empêcher de crier : *Flibuste!*

Il y aurait une histoire à faire des corsaires dieppois. Elle commencerait avec les guerres de religion : les combats entre calvinistes et catholiques sont encore plus animés et plus pittoresques à bord des vaisseaux que dans les rues de Dieppe. La Chronique de Guibert raconte les courses de Jacques Sourie, fameux corsaire huguenot, qui arma, en 1570, cinq vaisseaux dans l'espoir de venger la mort de Ribault. Pendant qu'il cherchait les Espagnols, il rencontra un vaisseau portugais chargé de quarante jésuites. Attaquer et prendre ce vaisseau fut l'affaire d'un instant : Sourie fit grâce à l'équipage; mais, quant aux jésuites, il donna l'ordre de les jeter tous à la mer; et à mesure qu'un de ces malheureux tombait dans les flots il leur disait : « Allez dire votre messe à la papiste, » et autres propos de protestant.

Quand le port de Dieppe leur fut interdit, les corsaires calvinistes se réfugièrent à La Rochelle; quelques-uns prirent du service en Angleterre, ou dans d'autres pays protestants.

On a vu de nos jours que cet esprit guerrier et aventureux n'était pas encore éteint chez cette population. Depuis 1792 jusqu'en 1814, parmi les vaisseaux armés en course qui causèrent quelques inquiétudes aux bâtiments de commerce anglais, les plus intrépides et les plus heureux étaient montés par des Dieppois.

[1] Un autre Dieppois, Vauquelain, fils d'un capitaine de navire marchand, marcha sur les traces de Duquesne, et l'eût peut-être

Duquesne termine d'une manière éclatante cette longue série de marins dieppois dont nous venons d'exhumer les noms. Pour lui, nous n'avons pas à raconter sa gloire : elle est connue de tout le monde. On sait combien de fois la Manche, les côtes d'Espagne et la mer de Sicile le virent foudroyer les ennemis du pavillon français; on sait qu'il fut le vainqueur de Ruyter, le premier homme de mer de la Hollande.

Pourquoi faut-il que Louis XIV crût sa conscience intéressée à refuser à ce grand homme, je ne dis pas le titre d'amiral que la France entière lui décernait, mais seulement un tombeau ! Duquesne était protestant et d'une âme trop fortement trempée pour céder en matière de religion aux exigences du monarque. Il mourut simple lieutenant-général des armées du roi, et ses fils sollicitèrent en vain l'humble permission de donner à sa dépouille mortelle l'abri d'une sépulture.

## § VII.

### Conclusion.

En mettant de côté tout ce qui n'est que probabilités et conjectures, voici, ce me semble, la part de gloire qu'on ne peut contester aux Dieppois.

D'abord, dès le quatorzième siècle, avant que les Portugais et aucun autre peuple eussent entrepris des navigations lointaines, ils ont connu, visité et fréquenté pendant quarante à cinquante ans les côtes d'Afrique, depuis le 28e jusqu'au 5e degré de latitude nord.

En second lieu, leurs vaisseaux ont franchi le cap de Bonne-Espérance, navigué dans la mer des Indes et par-

---

égalé si sa vie n'eût pas été si courte. Devant Louisbourg, en 1756, et devant Québec, en 1763, il se signala par des faits d'armes héroïques. Il mourut assassiné. Son histoire, qui est peu connue, se trouve dans les Mémoires chronologiques de Desmarquets.

couru l'Archipel de la Sonde avant tous les autres Européens, les seuls Portugais exceptés.

Ils ont, en outre, découvert les premiers, conjointement avec les Bretons, l'île de Terre-Neuve, et s'y sont établis dès 1508.

Enfin ils sont les premiers qui aient créé un établissement français dans les îles sous le vent.

J'élague, comme on voit, tout ce qui n'est pas démontré historiquement, et je ne rappelle pas ce qui est universellement connu ; savoir : les faits d'armes des flibustiers, et l'honneur d'avoir donné le jour à Duquesne.

Découverte de la Guinée, en 1364 ;

Voyage aux grandes Indes, vers 1498 ;

Découverte de Terre-Neuve, en 1508 ;

Établissement à la Martinique, en 1625 ;

Voilà les titres de gloire que les Dieppois doivent revendiquer aujourd'hui, et dont ils peuvent fournir les preuves.

D'où vient que le souvenir en est resté si long-temps enfoui? d'où vient que la France n'a jamais songé à s'en faire honneur?

Les mêmes causes qui ne lui ont pas permis de tirer parti des découvertes de ses marins, l'ont empêchée de les publier.

Au lieu d'aller s'enterrer dans le greffe d'un petit hôtel-de-ville de province, les journaux de voyage des capitaines portugais et espagnols étaient déposés entre les mains de puissants monarques ; les courtisans en proclamaient les merveilles, et la renommée embouchait sa trompette. De là tant de bruit, tant d'éclat pour des découvertes que nos marins obscurs faisaient de leur côté sans en rien dire. En effet, non-seulement il n'y avait dans leur ville ni princes protecteurs, ni courtisans prôneurs, ni savants historiographes, mais il ne s'y trouvait personne qui songeât à faire parvenir soit au Louvre, soit à Chambord, la nouvelle de la plus brillante expédition. Souvent même l'esprit mercantile, qui est discret et jaloux, poussait les commerçants dieppois à faire mystère des lieux où ils envoyaient leurs navires. C'était le moyen d'éviter ou du moins de rendre plus tardive une concurrence qui bientôt diminuait leurs profits. On sait, par exemple, que pendant les premières années qu'ils trafiquaient à la côte d'Afrique ils avaient grand soin, non-seulement à Lisbonne et dans les pays étrangers où ils relâchaient, mais même sur les côtes de France, de peindre comme impraticables les régions où ils allaient tous les jours, et d'exagérer les dangers des caps de Nun et de Boïador.

Ainsi l'insouciance du gouvernement d'une part, l'esprit mystérieux des commerçants de l'autre, voilà les premières causes du peu de renommée de nos navigateurs à l'époque de leurs belles découvertes. Un autre motif encore commandait le silence. La cour de Rome ayant investi de la souveraineté de toutes les terres découvertes et à découvrir les rois de Portugal et de Castille, l'interdit et l'excommunication planaient sur tous ceux qui, sans être ni Portugais ni Espagnols, naviguaient avec audace et bonheur. Or, quoique ces menaces spirituelles ne fussent pas alors assez puissantes pour empêcher de courir les mers, elles inspiraient au moins assez de réserve pour qu'on ne fût pas tenté de divulguer les découvertes faites ainsi en contrebande.

Mais un dépôt public conservait pour la postérité les témoignages authentiques de ces belles entreprises. Qu'on se figure combien de relations, combien de journaux et de récits semblables à celui de Parmentier, et plus intéressants peut-être, s'étaient accumulés dans ce greffe de l'Hôtel-de-Ville de Dieppe ! que de trésors à exploiter aujourd'hui, si ce fatal bombardement n'était pas venu les réduire en cendres !

Toutefois, je suis convaincu qu'il doit exister çà et là des duplicata et des copies de quelques-unes de ces pièces dont les originaux ont péri avec l'Hôtel de-Ville. La découverte de M. Estancelin en est la preuve, et je ne perds pas l'espoir de la voir se renouveler, surtout si l'éveil est donné aux savants et aux bibliophiles, et s'ils dirigent de ce côté leurs recherches.

Il existe à Versailles cinq ou six salles immenses encombrées du haut en bas de liasses, de cartons, de parchemins de toute espèce relatifs à l'histoire des ports de mer de France ; c'est ce qu'on nomme, je crois, le *Dépôt des archives de la marine.* Eh bien ! croirait-on que ces salles n'ont pas été encore visitées ; que personne encore n'a secoué la poussière entassée sur ces monceaux de paperasses, et qu'on ignore même de quelles matières traitent ces parchemins ? J'ai voulu faire faire des recherches dans ce ténébreux dépôt, persuadé qu'il n'était guère possible que Dieppe n'y jouât pas son rôle. Mais, malgré l'extrême obligeance de plusieurs employés du Ministère de la marine, il m'a fallu renoncer à mon projet ; tout le monde m'a répondu que tant que le gouvernement n'aurait pas obtenu un crédit pour faire classer et cataloguer ces archives, il était matériellement impossible d'y trouver ce qu'on cherchait.

Faisons donc des vœux pour que le ministre de la marine soit autorisé promptement à faire pénétrer la lumière dans ce chaos, d'où sortiront certainement d'importantes révélations.

Mais il est un autre dépôt qui, pour la question qui nous occupe, fournirait peut-être encore plus de documents, et à bien moindres frais : ce sont les archives de la ville de Dieppe. Une grande portion de ces archives ont échappé à l'incendie ; on les conserve précieusement depuis 1694, mais si précieusement que personne n'y touche, et qu'on ignore absolument ce qu'elles renferment. La difficulté de trouver un local convenable, ou plutôt l'embarras de choisir entre plusieurs locaux, a retardé jusqu'ici la classification de ces archives, que M. Féret, chargé de leur conservation à titre de bibliothécaire, est impatient de mettre en ordre et de consulter. J'espère que les autorités de Dieppe s'empresseront de lever les obstacles qu'il a rencontrés jusqu'ici. Je conçois bien qu'une cité obscure, qui sait d'avance qu'elle n'a jamais rien fait d'illustre, hésite à dépenser quelques centaines de francs pour faire classer et déposer dans une salle disposée à cet effet les titres dont elle a hérité de ses anciens habitants ; mais ici toutes les chances sont pour une abondante moisson : il s'agit de la gloire de la ville ; c'est un vieux procès de famille qu'il faut l'aider à gagner ; la pièce convaincante est peut-être là ! Hésitera-t-on plus long-temps à la chercher? non ; les citoyens de Dieppe qui concourent à l'administration de leur ville tiendront à honneur, j'en suis sûr, que ses archives soient promptement classées et cataloguées.

**FIN DE LA DEUXIÈME PARTIE.**

# HISTOIRE
# DE DIEPPE.

TROISIÈME PARTIE.

# HISTOIRE DE DIEPPE.

## TROISIÈME PARTIE.

### CHAPITRE PREMIER.

LA VILLE; — SON ASPECT; — SES MONUMENTS. — SAINT-JACQUES. — SAINT-REMY. — LE CHATEAU. — LES ÉGLISES DU POLLET.

Jusqu'ici je n'ai pas abordé mon sujet : je voulais décrire ce qu'on voit à Dieppe aujourd'hui, et je n'ai encore parlé que de ce qui s'y passait il y a des siècles. En serait-il de cette cité comme de certains fils de famille, dont on n'a rien de mieux à dire que de raconter la vie de leurs aïeux?

Non; allez à Dieppe, allez-y sans crainte : vous y trouverez encore une ville qui mérite vos observations et votre étude; tout n'a pas péri dans les flammes : de précieux et nobles monuments s'élèvent encore du milieu de ces maisons modernes; et les maisons elles-mêmes, vieilles déjà de plus de cent années, diversifiées peu à peu par le caprice de leurs habitants, ont perdu cette uniformité symétrique qui jette tant de froideur et d'ennui dans les cités bâties d'un seul jet.

En entrant aujourd'hui à Dieppe, on est frappé avant tout de l'aspect grave, sérieux, presque solennel, de la ville et de ses abords. Une forteresse hardiment plantée sur le penchant de la falaise, de hautes murailles de briques, de grosses tours de pierres aux toits aigus, groupées en étages et comme suspendues à des gazons escarpés, puis, de l'autre côté de la route, une longue avenue d'ormes au feuillage sévère dont les troncs semblent rangés en bataille sur la crête d'un vieux rempart, tel est le spectacle pittoresque et imposant qui vous attend à la porte de la Barre, quand vous descendez à Dieppe par le chemin du pays de Caux[1]. Je connais peu de villes qui s'annoncent avec ce caractère de noblesse et de grandeur. Vue de loin, à vol d'oiseau, soit du haut du mont de Caux, soit de la hauteur de Neuville, sur la route de Picardie, Dieppe conserve encore une certaine physionomie de grande ville, et je ne sais quelle empreinte de ses anciennes destinées. Enfin, quand vous pénétrez dans l'intérieur des rues, ou quand vous parcourez cette plage immense bordée d'une haie de maisons, la même impression vous accompagne : partout de la gravité, et comme un reflet d'une plus haute condition.

Voulez-vous que l'illusion devienne plus complète encore ? voulez-vous évoquer devant vous le vieux Dieppe du seizième siècle ? ne gravissez pas le mont de Caux par cette route si droite, si large, si bien bombée, œuvre toute moderne des ingénieurs de nos ponts et chaussées ; cherchez, en vous portant un peu plus à droite, un ravin profond et rocailleux, que les roues de quelques chariots sillonnent encore parfois, ravin large à peine de dix pieds, et qui fut néanmoins, jusqu'à l'ouverture de la route nouvelle, le grand chemin, le seul chemin à voitures de

---

[1] Ceci était écrit en 1832. Le vieux cours et ses beaux ormes n'existent plus. Les anciennes murailles de la ville ont été rasées en 1833 et 1834. Les fossés sont comblés et transformés en une grande place où l'on veut établir un marché aux bestiaux.

Dieppe à Rouen et à Paris. Quand vous serez presque au sommet du ravin, retournez-vous; le château vous apparaît sous un aspect tout féodal pour ainsi dire; les parties modernes de sa construction vous sont cachées; vous ne voyez que le profil de ses vieilles tours se dessinant sur le ciel et sur la mer, et les longues arcades à jour qui lient son pont-levis à la falaise. Si le bonheur veut que vous n'aperceviez pas aux fenêtres quelques pantalons garances séchant au soleil, jamais vous ne devinerez qu'un bataillon d'infanterie est caserné sous ces voûtes imposantes : c'est Charles Desmarest, c'est le vicomte Ango, c'est M. de Chastes, qui les habitent encore. Ne voilà-t-il pas à l'autre bout de la ville la tour carrée de Saint-Jacques, toute brillante de dentelles et de festons? le dôme et les clochetons de Saint-Remy ne s'élèvent-ils pas sur le devant du tableau? et ces hautes toitures d'ardoises qui se détachent çà et là sur tous ces petits toits de tuiles brunes et rougeâtres, ne sont-ce pas les couvents des PP. Minimes, des Carmes, des Capucins? En un mot l'ancienne cité tout entière n'est-elle pas là sous vos yeux?

J'ai vu beaucoup de villes en France qui n'ont jamais été brûlées, qui sont bien plus riches que Dieppe en monuments du moyen-âge, et qui, de quelque côté qu'on les regarde, n'ont cependant l'air que de villes fraîchement construites; leurs bâtiments modernes semblent avoir étouffé les vieux. Ici, au contraire, par je ne sais quel effet d'optique, et grâce à la manière dont les anciens édifices sont groupés, il se répand sur la ville entière comme un vernis de vétusté. Hâtons-nous d'ajouter, pour ceux qui croiraient acheter trop cher un *trompe-l'œil* en gravissant cet ancien chemin de Rouen, ce ravin montant et malaisé, que la vue dont on jouit à son sommet est une des plus belles qu'offre la Normandie; le tableau est admirablement encadré, et les plans se dégradent avec un rare bonheur. Je ne connais à Dieppe qu'un point de vue qui, dans un tout autre genre, soit comparable à celui-ci ; c'est le magnifique panorama qu'on voit se développer sous ses pieds du haut de la falaise du Pollet.

De tous les monuments qui dominent la ville, le plus ancien et le plus intéressant sous le rapport de l'art est, sans contredit, l'église Saint-Jacques. C'est un grand vaisseau d'une belle proportion, d'un plan simple et noble : l'extérieur offre de beaux détails sculptés ; à l'intérieur il y a des restes d'une décoration riche et brillante. On voit aussi la trace des spoliations et des assauts profanes qu'a subis l'édifice ; néanmoins il est assez bien conservé pour qu'il y ait encore plaisir et profit à l'étudier en détail.

La masse de la construction appartient au quatorzième siècle ; mais quelques-unes de ses parties sont plus anciennes. Ainsi, par exemple, je ne serais pas surpris que les deux extrémités des deux transepts eussent été construites au douzième siècle : la taille des pierres, les ornements et tous les accessoires architectoniques ont dans ces deux parties de l'édifice un caractère de *transition* très-prononcé [1] ; le plein cintre ne s'y montre pas, mais l'ogive est robuste et du dessin le plus primitif. A la vérité, on me citerait des ogives à peu près semblables qui datent de 1220, et même encore de 1240 ; mais voici sur quelles raisons je fonde ma conjecture :

« Le Chartrier de la vicomté fait mention d'une vieille église
» ou abbaye de moines de Sainte-Catherine, des ruines
» de laquelle on croit que le vieil Saint-Remy a esté basty,
» et que *l'on s'est servy de deux de ses chapelles*

---

[1] Ainsi, par exemple, on remarque à l'intérieur un cordon de petites rosaces à quatre lobes creusées dans la pierre, sans moulures saillantes. Ce genre d'ornement creux est propre aux monuments de transition ; il succède aux têtes de clous et de diamants, aux bâtons rompus, aux dents de scie et autres décorations du style roman ou byzantin, et précède les fleurettes, les palmettes, les trèfles et les feuilles en saillie qui appartiennent aux constructions à ogive.

» *pour commencer à bastir Saint-Jacques* dès l'an
» 1250, une seule église paroissiale ne pouvant suffire à
» la multitude des habitants [1]. »

Le manuscrit d'où j'extrais ce passage ajoute : « Ces deux chapelles subsistent encore en partie. »

Dom Duplessis, et tous ceux qui ont écrit sur Dieppe, font mention de cette tradition. L'existence de l'ancienne abbaye de Sainte-Catherine, sur l'emplacement actuel de Saint-Jacques, n'est contestée par personne. C'était un prieuré dépendant des moines de Sainte-Catherine-lès-Rouen, lesquels jouissaient, comme nous l'avons déjà vu, d'un droit de suzeraineté sur une portion du territoire de Dieppe [2].

Ce qu'il faudrait savoir, c'est à quelle époque précise avait été bâtie l'abbaye de Sainte-Catherine : or c'est ce qu'on ne trouve nulle part. Mais pour qu'elle fût tombée en ruines en 1250, il fallait nécessairement qu'elle eût alors plus de cinquante ans d'existence, parce qu'à cette époque les monuments ne s'écroulaient pas d'eux-mêmes en un demi-siècle. D'un autre côté, je ne crois pas qu'elle fût fort ancienne, car la ville elle-même ne faisait que de naître; elle était encore très-chétive de 1100 à 1150. Il est donc présumable que ce fut seulement vers la moitié du douzième siècle qu'on édifia l'église du monastère. J'ajouterai que, cette église étant d'une vaste dimension, sa construction dut être longue; le chœur fut sans doute bâti le premier, selon la coutume; enfin la nef et son portail; puis enfin les transepts et leurs portails latéraux. L'église était donc à peine terminée, lorsqu'en 1195 Philippe-Auguste prit la ville d'assaut, l'incendia et la saccagea de fond en comble. Il est impossible que l'ab-

[1] Manuscrit de la Bibliothèque du Roi, intitulé *Remarques sur Dieppe*, 6ᵉ feuillet.
[2] *Voyez* ci-dessus, p. 23, les donations faites en 1030 par Gosselin, vicomte d'Arques, aux moines de Sainte-Catherine-lès-Rouen.

baye ne souffrît pas de grands dommages dans cette catastrophe ; et comme, après la retraite de Philippe-Auguste, Dieppe demeura long-temps inhabité, comme les moines, selon toute apparence, avaient déserté l'abbaye, et que personne ne pouvait réparer ces hautes murailles fatiguées, ébranlées, et probablement dépouillées de toiture, il devient tout simple qu'en 1250, quoique très-jeunes encore, elles ne fussent déjà plus que ruines.

Toutefois deux chapelles restaient debout, et ces chapelles, ajoute la Chronique, subsistent encore ; on les a conservées en construisant la nouvelle église. Or ces deux chapelles, ce sont les deux transepts, ou du moins les deux travées attenantes aux transepts. Ce qui explique la conservation de ces deux fragments de l'édifice, c'est que dans une église cette partie est celle qui se fatigue le moins, et qu'il arrive sans cesse, quand le chœur et la nef s'écroulent, que les deux pignons de la croisée résistent et se maintiennent debout.

Il faut, ce me semble, accepter cette explication, bien qu'hypothétique, si l'on veut comprendre quelque chose à la construction de Saint-Jacques. La première fois que je cherchai à me rendre compte de la disparate singulière qu'on remarque entre les deux extrémités de la croisée et le reste de l'édifice, je ne pouvais former une conjecture raisonnable. L'œil le moins exercé s'aperçoit qu'il y a différence de style ; la soudure est même grossièrement visible, surtout du côté du midi : l'arcade de la contre-allée du chœur est mi-partie ; deux arêtes, diversement taillées, se heurtent aux deux tiers de l'ogive. Si les parties les plus anciennes eussent été à plein cintre, ce qui m'aurait permis de les croire de deux siècles au moins plus vieilles que le reste de l'église, l'idée me serait venue de voir en elles des fragments d'un édifice antérieur noyés dans une construction plus moderne ; mais je ne trouvais entre les deux styles que la distance d'un siècle environ. Ce laps de temps me semblant trop court, j'étais réduit à penser que cette partie de l'église avait seulement été la première construite. Or, ici nouvelle difficulté ; je ne sache pas qu'il y ait exemple d'une église dont l'architecte ait débuté par les transepts, par les deux pignons et les deux portails latéraux. Cette hypothèse était donc également inadmissible.

Tout s'explique, tout se concilie, au contraire, du moment qu'on voit dans la dévastation de Dieppe, en 1195, la cause de cette ruine prématurée de l'abbaye : alors les deux transepts peuvent avoir été construits vers 1180, ainsi que le veut le style de leur architecture, et il n'est plus extraordinaire de les voir figurer comme pièces de rapport dans un édifice fondé seulement soixante-dix ans plus tard (1250), et dont le caractère ne se distingue du leur que par une nuance de transition.

Les deux portails appliqués à ces deux vieux pignons ont un beau caractère de sévérité. Ils sont horriblement mutilés ; toutefois, les petites colonnes en retraite subsistent encore ; l'ensemble du dessin est bien conservé, il n'y a que les détails sculptés qui ont disparu. La pierre fruste et poreuse est d'une belle couleur, d'une teinte chaude qui contraste avec le ton noir et verdâtre de tout le monument. L'un des portails, celui du sud, se nomme la *porte du Rosaire;* l'autre, la *porte Sainte-Catherine*, en mémoire de l'abbaye.

Ainsi ces deux fragments sont bien réellement des restes d'une église antérieure, conservés et fondus dans la nouvelle construction. La tradition et l'archéologie sont d'accord. Poursuivons maintenant l'histoire et la description du monument.

Bien que le projet de construire Saint-Jacques sur l'emplacement de l'ancienne église de l'abbaye paraisse avoir été arrêté en 1250, et que les plans de l'édifice soient évidemment l'ouvrage d'un architecte de cette époque, néanmoins il y a lieu de croire que pendant vingt à trente ans on ne fit guère autre chose qu'enlever les démolitions de l'ancien édifice et préparer les fondations du nouveau. Ce laps de temps avait été aussi employé à raccommoder le vieux Saint-Remy, qui avait beaucoup souffert lui-même dans le sac de la ville en 1195, et dont la nef et les bas-côtés s'écroulèrent, dit-on, l'année même où l'on posa la première pierre de Saint-Jacques, savoir : en 1250. Les habitants de Dieppe étaient, comme on voit, dans un grand dénûment d'églises, ce qui ne pouvait guère être autrement, puisque depuis cinquante ans la ville était restée presque déserte et abandonnée. Ainsi, d'une part, on employa les matériaux de l'abbaye ruinée pour consolider le chœur de Saint-Remy et le convertir en église habitable; d'autre part, on se servit comme de chapelles provisoires des deux transepts de l'abbaye, qui seuls avaient survécu à sa ruine. Le clergé de Saint-Remy disait la messe et faisait le service dans ces chapelles, comme dans un annexe ou succursale.

Les choses étaient en cet état, lorsqu'en 1282 un décret de l'archevêque Guillaume de Flavacourt décida que la nouvelle, ou plutôt la future église Saint-Jacques, serait érigée en paroisse distincte et indépendante[1], qu'elle aurait son curé et ses revenus. Malgré ce décret, il ne paraît pas que dans les dix-huit années qui s'écoulèrent jusqu'à l'an 1300, les constructions de Saint-Jacques eussent fait beaucoup de progrès. On continuait probablement à ne dire la messe que dans les deux chapelles de l'ancienne abbaye, le reste de l'église n'étant élevé qu'à fleur de sol ou peut-être à dix ou vingt pieds. Mais en cette année 1300, les paroissiens nommèrent trésorier un nommé Dubusc, qui prit à cœur l'achèvement de l'édifice. Il fit des quêtes, et avec leur produit acheta d'un nommé Henry de Castro, marchand de pierres, presque tous les

[1] Saint Jacques est le patron des pêcheurs. Les Dieppois, en 1250, n'étaient pas encore commerçants : ils ne vivaient que de pêche : on conçoit pourquoi l'idée leur vint de consacrer leur église à saint Jacques.

matériaux nécessaires à l'édification de l'église. Il paraît que ce marché fut suivi d'un grand procès entre le trésorier et le marchand, celui-ci ayant livré ses pierres aux Augustins de Rouen. Henry de Castro fut condamné à fournir d'autres pierres; mais il en résulta quelques retards qui désolèrent l'impatient trésorier.

Un événement plus grave vint interrompre les travaux de Saint-Jacques. En 1330, sous le règne de Philippe de Valois, les Anglais et les Flamands, ligués contre les Français, firent une descente à Dieppe, qui n'avait encore ni château ni murailles. Ils s'en rendirent maîtres et y firent de grands dégâts. A la vérité, deux ou trois jours après, les garnisons d'Arques et des châteaux voisins vinrent les déloger; mais notre église avait été maltraitée, et pendant quelques années il ne fut plus question d'y poser une pierre.

Enfin, en 1346, les travaux furent repris avec ardeur; le chœur et presque toutes les chapelles étaient terminés vers 1354, et avant 1400 la nef et tout l'intérieur de l'église étaient élevés. Cependant les voûtes ne furent achevées que dans le siècle suivant, en 1443 [1], au dire de Duplessis. C'est probablement vers la même époque que la tour aura été construite. Le style des ornements, la coupe des fenêtres, la forme des ogives, les festons qui les surmontent, tout dans la décoration de cette tour annonce le quinzième siècle. L'exécution des parties sculptées est fine, nette, exacte; mais elle manque de moelleux et de chaleur. Ce qui produit le plus d'effet aujourd'hui c'est la face qui regarde l'ouest; le vent et la pluie, en rongeant la pierre, l'ont dentelée et accidentée d'une manière très-piquante; les autres parties qui sont mieux conservées paraissent plus froides. Vue dans son ensemble, cette tour

---

[1] C'est l'année de la prise de la bastille de Talbot par le dauphin Louis. Peut-être les libéralités dont il combla l'église Saint-Jacques furent-elles employées à terminer les voûtes auxquelles on n'avait pas encore mis la dernière main.

est d'un beau caractère ; j'en connais peu de ce genre, c'est-à-dire carrée et ouvragée, dont l'ordonnance et le dessin soient aussi simples et d'un goût aussi sévère. Il est évident qu'elle a dû être conçue au plus tard vers le milieu du quinzième siècle, lorsque le style raffiné, compliqué et subtil n'avait pas encore complétement envahi l'architecture religieuse.

Cette tour est, à l'extérieur, le plus bel ornement et comme la couronne de l'église Saint Jacques. Le reste de l'édifice est un peu confus, sans harmonie, et généralement trop mutilé pour qu'on puisse saisir les intentions de l'architecte. Mais on remarquera çà et là quelques détails de la plus grande beauté ; je citerai surtout les gargouilles ou gouttières de la nef, du côté du nord jusqu'à l'angle du portail ; au sud, elles sont moins bien conservées ; celles du chœur sont presque toutes détruites. La plupart de ces gargouilles représentent des chimères, des dragons ailés et autres animaux fabuleux dessinés et sculptés avec une franchise et une hardiesse remarquables ; mais l'artiste a réservé tout son talent pour les deux dernières (du côté du nord) : l'une est un triton à la barbe épaisse, à la poitrine velue ; l'autre une sirène qui, au lieu de jeter l'eau par la bouche, la répandait par les deux seins. Je ne connais pas un second exemple de cette idée bizarre mais ingénieuse. Quant à voir figurer un triton et une sirène sur un édifice chrétien, ce n'est pas chose extraordinaire : au moyen âge on faisait de l'érudition aussi bien dans les arts qu'en littérature ; l'artiste travaillant dans un port de mer et voulant faire de l'esprit, l'idée lui sera venue de sculpter ces dieux marins : il n'en était pas moins bon catholique pour cela.

Ces belles sculptures sont probablement de la même époque que les chapelles, c'est-à-dire de la première moitié du quatorzième siècle ; j'hésiterais à les croire postérieures, parce que le coup de ciseau est trop franc, trop hardi, la pose et le jet des figures trop spontanés : au quinzième siècle on leur aurait donné quelque chose de plus tourmenté, de plus maniéré ; ce serait un autre style.

Le grand portail de l'ouest était probablement couvert de figures et d'ornements sculptés ; il n'en reste plus vestige. La rosace qui est au-dessus de la porte a été presque entièrement refaite depuis le bombardement, et les protestants et autres vandales auront, avant les galiotes anglaises, dévasté le tympan du fronton et toutes les figures répandues à l'entour. Mais si le portail est dépouillé de tout ce qui faisait sa parure, s'il a perdu son intérêt archéologique, il produit en revanche l'effet le plus pittoresque, grâce à ce quinconce d'arbres qui l'ombrage et dont la verdure semble chercher à voiler ses ruines. Je voudrais le pinceau délicat, le coloris mystérieux d'un grand peintre flamand, et ce portail entouré de feuillage deviendrait le sujet d'un tableau ravissant, tel qu'en ont inspiré quelques charmantes églises de Hollande.

Avant d'entrer dans l'intérieur de Saint-Jacques il faut encore nous arrêter sous le porche des Sibylles, petit vestibule plein de grâce par lequel on entre latéralement dans la nef du côté du nord. La porte de cette jolie salle est en arc surbaissé ; elle aura été faite après coup dans le seizième siècle ; mais à l'intérieur tout est du quatorzième et du dessin le plus élégant, le plus léger, le plus élancé. Des niches destinées à recevoir des statues qui n'existent plus, sont pratiquées tout autour de la muraille ; les dais et les culs-de-lampe de ces niches sont artistement ornés de feuillages d'une exécution délicieuse ; la voûte de la salle est bien jetée et finement travaillée ; en un mot tout ce petit intérieur est un bijou de simplicité et de bon goût. Les niches sont au nombre de quatorze ; six à droite, six à gauche et une de chaque côté de la porte qui communique avec la nef. On appelle ce vestibule le *porche des Sibylles,* parce qu'autrefois, dit-on, les statues des douze Sibylles étaient dans ces niches, mais il y a place pour quatorze statues ; peut-être vaut-il mieux croire à une autre tradition, selon laquelle les niches auraient été occupées par Jésus, sa mère et les douze apôtres. C'était sous ce porche qu'on avait la coutume d'exorciser les enfants malades dont les souffrances étaient attribuées à la méchanceté du malin.

Pour juger d'un coup d'œil l'ensemble de Saint-Jacques à l'intérieur, mieux vaut n'y pas entrer de biais par ce porche latéral ; retournons donc au grand portail, de là notre vue plonge dans toute la longueur du vaisseau. Sans être de la dimension de nos plus grandes églises, il a cependant environ trois cents pieds, depuis l'entrée de la nef jusqu'à l'extrémité de l'arrière-chœur ou chapelle de la Vierge. La largeur du corps de l'église est de soixante à soixante-quinze pieds ; la nef est divisée en six travées d'une bonne hauteur et auxquelles se marie très-harmonieusement la galerie supérieure, dont quelques arcades ont été décorées postérieurement à leur construction ; le chœur, jusqu'à son rond-point, est moins long de moitié que la nef ; il se compose de trois travées ou arcades ; cinq autres travées plus étroites forment le rond-point. Les galeries qui règnent autour du chœur ont été, comme celles de la nef décorées après coup.

Quant aux voûtes, les plus anciennes sont celles du chœur et de la nef, mais on les a presque entièrement reconstruites depuis le bombardement. Il en est de même de celles des transepts qui, après avoir été déjà refaites en 1628, ont dû l'être encore une fois, il y a cent vingt ans environ.

Tous les chapiteaux de l'église sont d'un dessin à peu près uniforme ; ce ne sont pas les palmes à crochets du treizième siècle ; ce n'est pas non plus le feuillage frisé du quatorzième ; leur style est intermédiaire, comme l'époque de leur construction.

On ne s'attend pas sans doute à trouver dans cette église de belles verrières bien conservées, ni même des fragments de vitraux anciens ; le bombardement et avant lui le vandalisme iconoclaste, ont réduit en poussière ces fragiles images, qui étaient, dit-on, une des plus brillantes décorations de l'édifice. On n'apercevra non plus aucune trace des peintures ni de la dorure dont ces murailles et ces voûtes ont dû être couvertes : les protestants y ont mis bon ordre en 1562; et grâce à une émulation déplorable, les catholiques à leur tour ont depuis cette époque entassé badigeon sur badigeon. Néanmoins, comme il y a déjà quelque temps qu'on n'a recommencé cette cérémonie, la teinte générale des murailles n'est pas d'un effet désagréable.

Suivant l'usage établi dans presque toutes les grandes églises à ogives, une suite de chapelles règne à l'entour de la nef et du chœur. Chacune de ces chapelles correspond à une des travées[1]; on compte ainsi dix-neuf chapelles, en comprenant dans ce nombre celle de la Vierge. De ces dix-neuf chapelles, il n'y en a aujourd'hui que cinq ou six où l'on fasse le service; jadis elles avaient toutes leur autel, leurs revenus et leurs priviléges; c'étaient comme autant de petites paroisses dans la mère église, fréquentées et entretenues par une certaine société de fidèles, soit qu'elles appartinssent à une famille, soit qu'elles fussent la propriété d'une corporation.

La Chronique manuscrite du prêtre Guibert nous apprend non-seulement à quels saints chacune de ces chapelles était consacrée, mais par qui elles étaient dotées, quels en étaient les propriétaires, ou, si l'on veut, les usufruitiers.

Ainsi, dans la nef il y avait neuf chapelles : cinq au midi, quatre au nord; la première, du côté du midi, où depuis fut construit un saint-sépulcre, était dédiée à la sainte Trinité, et entretenue par la confrérie des maîtres brouettiers; la seconde, consacrée à saint Cosme et saint

---

[1] Une seule chapelle, celle de Sainte-Barbe, occupait deux travées.

Damien, appartenait aux maîtres chirurgiens ; la troisième, aux drapiers, sous le patronage de saint Paul et saint André ; les cordonniers occupaient la quatrième, et il va sans dire que l'image de saint Crépin était sur l'autel ; enfin dans la cinquième, dédiée à sainte Luce, les maîtres chandeliers tenaient leur confrérie. Du côté du nord, la première en partant de l'entrée de la nef, était la chapelle des brouettiers : saint Vincent en était le patron ; saint Étienne donnait son nom à la seconde, elle était desservie par les maîtres bouchers ; venait ensuite celle de saint Louis, appartenant aux tonneliers, et enfin, sous les deux dernières arcades, la grande chapelle de sainte Barbe, patronne des arquebusiers et canonniers du château.

Autour du chœur on voyait la chapelle de Saint-Sauveur[1], propriété de la famille de Longueil ; celle de Sainte-Magdelaine, érigée par une société de charité ; celle de Saint-Joseph, réservée aux garçons de la ville ; puis celle de Notre-Dame des sept douleurs, entretenue par une société de dévotion ; puis enfin, de l'autre côté de la grande chapelle de la Vierge, celle de Saint-Yves, dans laquelle se réunissaient les avocats. Restaient encore de ce côté du chœur trois chapelles : l'une, dédiée à saint Léonard, appartenait aux maîtres merciers ; l'autre était consacrée à sainte Cécile, et desservie par les musiciens *gagés pour chanter et faire musique dans le chœur*[2] ; la dernière, contiguë au transept sud, et composée, comme lui, en grande partie des anciennes murailles de l'abbaye Sainte-Catherine, avait pour patron saint François d'Assise, et pour desservants les drapiers-drapants, ou fabricants de draps.

Quand on veut restaurer complétement dans sa pensée

---

[1] La première en entrant dans le chœur du côté du nord, ou autrement dit de l'Évangile.

[2] Dans les derniers temps cette chapelle avait pour patron saint Pierre, et était desservie par les matelots pêcheurs, lesquels s'étaient séparés des capitaines de navires, dont la chapelle était à Saint-Remy.

un édifice religieux du moyen âge, il ne suffit pas de faire disparaître de ses voûtes et de ses murs le plat, l'insipide badigeon qui les couvre et les épaissit; d'y substituer l'éclat éblouissant de l'or et des couleurs les mieux fondues et les plus légères; de faire courir sur les frises, les corniches, les arêtes et toutes les parties saillantes d'élégants feuillages, de riches et délicats arabesques; de rendre à chaque fenêtre sa verrière étincelante du feu des émeraudes et des rubis; il faut encore rétablir la décoration et l'ameublement, pour ainsi parler, non-seulement du maître-autel et du chœur, mais de chacune de ces chapelles confiées à la piété et à la munificence de riches familles ou d'associations plus riches encore; il faut enfin, au pied de ces autels, tous plus parés, plus décorés les uns que les autres, mettre en prière chaque corporation, avec ses insignes, ses usages, ses habits si variés, si pittoresques : alors l'église est repeuplée, elle est vivante; vous jugez de l'effet du monument, vous comprenez la pensée de l'architecte.

Aujourd'hui pas la moindre trace de ces anciennes mœurs : plus de bannières, plus de communautés, aussi bien dans les églises que dans la société. Est-ce un bien pour la société? j'aime à le croire; mais, quant aux églises, il est bien certain qu'elles y perdent, et que leur temps est passé. Je n'en veux pour preuves que ces chapelles de Saint-Jacques, jadis si bien ornées, aujourd'hui si nues, si pauvres et abandonnées à la poussière.

Toutefois il en est dans le nombre qui conservent encore quelques vestiges de leur ancienne parure. Avant de sortir de l'église, arrêtons-nous un instant devant ces précieux débris.

Ce ne sera pas à la petite chapelle du Saint-Sépulcre que nous donnerons grande attention; je ne sais pourquoi, dans quelques ouvrages publiés sur Dieppe, on lui a fait une réputation; elle ne m'en semble digne à aucun titre. L'arc surbaissé qui lui sert d'entrée est assez bien sculpté, dans le goût du temps de Louis XII ; la légende qui se développe autour de l'arcade, et les feuillages auxquels elle est enlacée, sont d'un assez bon ciseau ; mais tout le reste a été construit en 1612 par un artiste médiocre, et ne vaut pas qu'on en parle.

Il n'en est pas de même de la chapelle de la Vierge, ni de celle de Saint-Yves, dite d'Ango parce que c'est aux frais d'Ango qu'elle a été réparée et embellie, ni enfin du Trésor. Ces trois fragments de la sculpture de la renaissance méritent d'être étudiés avec soin.

J'ai déjà parlé de la façade du Trésor et du bas-relief qui en décore la frise. Quoique les parties basses de cette brillante façade aient subi quelques mutilations, on y remarquera encore de charmants chapiteaux, de jolis arabesques serpentant sur les ressauts des pilastres, et une foule de petites figures chimériques pleines de grâce et d'esprit. Dans le petit tympan qui surmonte la porte principale, on voit une statuette de saint Jacques, d'une sculpture fine et très-bien modelée.

A l'intérieur, les fenêtres, les colonnettes, et toute la décoration de pierre est du style et de l'époque de l'église, c'est-à-dire du quatorzième siècle. Cette salle a dû être primitivement une chapelle ; c'est au seizième siècle que sera venue l'idée de la clore pour offrir aux trésoriers un local destiné à leurs délibérations [1]. Un plancher en bois

---

[1] Il serait encore possible qu'on n'eût fait que renouveler au seizième siècle une ancienne clôture, et que de tout temps le Trésor eût été placé dans cet endroit. C'était un usage établi chez les premiers chrétiens de pratiquer à l'extrémité de leurs églises, de chaque côté de l'abside, deux autres petites absides de même forme que la grande, c'est-à-dire semi-circulaire, et de placer dans un de ces hémicycles le *trésor*, dans l'autre la *librairie* ou *bibliothèque*. Le trésor était le dépôt des vases et des bijoux sacrés ; dans la bibliothèque on conservait les missels, les rituels et les saints Évangiles. Le trésor était à gauche, la bibliothèque à droite.

Tant que dura l'architecture à plein cintre et l'usage de flanquer l'abside principale de deux et même de quatre petites absides,

est attaché assez grossièrement aux parois des murailles, à la hauteur de douze ou quinze pieds, et c'est pour monter à cet étage supérieur qu'on a pratiqué un bel escalier de bois, dont les sculptures sont encore dans le meilleur état de conservation. La rampe est composée extérieurement d'une suite de petits caissons allongés renfermant des feuillages et des ornements aussi variés que vivement rendus. Au-dessus de la porte est un médaillon du fond duquel se détache le profil d'une tête royale : c'est peut-être le portrait de François I^er, quoique la ressemblance ne l'indique nullement.

on conserva la coutume de distinguer, comme dans les premiers temps, le trésor de la bibliothèque, et de les placer à droite et à gauche du chœur, dans le fond du temple ; seulement la bibliothèque prenait souvent le nom de *sacristie*.

Le système à ogive ayant introduit un nouveau plan d'églises, la contre-allée, au lieu d'aboutir en droite ligne aux absides secondaires, s'étant mise, dans ce nouveau système, à tourner autour du chœur, à l'envelopper comme d'une ceinture, et la chapelle de la Vierge ayant été substituée à l'ancienne abside, au *sanctus sanctorum*, les deux places consacrées jadis au trésor et à la sacristie n'existaient plus, et l'on devenait libre de leur en donner d'autres. Il en résulta une sorte d'anarchie. Dans quelques églises le trésor et la sacristie furent réunis et placés soit à gauche, soit à droite, selon que l'emplacement le permettait. Toutefois on préféra plus généralement que la sacristie, selon l'ancien usage, restât à droite (du côté du midi ou de l'épître); enfin, dans quelques églises fidèles à la vieille règle, on maintint la distinction du trésor et de la sacristie, et on plaça le trésor à gauche, la sacristie à droite, le plus près possible de la chapelle de la Vierge, c'est-à-dire dans la position la plus analogue à celle qui leur était assignée par les anciens canons.

C'est ainsi que les choses ont été réglées à Saint-Jacques ; le trésor et la sacristie sont à *leur vraie place*. Il en est de même dans l'église Saint-Remy, de même dans plusieurs autres églises des environs. Il est donc probable que ce n'est pas seulement au seizième siècle qu'on aura conçu l'idée de placer le trésor à l'endroit où nous en voyons les restes aujourd'hui, et que cette place lui avait été destinée par le fondateur de l'église.

L'étage supérieur auquel cet escalier aboutit était destiné au *prédicateur*; c'est là qu'il se recueillait en attendant le moment de prêcher; une petite fenêtre pratiquée au-dessus du grand bas-relief, et prenant sa vue directement sur le maître-autel, permettait au prédicateur de suivre la messe, et de savoir quand il devait descendre. Aujourd'hui la petite fenêtre n'existe qu'extérieurement; je crois qu'à l'intérieur elle est murée[1].

La chapelle d'Ango est placée vis-à-vis du Trésor, de l'autre côté du chœur; elle était jadis digne de lui servir de pendant, elle le surpassait même en richesse. Aujourd'hui elle n'offre à l'intérieur que des fragments de sculpture très-incomplets. Le tombeau d'Ango, qui était recouvert, disent les Chroniques, d'une grande pierre bleue sculptée, a été enfoui sous le pavé moderne; on a brisé la balustrade de pierre qui fermait la chapelle, ainsi que toutes les décorations qui en ornaient les parois : la voûte même n'a pas été épargnée. Mais, au dehors de l'église, on retrouve heureusement quelques traces mieux conser-

---

[1] Je ne pouvais d'abord m'expliquer quelle avait été la destination de cette fenêtre; je pensais que c'était peut-être une petite tribune réservée au gouverneur ou à quelque grand personnage, pour assister au service divin sans se confondre dans la foule; la magnificence de l'escalier me fortifiait dans cette conjecture, et j'allais même jusqu'à supposer qu'Ango avait dû plus d'une fois entendre la messe à cette fenêtre. Mais il y a un trésor à Saint-Remy aussi bien qu'à Saint-Jacques, et l'on y remarque la même petite fenêtre. Était-ce donc une règle établie dans tous les trésors? La Chronique du prêtre Guibert m'a donné l'explication du problème. On lit dans la description de l'église Saint-Remy : « Ensuite est le thrésor, *au-dessus duquel est la chambre du prédicateur*. » Nul doute qu'à Saint-Jacques, comme à Saint-Remy, cette petite fenêtre n'ait été destinée à mettre en communication avec l'église le prédicateur se préparant à son sermon, comme dans un vestiaire à lui réservé. Il est possible aussi qu'à certaines solennités on exposât à cette fenêtre des reliques ou autres objets sacrés conservés dans le trésor.

vées du talent gracieux qui décora cette chapelle. Je voudrais pouvoir faire mouler les griffons, les arabesques, les ornements de tout genre répandus sur tout l'extérieur de cette chapelle. Ce sont des modèles de ce genre de sculpture à peine saillant, de cette manière de dessiner sur la pierre, ou plutôt de la ciseler à demi-relief, méthode propre aux belles années et aux bons artistes de la renaissance. On ignore le nom du sculpteur auquel Ango confia ce travail; mais il était homme de goût et d'imagination : ses œuvres en font foi. C'est en 1535, disent les Chroniques manuscrites, que la décoration de cette jolie chapelle fut terminée.

Nous n'avons plus à visiter maintenant que la chapelle de la Vierge C'était la perle, le diamant de l'église, et encore aujourd'hui nulle autre partie de l'édifice ne lui est comparable, comme ouvrage d'art : le bombardement en a pourtant détruit les principales beautés. Rien n'était plus merveilleux, dit-on, que sa voûte, ou plutôt son plafond, car cette voûte était tellement surbaissée qu'elle semblait presque plate. De cette voûte pendaient six grands culs-de-lampe ou pendentifs d'une dimension et d'une délicatesse extraordinaires; il fallait qu'ils fussent bien grands, puisque quatre figures d'hommes de hauteur naturelle étaient groupées autour de ces stalactites artificielles, et faisaient geste de les retenir à la voûte. « Cet ouvrage étoit » si beau, dit le prêtre Guibert, que le cardinal Barberini, » visitant cette chapelle en 1647, et admirant cette voûte, » ne put s'empêcher de dire qu'il n'avoit rien vu de mieux » fait et de plus hardi dans toute l'Italie ni ailleurs. »

Les verrières de la chapelle de la Vierge n'étaient pas moins estimées que sa voûte : on vantait l'éclat et la belle composition de ces immenses vitraux : le bombardement les a fait disparaître comme la voûte et ses pendentifs[1].

[1] La voûte ne fut pas défoncée par les bombes, mais elle était tellement ébranlée et déjointe qu'elle menaçait ruine; il fallut se résoudre à la démolir, de peur d'accidents.

Contre un tel malheur il n'y a qu'à gémir ; mais il faut s'indigner et crier à la barbarie, quand on voit qu'il y a peu d'années les marguilliers et les membres de la fabrique, pour disposer leurs stalles plus commodément, ont entaillé jusqu'à hauteur de six ou huit pieds toutes les décorations sculptées qui tapissaient les murailles. C'était une suite de petites arcades aveugles d'un goût charmant, et si bien conservées que la peinture ancienne les recouvrait encore. On peut juger par ce qui reste combien ce qui a été détruit mérite de regrets ! Pourvu que la fantaisie ne vienne pas à quelque paroissien de faire badigeonner le magnifique cordon qui règne au-dessus des arcades, et que la boiserie de ces misérables stalles n'a heureusement pas entamé ! Ce cordon est composé de branches de chêne, de feuilles de chou frisé, entrelacées de glands, de fruits, de monstres, d'oiseaux et de quadrupèdes ailés. Tout cela est groupé avec un art, une habileté, une hardiesse admirables. L'exécution est large et décidée. La dorure, qui se détachait sur un fond d'azur, est encore très-visible en beaucoup de places.

Outre ce beau fragment de l'ancienne décoration de la chapelle, il reste six grandes niches saillantes, en forme de tabernacles, lesquelles sont appliquées contre la muraille entre chaque fenêtre. Les statues, qui devaient être de grandeur naturelle, ont été détruites et sont remplacées par de petits mauvais mannequins en façon d'enseignes de village. Au-dessus des statues s'élevaient des dais travaillés à jour, d'une élévation extraordinaire : l'exécution en est fine, mais le dessin un peu surchargé. Ce qui mérite toute notre attention, ce sont les six culs-de-lampe sur lesquels étaient posées les statues : approchez-vous, montez même, s'il le faut, sur les stalles des marguilliers, et admirez à votre aise les ravissants petits sujets que l'artiste a sculptés dans l'épaisseur de ces culs-de-lampe. Ce sont plutôt des groupes que des bas-reliefs, car la pierre est tellement fouillée que les figures sont en ronde-bosse. Comme dessin, comme expression, comme ajustement des personnages, ces sculptures me semblent des petits chefs-d'œuvre. Il est impossible de donner à l'art plus de bonne foi, plus de naïveté, plus de naturel. C'est la vérité des tableaux flamands, avec une certaine dose de noblesse et d'élévation.

Sur chaque cul-de-lampe l'artiste a sculpté deux groupes en les séparant par quelques légers festons. Il y a donc en tout douze compositions : ce sont douze pages de la vie de la sainte Vierge[1]. Le style de ces petites figures n'est pas du temps de la renaissance ; elles ont encore un caractère à demi gothique ; rien de classique ni d'italien : je les crois faites par un sculpteur français, et plutôt vers les dernières années du quinzième siècle qu'au commencement du seizième. Toutefois elles n'ont aucune analogie avec les sculptures du quinzième siècle proprement dites : on n'y remarque ni gestes forcés, ni draperies contournées. En général, dans les sujets de petite proportion, on restait alors plus simple et plus fidèle à la nature que dans les grandes statues ; d'ailleurs, vers la fin du siècle, le goût s'améliorait sensiblement, et l'art, sans retourner à la sévérité austère du temps de Philippe-Auguste, commençait à se débarrasser du genre maniéré.

[1] Voici, autant qu'on en peut juger, quels sont les sujets et dans quel ordre ils sont placés :

1° Sainte Anne et saint Joachim ;
2° La naissance de la Vierge ;
3° Zacharie frappé de mutisme ;
4° Le mariage de la Vierge ;
5° L'annonciation ;
6° Zacharie en prières ;
7° La guérison de Zacharie ;
8° L'enfant Jésus dans la crèche ;
9° L'adoration des Mages ;
10° La présentation au temple ;
11° La fuite en Égypte ;
12° L'éducation de Jésus-Christ.

Ce n'est qu'en 1543 que les pendentifs de la voûte furent achevés : mais les sculptures et les autres décorations existaient déjà depuis long-temps. J'ai lieu de croire qu'on avait commencé à orner la chapelle près d'un siècle auparavant, c'est-à-dire peu de temps après la victoire de Louis XI sur les Anglais. On se souvient que le jeune prince avait fait don à l'église d'une statue de la Vierge en argent : il lui avait en outre accordé de grandes libéralités, lesquelles sans doute devaient être employées à donner à la statue une demeure digne d'elle.

Dans son état actuel, malgré tous ses malheurs et toutes ses dévastations, cette chapelle est encore d'un effet délicieux[1] ; on comprend qu'elle ait été un des plus élégants modèles de ce style délicat et aérien qui précède la renaissance, et que la Normandie et la Touraine ont eu le privilége de voir éclore dans toute sa perfection. Nous avons le bonheur que ces petits culs-de-lampe soient encore à peu près intacts ; espérons qu'on aura la prévoyance de les mettre à l'abri du vandalisme et de toutes les chances de destruction qui entourent nos monuments : il suffit pour cela de quelques poignées de plâtre. Qu'on les fasse mouler, et leur perpétuité est assurée[2].

---

[1] A l'extérieur elle offre encore, outre sa gracieuse et fine architecture, des sculptures pleines de verve et de mouvement. Rien de plus parfait en son genre que ces animaux grimpants qui se jouent autour des fenêtres. Il est impossible de donner à la pierre plus de vie, plus de souplesse et plus d'esprit.

[2] Depuis l'époque où ces lignes ont été écrites on a entrepris la restauration de l'église Saint-Jacques. Le gouvernement venant en aide à la commune et à la fabrique, des sommes assez considérables sont devenues disponibles, et les travaux se poursuivent, depuis cinq ou six ans, sous la direction de M. Lenormand, architecte. La toiture du collatéral-nord de la nef a été renouvelée, et les parties du monument qui paraissaient plus particulièrement compromises ont été mises à l'abri des infiltrations et consolidées d'une manière très-satisfaisante en général. On s'occupe maintenant de la restauration de la façade, travail délicat et difficile. Cette façade est si

L'église Saint-Remy, où nous entrons maintenant, n'a pas à nous offrir de fragments aussi intéressants sous le rapport de l'art. Toutefois la chapelle de la Vierge, le Trésor et quelques chapelles du chœur ont été sculptés avec élégance et à une bonne époque, c'est-à-dire depuis 1522 jusqu'en 1545. C'est en 1522 que la première pierre de l'église actuelle fut posée[1], et le 25 février 1545 le chœur

rongée, si dégradée, qu'on ne peut deviner que par conjectures quel était son état primitif. M. Lenormand a découvert, dans la partie centrale, une petite galerie à jour ignorée jusque-là, grâce à une couche de moellon et de plâtre qui la recouvrait. Il a rétabli cette galerie et s'en est servi comme d'une indication pour donner à toute cette partie centrale un caractère qui, selon toute apparence, doit être conforme à l'ancien état des choses. Quant aux parties latérales, il n'a pas trouvé pour les restaurer un guide aussi sûr, et peut-être s'est-il permis sur ce point des innovations qu'on peut ne pas trouver tout à fait irréprochables. Nous voulons parler surtout des deux petites portes qu'il a cru devoir ouvrir à droite et à gauche de la porte principale. Quelques personnes dont l'opinion est d'un grand poids sont fort opposées à l'ouverture de ces deux portes. M. Lenormand défend ses œuvres par des raisons qui sont au moins spécieuses. Néanmoins on ne peut disconvenir qu'à l'extérieur ces portes, dont les jambages sont trop courts en égard à la hauteur de l'ogive, ne sont pas d'un aspect très-heureux, et qu'à l'intérieur il est assez disgracieux de voir des ouvertures qui ne correspondent pas à l'axe des collatéraux.

Quoi qu'il en soit, sous bien des rapports, la restauration de Saint-Jacques est une œuvre estimable et qui fait honneur à l'architecte. Rien n'est plus ingrat et plus difficile que ces sortes de travaux. Fit-on mieux que ce qui existait, on risque toujours de ne pas contenter tout le monde; car, en pareille matière, chacun a ses conjectures, et il est peut-être encore plus difficile de satisfaire à toutes les conjectures que de plaire à tous les goûts.

[1] Nous avons déjà dit plus haut, page 50, qu'il avait existé à Dieppe, de temps presque immémorial, une église du nom de Saint-Remy. Dans la charte de 1282, qui érige l'église Saint-Jacques en église paroissiale et baptismale, il est fait mention de l'église Saint-Remy et de sa grande ancienneté : *A tempore de quio non extat memoria*. Quant à la question de savoir où était située cette primi-

et toutes les chapelles latérales étant achevés, on y transporta le Saint Sacrement, et l'office divin y fut célébré solennellement.

Ainsi les sculptures de cette partie de l'église sont, à coup sûr, antérieures à l'année 1545, et l'on peut conjecturer qu'elles n'ont point été commencées avant 1535 ou 1540, car il faut que les murailles soient faites avant de les sculpter. Or, en les comparant avec celles de Saint-Jacques, on trouve une nouvelle preuve de ce que j'ai avancé en parlant du bas-relief du Trésor, savoir : que je ne croyais pas possible qu'il eût été sculpté après les trente premières années du seizième siècle. J'ajouterai que 1520 serait peut-être une date encore plus probable que 1530. En effet, entre les sculptures de Saint-Remy et celles de Saint-Jacques la différence est très-grande, non pas seulement parce que les sculpteurs de Saint-Jacques paraissent avoir eu plus de talent, avoir travaillé plus en artistes, mais parce que leur goût et leur manière a quelque chose de plus ancien et de plus rapproché du quinzième siècle. Les petites figures jetées sur la façade du Trésor de Saint-Remy sont assez bien ajustées, exécutées avec grâce, mais elles pèchent par un peu de mignardise.

Ce qu'on trouve à Saint-Remy, et qui n'existe plus à Saint-Jacques, ce sont des traces de l'ancienne décoration des chapelles, le cachet, pour ainsi dire, des confréries par lesquelles elles étaient entretenues. Ainsi, à côté du Trésor, sur un mur d'appui qui sépare une grande chapelle de la contre-allée, vous voyez sculptés en bas relief des roues, des moyeux, des fers à cheval, des instruments de charronnage et de serrurerie, disposés en petits groupes, et artistement exécutés. Cette chapelle était dédiée à sainte Catherine et à saint Éloi, patrons des taillandiers, maréchaux, serruriers, chaudronniers et charrons.

tive église, elle est fort controversée. *Voyez* plus loin la note de la page 328.

Ainsi chaque corporation faisait en quelque sorte graver ses armes sur sa chapelle. Dans le reste de l'église on voit encore quelques fragments de ces petits murs d'appui, mais on ne peut plus en distinguer les sculptures. Les corporations qui faisaient leurs dévotions dans cette église étaient la confrérie des procureurs et huissiers, celle des patrons et capitaines de navire, celle des brasseurs de bierre [1], celle des tailleurs d'habits, celle des tanneurs, et enfin celle des tabletiers, peigniers et ivoiriers.

La construction de Saint-Remy ayant été suspendue vers 1560 par les troubles religieux, l'édifice resta inachevé pendant près de cinquante ans. Le chœur seul était complétement terminé. On n'avait encore fondé que quelques-uns des piliers de la nef, gros et lourds piliers dans le style de ceux des églises de Hollande. Ce ne fut qu'en 1605 qu'on se remit à l'œuvre. La nef ne fut complétement construite et couverte qu'en 1663 [2]. On y fit, pour la première fois, la procession le dimanche des Rameaux, 18 mars de cette année. Le portail qui regarde la mer avait été achevé le 10 octobre 1609; celui qui fait face à la grande rue ne fut terminé qu'en 1643. Quant au grand

---

[1] Les brasseries étaient en grand nombre à Dieppe pendant le seizième siècle, quand la ville était habitée et visitée sans cesse par une foule de Flamands et d'Anglais. Vers l'époque du bombardement, on en comptait encore vingt-deux. Il n'y en avait plus que cinq du temps du prêtre Guibert.

La *cervoise* est portée dans le tarif des anciens droits comme boisson fort en usage à Dieppe bien avant le seizième siècle. Le cidre, qui est la boisson actuelle, y figure à peine, soit qu'il n'ait pas été aussi régulièrement imposé, soit qu'on en fabriquât moins qu'aujourd'hui.

Il n'y a maintenant qu'une seule brasserie à Dieppe.

[2] Elle ne fut même pavée qu'en 1672, « des deniers provenant » d'une amende, à laquelle avoit été condamné le sieur de Crève- » cœur, gentilhomme protestant, pour avoir traversé la procession » le jour des Rogations, allant à Janval, sans vouloir se découvrir » ni descendre de cheval. » (*Chronique du prêtre Guibert.*)

portail, celle de ses deux tours qui est du côté de la mer fut bâtie en 1633 ; l'autre, qu'on avait commencée en 1630, ne fut complétement construite qu'en 1686.

Ces portails et ces tours, ainsi que toutes les parties édifiées au dix-huitième siècle, sont dans le style italien bâtard : c'est un certain genre palladio-francisé, un mélange de tous les ordres romains ; des ornements chantournés confondus avec des triglyphes et de soi-disant métopes ; en un mot, l'assemblage le plus lourd et le moins gracieux. Quant aux portions de l'église bâties de 1522 à 1545, c'est-à-dire la chapelle de la Vierge et le chœur, extérieurement elles n'ont aucun caractère : les fenêtres sont à ogive, dans le goût du quinzième siècle, mais très-peu fleuri. Il est étrange combien l'extérieur et l'intérieur sont peu en harmonie : au dedans tout est renaissance, en dehors il n'y a que du gothique. Peut-être expliquerait-on ce contraste en supposant qu'on aura fait servir pour la construction des murailles extérieures une partie des matériaux de l'ancien Saint-Remy, lequel avait été souvent réparé, et notamment pendant le quinzième siècle.

Dans la chapelle de la Vierge, à droite et à gauche de l'autel, on remarque les restes de deux mausolées : l'un renferme les dépouilles mortelles de MM. de Sigognes père et fils, tous deux gouverneurs de Dieppe ; l'autre sert de sépulture à M. de Montigny, mort en 1675, et qui fut aussi *gouverneur, pour Sa Majesté, de la ville, château et citadelle de Dieppe, fort du Pollet et autres forts qui en dépendent* [1]. Ces personnages étaient représentés,

---

[1] Ces mots sont gravés sur le tombeau.

Au pied du cénotaphe de M. de Montigny on a placé dans un caveau les restes du commandeur Aymar de Chastes, le célèbre gouverneur de Dieppe, l'ami, le compagnon d'armes de Henri IV. Il était enterré dans le chœur de l'église des Minimes ; mais, cette église n'étant plus consacrée au culte, on jugea convenable de transporter son cercueil à Saint-Remy. Cette translation eut lieu le 17 mai 1827, par les soins de M. de Vieil-Castel, alors sous-préfet

selon l'usage, à genoux, la tête nue, les mains jointes et décorés de leurs ordres. M. de Sigognes fils avait été placé à côté de son père. La niche sous laquelle étaient leurs statues est aujourd'hui masquée par une boiserie[1].

Il ne nous reste plus qu'à jeter un coup d'œil sur un petit bénitier placé à l'entrée de l'église, au-dessous de la tour du midi. Tous les guides le montrent aux étrangers qui entrent à Saint-Remy; plusieurs antiquaires, entre autres M. Dawson-Turner, lui ont accordé leur attention; il faut donc en dire quelques mots, quoique, en vérité, il ne me semble pas avoir l'importance qu'on lui attribue. Des caractères bizarres, et qui n'appartiennent à aucun alphabet, sont sculptés autour de ce bénitier. Entre chaque caractère, on remarque une petite mitre d'évêque : il y a sept caractères et sept mitres. On a essayé de déchiffrer et d'expliquer ces caractères. Une foule de versions ont été proposées, et je doute qu'on ait trouvé la bonne. Si j'avais une conjecture à hasarder, ce serait la supposition que ces caractères sont des chiffres mal formés, et que la maladresse de l'ouvrier est la seule cause du mystère.

---

de Dieppe. La compagnie d'artilleurs, qui est d'institution ancienne comme héritière de cette milice dieppoise qui servit si bien Henri IV, fournit une garde d'honneur et les hommes qui portèrent le cercueil de plomb. Cette cérémonie fut vue avec satisfaction par les habitants. On put remarquer que les vieilles traditions n'étaient pas encore tout à fait éteintes à Dieppe.

[1] « Il y avoit autrefois dans cette chapelle, disent les Chroniques, trois statues représentant la Vierge, sainte Anne et saint Joachim. Au jugement des savants en sculpture, elles étoient des chefs-d'œuvre de l'art. Elles avoient été faites par le sieur Galfin Adam de Dieppe. » (*Chronique du prêtre Guibert.*)

On a trouvé dernièrement, dans la cave d'une maison voisine de Saint-Remy, la poitrine et le dos d'une statue en marbre d'un travail très-fin. Selon toutes les apparences, c'est un morceau de la statue de Sigognes le père. Ce fragment fait regretter le reste. Le marbre est blanc cristallisé et nuancé de rose. Il a été déposé dans la bibliothèque de la ville.

Ce dont je suis bien certain, c'est que ce petit bénitier n'est pas antérieur au seizième siècle. D'abord les mitres sont beaucoup trop pointues pour avoir été faites avant cette époque; ensuite j'ai trouvé à Ancourt, village aux environs de Dieppe, une église du seizième siècle dans laquelle on voit un bénitier semblable à celui de Saint-Remy, sauf qu'il est engagé dans la muraille : il porte les mêmes mitres, et laisse lire en très-bons caractères une date postérieure à 1500. Je ne crois donc pas, même en supposant que cette inscription ait un sens, que celui qui la lira fasse une grande découverte.

Bien que l'église de Saint-Remy fût beaucoup plus nouvellement bâtie que Saint-Jacques, elle était cependant, en tant que paroisse, considérée comme plus ancienne; et en vertu de ce droit d'aînesse, dans les cérémonies publiques, elle marchait la première. Ce privilége lui était accordé à titre d'héritière du vieux Saint-Remy, dont elle ne conservait pourtant que le nom, car elle ne couvrait pas le même sol. Le vieux Saint-Remy avait été bâti à mi-côte sur la falaise, à une époque où l'emplacement de la ville actuelle était encore à moitié couvert de vase et de galet [1]. C'était la paroisse de la vieille ville, contemporaine

---

[1] M. Féret pense que la première église Saint-Remy n'était bâtie ni sur l'emplacement de l'église actuelle, ni sur le pied de la falaise, mais entre l'église actuelle et l'Hôtel-de-Ville. Cette conjecture est confirmée, selon lui, non-seulement par une vieille tradition, mais par le témoignage du chroniqueur Asseline, qui rapporte que de son temps (dix-septième siècle) il existait encore sur cet emplacement de fortes murailles. A la vérité on pourrait penser que ces fortes murailles étaient celles de l'ancienne geôle. Quoi qu'il en soit, il paraît certain qu'indépendamment du Saint-Remy actuel, indépendamment du Saint-Remy bâti sur le pied de la falaise, et dont il subsiste encore une tour du quatorzième siècle, il a existé à Dieppe une autre église plus ancienne, située entre le Saint-Remy actuel et l'Hôtel-de-Ville, petit édifice connu pendant longtemps sous le nom de *Petit-Moutier,* et qui peut avoir été primitivement dédié à saint Remy.

de sa naissance, témoin de tous ses accroissements. Le château étant venu se planter à côté d'elle, il fallait nécessairement qu'elle finît par lui céder la place ; car le château devait tendre à s'agrandir, et le voisinage de l'église devait gêner le libre développement des constructions nécessaires à la défense de la place. Il n'est pas douteux que ce motif tout militaire ait contribué au moins autant que l'insuffisance de l'église pour le nombre croissant des paroissiens, à faire adopter le projet de la démolir et de la transporter ailleurs.

La tour seule fut conservée : elle avait été construite au quatorzième siècle solidement et en manière de forteresse plutôt que d'église. On la jugea propre à se lier aux autres ouvrages du château ; de là vient qu'elle existe encore aujourd'hui. C'est cette grande tour carrée, d'un dessin simple et sévère, qu'on trouve à main gauche avant de parvenir en haut de la rampe du château. Les ogives aveugles qui la terminent sont les seuls vestiges de sa destination primitive ; on aperçoit aussi sur la face qui regarde le sud-est la trace des deux pentes de l'ancien toit de l'église.

Le château a été tant de fois restauré et remanié selon les différents systèmes de défense qui se sont succédé depuis sa fondation, qu'il est, à vrai dire, presque entièrement moderne. Il ne tient pas tout ce qu'il promet ; car, à le voir de loin, dans son ensemble, on s'imagine qu'il n'a subi presque aucun changement ; il fait l'effet d'un château du moyen âge : quand on le visite, au contraire, on ne voit plus qu'une forteresse de nos jours. Tout est disposé à la moderne, tout a été refait et raccommodé vingt fois.

Il est cependant une des tours, une de celles qui regardent la mer, dans laquelle on trouve encore quelques appartements dont les lambris ont une certaine ancienneté et qui peuvent avoir vu, sinon M. de Chastes et Henri IV, du moins madame de Longueville et Mazarin. On sait que, pendant son court exil, le rusé cardinal passa quelques journées dans ce château ; quant à la duchesse, elle y fit un plus long séjour.

Cette femme aventureuse, aussitôt après l'arrestation de son mari, en 1650, partit de Paris et se rendit à Dieppe. M. de Montigny, qui commandait la place, la reçut avec honneur et respect, d'abord parce qu'elle était femme du gouverneur de Normandie, et qu'en venant à Dieppe elle était dans ses domaines ; ensuite, parce qu'il avait quelque penchant pour la fronde. Elle sut si bien l'enjôler qu'il entra en révolte ouverte, et somma la ville au nom de la duchesse. Les bourgeois restèrent fidèles au roi : soutenus par quelques troupes envoyées par la cour et commandées par M. de Bellièvre, ils serrèrent le château de si près que la duchesse, craignant de tomber entre leurs mains, prit le parti de fuir. Elle sortit une nuit par la citadelle, et descendit à Pourville accompagnée d'une demoiselle et de cinq cavaliers : ceux-ci la confièrent à la garde du curé de ce village, homme intelligent, qui la conduisit secrètement à travers le pays de Caux, après l'avoir tirée de la rivière de Pourville, où elle était tombée en voulant la passer à cheval, et où elle avait, dit un mémoire, perdu *dix mille écus en louis d'argent*. La duchesse une fois partie, M. de Montigny, qui, comme les frondeurs en général, ne voulait pas faire la guerre tout à fait sérieusement, demanda quelques jours pour prendre ses sûretés, et rendit la place à M. de Bellièvre.

Du haut de la terrasse qui domine le château de Dieppe, votre vue plonge sur la ville, sur la rade et sur une partie de la vallée ; c'est un spectacle magnifique, mais ce n'est là que du pittoresque. Si vous êtes venu chercher des débris féodaux, si, vous fiant à l'apparence extérieure de ces tours, vous avez cru retrouver au moins par fragments un modèle de l'architecture militaire du moyen âge, vous aurez à décompter : sauf une charmante fenêtre soutenue par deux jolies colonnettes sculptées, fenêtre qui a été conservée, je ne sais comment, dans la cour du gouverneur; sauf la belle coupe des grosses tours de Charles Desmarets, la forme de leurs toitures, la porte qui donnait sur la citadelle, et les arcades si sveltes et si hardies qui conduisaient au pont-levis; sauf enfin la manière dont sont groupés ces tours et ces bastions, grâce à la pente escarpée du terrain, vous ne trouverez rien dans ce château qui ne se rencontre aussi bien dans toutes nos casernes, dans toutes nos places de guerre construites depuis moins de cent ans.

Ce serait en vain que nous chercherions maintenant par la ville quelques monuments antérieurs au bombardement[1]. Voilà bien le lieu où s'élevait la maison d'Ango; mais, à moins de fouiller le terrain, vous n'en découvrirez aucun vestige; voilà bien le sol sur lequel était bâti l'Hôtel-de-Ville, mais ce n'est plus aujourd'hui qu'une place publique. Si nous passons au Pollet, nous trouverons encore la chapelle de Notre-Dame-des-Grèves, dont la fondation date du quatorzième ou quinzième siècle, mais à peine reconnaîtrions-nous un pan de mur qui date de cette époque. Cette petite chapelle n'est pas la véritable paroisse du Pollet, elle n'en est que l'annexe : la paroisse est l'église de Neuville, bâtie au milieu du hameau de ce nom, sur le haut de la colline, à un petit quart de lieue du faubourg. J'ai déjà donné[2] une inscription qui constate que la plus grande partie de cette église a été construite vers 1588. Le vaisseau est d'une belle dimension; l'extrême écartement des piliers lui donne un caractère étrange et un aspect assez imposant. Comme architecture, il n'y a rien à remarquer. La voûte en bois est d'une belle

---

[1] Nous avons déjà dit que le petit nombre de maisons de bois qui ont survécu n'offrent aucun intérêt.

[2] V. plus haut, page 143.

volée : elle a dû être bien travaillée ; on voit encore sur sa corniche quelques jolis fragments sculptés.

Je lis dans une chronique manuscrite[1] : « Environ ce temps-là (de 1689 à 1700), j'ai vu démolir la citadelle, le fort du Pollet, les deux grosses tours de la porte de la Barre, une grosse tour carrée, ou éperon aux marais, vis-à-vis les Minimes ; j'ai vu aussi démolir les tours et casemates du Moulin à l'eau. » Ainsi, cette fureur de détruire a existé de tous les temps. Si Dieppe, à l'exception de trois ou quatre monuments, est une ville toute moderne, ce n'est pas seulement aux bombes des Anglais qu'il faut s'en prendre ; la pioche de ses propres habitants est certainement plus coupable encore. Pourquoi n'avoir pas respecté ces vieilles et belles tours dont les ruines seraient aujourd'hui l'ornement de leur ville? Pour mettre à profit quelques pierres de taille, pour déblayer quelques toises de terrain, on brise, on foule aux pieds des chefs-d'œuvre, on anéantit tout souvenir. Et cette fièvre dure toujours ! Il n'est pas à Dieppe un enfant de dix ans qui ne puisse dire aujourd'hui comme notre chroniqueur : J'ai vu démolir la voûte de la porte de la Barre ; j'ai vu démolir le pont du Pollet, le beau pont du seizième siècle[2] !

Il ne restait plus des anciennes fortifications de la ville qu'un seul débris digne d'intérêt : c'était un pan de mur de la tour aux Crabes, terminé par quelques créneaux, et portant encore à l'un de ses angles une jolie tourelle. La belle couleur de cette ruine, sa forme élégante et hardie, donnaient à la partie du port qu'elle couronnait un certain

---

[1] *Remarques sur la ville de Dieppe.* Bibliothèque du Roi.

[2] Les ingénieurs qui construisent l'arrière-port ont exigé que ce pont fût démoli. Cependant on l'avait conservé dans les plans et projets de 1788 ; on se contentait d'ouvrir la grande arche et d'en remplacer la voûte par un pont-levis qui aurait à volonté laissé passer les navires.

aspect historique et vénérable. Eh bien, le croirait-on? elle a été, comme tout le reste, frappée de destruction. Les plans du port ont exigé qu'on la sacrifiât. Et pourquoi? si du moins le service de la marine et de la pêche en avait tiré quelque profit! Mais le passage était bien assez large; il était inutile de déblayer ce terrain. Que dis-je! j'ai tort, un grave intérêt était en souffrance, l'alignement n'était pas tiré au cordeau; c'est à ce puéril amour de l'alignement que cette belle tour aux Crabes a été sacrifiée en dépit de nos avertissements, je dirais presque de nos prières.

## CHAPITRE II.

LES BAINS DE MER. — LA BIBLIOTHÈQUE. — L'ÉCOLE DE DESSIN. — LES IVOIRIERS. — INDUSTRIE ET COMMERCE. — LA PÊCHE. — LES PÊCHEURS. — LES POLLETAIS; — — LEUR ORIGINE; — LEUR COSTUME; — LEUR LANGAGE; — LEURS MOEURS. — LE PORT. — LA JETÉE. — LE GARDIEN DU PHARE.

La première fois que j'ai vu Dieppe, c'était en 1816, à l'issue d'un blocus maritime de vingt ans; l'herbe poussait dans les rues, la ville était morne et déserte; on se croyait au fond de la Bretagne, au milieu d'une pauvre peuplade de pêcheurs, à cent lieues de l'industrie et de la civilisation.

Aujourd'hui, pendant les mois d'été et d'automne, Dieppe est un petit Paris : boutiques élégantes, spectacle, bals, soirées, brillantes toilettes, tout comme dans la capitale. D'où vient cette métamorphose? De la résurrection du commerce dieppois? De nouveaux essais de navigation et de découvertes? Non : la mer est bien encore pour quelque chose dans ce retour de prospérité, mais ce n'est plus en faisant flotter des navires chargés de poudre d'or et d'épices, c'est en fouettant à coups de vagues une caravane de malades et de désœuvrés, qui, séduits par une plage commode et par les douceurs d'un petit palais construit en leur honneur, s'en viennent chaque année demander à Dieppe la guérison de leurs maux ou de leur ennui.

Je crois qu'avant la Restauration la vertu médicale des bains de mer était à peu près inconnue en France[1]. Il fallait être anglomane, ennemi né du gouvernement établi, pour s'imaginer qu'une immersion dans l'eau salée pût rendre à la santé le même office qu'un voyage à Barèges ou à Vichy. La seule pensée d'avoir recours à la mer, à l'élément anglais, eût été crime d'état. Mais quand la paix eut levé l'embargo qui pesait sur nos idées non moins que sur nos navires, quand les femmes eurent commencé à allonger leurs tailles, et que le pantalon eut irrévocablement proscrit la culotte impériale, au milieu de toutes les innovations *comfortables* qui franchissaient le détroit, apparut un beau jour l'usage des bains de mer. Dieppe avait vu s'installer dans ses murs quelques familles anglaises fuyant leur île par économie; et dès le retour du mois d'août, tous les podagres ou éclopés de la nouvelle colonie étaient allés sur le rivage, et, quittant leurs habits, avaient présenté bravement à la vague leurs têtes et leurs épaules. Bientôt ils eurent des imitateurs : des cures remarquables

---

[1] Mieux vaudrait dire *oubliée*, car il paraît que sous l'ancien régime quelques médecins ordonnaient les bains de mer, mais seulement contre la rage. Quand on était mordu, on vous envoyait à Dieppe, cette ville étant dès lors renommée pour la bonté de sa plage. Dans un petit recueil de lettres sur Dieppe, imprimé en 1826, je vois qu'on représenta en 1725, sur un théâtre de Paris, une pièce intitulée *la Rage d'amour*. L'action se passait à Dieppe, et on conseillait aux enragés d'amour l'usage des bains à la lame. (Voyez *le Mercure* d'août 1725.)

prouvèrent l'efficacité du remède, quelques médecins le prirent sous leur protection, et la mode fit le reste. De là cette foule qui s'en vient chaque année chercher la santé, non-seulement à Dieppe, mais dans presque toutes les villes baignées par l'Océan.

L'influence salutaire des bains de mer, dans un grand nombre de maladies, est trop incontestable pour que leur vogue soit seulement passagère, ainsi que le veulent leurs détracteurs : d'un autre côté, en faire une espèce de panacée universelle, n'est-ce pas le moyen de leur ôter tout crédit? Il est vrai que l'air salin, cet air plus vivifiant encore que celui des montagnes, opère souvent à lui seul de merveilleuses guérisons : beaucoup rendent grâce à l'eau salée de ce qu'ils ne doivent qu'à l'atmosphère; mais n'importe, tout cela figure au compte des bains de mer, et augmente leur clientèle. Ils ne sont pas le remède à tous les maux; mais il serait certainement plus facile de citer des maladies auxquelles ils sont contraires que de dresser la liste de celles qu'ils peuvent combattre ou même déraciner.

L'établissement de Dieppe a commencé comme la ville elle-même : d'abord quelques huttes, quelques pauvres baraques çà et là sur le rivage, puis un hangar, puis enfin des portiques, des colonnes, et une galerie de trois cents pieds de long.

C'est, je crois, de 1821 à 1823 qu'on résolut de convertir en un établissement public les abris provisoires dont l'incommodité dégoûtait les baigneurs. Grâce au zèle du feu maire, M. Quenouille, et de M. de Brancas, alors sous-préfet de Dieppe, une compagnie d'actionnaires se forma, et d'une part on construisit sur le bord de la mer ces portiques, ces galeries et ces tentes à l'usage des baigneurs qui s'exposent à la vague, ou, pour employer le mot technique, *à la lame;* d'autre part on disposa dans l'intérieur de la ville, mais à proximité du rivage, une vaste construction où les baigneurs moins valeureux, qui veulent que l'eau de mer soit tiède, peuvent l'affronter dans des baignoires. On fit ensuite bâtir dans ce même local une salle de bal d'un dessin élégant, décorée avec goût, et destinée à faire constater chaque soir, au son des violons, les cures de la matinée.

On se souvient que Madame la duchesse de Berry accorda son patronage à cet établissement naissant. Chaque année, au moment de la *saison*, elle entraînait à Dieppe non-seulement ses officiers et ses dames, mais une partie de la cour des Tuileries : tout ce qu'on y comptait de personnes ingambes et en humeur de s'égayer se trouvait au rendez-vous. La ville et ses magistrats, fiers de ces fréquentes visites, ne savaient qu'inventer pour faire honneur à la princesse : c'était chaque année quelque galanterie nouvelle. Madame aimait la comédie ; bien vite le conseil municipal de se mettre en frais, et de construire vis-à-vis de l'établissement des bains une fort jolie salle de spectacle. De leur côté les habitants commencèrent à rafraîchir leurs maisons, les marchands décorèrent leurs boutiques; enfin, au bout de quelques années, la ville était sortie de sa léthargie et avait pris un certain air moitié *Marais*, moitié *Chaussée-d'Antin*.

On pense bien que l'été qui suivit la révolution de juillet ne vit pas accourir à Dieppe une grande foule de baigneurs : les uns boudaient dans leurs châteaux, les autres défendaient Paris contre l'émeute ; mais dès les années suivantes les Dieppois virent revenir à grands flots les visiteurs ; les rues muettes et solitaires entendirent de nouveau claquer le fouet du postillon, et les habitants se réfugiant dans leurs greniers abandonnèrent, comme par le passé, leurs lits et leurs chambres à la cohorte envahissante.

Indépendamment de la faveur toujours croissante des bains de mer comme moyen de guérison, et sans parler de l'excellence de cette plage où l'eau salée arrive sans aucun mélange d'eau douce, sans qu'un fond vaseux ait altéré sa limpidité, il y a mille raisons pour que Dieppe ne cesse jamais d'être pendant l'été, comme les Pyrénées et les Vosges, le rendez-vous d'une partie des salons de Paris. Cette Normandie est si verte et si riche, ce port de Dieppe réveille tant de souvenirs, les vallées qui l'avoisinent sont si délicieuses à parcourir, sa rade si belle à contempler; enfin c'est un si court voyage, qu'il n'est personne, même sans l'attrait des bains, qui ne veuille s'en passer la fantaisie.

Les Dieppois feront bien pourtant, dans ce temps de concurrence, de ne rien négliger pour attirer et retenir ces étrangers, leur seule ressource, leur seule richesse. L'établissement des bains pourrait recevoir encore beaucoup d'améliorations. Il faut surtout empêcher qu'il ne se dégrade : ces constructions, exposées depuis vingt ans aux ouragans et aux hivers, ont besoin de grandes réparations. Elles sont bâties en bois, et si légères, qu'on s'étonne qu'elles aient pu résister jusqu'ici à ces terribles vents d'ouest qui ébranlent jour et nuit cette plage. Peut-être, au lieu de ces pavillons à colonnes ioniques, au lieu de cette espèce de portique triomphal, aurait-on pu construire quelque chose de moins coquet, de plus robuste et de mieux en harmonie avec cet âpre galet, cette mer houleuse et cette grande roche couronnée des sévères murailles du château? Singulier spectacle que ces petits portiques, ces colifichets de théâtre, à côté de l'immense océan et de cette vieille citadelle! D'un côté, les vents et la tempête; de l'autre, une maçonnerie indestructible; et dans le milieu, un joujou d'enfant. Si l'on n'y prend pas garde, la mer s'en amusera quelque jour !

Tant que dure la saison des bains, Dieppe est peuplé au point d'être bruyant; les baigneurs sont maîtres de la ville. Il n'y a pas jusqu'aux bonnes et aux enfants qui s'emparent des promenades et dansent en rond comme à la petite Provence. Chevaux, voitures, maisons, tout est confisqué au profit des Parisiens et des Anglais. Mais avec le mois d'octobre la désertion commence, et chaque journée devient plus calme, plus taciturne, jusqu'à ce qu'enfin la ville s'endorme d'un sommeil de marmotte, pour ne s'éveiller qu'au soleil de juillet.

Pendant ce long intervalle de repos et de silence, Dieppe ne possède presque aucune ressource de société ni d'étude. On n'y trouve qu'un seul établissement scientifique; c'est la bibliothèque publique, fondée seulement depuis une quinzaine d'années. Cinq ou six mille volumes en forment toute la richesse; ils sont rangés dans une grande salle de l'Hôtel-de-Ville. Ce local est convenablement disposé et pourra recevoir jusqu'à dix ou douze mille volumes[1]. Le gouvernement aide depuis quelques temps la ville à remplir ces cases vides : les ouvrages hydrographiques et les belles cartes publiées par le dépôt de la marine y seront probablement déposés; aucune ville n'a plus de droit à cette faveur que celle dont les navigateurs *ont fait les premières découvertes des lieux les plus éloignés.* Des Relations

---

[1] M. Féret, qui est chargé de la conservation de cette bibliothèque, a réservé quelques tablettes pour l'archéologie. C'est là qu'il a déposé des échantillons de tous les objets antiques trouvés dans les diverses localités où, depuis 1822, des fouilles ont été faites. On remarquera avec intérêt dans ce petit musée les poteries gauloises de la cité de Lime, les poteries romaines, anneaux, fibules et autres fragments découverts à Caude-Côte et à Bonne-Nouvelle; enfin le magnifique vase de verre trouvé à Luneray, ainsi qu'une petite statuette en terre cuite très-bien conservée, provenant, je crois, des ruines d'une maison romaine entre Braquemont et Graincourt. C'est une femme assise dans une chaise tressée en natte, tenant dans ses bras deux enfants qu'elle allaite. Ce type mythique se rencontre, je crois, assez fréquemment; les uns y voient une Latone, d'autres un *ex-voto* de femmes en couche; d'autres enfin une divinité symbolique. On en trouve de semblables sur les bords du Rhin, où elles paraissent avoir été adorées par les Saxons barbares jusqu'aux derniers siècles de leur paganisme. M. Féret a en outre recueilli et mis en ordre une collection de médailles gauloises et romaines. Parmi les premières il en est une qui paraît unique et inconnue jusqu'ici.

de voyages, des Traités scientifiques sur la pêche ou sur la navigation, voilà les livres dont cette bibliothèque a surtout besoin. Des ouvrages de belles-lettres seraient un hors-d'œuvre ; car je ne crois pas qu'il y ait à Dieppe aujourd'hui les moindres germes d'esprit littéraire.

Il n'en était pas ainsi au temps de sa grande prospérité : la poésie et la littérature étaient cultivées avec non moins d'ardeur que la cosmographie et les sciences hydrographiques. Il existait dans la ville plusieurs associations de beaux esprits : le *Puy* de Dieppe avait grande renommée, et nous le voyons célébré même par des écrivains étrangers à cette ville[1]. Enfin les lettres n'étaient pas l'occupation seulement de quelques oisifs de profession, les capitaines de vaisseaux, les pilotes les plus habiles, en faisaient leur étude. Cousin et Parmentier étaient des hommes lettrés. Ce dernier a fait imprimer à Paris, en 1528, une traduction de Salluste qu'il dédia à son mécène, l'armateur Jean Ango[2]. Il semble que l'universalité des études et des con-

---

[1] *Voyez* le Dictionnaire de Trévoux. Le Puy (du latin *podium*) était une académie d'esprit dans le genre des jeux floraux, mais consacrée spécialement à chanter la sainte Vierge. Il existait plusieurs Puys en France, un notamment à Rouen, institué en 1486. Celui de Dieppe était plus ancien ; il remontait à l'établissement de la confrérie de la mi-août, c'est-à-dire à 1443 environ. Il y avait cette différence entre le Puy de Rouen et celui de Dieppe, que l'un était établi en l'honneur de la *conception* de la Vierge, et l'autre en l'honneur de son *assomption*. Les pièces de vers qu'on demandait à Dieppe aux aspirants lauréats étaient un chant royal, une ballade, un rondeau et une épigramme latine.

[2] Je trouve ce fait dans la Chronique du prêtre Guibert, à la suite d'une longue description des *jeux moraux et comiques* qui furent célébrés à Dieppe, les 26 et 27 juillet 1527, en réjouissance de la sortie de prison du roi François Ier. Voici le passage de la Chronique :

« Le 28 mars 1529 le sieur Jean Parmentier, bourgeois et mar-
» chand de Dieppe, lequel semble avoir été l'autheur de la susditte
» mommerie, que l'on qualifioit en ce temps-là de *moralité*, sortit
» du port de cette ville avec deux navires pour faire le voyage des

naissances fût à cette époque l'apanage de tous les esprits distingués. La division du travail n'était pas encore venue clouer les intelligences sur telle ou telle parcelle de cet univers. Les grands peintres étaient architectes et sculpteurs; les philosophes étaient géomètres; et voilà des patrons de navires qui font des vers, et s'en vont aux grandes Indes la boussole dans une main, Homère et Salluste dans l'autre !

Il existe encore à Dieppe une chaire d'hydrographie et de pilotage. Les matelots et les pêcheurs envoient volontiers leurs enfants à ces leçons : ils ne sont pas, comme les laboureurs, ennemis de l'instruction et dédaigneux de la science; leur propre expérience leur apprend tous les jours ce qu'on gagne à savoir naviguer autrement que par routine; et quand même ils sont ignorants, ils ont le désir de faire instruire leurs fils. Sur les vaisseaux de guerre, l'éducation d'un mousse ne consiste qu'à savoir monter aux échelles et sauter de cordage en cordage; il n'en est pas ainsi sur un bateau pêcheur, qui n'a que quatre ou cinq hommes d'équipage : chacun doit être à demi capitaine; il faut que l'apprenti lui-même comprenne la manœuvre, et qu'au besoin il puisse manier le gouvernail. J'ai vu quelques-uns de ces enfants avoir, dès l'âge de douze ans, des notions très exactes de la science nautique. Quand le fils d'un pêcheur a suivi le cours d'hydrographie et qu'il est en état de naviguer, sa mère et sa sœur lui font un filet : ce filet, c'est sa dot; sa famille l'accompagne ensuite jusqu'à la barque; on l'embrasse,

» Molucques... Ce capitaine avoit traduit en françois l'histoire de
» Salluste, livre qui fut imprimé à Paris le 5 septembre 1528, avec
» privilége du 17 juin dudit an, et qu'il dédia au fameux Jean
» Ango. »

On se souvient que c'est bien en effet le 28 mars 1529 que *le Sacre* et *la Pensée* mettent à la voile dans le Journal de Parmentier. Ainsi voilà une des assertions de notre chroniqueur confirmée par le témoignage d'une pièce authentique et incontestable.

puis le voilà lancé sur l'Océan ; il va terminer en pêchant son cours de pilotage.

Une autre école non moins utile aux enfants de Dieppe, et qu'on ne saurait trop encourager, c'est l'école de dessin. Il existe dans une certaine classe de cette population une aptitude innée pour les ouvrages de sculpture, soit en ivoire, soit en bois. En secondant ces dispositions naturelles, on pourrait, je crois, en obtenir les plus brillants résultats.

On a déjà vu combien l'art de la sculpture en ivoire était ancien parmi les Dieppois. Leurs premiers essais en ce genre datent certainement de la fin du quatorzième siècle ; dans le quinzième et dans le seizième ils étaient passés maîtres et célèbres dans toute l'Europe aussi bien comme ivoiriers que comme marins. Malheureusement leurs œuvres de cette époque ne nous sont connues que par la renommée ; aucun vestige n'en est venu jusqu'à nous. Ces bijoux délicats échappent difficilement à la destruction, les églises seules pouvaient nous en conserver quelques-uns ; mais le pillage des autels au seizième siècle a fait disparaître les *paix* et les *crucifix* d'ivoire en même temps que les *fiertes* et les *chasubles* dorées. Les plus anciens ouvrages de ce genre que l'on puisse trouver maintenant à Dieppe ont été faits au dix-septième siècle, et encore sont-ils d'une extrême rareté[1].

Le bombardement porta un coup fatal à l'industrie des ivoiriers, et la mode des porcelaines et des magots de la Chine, qui devint bientôt générale, acheva de la ruiner. Depuis le règne de Louis XV jusqu'en 1816 environ, le débit de ces sortes d'ouvrages, qui jadis était immense, ne fit que décroître, et finit par se réduire à rien.

[1] M. Flammand, ivoirier dans la Grande rue, possède, dit-on, deux petits bas-reliefs d'une époque plus reculée que 1600 ; l'un représente le dévouement de Curtius ; l'autre, Mucius Scevola devant le roi des Étrusques. N'ayant pas vu ces deux bas-reliefs, je ne puis rien dire de leur style ni de leur ancienneté.

Il ne restait à Dieppe qu'un petit nombre d'ivoiriers, derniers débris du naufrage de cette profession, lorsqu'un jour, à leur grande surprise, ils virent les Anglais nouvellement débarqués se jeter d'un œil curieux, et les guinées à la main, sur leurs petites merveilles depuis si longtemps dédaignées. Bientôt les baigneurs se joignirent aux Anglais, et il n'y eut plus à Dieppe assez de sculpteurs en ivoire pour satisfaire aux demandes de ces amateurs imprévus. Il a fallu quelques années pour former des recrues; mais maintenant cette branche d'industrie occupe un grand nombre de bras, et devient de plus en plus florissante. La concurrence rend les prix abordables, et sous le rapport du goût et du dessin les nouveaux ivoiriers font chaque jour des progrès. Il y a dix ou douze ans les formes de leurs sculptures étaient encore lourdes et provinciales; mais ces visites annuelles de tout ce que la capitale possède de plus élégant et de plus recherché ont eu bientôt dissipé cette rouille; les sujets sont devenus mieux choisis et plus gracieux à mesure que l'exécution acquérait plus de facilité et de délicatesse[1].

Toutefois, cet interrègne d'un siècle a interrompu les traditions. On sculpte encore très-bien l'ivoire aujourd'hui, mais ce n'est plus l'ancien travail dieppois. Le style du dix-septième siècle, lequel n'était déjà probablement qu'une décadence de celui du seizième, a quelque chose de plus abandonné, de plus franc, de plus hardi que le travail des sculpteurs actuels. On fouillait davantage l'ivoire, on le dentelait d'une manière plus capricieuse, plus à la façon des Chinois. Je doute que jamais, dans le genre sé-

[1] Parmi les sculpteurs-ivoiriers de Dieppe qui méritent le nom d'artistes, je citerai MM. Blard, Flammand et Thomas, tous trois dans la Grande rue. Ce dernier surtout m'a semblé exceller dans son art. On peut, sans autre indication que des dessins très-imparfaits, lui faire exécuter des ouvrages du meilleur goût et de la forme la plus pure. Je l'ai vu se tirer de cette épreuve avec un extrême bonheur.

vère et correct, on ait fait à Dieppe de ces belles compositions, de ces délicieuses figures qui font la gloire des ivoiriers flamands et italiens; mais pour tous les ouvrages de fantaisie on y travaillait en perfection. J'ai vu des navettes, des bonbonnières et autres bagatelles sculptées à jour, non pas même à la belle époque, mais il y a cent ans environ; le caractère en est tout particulier, et l'on ne possède plus le secret de faire ainsi : aujourd'hui ces mêmes dentelles auraient quelque chose de plus régulier, de plus roide, de plus mécanique pour ainsi dire[1].

Sans chercher à ressusciter ces traditions perdues, tentative presque toujours froide, stérile et plus souvent encore impossible, il y a, je crois, quelque chose à faire pour donner une direction meilleure, pour élever à une perfection plus haute cette école de sculpteurs-ivoiriers. Les dispositions naturelles sont extraordinaires. Vous voyez les enfants en apprentissage creuser, évider, déchiqueter l'ivoire avec une facilité, une adresse toute instinctive, et dont vous demeurez confondu. Ce n'est pas seulement l'ivoire qu'ils travaillent ainsi, ce sont tous les corps d'une dureté à peu près semblable, l'ébène, le coco, le poirier, le chêne. Allez dans les moindres églises des environs :

[1] On découpe cependant encore l'ivoire avec une finesse incroyable. Ainsi, vous voyez de petites boîtes de neuf lignes de diamètre dans lesquelles on en trouve douze autres dont la dernière renferme un jeu de quilles; vous voyez des sphères dans lesquelles sont taillées douze autres sphères, toutes mobiles et détachées les unes des autres, sans que vous puissiez trouver aucune pièce de rapport. Mais tous ces tours de force sont l'ouvrage plutôt des *tourneurs* que des *sculpteurs;* or l'art des tourneurs s'est mieux conservé que celui de la sculpture. Une autre industrie d'ivoiriers, qui paraît aussi n'avoir pas dégénéré, est celle des faiseurs de petits vaisseaux en miniature. Il existe une classe d'ouvriers qui travaille spécialement à ce genre de petites merveilles. Ces navires, par la justesse des proportions, par la minutieuse exactitude de la mâture et de la voilure, enfin même par le nombre des cordages, donnent l'image fidèle des plus gros vaisseaux.

ces stalles, ces balustrades de bois, c'est le charpentier du village qui les a taillées. Eh bien, au lieu de les raboter, de les polir, comme on eût fait en cent autres lieux de France, il a fait saillir en bosse des fleurs, des rubans, des guirlandes. Tout cela est sculpté avec audace, d'un jet libre et décidé. Dans les cabanes comme dans les châteaux, partout vous trouvez des meubles, des lambris qui n'ont pas été faits par de simples ouvriers, mais par des hommes pour qui c'était un bonheur, une vocation, un don héréditaire, de modeler, de ciseler, de faire des reliefs.

Il y a donc dans cette population les germes d'une race de sculpteurs. Il est du devoir du gouvernement de ne pas laisser s'égarer et se perdre ces précieuses semences. Que faut-il à des enfants si heureusement doués pour prendre rang à côté de nos artistes et régénérer peut-être parmi nous cette sculpture en ivoire si vénérée des anciens? Il leur faut quelques éléments de dessin et surtout la vue des bons modèles.

Déjà l'un de ces vœux est exaucé; la ville de Dieppe a établi depuis quelques années une école gratuite de dessin. Le professeur, M. Amédée Féret, obtient d'heureux résultats; mais il ne donnera carrière aux dispositions de ses élèves que lorsqu'il pourra non-seulement mettre sous leurs yeux ces modèles de sculpture qu'on voit dans toutes les écoles, et que celle-ci ne possède pas encore, mais leur offrir quelques exemples de ce genre particulier vers lequel il a mission de diriger leurs études. Des empreintes, soit en plâtre, soit en cire ou en soufre, prises sur de belles ciselures antiques, et mieux encore sur des armures, des meubles ou des bas-reliefs de la renaissance et des belles époques du moyen âge, voilà les modèles qu'il faudrait à ces futurs ivoiriers. Après leur avoir fait copier ces petites empreintes avec le crayon, on leur en demanderait des copies modelées, puis des copies en bois, et enfin en ivoire. Qui peut douter des effets que produirait un tel enseignement?

L'ivoirerie est aujourd'hui la seule industrie dont les Dieppois conservent le monopole; ajoutons que c'est presque la seule qu'ils exercent. La fabrication des boussoles et l'horlogerie ont presque entièrement disparu ; la manufacture des tabacs, une des plus anciennes du royaume, a été transportée au Havre [1] ; les dentelles dites *poussin*, qui, dans le dernier siècle, faisaient la richesse de plusieurs milliers d'ouvrières dieppoises, n'ont presque plus de débit aujourd'hui. Les tulles de coton font le même office et se donnent à meilleur marché [2]. Pour compenser la perte de toutes ces branches d'industrie, je ne vois qu'un seul établissement nouveau : c'est une scierie mécanique, charmante usine qui met en usage les procédés les plus ingénieux pour débiter le bois, le diviser en planches et assembler les planches en parquets [3].

Quant au commerce, il n'est guère plus actif et plus prospère que l'industrie. Il se fait quelques exportations d'ivoirerie, de sucre raffiné, de fruits, d'œufs et de beurre. On importe en assez grande quantité des houilles d'Angleterre et des sapins du nord. On voyait il y a quelques années un navire ou deux rapporter de loin en loin des Antilles un chargement de bois d'acajou en billes. Mais ces

---

[1] Avant 1789 cette manufacture occupait quatre à cinq cents ouvriers. On y mettait en œuvre 10,000,000 pesant de tabac par an.

[2] Une école tenue par des dames de la Providence essaie de rendre la vie à l'ancienne fabrique de dentelle de Dieppe. Ses efforts ne sont pas sans succès.

[3] Depuis que ces lignes sont écrites (1832), l'industrie a fait quelques progrès à Dieppe. La scierie mécanique, dont il est ici question, a été transformée en huilerie. Deux autres scieries mues par la vapeur se sont établies. Une corderie mécanique très-vaste s'est formée sur la côte du mont de Caux. Tout près de là on a construit, il y a deux ans, une grande briqueterie où la fabrication se fait d'après les procédés les plus perfectionnés. Une raffinerie de sucre s'est établie dans l'ancien couvent des Carmélites. Enfin il y a à Dieppe une usine à gaz qui éclaire les principaux quartiers.

arrivages ont cessé. Le seul commerce qui donne signe de vie est le cabotage ou transport de marchandises de France en France. Cette espèce de *roulage* maritime est exploité par quelques négociants de Dieppe avec activité et succès. Toutefois la grande occupation et, pour ainsi dire, l'unique ressource de la population dieppoise, c'est la pêche.

Croirait-on que cette ressource elle-même devient de jour en jour plus précaire? Le poisson s'éloigne de nos côtes, ou, pour mieux dire, nos côtes sont dépeuplées par l'usage de filets destructeurs. Les *chaluts* [1], c'est le nom de ces filets, raclent et balaient le fond de la mer : tout ce qu'ils rencontrent est enlevé pêle-mêle, les petits poissons comme les gros, les jeunes comme les vieux ; le frai lui-même est bouleversé et détruit. Ce n'est plus une guerre, c'est une extermination.

L'emploi de ces filets traînants a été interdit à plusieurs reprises, notamment en 1726, par déclaration du 23 avril. Trois ans plus tard on en permit l'usage sous certaines restrictions. De nouvelles défenses rendues en 1744 furent

---

[1] « Le chalut est un filet d'environ trente pieds de largeur sur soixante de longueur, fait en forme de sac, dont l'ouverture ou partie supérieure est attachée à une traverse en bois de cinq pouces de diamètre, aux extrémités de laquelle sont fixés des *chandeliers* en fer qui maintiennent cette gueule ouverte. La partie inférieure de l'ouverture du filet est garnie d'une chaîne de fer. Toute la machine pèse plus de deux cents livres. Le tout est traîné par un câble joignant deux cordages attachés à la traverse de bois.

» Cet instrument a été connu anciennement sous les noms de *dreige*, *drague*, *cauche* ou *chausse*. . . . . . . . . . .

» Le chalut, attaché par son câble derrière le bateau qui vogue à pleines voiles, traîne sur le fond de la mer, et racle la superficie du sol. . . . . . . . . . . . . . . . . . . .

» Le poisson provenant du chalut est inférieur en qualité à celui qui est pêché avec les lignes ou filets dormants. Il se vend toujours deux tiers de moins que ce dernier ; sa chair n'a pas la même consistance : il a souvent une couleur pâle et livide. On pêche avec le chalut toute espèce de poisson, excepté le hareng, le maquereau,

presque aussitôt retirées ; mais on les renouvela en 1746 et 1766. Enfin sous la restauration, en 1818, l'ordonnance du 15 mai autorisa l'emploi du chalut, sauf des restrictions et des peines qui sont facilement et impunément éludées.

Ce qu'il y a d'étrange, c'est que, parmi les ports de pêche, les uns sont d'avis que le chalut est un instrument de destruction, le fléau et la ruine des pêcheurs ; les autres le prisent et le défendent comme un moyen simple et commode de prendre le poisson. Les ports ennemis du chalut sont ceux de la rive droite de la Seine, tout le quartier depuis Fécamp jusqu'à Dunkerque, Dieppe et Boulogne en tête ; ses partisans sont les ports de la côte du Calvados. Lesquels ont raison ? Je ne saurais en juger ; mais, à s'en rapporter au simple bon sens, il semble que pêcher de cette manière barbare, c'est tuer la poule aux œufs d'or, c'est couper l'arbre au pied pour en avoir le fruit.

Indépendamment de l'usage désastreux du chalut, il est

la morue et le congre, qui ne tiennent pas le fond de la mer, mais nagent entre deux eaux.

» Le nombre des hommes employés à la pêche du chalut n'est que le quart de celui qui est employé dans les autres barques de pêche. Sous ce point de vue, le chalut est préjudiciable à la formation des marins, contraire à l'intérêt de l'État ; il l'est aussi sous le point de vue de l'industrie, puisque les frais d'armement d'un chalutier (bateau à chalut) étant de moitié moindres que ceux d'un bateau à filets dormants, il y a un moins grand nombre d'individus intéressés dans cet armement, et moins de capitaux en mouvement.

» On compte au moins soixante barques chalutières appartenant au quartier de Dieppe. Il en vient de la côte du Calvados de cent à cent vingt. Le terme moyen de la capacité de ces barques est d'environ vingt-cinq tonneaux. Une partie des propriétaires de ces barques, à Dieppe, leur donnent cette destination avec répugnance ; ils verraient avec joie l'ordonnance qui mettrait fin à ce mode de destruction. » *Notice sur Dieppe*, par M. Féret. 1824, pages 65 et suiv.)

une autre cause de ruine pour notre pêche : c'est la coutume, qui s'est introduite dans tous nos ports, d'armer, non plus pour la pêche, mais pour l'*achat* du hareng. Les pêcheurs de la côte de Basse-Normandie, ceux qui préconisent le *chalut*, sont encore les premiers auteurs de ce funeste usage. Ils ont donné l'exemple, il a bien fallu qu'on les imitât. Au lieu de pêcher loyalement, avec le nombre d'hommes et de filets nécessaires, ils ont trouvé plus d'avantage à n'embarquer sur leurs bateaux que quelques marins, munis, pour la forme, de quelques filets, et à rapporter des chargements de harengs achetés à prix d'argent soit aux Anglais, soit aux Hollandais. Il est vrai que depuis assez long-temps ce poisson abandonne nos côtes, tandis qu'on le ramasse, pour ainsi dire, à la pelle chez nos voisins. Mais il eût été bien désirable, dans l'intérêt de notre marine, que des interdictions sévères eussent réprimé dès l'abord une fraude qui peu à peu est devenue générale, et qu'il est impossible maintenant d'interdire efficacement.

Il est vrai que, si notre petite pêche, notre pêche côtière, est en décadence, la *grande pêche*, la pêche de la morue sur le banc de Terre-Neuve, fait plutôt quelques progrès. A l'exemple de Fécamp et de plusieurs autres ports de la Manche ou de l'Océan, Dieppe a, dans ces dernières années, doublé le nombre de ses armements pour Terre-Neuve. On ne destinait, il y a douze ans, à cette pêche que quinze ou vingt navires, dont le tonnage variait entre soixante et deux cents tonneaux ; on en compte aujourd'hui plus de trente, et quelques-uns jaugent environ trois cents tonneaux.

A la vérité, les primes accordées par le gouvernement soutiennent seules cette industrie ; mais, quelque factice que soit cette base, elle n'en est pas moins solide. La France veut avoir une marine : or sa navigation marchande ne lui fournit que de faibles ressources pour recruter ses équipages. Il faut donc nécessairement, non dans l'intérêt des ports de pêche, mais dans l'intérêt de l'État, que l'industrie de la pêche, et surtout de la pêche lointaine, soit fortement encouragée. On l'a dit et reconnu de tout temps, les ports de pêche sont la pépinière et l'école des bons marins[1]. Je ne plaide pas là seulement la cause de Dieppe, et pourtant, j'en prends pour juges tous les pêcheurs de France, parmi nos ports de pêche, Dieppe n'a-t-il pas droit à une sorte de prédilection? Où trouver ailleurs de si vieilles traditions d'adresse, de coup d'œil, de sang-froid et de courage?

Je ne sais si j'obéis à des impressions d'enfance, car c'est dans ce petit port que j'ai vu la mer pour la première fois; mais pour moi le type du véritable homme de mer, c'est le marin dieppois. Dans les ports de guerre, le matelot est une espèce de soldat; dans les ports de commerce, il est presque un commis; ici, au contraire, il est purement marin : c'est un homme qui passe ses nuits et ses jours seul ou presque seul dans sa barque, naviguant pour son compte, à ses risques et périls, luttant corps à corps avec les flots. Cette indépendance, cet isolement, donnent à son âme une trempe plus forte. Il est navigateur, non par devoir et par discipline, mais par plaisir, par instinct, par nature : aussi sa physionomie, ses allures, ses habitudes, tout en lui est amphibie, pour ainsi dire : ce n'est pas un homme, c'est un loup de mer.

Le costume de ces matelots dieppois est presque aussi particulier que leur personne, et contribue à les distinguer

---

[1] « Non-seulement les ports de pêche forment et occupent un grand nombre de matelots, mais ces matelots sont infiniment meilleurs que ceux qui font le grand commerce. Les premiers ont une vie dure et active, parce qu'ils sont occupés jour et nuit aux manœuvres périlleuses que nécessitent l'entrée et la sortie des ports, et parce qu'à la mer ils sont continuellement occupés, au lieu que dans les voyages de long cours les seconds n'ont presque rien à faire. » (*Mémoire sur la nouvelle passe du port de Dieppe, lu en 1787 à l'assemblée des ponts-et-chaussées.*)

des marins de toutes les autres côtes de France. Ils portent par-dessus leurs culottes une large *cotte* ou cotillon plissé qui descend à peu près jusqu'aux genoux. Cette cotte est faite en grosse toile de navire ; les dimanches et jours de fête, elle est de toile blanche. Leur veste est une espèce de camisole à grandes manches, en gros drap bleu pluché, taillée carrément et ornée par-devant de deux rangs de larges boutons de corne noire. Enfin, pour coiffure ils ont ordinairement un gros bonnet de laine bleue et blanche, quelquefois rouge. Depuis quelque temps ce bonnet est souvent remplacé par le vulgaire chapeau ciré.

Les Polletais sont vêtus à peu près de la même façon. Jadis ils se distinguaient des Dieppois au moins autant par leur costume que par leurs mœurs et leur langage. J'ai déjà dit que pendant long-temps la ville et le faubourg n'avaient pas vécu en très-bonne amitié. C'était plus que de la rivalité, plus qu'une jalousie de voisinage : la mésintelligence semblait provenir d'une vieille antipathie. Peut-être ces Polletais sont-ils originaires de quelque rive étrangère ; peut-être se seront-ils établis sur le territoire de Dieppe, de gré ou de force, soit dès la naissance de la ville, au onzième siècle, soit après sa ruine, en 1195. Ceux qui soutiennent cette dernière hypothèse supposent qu'on ne trouve aucune trace de l'existence du Pollet avant la fin du treizième siècle. Ils affirment même que la première fois qu'il en soit fait mention, c'est dans des lettres patentes de Philippe III datées de mars 1283 [1]. Mais il

---

[1] Par ces lettres-patentes, Philippe III cède à l'archevêque de Rouen tout ce qu'il possédait au Pollet, *quidquid in dictâ* villa de Poleto, *cum altâ justitiâ, et focagio, cum hortis et jardinis habebamus.*

Quant à l'étymologie du mot Pollet, dom Duplessis, et d'après lui presque tous ceux qui ont écrit sur Dieppe, veulent la trouver dans ces mots : *Port d'est.* Ils disent, ce qui est vrai, que l'ancien port était à l'ouest ; que lorsque la rivière se fut ouvert un nou-

existe à la bibliothèque de Dieppe un registre de l'ancien prieuré de Longueville dans lequel se trouve transcrite une charte du duc Henri II[1] qui cite le *Polet* et l'église de Neuville. Ainsi l'existence du Pollet est antérieure au treizième siècle; il y a même lieu de croire, d'après quelques documents consignés dans ce même registre du prieuré de Longueville, qu'une chapelle dite du Pollet fut fondée au onzième siècle.

Quoi qu'il en soit, cette population polletaise est, selon toute apparence, une colonie étrangère; peut-être même y a-t-il lieu de supposer qu'elle est d'origine vénitienne[2].

veau lit de l'autre côté de la vallée, on distingua deux ports : l'ancien, sous le nom de *Port d'ouest*, le nouveau sous celui de *Port d'est*, et que peu à peu on prononça *Pordest*, puis *Pordet*, puis enfin *Polet*.

Mais comment trouverions-nous, dès 1283, ces mots *villa de Poleto*, si une prononciation défectueuse avait seule mis en usage le nom de Polet? Remarquez que ce n'est qu'en *français* que *port d'est* peut avoir une analogie éloignée avec *polet*; en latin il n'y a plus aucune ressemblance. Or, en 1283, il n'y avait pas assez long-temps qu'on parlait français pour qu'on eût perdu la trace de cette altération, et pour qu'on traduisît *port d'est* par *villa de Poleto*. Il y a donc lieu de croire que cette étymologie a été faite après coup, et n'a aucun fondement.

Je suppose plutôt que *Pollet* est un mot par lequel on aura désigné la nouvelle colonie, soit que ce fût un sobriquet sans signification, soit qu'il eût un sens dans la langue des colons ou dans celle des indigènes. Ainsi les Vénitiens ont probablement importé à Dieppe l'usage de la boussole. Le mot *polo*, pôle, a pour diminutif, en italien, *poletto*, petit pôle. On peut avoir désigné ainsi dans l'origine cet instrument destiné à indiquer le pôle, et le nom peut en être resté à ceux qui avaient enseigné à se servir de cet instrument. Ceci n'est qu'une pure hypothèse; mais ce que je crois certain, c'est que le mot qu'on traduisait en 1283 par ceux-ci : *villa de Poleto*, était un mot *sui generis*, et non pas une composition de mots altérés par la prononciation.

[1] L'existence de cette charte m'a été signalée par M. Méry.

[2] Cette conjecture n'est peut-être pas aussi hasardée qu'elle en a l'air : nous ne la donnons cependant qu'avec réserve. A moins de

D'abord l'ancien costume polletais était complétement méridional : casaque de drap bleu ou rouge, garnie sur toutes les coutures d'un large galon de soie blanc ou bleu-clair ; toque de velours noir, surmontée d'une aigrette en verre filé ; cravate à glands d'argent; veste à grandes fleurs brodées; bas de soie; souliers de drap à boucle d'argent; puis à la veste, au gilet, à la culotte, des nœuds et des flocons de rubans. Ce clinquant, ce bariolage a-t-il pu être imaginé par des hommes du nord? Il y a là quelque chose du goût espagnol ou italien. Or, bien que dès le onzième siècle les Normands naviguassent sur les côtes d'Espagne et de Portugal, il est à peu près certain que ni Castillans ni Portugais ne parurent dans les ports de Normandie avant le quinzième siècle, c'est-à-dire avant qu'ils fussent entrés dans la carrière du commerce. Au contraire, il est prouvé que les Vénitiens, notamment aux douzième et treizième siècles, à l'époque où la colonie du Pollet semble avoir dû se former, entretenaient avec les Normands des rapports journaliers, et même qu'ils avaient coutume de re-

découvrir des monuments jusqu'ici inconnus, on ne pourra jamais rien affirmer à cet égard. Mais, si l'hypothèse était vraie, quel singulier jeu de la fortune ! ces Vénitiens réduits au modeste rôle de pêcheurs ! la colonie finissant comme la mère-patrie avait commencé !

Selon M. Féret, les Polletais ne sont pas des colons étrangers ; il voit en eux les descendants, les successeurs directs des Gallo-Romains qui étaient établis au pied du coteau de Neuville, et qui, selon toute apparence, étaient des pêcheurs. Dans toutes les fouilles pratiquées de ce côté, et même dans les ravins et excavations naturelles, on trouve des hameçons de bronze. Or, les Polletais encore aujourd'hui excellent dans la pêche à l'hameçon, c'est leur spécialité. J'avoue que cette coïncidence ne suffit pas pour me convaincre. Qu'il y ait eu sur ce rivage des pêcheurs gallo-romains, nul doute. Mais il y en avait aussi sur un grand nombre d'autres points de la côte. Or, à moins de supposer que ceux-là seuls qui étaient établis au pied du coteau de Neuville aient eu des descendants, des successeurs directs, comment expliquer ces mœurs, ce langage, ces habitudes particulières aux seuls Polletais

lâcher à Dieppe quand ils allaient en Hollande ou dans la Baltique. Voilà déjà un premier motif pour que ce soit aux Vénitiens, plutôt qu'à tout autre peuple méridional, qu'il faille attribuer l'origine de ce faubourg du Pollet[1]. Une autre raison qui peut confirmer cette conjecture, et qui me l'a même suggérée, c'est la prononciation molle, efféminée, et pour ainsi dire toute vénitienne, de ces rustiques Polletais. Ils suppriment toutes les doubles consonnes, modifient et adoucissent tous les sons durs; enfin ils *blèsent*, comme certains enfants : les *j* et les *g* sont prononcés par eux comme des *z*. Or on sait que tels sont précisément les caractères de l'idiome vénitien; le *z* s'y reproduit presque à chaque mot.

Voici, comme échantillon du parler polletais, une chanson qui n'est pas brillante de poésie, mais qui peint au naturel l'aspect du port de Dieppe quand les bateaux reviennent de la pêche :

> O veit du bord de Dieppe
> Chinq o six mélangueux [2],
> Cé fem' et cé fillettes
> Chan vonz au-devant d'eux,
> Priant la bor.' maraie [3]
> Que Dieu leuz a baillaie;
> Chinq o six man' à l'hôme
> Qui chan vont démâqai [4].

---

[1] Les Vénitiens avaient fondé des établissements à Bruges et dans presque toutes les villes du nord avec lesquelles ils commerçaient.

[2] Les Polletais appellent *mélangueux* les bateaux qui vont à la pêche du merlan. Ils élident le *r*, et disent *mélan* au lieu de merlan.

[3] *Priant*, c'est-à-dire *remerciant* Dieu de la bonne marée qu'il leur a baillée.

[4] La *man'* est un panier. *Démâqai* veut dire détacher le poisson des hameçons. Ainsi ces deux vers signifient : (Ces femmes et ces fillettes) qui s'en vont détacher assez de poisson pour remplir cinq ou six paniers par homme dans chaque bateau. — On partage le

Vos veyez frère Blaise
Avec chan cocluçon [1]
Carecher cé Poltaises
Pour aveir du peisson ;
Mais moi, ZE feis ma ronde
En Poltais racourchi [2],
Et tout au bout du compte
ZE n'ai qu'un mé*l*an ouït [3].
A vos, zeune fillette,
Qui veut se mariai,
Quand un Poltais s'embarque
I faut lé vitaillai [4] :
Sa bouteille à la caode [5]
Et pi chan *c*icotin [6],
Sa fricassé tout' caode
Et pi chan bout d' boudin.

On rencontre dans cette chanson quelques exemples de cette singulière manière de substituer le $z$ au $j$ et au $g$ ; mais, pour bien juger du rapprochement qu'on peut trouver entre la prononciation polletaise et celle des Vénitiens, mieux vaudrait causer seulement cinq minutes avec un Polletais. Vous trouveriez dans son accent et même dans ses tournures de phrases je ne sais quelle analogie éloignée avec le dialecte du *Rialto*. Au reste, il en est du langage des Polletais comme de leur costume : il se perd et s'ef-

---

poisson ; il y a une part pour le propriétaire de la barque, puis autant de parts que de matelots, mais en proportion de leur âge et de leur talent comme pêcheurs : leur part est aussi plus forte de moitié en sus quand ils ont un filet.

[1] *Cocluçon*, coqueluchon, capuchon de capucin. Les capucins devaient souvent rôder sur les quais du Pollet, car leur couvent était situé dans ce faubourg.

[2] *Racourchi*. Ce mot peut se traduire par *pauvre diable*.

[3] *Ouit*, pourri.

[4] *Vitaillai*, approvisionner.

[5] La *caode*, la chaude, c'est-à-dire l'eau-de-vie.

[6] *Cicotin*, tabac à chiquer.

face chaque jour. Cette chanson elle-même, quoique faite il y a soixante ans, c'est déjà du polletais francisé. Quand le vieux costume était encore dans sa pureté native, c'est-à-dire au commencement du dernier siècle, il était presque impossible d'entendre cette langue bizarre, aussi différente du patois normand que du bon français, et dans laquelle n'entraient pas plus de trois à quatre cents mots de notre langue. Vivant toujours sur leurs barques, se mariant entre eux, conservant religieusement leurs mœurs et leurs habits, les Polletais étaient restés pendant ces quatre ou cinq siècles en état de colonie. Nos lois, nos usages, les progrès des connaissances, les changements survenus dans la société, la marche de la civilisation, en un mot, tout ce qui se passait autour d'eux sur le sol français était pour eux lettre close. Ainsi, quoique naturellement spirituels, pleins de sens et même de malice, ils étaient, dans le commerce de la vie, de la plus incroyable simplicité. Chrétiens et pieux jusqu'à la ferveur, ils n'en ignoraient pas moins les premières notions des choses religieuses, et commettaient les plus grandes impiétés par excès de zèle et de foi. Ainsi, par exemple, leurs curés avaient beau leur faire des remontrances sur leur habitude d'ajouter presque à chaque mot un jurement en guise d'épithète, jamais ils ne purent s'en corriger. Ils s'en accusaient bien à confesse, mais en *jurant* de ne plus recommencer.

Il advint un jour que l'archevêque de Rouen, M. d'Aubigné, crut devoir interdire les vicaires et autres prêtres de la paroisse du Pollet pour punir le curé, qui témoignait quelque penchant aux nouveautés schismatiques. Ce pauvre curé, sans l'aide de ses vicaires, ne pouvait plus suffire à un troupeau si nombreux; et les Polletais, privés de leur contingent de sacrements, juraient, tempêtaient comme des diables. M. d'Aubigné, croyant pouvoir leur faire entendre raison, prit le parti de venir à Dieppe tenir la calende. Les Polletais, instruits de l'arrivée de Monseigneur, ne s'embarquent pas pour la pêche ce jour-là, et s'en vont en foule à Saint-Remy, où ils savaient que M. d'Aubigné devait présider une assemblée d'ecclésiastiques. Hommes, femmes, enfants, se précipitent dans l'église, criant qu'ils veulent que leurs vicaires et leurs prêtres les confessent comme par le passé. L'archevêque se préparait à les pérorer lorsque, les voyant escalader la grille du chœur et hurler contre lui comme une troupe de taureaux furieux, il se hâta prudemment de prendre une porte de derrière. Mais, quand les Polletais n'aperçurent plus dans le chœur sa soutane violette, changeant aussitôt de résolution, ils s'élancent hors de l'église en jurant par tous les saints qu'ils vont jeter le monseigneur à la mer, puisqu'il ne veut pas les laisser se confesser. Heureusement M. d'Aubigné apprit qu'ils l'attendaient sur le pont du Pollet, par où il devait passer pour se rendre à la ville d'Eu. Ne se souciant point de faire un saut dans la mer, il sortit par la porte de La Barre, et, après un long détour, rejoignit son chemin.

Quoique à demi civilisés, les Polletais d'aujourd'hui seraient, je crois, encore capables de noyer leur archevêque pour lui apprendre à censurer leur curé. On me racontait qu'il y a quelques années un pauvre pêcheur du Pollet, relevant de maladie, se traîna comme il put jusqu'à Neuville pour rendre grâces à Dieu de sa guérison dans l'église paroissiale. Il était à genoux devant le jubé, lorsqu'un grand crucifix, suspendu à la voûte, se détacha de ses gonds, et en tombant cassa le bras à notre convalescent. Le pauvre homme, transporté dans sa cabane, fut bientôt si souffrant que le curé crut devoir l'administrer, et lui présenta, selon l'usage, un crucifix à baiser. « Pour » toi, dit le malade au crucifix, ze veux bien : ze t'en » veux pas ; mais pour ton... grand coquin de frère, Dieu » me damne si ze le baise zamais ! »

C'est à l'église, pendant les offices, qu'il faut voir les Polletais pour avoir idée de leur religion et de leur simplicité. Ils sont dans l'attitude d'une piété profonde, s'agenouillant sur la pierre et remuant gravement leur chapelet entre leurs doigts ; mais, quand vient le moment de chanter pour répondre à l'officiant, c'est le bruit du tonnerre, le mugissement des flots. Jamais je n'ai entendu musique plus sauvage, plus effrayante. Ces pauvres gens semblent croire que plus ils crieront, mieux leurs prières seront entendues. Ils parlent à Dieu comme à leurs mousses, et chantent les psaumes comme ils commandent la manœuvre.

Leur douleur est moins bruyante que leur piété. L'enterrement d'un Polletais est un spectacle sublime de silence, de recueillement et de résignation. Ils disent adieu à ceux qu'ils perdent avec cette touchante simplicité des anciens âges. Je vis, pendant mon dernier séjour à Dieppe, porter à la chapelle des Grèves un brave maître de bateau qu'on estimait dans le port, qu'on adorait au Pollet, sa patrie et sa demeure. La veille au soir il revenait de la pêche ; le lendemain il avait succombé au choléra. Cette mort foudroyante était un deuil public : tous les matelots du faubourg assistaient à ce convoi. Le porte-croix marchait en tête. Il était suivi de deux prêtres disant des prières à voix basse. Ensuite venait le corps ; porté à bras par six matelots, amis ou parents du capitaine. On voyait ensuite ses deux fils, et derrière eux ses amis et la longue file des pêcheurs marchant deux à deux. Enfin, après les hommes, venait, à une petite distance, le cortège des femmes, conduit par la fille et les sœurs du défunt. Elles étaient toutes enveloppées d'une grande mante noire, la tête couverte d'un capuchon. On ne saurait imaginer quel effet lugubre et déchirant produisait la présence de ces femmes, leur costume, leur silence, l'ordre religieux qui présidait à toute la cérémonie, et qui semblait provenir d'une communauté de sentiments, d'une unité de douleur, que l'égoïsme de la civilisation semble avoir bannies de nos villes. Jamais je n'oublierai le spectacle de ce convoi, jamais je n'en saurais exprimer les touchantes beautés !

L'ancienne mésintelligence entre Polletais et Dieppois est presque entièrement éteinte aujourd'hui : il s'est fait comme un compromis entre les deux races. Les Dieppois ont pris quelque chose du costume et même du langage des Polletais ; les Polletais, de leur côté, sont peu à peu devenus Dieppois. Il est difficile à présent de les distinguer les uns des autres non-seulement sur terre, mais sur mer. Leur manière de naviguer, la forme de leurs barques, leurs instruments de pêche sont presque semblables ; et, s'il s'y trouve encore des différences, un œil très-exercé peut seul les saisir [1].

J'ai vu quelquefois prendre en pitié ce port de Dieppe, où l'on ne voit, me disait-on, que des *barques* et des *bateaux*. En effet, si vous arrivez de Brest, de Toulon ou seulement du Havre, vous êtes tenté de demander où sont les navires ; de même qu'un Parisien sortant de nos habitations à quatre ou cinq étages, pourrait dans certains villages demander, en levant la tête, où sont les maisons, où sont les cheminées ? Dans ce port de Dieppe presque point de mâts de hune entés les uns sur les autres jusqu'à la hauteur de cent ou de deux cents pieds : les mâts n'ont en général qu'un *étage;* ils ne portent qu'un seul rang de voiles, rarement deux : ces voiles sont robustes, épaisses, et toutes noires de goudron. Rien de moins élégant, de moins léger, de moins finement dessiné que ces embarcations : elles ont plutôt la forme d'un sabot que d'un navire ; leur voilure est lourde et disgracieuse ; vous diriez les *barges* du moyen âge, telles qu'elles sont figurées dans les vieux écussons de la ville [2]. Eh bien, soit ; mais

---

[1] Il est à remarquer cependant que les bateaux de Dieppe sont en général des barques *chalutières*, tandis que le Pollet n'en admet pas.

[2] Les armes de Dieppe sont une *barge* ou navire dans un écu parti d'azur et de gueules.

sortez du port, allez sur la jetée, et regardez ces lourdes barques courir et louvoyer dans la rade : vous les prendrez pour des hirondelles de mer, tantôt glissant d'une aile agile, tantôt se balançant avec grâce sur les flots. Une fois gonflées par le vent, ces voiles grossières prennent les formes les plus délicates, et leurs profils se diversifient à l'infini selon la direction que suit chaque bateau, selon qu'il prend le vent en poupe ou en flanc, selon qu'il file ou qu'il louvoie.

Je conçois que des marins accoutumés aux grandes manœuvres d'un vaisseau de guerre, initiés aux découvertes modernes de la science nautique, prennent fort peu d'intérêt aux évolutions de cette flottille de pêcheurs ; j'avoue même qu'il est tout autrement imposant de voir s'avancer à pleines voiles quelques majestueuses frégates servant de cortége à un immense navire à trois ponts : ce spectacle sublime grandit l'homme à ses yeux, lui révèle la force et l'étendue de son esprit, mais l'enfance de l'art a bien aussi ses charmes : j'aime ces barques rustiques, je leur sais gré de leur agilité et de leur adresse, précisément parce qu'elles ne sont ni compliquées, ni savamment construites ; il me semble que ce soient ces pêcheurs eux-mêmes qui nagent et volent sur les ondes ; plus les agrès sont simples, plus la part de l'homme l'emporte sur celle de la mécanique, plus il y a de poésie, de cette poésie simple, primitive, sans art et sans calcul. La vue d'une rade sillonnée par de grands vaisseaux, c'est une magnifique épopée : contempler la rade de Dieppe et les barques qui la couvrent, c'est lire de vieux fabliaux, c'est écouter d'anciennes ballades, d'anciens chants populaires.

L'aspect du port, soit au départ, soit au retour des pêcheurs, offre aussi les scènes les plus pittoresques, les tableaux les plus variés. Ici ce sont les femmes, les enfants, les vieux marins infirmes qui halent les bateaux [1], marchant

[1] Les bateaux sont forcés de se faire haler aussi bien pour entrer que pour sortir, parce que le port étant abrité d'un côté par

en cadence, le corps penché et comme attelés à ces longues *amarres*. Plus loin on débarque le poisson, on l'entasse en monceaux, on le transporte dans de petites hottes; c'est un mouvement, une bigarrure de couleurs, un cliquetis de paroles qu'il est impossible d'imaginer.

Mais on se lasse assez vite de ce bruit, de cette agitation, tandis qu'il y a toujours un attrait nouveau dans le spectacle de la jetée, dans la vue de la rade et de l'entrée du port. On ne connaît pas cette jetée de Dieppe, on ne pourra pas comprendre le charme que j'y trouve, si deux ou trois fois par hasard on est allé s'y promener; il faut avoir séjourné dans la ville, et chaque jour, au moment de la marée, être venu passer quelques heures sur ces pierres et sur ces vieilles poutres de bois rongées par la mer. Comme l'heure de la marée change continuellement, ce sera chaque jour un tableau nouveau; vous connaîtrez toutes les nuances diverses de la mer et de l'atmosphère, depuis la vapeur légère et transparente du matin jusqu'à l'éclat pourpré du soleil couchant, lorsque son disque de feu s'éclipse par degrés dans les flots : les accidents de la lumière, le jeu fantastique des nuages, leur forme bizarre, le caprice des vents, tantôt frémissants et impétueux, tantôt légers et caressants, tout vous attache, tout vous captive; vous suivez de l'œil et de la pensée ces vagues toujours les mêmes et toujours diverses, condamnées à suivre un mouvement uniforme, et semblant n'obéir à cette loi qu'avec liberté, et chacune à sa manière. Admirable monotonie sur laquelle plane une infinie variété; symbole de la beauté

---

la falaise du Pollet, de l'autre par les maisons de la ville, le vent n'y pénètre jamais; aussi, même au fort de la tempête, les vaisseaux amarrés aux quais sont en repos, il suffit de très-faibles câbles pour les tenir, tandis que, dans la plupart des autres ports, au moindre vent les vaisseaux s'entre-choquent, et les câbles se rompent. Sous ce rapport, Dieppe est un des ports les plus sûrs de la Manche.

de ce monde, de la beauté telle que la veut notre esprit, telle que la cherchent nos yeux.

Et quand, sur ce magnifique théâtre, les acteurs viennent tout à coup jeter le charme de la vie et de l'individualité, quand vous êtes tiré de votre rêverie par ces innombrables barques qui courent et se jouent sur la plaine immense, alors dites-moi si cette jetée n'est pas un lieu de magie et de séduction! Tout à l'heure, en arrivant, vous comptiez à l'horizon vingt, trente, cinquante points noirs; maintenant ce sont autant de navires qui se pressent à l'entrée du chenal, et s'y introduisent tour à tour, chacun avec une allure, une pose, une physionomie différente. Puis, quand tout le cortége est rentré, un autre spectacle commence : ceux qui sont restés dans le port profitent, pour en sortir, de la marée qui va baisser. Vous les voyez alors s'avancer lentement, traînés, tirés par des cordes comme de pauvres chariots embourbés : leurs voiles sont détendues et flottantes; vous diriez une procession de malades, les bras tombants, les joues décharnées, se traînant à pas lents pour aller prendre le bon air : mais à peine ont-ils doublé la pointe du chenal, ce bon air, ce vent de mer les saisit, les ranime; leurs voiles se tendent et se gonflent, ils semblent retrouver spontanément leur énergie, et tout à coup, bondissant de vigueur et de santé, ils s'élancent et atteignent l'horizon. En moins d'une heure ce sont eux qui à leur tour deviennent de petits points noirs, jusqu'à ce qu'enfin votre œil renonce à les suivre et les perde dans l'immensité.

Quelque beau que soit ce spectacle, les bourgeois de Dieppe viennent rarement en jouir; s'ils sortent de leurs boutiques et de leurs maisons, ce n'est pas vers la mer qu'ils portent leurs pas. Mais de vieux matelots que leur âge ou leurs blessures condamnent à ne plus naviguer, s'en viennent tous les matins s'asseoir sur ces bancs de bois, et passent leur journée à contempler d'un œil d'amour et de regret cette mer qui a fait divorce avec eux. Ils viennent chercher des illusions, entendre le bruit des vagues, humer l'air salin : c'est presque comme s'ils étaient encore à bord. Approchez-vous d'eux : vous les rendrez si heureux en écoutant leurs longues histoires ! peut-être même ne vous plaindrez-vous pas de les avoir entendues. Mais causez surtout avec Bouzard, leur chef, leur modèle, le maître-pilote, le capitaine de la jetée. Bouzard est le gardien du phare, le gardien des approches et de l'entrée du port. Quand la mer est assez haute pour qu'on puisse sans danger entrer dans le chenal, Bouzard en donne avis aux bâtiments qui sont en rade en hissant un pavillon s'il fait jour, en allumant son phare si c'est la nuit. Survient-il un gros temps, Bouzard prend son porte-voix ; s'attache, pour n'être pas emporté par la mer, à ce gros poteau de bronze planté sur le parapet à l'extrémité de la jetée ; et de là, malgré les vagues qui le fouettent et le couvrent d'écume, il essaie de se faire entendre des navires que le vent pousse à la côte, il leur signale le chemin qu'ils doivent suivre pour se sauver. Combien de malheureux n'a-t-il pas arrachés à la mort, soit du haut de ce poste périlleux, soit en se jetant lui même à la mer ! Il y a plus de cent ans que, de père en fils, les Bouzard sont gardiens du phare [1], toujours debout, toujours l'œil sur la mer, la nuit et le jour, l'hiver comme l'été, au fort de la tempête comme par les beaux temps. Le Bouzard d'aujourd'hui est un marin de bonne mine, pilote habile et vénéré dans le port [2]. Il parle à la polletaise ; sa physionomie, quoique défigurée par des blessures, est agréable à force de bonté ;

---

[1] Non loin de la jetée on voit une maison que la reconnaissance publique a consacrée à cette famille ; elle a été bâtie aux frais de la ville pour le père de Bouzard, lequel avait, je crois, sauvé onze personnes dans divers naufrages. Il fut récompensé par Louis XVI, et sous l'empire il reçut la croix d'honneur.

[2] Il est mort depuis 1832. Il avait été, en 1835, décoré, comme son père, de la croix d'honneur. C'est encore un Bouzard qui lui succède.

son costume est original : il porte, comme beaucoup de matelots dieppois, des boucles d'oreilles d'or longues de deux pouces ; jamais à son humeur on ne devinerait la rude vie qu'il mène ; il est aussi gai qu'intrépide.

Vers les derniers jours d'août 1832, je le voyais sans cesse braquer sa lunette du côté du couchant. « Que cher- » chez-vous, Bouzard ? — Les *Terre-Neuviers,* me dit- » il, il y a plus de cinq mois qu'ils sont partis ; ils de- » vraient être ici. » Le lendemain sa figure était rayonnante. « Voyez-vous là-bas, à la hauteur du cap d'Ailly ? voilà le » premier ; il entrera ce soir. » En effet, en suivant la direction que m'indiquait son doigt, j'aperçus à cinq ou six lieues en mer un beau brick sur ses ancres. Une chaloupe vivement poussée par six rameurs sortait en ce moment du chenal ; elle conduisait, selon l'usage, un pilote chargé d'apprendre au capitaine du brick ce qui s'était passé dans la ville depuis son départ, et d'instruire au retour le capitaine du port des morts ou maladies survenues à bord pendant la traversée. Qu'on juge comme le cœur doit battre à ces pauvres matelots quand ils voient approcher la chaloupe du pilote ! leurs pères, leurs mères, leurs enfants, vivent-ils encore ? depuis cinq mois, que de choses ont pu se passer ! Toutefois, la discipline leur défend d'adresser des questions au pilote ; le capitaine le conduit dans sa cabane, s'entretient un instant avec lui à voix basse, puis le reconduit à la chaloupe, toujours en silence. Si par malheur un des hommes de l'équipage a de tristes nouvelles qui l'attendent, le capitaine se réserve le soin de les lui faire savoir.

La mer ne devant être pleine qu'entre huit et neuf heures, le brick resta sur ses ancres toute la journée ; mais au coucher du soleil on le vit décarguer ses voiles, puis grandir peu à peu et entrer enfin dans le chenal d'un air svelte et triomphant. Quoiqu'il fît nuit close, les deux jetées étaient couvertes de monde ; tous les pêcheurs, tous les matelots et leurs femmes souhaitaient la bienvenue à ces pauvres camarades partis depuis si long-temps. La pêche avait été bonne; l'équipage du *Jeune-Henri*, c'était le nom du navire, poussait des cris de joie, des cris de bonheur, et chantait à pleine voix une chanson d'un rhythme bizarre, d'une mélodie sévère, singulièrement accentuée, et qui, répétée par les échos de la falaise et accompagnée pour ainsi dire par le frémissement de la foule, produisait un effet aussi solennel que la plus belle musique d'église. La scène était éclairée de temps en temps par la lune glissant au travers des nuages; mais alors on voyait à sa clarté, sur le pont du navire, au milieu des autres matelots chantant, criant, hissant les voiles, travaillant aux cordages, un jeune homme de quinze à vingt ans, l'air morne et abattu, appuyé tristement contre de vieux barils : lui seul ne chantait ni ne travaillait; le capitaine l'avait averti que son père était mort du choléra, et que sa mère et ses huit frères en bas âge n'avaient plus que lui pour les nourrir. « Pauvre garçon! disait une femme à mes côtés dans la foule : il était si gai en partant! *C'est qu'il faut toujours attendre avant de savoir si on rit d'un bon rire,* » ajouta-t-elle en faisant un gros soupir. Cette réflexion ne m'étonna plus quand on m'eut dit que cette femme avait aussi ses trois fils à bord d'un *Terre-Neuvier*.

Dans les ports de guerre ou de grand commerce, c'est un hasard si vous rencontrez parfois de ces scènes touchantes; les hommes n'y sont pour ainsi dire que des chiffres : accidents, morts, naufrages, tout cela est froidement porté au compte des profits et pertes. Dans un port de pêche, au contraire, l'humanité conserve ses droits; ces pêcheurs ne sont endurcis qu'aux fatigues, leurs âmes sont jeunes, naïves, accessibles à tous les sentiments de famille, à toutes les émotions généreuses; aussi, je le répète, si vous voulez exalter votre imagination, s'il vous faut des spectacles grandioses, allez à Brest, allez au Havre;

mais venez vivre avec ces Polletais et ces Dieppois, si vous voulez connaître la vie de mer dans ce qu'elle a d'intime et de touchant, si vous avez moins besoin d'admirer que d'être ému !

FIN DE LA TROISIÈME PARTIE.

# HISTOIRE
# DE DIEPPE.

## QUATRIÈME PARTIE.

### LES ENVIRONS DE DIEPPE.

# HISTOIRE DE DIEPPE.

## QUATRIÈME PARTIE.

## LES ENVIRONS DE DIEPPE.

### CHAPITRE PREMIER.

#### LA CITÉ DE LIMES. — TRADITIONS.

Nous sommes hors de la ville : plus de port, plus de pêcheurs, plus de navires ; mais quatre belles vallées se présentent à nous, quatre vallées tapissées de verdure, peuplées d'églises, de châteaux, de ruines, de souvenirs.

Toutefois, avant de côtoyer ces ruisseaux transparents, avant de pénétrer dans ces riants paysages, il est un lieu aride, dépouillé d'arbres, d'un aspect rude et sévère, où nous devons porter nos pas. Là, nous trouverons un monument aussi imposant en son genre que la plus majestueuse cathédrale ou le plus formidable donjon. Ce n'est point une œuvre d'art : sa beauté n'est point dans ses formes, elle est dans sa grandeur, dans son antiquité. De la terre et du gazon, voilà tout ce monument : mais c'est la main des *Gallo-Belges* qui a remué cette terre ; c'est aux premiers habitants du rivage normand que ces tertres immenses ont servi de refuges. De là le respect solennel qu'ils inspirent. Il existe bien en France de nombreux monuments gaulois; mais il n'y a, je crois, que les champs druidiques de Carnac et le *mur païen* de Sainte-Odille dont les proportions soient assez grandioses pour soutenir la comparaison avec cette *cité de Lime*, ou, comme on dit à Dieppe, avec ce *camp de César*.

Il faut, pour nous y rendre, traverser une partie du Pollet, puis gravir la falaise en passant à côté des débris à peine visibles de l'ancien fort bâti par les protestants: bientôt nous atteindrons l'emplacement de la bastille de Talbot, et, parvenu enfin au sommet de la côte, nous prendrons le sentier qui en suit le bord escarpé. Au bout d'une demi-heure, on arrive ainsi à une gorge ou petit vallon; dans le fond du ravin, sur le bord du rivage, vous apercevez les huttes des douaniers gardes-côtes, chétives cabanes entourées de petites redoutes en terre, et qui, jetées au milieu de ce cite sauvage, semblent la demeure de quelque autre Robinson; à droite, dans le haut de la gorge, le pauvre hameau du Puy laisse voir ses cheminées et ses toits de chaume, entremêlés d'arbres rabougris, au feuillage terne et souffrant; à gauche, c'est la mer et son immensité; enfin, vis-à-vis de vous, de l'autre côté du vallon, sur la crête de la colline opposée, vous voyez comme un grand rempart de gazon dont les lignes fortement prononcées se dessinent sur le ciel.

Déjà de cette distance ce fragment de rempart gazonné a un caractère de grandeur qui éveille la curiosité et parle à l'imagination. Mais quand vous avez franchi le vallon, et que debout sur le rempart lui-même vous le voyez non-seulement accompagner la sommité du coteau, mais tourner dans la plaine et se prolonger à perte de vue, alors vous vous demandez, avec surprise, à quelle fin, dans quel siècle, par quelle race d'hommes cet ouvrage immense a pu être exécuté. Ces monticules, dont le pied est bordé de chaque côté par un fossé, dont la hauteur est presque partout la même, la pente presque égale dans toute leur étendue, ne peuvent être évidemment une création de la nature; vous n'avez pas même l'idée de le supposer [1]. La main des hommes se reconnaît dans cet ouvrage aussi bien que dans un monument de pierre, et c'est précisément parce que votre esprit reconnaît la main des hommes que vos yeux suivent avec tant d'étonnement cette chaîne montueuse semblable à l'enceinte d'une grande cité vide de maisons, et nivelée par la charrue.

Quiconque verra cette immense circonvallation ne pourra se défendre d'une impression profonde: paysan, bourgeois, savant, chacun admire, chacun s'étonne à sa manière. Aussi de tout temps ce lieu a-t-il été visité par des curieux; de tout temps a-t-on essayé d'en expliquer l'origine et la destination.

Au mois de novembre 1617, Louis XIII, tout jeune encore, étant venu passer quelques jours à Dieppe, on lui fit faire d'abord des parties de pêche, des promenades sur mer, puis, entre autres divertissements, on le conduisit à la cité de Limes. Il était accompagné des ducs d'Orléans, de Mayenne et de Nemours, de MM. de Rohan, de Vitry, de Luynes, et de quelques autres gentilshommes. Ces messieurs, après avoir visité cette enceinte, décidèrent d'une commune voix que c'était un camp, et que les Romains seuls pouvaient avoir exécuté un tel ouvrage; on dit même que, par mille bonnes raisons, ils démontrèrent au jeune monarque que, selon toute probabilité, Jules César avait fait reposer ses légions sur cette falaise.

S'il fallait en croire les chroniques manuscrites que j'ai sous les yeux, ce serait depuis cette époque, et par respect pour l'autorité et les lumières de ces nobles voya-

---

[1] Quand les habitants du pays parlent de ces levées de terre, ils disent le *mur*; le *mur* d'amont, le *mur* d'aval, selon qu'ils veulent désigner telle ou telle partie de l'enceinte.

geurs, que la coutume se serait établie à Dieppe de désigner ce lieu par le nom de *Camp de César,* au lieu de l'appeler *Cité de Limes,* comme on avait fait jusque-là. Il est probable cependant que, long-temps avant Louis XIII et la savante consultation de ses gentilshommes, une tradition populaire attribuait cette enceinte aux Romains : les paysans la nommaient dès lors, comme ils l'appellent aujourd'hui, le *Câtel;* et ce mot, qui vient de *castrum, castellum,* indique presque toujours, en Normandie, un lieu que les Romains ont habité ou fortifié : nous verrons tout à l'heure ce qui justifie cette fausse tradition, et quelle est vraisemblablement son origine.

Mais que les courtisans de Louis XIII en soient inventeurs, oui ou non, peu importe, la tradition existe : la cité de Limes est *un camp romain*, *un camp de César;* c'est là ce que tout le monde vous dit; c'est l'explication qui a cours non-seulement dans les hôtelleries de Dieppe, mais dans les plus savants ouvrages, dans les recueils les plus érudits [1].

D'autres systèmes ont encore été imaginés, mais à la vérité sans faire aussi belle fortune. Ainsi les uns ont dit que ce n'était pas César, mais Charlemagne qui avait élevé ces remparts; d'autres en ont fait l'ouvrage des Saxons et des barbares du Nord; d'autres, trouvant que ce n'était pas encore assez rajeunir cet antique monument, ont voulu l'attribuer à Philippe-Auguste, lequel aurait, à les entendre, improvisé cet ouvrage cyclopéen avec sa petite armée quand il prit Dieppe d'assaut en 1195 : alors ce serait le camp de Philippe qui aurait pris le nom de camp de César; « erreur de dénomination, ajoutent-ils, qui a » pu venir du surnom d'Auguste donné à ce prince [2] ». Enfin, on est allé jusqu'à vouloir que ce fût au quinzième

---

[1] On lit dans le dictionnaire de Trévoux que les hommes instruits du pays regardent ce *camp romain* comme *un camp de Jules César.*

[2] Voyez *Mémoires chronologiques*, tome I, page 20.

siècle, il n'y a pas quatre cents ans, que ce fut Talbot en un mot, qui eût fait élever ces retranchements : on a confondu ces énormes remparts de terre qui n'ont guère moins d'une lieue de tour avec la bastille de bois de Talbot; on a confondu cette falaise, qui est éloignée de la ville d'environ quinze cents toises, avec celle du Pollet, qui n'en est qu'à deux pas; et ce sont des écrivains d'un certain mérite, d'une certaine réputation, qui ont fait et imprimé cette étrange méprise historique.

On pense bien que lorsque M. Féret entreprit ses savantes recherches sur la cité de Limes, il n'eut pas besoin d'entrer dans de grands détails pour faire justice de ces mystifications. Indépendamment des impossibilités topographiques et de tant d'autres impossibilités, qui ne sait que du temps de Talbot, et même à l'époque de Philippe-Auguste, l'usage était depuis long-temps perdu de faire camper les armées dans des lieux fortifiés de cette sorte, et que les simples palissades avaient remplacé les fossés et les murs de gazon?

M. Féret n'eut pas de peine non plus à démontrer que la cité de Limes ne pouvait pas être un établissement de Charlemagne : il parvint également à acquérir la certitude que si les Saxons ou autres hommes du Nord s'étaient réfugiés et fortifiés quelquefois dans cette enceinte, à coup sûr ils l'avaient trouvée toute faite, n'ayant jamais eu le loisir ni le nombre de bras nécessaires pour élever des constructions aussi gigantesques.

Tous ces systèmes une fois mis de côté, restait encore la question de savoir si la cité de Limes n'est pas un camp romain, et, par respect pour une tradition aussi accréditée, M. Féret devait donner à cette question l'attention la plus sévère. L'antiquité nous a laissé des notions positives sur la forme des camps romains : Polybe, Jules-César, Flavius Josèphe, Hygin, Végèce, entrent à ce sujet dans des détails circonstanciés : or, après s'être livré à une étude approfondie de ces écrivains, M. Féret reconnut que la cité de Limes ne pouvait pas être un camp romain, d'abord parce que la forme de son enceinte est irrégulière, et qu'il est impossible d'y trouver le *carré long*, qui paraît avoir été de tout temps la figure consacrée aux campements des armées romaines[1]; en second lieu, parce que l'assiette est trop inégale, et qu'il serait impossible que le prétoire placé au milieu du camp en dominât toute l'étendue, ainsi que la règle le voulait encore; enfin parce que les ouvertures qui paraissent avoir été les portes ou entrées de la cité de Limes ne sont nullement disposées dans l'ordre symétrique prescrit par les principes de la castramétation romaine. Il faut ajouter que le *vallum* d'un camp romain n'avait pas plus de 25 pieds d'élévation, tandis qu'on trouve aux remparts de la cité de Limes, affaissés cependant par le poids de tant de siècles, une hauteur moyenne de 39 à 40 pieds, hauteur qui devait être plus grande lorsque les fossés n'étaient pas, comme aujourd'hui, à demi comblés. Par toutes ces raisons, et par d'autres encore qu'il nous faut omettre ici[2], M. Féret acquit la certitude que ce n'était ni par des Romains, ni pour loger des légions, que ces retranchements avaient été élevés.

Mais s'ils ne sont l'ouvrage ni de Talbot, ni de Philippe-Auguste, ni des Saxons, ni de Charlemagne, ni des Romains, à qui les attribuer? Ce fut pour trouver réponse à cette question que M. Féret entreprit des fouilles.

---

[1] En supposant que dans les derniers temps de l'empire les Romains ne se soient pas toujours astreints à donner à leurs camps la forme d'un parallélogramme, ainsi que cela paraît probable, il n'en est pas moins certain qu'ils campaient toujours selon des lois de discipline qui ne peuvent jamais avoir été observées dans ce terrain de la cité de Limes, qui est coupé, inégal, et ne présente aucune forme précise.

[2] *Voyez*, dans le tome III des Mémoires de la Société des Antiquaires de Normandie (année 1826), le traité de M. Féret intitulé *Recherches sur le camp de César ou cité de Limes*, etc.

Il commença par attaquer de petits monticules formant une chaîne en ligne droite et perpendiculaire au rempart, dans la partie ouest de l'enceinte, non loin de la mer. Ces tertres, au nombre de dix-sept, avaient l'apparence de tombeaux; et en effet le premier qui fut ouvert contenait à sa base des restes d'ossements, des débris de vases, une grande quantité de charbon, des fragments de cuivre oxydé et de fer rongé par la rouille. On en ouvrit un second, et l'on y fit les mêmes découvertes. La disposition des diverses couches de terrain, la forme et l'arrangement de l'aire sur laquelle le corps paraissait avoir été brûlé, la qualité des poteries, tout dans ces monticules était exactement conforme à l'intérieur des *tombelles* ou *tumuli* dont les peuples septentrionaux faisaient leur sépulture. Ce ne sont pas les Romains qui se contentaient de ces rustiques tombeaux. L'usage en remonte aux époques antérieures à l'invasion des Gaules; et si les Gallo-Romains ont pu, dans certains lieux, s'y conformer encore long-temps après la conquête, ce ne fut qu'avec des modifications et des raffinements qui donnent à ces tombelles plus modernes un caractère particulier et facile à reconnaître. Ce caractère ne se retrouve pas dans les *tumuli* de la cité de Limes; et d'ailleurs les fragments de vases et de poteries qu'on y a ramassés sont tellement grossiers, qu'il est impossible de se méprendre sur leur date. La pâte en est friable, mal préparée, pleine de petits cailloux, d'une couleur brune et noirâtre : elle n'a pas subi l'action du feu, et a été moulée, non point au tour, mais à la main. Ce n'est que dans les tombeaux gaulois, antérieurs à la domination romaine, qu'on retrouve des vases de cette espèce. Il y a plus, tout ce que César raconte des usages particuliers aux Gaulois habitants de cette côte, c'est-à-dire aux Gallo-Belges, se rapporte parfaitement aux débris trouvés dans ces tombeaux de la cité de Limes; on y voit les anneaux de fer de différents poids qui leur servaient de monnaie [1], et les os des porcs et autres autres animaux que, suivant leur coutume, ils brûlaient sur le bûcher des morts [2].

Ces premières fouilles prouvèrent donc jusqu'à l'évidence que le sol de la cité de Limes renfermait des vestiges antérieurs à l'époque romaine. Mais de ce qu'il était démontré que des Gallo-Belges avaient été enterrés dans ce lieu, pouvait-on en conclure que les remparts qui l'environnent fussent d'origine gallo-belge? On était peut-être en droit de le supposer, bientôt on fut en état de s'en convaincre.

En effet, si dans le fond des fossés qui bordent ces remparts, et qui sont nécessairement de la même époque, puisque c'est avec la terre qu'on a tirée des fossés que les remparts ont été formés, si, dis-je, au fond de ces fossés on retrouvait la trace non plus seulement des tombeaux, des *tumuli*, mais des habitations, des *tuguria* de ces Gallo-Belges, ne serait-ce pas la preuve incontestable que le retranchement est leur ouvrage, et qu'il faut voir dans cette vaste enceinte un des *oppida* dont parle César, refuges fortifiés où ces populations, ordinairement errantes, se retiraient à l'approche des Germains, leurs ennemis?

Eh bien, c'est là précisément le résultat qu'obtint M. Féret aussitôt qu'il eut dirigé ses ouvriers vers le pied du rempart qui borde le vallon du Puys. Il avait remarqué dans ces fossés des places où l'herbe était plus rare, et qui presque toutes avaient la même forme, la forme oblongue d'un rognon ou d'une fève de marais [3]. Ces places se dis-

---

[1] *Utuntur autem* annulis ferreis *ad certum pondus examinatis, pro nummo.* (Cæsar, de Bell. Gall., lib. XV, cap. XII.)

[2] *In ignem inferunt etiam animalia.* (Ib., lib. VI, cap. XIX.)

[3] Ces habitations creusées dans la terre ressemblent aussi par leur forme aux *parcs* que les pêcheurs de cette côte établissent sur la plage pour prendre le poisson que la marée y dépose. Probablement la forme de ces parcs est une tradition des premiers habitants et des premiers pêcheurs du pays.

tinguaient encore du reste du sol par un léger affaissement et par une bordure de silex qui en déterminait le dessin. Après avoir enlevé plusieurs couches de terre et de cailloux, M. Féret parvint à déblayer une de ces cavités : il reconnut que c'était une fosse profonde de six pieds et large de sept, sur vingt-sept de longueur. Dans le fond de la fosse il trouva des fragments de vases pareils à ceux des tombelles, peut-être plus grossiers encore, deux ou trois petites pointes de fer, plus une grande quantité d'os de porc ou de sanglier, de chevreuil et de cerf, pêle-mêle avec des coquilles de moules : c'étaient sans doute les débris d'un rustique repas. Ces fosses avaient donc été habitées : un toit de paille et de branchage en recouvrait probablement la partie supérieure, et l'on devait y descendre par une pente douce aboutissant au centre de la fosse, à l'endroit où elle se recourbe en dedans. D'un autre côté, puisqu'au fond de ces habitations on retrouvait la même époque de civilisation que dans les tombelles ; puisque tous ces débris appartenaient sans aucun doute aux Gallo-Belges, et que les habitations creusées dans le fossé étaient nécessairement postérieures à l'édification du rempart, le problème était résolu, toutes les explications hypothétiques et arbitraires tombaient devant les faits, et l'on pouvait hardiment soutenir que cette cité de Limes avait été, à son origine, un établissement gaulois, un *oppidum* gallobelge.

Que postérieurement à la conquête, après que les Gallo-Belges eurent été dépossédés de leurs forêts et de leurs *oppida*, les Romains aient placé dans cette enceinte quelque poste militaire, quelque vigie pour protéger la côte, c'est ce qu'il est naturel de présumer : la découverte d'un assez grand fragment de constructions romaines est venue confirmer cette conjecture. C'est dans la partie nord-est, sur un point tout opposé à celui où se trouvent les tombelles, que ces fondations ont été mises à découvert. Le monument est trop peu conservé pour qu'on puisse décider s'il avait une destination militaire. La plus grande partie des objets trouvés dans la fouille indiqueraient plutôt un monument religieux. Des vases, des urnes, des ossements ont été ramassés dans les décombres : on en a même exhumé un squelette dans les os duquel étaient engagées deux médailles, l'une de Constantin le jeune, l'autre de Constance, son frère : il est donc vraisemblable que ce petit édifice était destiné à des sépultures. Mais non loin de là on voit encore la trace d'autres ruines romaines qui n'ont pas été fouillées[1] : ajoutons que les constructions d'où le squelette a été exhumé ne sont pas aujourd'hui à plus d'une toise du bord de la falaise, que chaque hiver fait tomber dans la mer une portion plus ou moins grande de ce terrain escarpé, et qu'en mettant bout à bout ce que deux mille hivers ont dû en enlever, on aurait une si grande étendue que les Romains auraient très-bien pu y avoir construit un *castellum*, un poste militaire, dont le petit édifice ne serait alors qu'une dépendance : les habitants du pays, oubliant l'antique établissement gaulois, n'auraient conservé le souvenir que du *castellum*, et ainsi se trouveraient expliquées la tradition qui fait de la cité de Limes un camp romain, un camp de César, et cette coutume familière aux paysans de l'appeler le *Câtel*.

Si l'écroulement périodique et continu de la falaise a pu détruire une portion considérable de cet établissement romain, dont quelques vestiges existent encore, la même cause de destruction a dû nécessairement faire disparaître aussi une grande partie de l'établissement primitif, de la forteresse gallo-belge. La cité de Limes présente actuellement une superficie d'environ 55 hectares : il est permis de croire, d'après la destruction des falaises, année commune, qu'elle était, il y a deux mille ans, d'un tiers au moins plus étendue. Ce qui paraît certain, c'est que la

---

[1] Ces ruines ont été fouillées depuis 1832 ; elles ont offert les restes d'une habitation agricole.

gorge qui la sépare à peu près par le milieu, et qui se termine maintenant par un précipice de quatre-vingts pieds, descendait alors en pente douce jusqu'au rivage. Cette gorge était pour les barbares qui se réfugiaient derrière ces retranchements, comme une espèce de port : leurs barques étaient si légères qu'ils les tiraient de la mer aussitôt qu'ils étaient débarqués, et les mettaient à l'abri dans la gorge. L'ennemi menaçait-il de forcer l'oppidum, fallait-il échapper par une prompte fuite à un massacre certain, aussitôt les barques étaient lancées sur les flots, et, la marée aidant, les fuyards traversaient l'Océan pour aborder aux côtes d'Angleterre, où ils trouvaient d'autres Belges comme eux qui les aidaient à regagner leur patrie et à en chasser leurs vainqueurs [1].

Il y a lieu de croire que sur cette partie de la falaise rongée par la mer, il existait d'autres tombelles, d'autres habitations creusées dans le sol, peut-être même un bourg, un *vicus;* car, indépendamment de l'abri momentané que les *oppida* offraient à toute une population dans les moments de danger, il s'y trouvait quelquefois un certain nombre d'habitations permanentes ; or, M. Féret croit que les fosses qu'il a fouillées ne sont que des *tuguria* ou habitations temporaires. Cette question n'est qu'accessoire et de peu d'importance; que la mer nous ait enlevé ou non la partie la plus intéressante de la cité de Limes, ce qu'elle nous a laissé devait heureusement suffire pour qu'à force de savantes investigations et de laborieuses recherches, M. Féret retrouvât la véritable origine de ce monument, le plus ancien de la Normandie, et qui, grâce aux fausses traditions et aux demi-savants, semblait être devenu

---

[1] César nous apprend que telle était la tactique des Gaulois de la côte, et qu'il ne parvint à les dompter qu'au moyen d'une flotte qui les bloquait par mer et les empêchait de s'échapper sur leurs barques. « Jusque-là, dit-il, la prise des *oppida* était sans résultat, car l'ennemi échappait toujours, et sa défaite n'était jamais complète. » (V. *de Bell. Gall.*, l. III, c. XII.)

un problème insoluble. Il est aujourd'hui peu de monuments de cette haute antiquité qui aient été aussi complétement explorés, qui soient entourés d'autant de clarté et d'évidence[1] ; nouvel exemple que quand on sait faire des fouilles il n'est point d'énigme en archéologie. Ne désespérez jamais, tant qu'il vous reste sous terre des témoins à interroger.

On remarque assez généralement en France que partout où il existe des monuments gaulois les traditions populaires placent des souvenirs de *fées*. Ces divinités des anciens peuples septentrionaux semblent encore faire la garde autour des derniers débris que nous ont laissés les siècles témoins de leur mystérieuse puissance. Ainsi, pas un *dolmen*, pas un *menhir*, qui n'ait sa fée ou son génie; ainsi, dans les plaines

---

[1] Depuis la publication de son Mémoire sur le *Camp de César*, M. Féret a continué ses recherches. De nouvelles fouilles ont confirmé toutes ses premières conjectures, et leur ont donné un nouveau degré de certitude. Ainsi, dans un des *tuguria* qu'il a déblayés en 1827, il a trouvé deux médailles gauloises, de celles qui sont reconnues pour avoir été fabriquées dans les Gaules avant l'invasion romaine. Cette découverte est comme le complément de toutes les preuves acquises jusque-là sur l'antiquité et l'origine gallo-belge de la cité de Limes.

La Société archéologique de Dieppe a fait lever un plan de la cité de Limes. L'exécution en a été confiée à M. Charles Monnoyeur, employé des ponts et chaussées, sous la direction de M. l'ingénieur Frissard. « Je ne sache pas, dit M. Féret dans un rapport à la Société archéologique, qu'il existe rien d'aussi complet en ce genre, bien que les sciences possèdent déjà un très-beau plan d'un vaste monument dit le *mur païen*, situé aux environs de Strasbourg, et ayant avec notre *oppidum* une très-grande analogie. Exactitude scrupuleuse dans les proportions de l'ensemble, attention rigoureuse dans le relevé des détails, conviction intime chez l'auteur de l'importance du sujet, tout a contribué à faire de ce plan un véritable modèle. Il sera déposé à la bibliothèque de la ville, où chacun pourra venir le consulter. A l'aide du tableau explicatif qui y est joint, on aura tous les renseignements nécessaires pour aller visiter l'*oppidum*. »

de Carnac, les fées dansent encore en rond chaque nuit, au dire des paysans, qui les voient au clair de la lune. Il en est de même dans la cité de Limes : tous les ans, à la pleine lune de septembre, les fées viennent s'installer dans son enceinte pour tenir une grande foire ; elles étalent sur le gazon de précieuses marchandises, bijoux, riches vêtements, étoffes brochées d'or et de soie. Malheur à vous si, traversant la cité, vous laissez vos yeux se fixer sur ces marchandises : l'éclat en est si doux que vous voudrez en vain continuer votre chemin. Ces belles fées, à la taille légère, vêtues de si blanches robes, vous entoureront, vous caresseront de leurs paroles ; les heures s'envoleront, et, sans vous en apercevoir, vous aurez été peu à peu entraîné à l'autre bout de la cité. Prenez garde, vous êtes au bord de la falaise : la fée perfide va vous pousser et vous précipiter en riant dans la mer.

Cette histoire de fées me rappelle d'autres contes de revenants, dont la tradition est encore vivante, soit parmi les paysans des alentours de Dieppe, soit parmi les marins du port. On ne saurait croire combien ces Dieppois ont l'imagination rêveuse, avec quelle facilité leur superstition accepte les chimères les plus fantastiques, avec quelle bonne foi toute dramatique ils vous les racontent, bien que la finesse de leur esprit normand laisse de temps en temps percer quelque lueur de scepticisme. La plupart de ces histoires ont trait aux naufrages et à la vie des marins : le merveilleux naît de lui-même au bord de cette mer houleuse, au pied de ces menaçantes falaises !

Le jour des Morts est pour les marins une grande solennité ; ce jour leur rappelle tous les naufrages de l'année : ils prient avec ferveur pour ceux qui reposent au fond des flots. Toutefois, parmi les victimes, il en est toujours un certain nombre que leurs parents ou leurs amis ont négligées, qui attendent des messes, des prières, et ont un compte à régler avec les vivants ; de là l'histoire qu'on vous raconte à Dieppe. Presque chaque année, le jour des Morts, on voit apparaître au bout de la jetée un des navires qui ont péri depuis un an ; on le reconnaît : ce sont ses voiles, ses cordages, sa mâture ; c'est bien lui. Le gardien du phare lui jette la *drome*, l'équipage du vaisseau la saisit, et l'attache à l'avant-pont, suivant l'usage ; alors le gardien de crier aux gens du port : « Accourez, accourez ! Veuves, voici vos maris ; orphelins, voici vos pères ! » Et les femmes accourent, suivies de leurs enfants ; tous s'attellent à la drome et halent le bateau. Bientôt il est dans le bassin, près du quai ; chacun reconnaît ceux qui sont à bord. « Bonjour, mon homme ; bonjour, mon père ; bonjour, Pierre, Nicolas, Grégoire ; » l'équipage ne répond pas. « Allons, amenez vos voiles ; » les voiles restent tendues. « Venez donc, que nous vous embrassions. » A ces mots on entend sonner la messe, et aussitôt les voiles, le bateau, l'équipage, tout disparaît ; les femmes et les enfants des naufragés s'en vont à l'église en pleurant. « Payez vos dettes, » murmure autour d'eux la foule des spectateurs [1].

Un marin qui oublie les vœux et les promesses qu'il fait aux saints pendant la tempête, ne trouve jamais dans l'autre monde ni trêve ni repos. Si vous en doutez, sachez ce qu'il advint, il y a quelques siècles, au bedeau de Notre-Dame-des-Grèves, l'église du Pollet. Le lendemain d'une grande tempête, vers minuit, le bedeau entend sonner la messe ; il saute à bas du lit, se frotte les yeux, prête l'oreille : c'est bien la cloche de l'église. « Est il déjà

---

[1] Cette légende est quelquefois contée d'une autre manière. Les Polletais disent que le jour des Morts, à la nuit tombante, il arrive parfois qu'on voit s'approcher du bout de la jetée du Pollet un bateau que l'on prendrait pour un bateau du port. Le maître haleur, trompé par l'apparence, s'apprête à jeter la drome ; mais, lorsqu'il étend les bras, la figure du bateau s'évanouit, et l'on entend par les airs des voix plaintives : ce sont celles des hommes du Pollet qui, dans le cours de l'année, sont morts à la mer, loin des yeux de leurs parents, et sans sépulture.

jour ? » Il ouvre sa lucarne ; la lune, cachée derrière les nuages, répandait une faible clarté. « Le soleil va se lever, dit-il ; j'ai donc bien sommeillé ? » et le voilà qui endosse sa casaque et descend à l'église. La porte est ouverte ; un prêtre est au pied de l'autel. « Sers-moi la messe, » lui dit le prêtre ; et le pauvre bedeau prend les burettes en tremblant. Mais quand vient le moment du sacrifice, quand le prêtre va pour porter le calice à ses lèvres, il pousse un cri, sa chasuble tombe ; il n'est plus qu'un squelette. « Maître Pierre, dit-il au bedeau, mon pauvre Pierre, tu ne reconnais pas Reynaud, dont le bateau a péri le lundi de Pâques sur la roche d'Ailly ? J'avais fait vœu d'une messe à Notre-Dame, et j'ai oublié mon vœu. Je voudrais, pour m'acquitter, la dire moi-même, cette messe ! mais quand je vais pour communier, tout l'enfer passe par ma gorge ; je brûle, maître Pierre ! Dites à mon fils de ne pas oublier les messes qu'il aura promises à Notre-Dame [1]. »

Au contraire, quand le bateau a été bien baptisé, qu'il a de bons parrains, que tous les matelots ont fait leurs Pâques ; quand ils ont à bord de l'eau bénite et des crucifix, alors survienne un orage, vous voyez au fort de la tempête l'équipage se doubler tout à coup. Vous étiez six matelots, vous voilà douze : chacun a son Sosie qui travaille à côté de lui. Aussi comme la manœuvre est rapide ! comme le vaisseau triomphe du vent et de la vague ! c'est le saint son patron et quelques saints ses amis qui sont descendus pour le sauver.

Dans les campagnes les traditions sont d'un autre genre ; elles sont moins spécialement religieuses, et se rapportent presque toutes à des souvenirs de l'époque romaine. Ainsi, dans un champ sur la route de Caudecôte, tous les paysans vous disent que la nuit il paraît de temps en temps des femmes voilées. Or une fouille faite dans ce champ a

---

[1] Selon d'autres récits, le squelette n'est pas celui d'un maître de bateau, mais bien celui d'un prêtre. Dans ce cas, la légende est une leçon populaire donnée au clergé lui-même.

fait découvrir quantité d'urnes cinéraires et d'ossements, en un mot tout ce qui indique l'existence d'un ancien cimetière gallo-romain.

Dans une terre appartenant, je crois, à M. de Bréauté, les paysans vous recommandent de ne pas passer trop à la brune par une petite clairière située sur le bord d'un bois. Dans cette clairière vous voyez, disent-ils, galoper autour de vous des cavaliers blancs, allant, venant, errant çà et là, et remuant sans cesse la terre avec leurs lances. Ces cavaliers blancs ont été jadis mis en déroute par des cavaliers rouges, et ils viennent de nuit en cachette chercher les restes de leurs camarades enterrés dans le champ. Il y a lieu de croire que ce terrain cache les fondations de quelque établissement romain qui aura été dévasté par les Barbares. La cavalerie des légions romaines portait, comme on sait, le manteau blanc.

Il en est aujourd'hui de ces contes populaires comme du costume et du langage polletais; les vieillards seuls en possèdent la tradition : la génération nouvelle les laissera s'éteindre. Aussi serait-il temps, non-seulement à Dieppe, mais par toute la France, de recueillir les débris de ces rêves, de ces chimères, dont chaque localité est plus ou moins riche, et qui, sous leur enveloppe fantastique, cachent presque toujours des faits, des souvenirs, dont toute autre trace est effacée. Lors même que ces légendes n'ont aucune valeur historique, elles méritent nos respects comme œuvres d'imagination; elles sont les premiers essais poétiques de l'esprit humain, les préludes et souvent les germes des plus hautes conceptions du génie. Ces monuments ont donc leur prix, tout comme ceux de marbre et de pierre, et leur conservation ne doit pas nous être moins sacrée. Aussi ne saurait-on trop encourager M. Féret à persévérer dans le dessein qu'il a formé de recueillir et d'imprimer toutes ces vieilles traditions dieppoises. Puisse son travail, quand il verra le jour, exciter dans toutes nos provinces l'émulation de ceux qui, comme lui, peuvent encore sauver du naufrage ces débris de nos vieilles mœurs nationales!

## CHAPITRE II.

VALLÉE D'ARQUES. — MARTIN-ÉGLISE. — ANCOURT. — LA FORÊT. — SAINT-NICOLAS D'ALIHERMONT. — ARQUES; — SOUVENIRS DE LA BATAILLE. — RUINES DE LA VILLE ET DU CHATEAU. — L'ÉGLISE.

Vous n'êtes pas plus tôt à Dieppe, qu'on vous propose d'aller à Arques : c'est la promenade obligée, le pèlerinage nécessaire. Si vous n'y prenez garde, les chevaux de louage vous y conduisent d'eux-mêmes. Dans les beaux jours de la saison des bains, cette charmante vallée se transforme en un petit Longchamp; c'est une procession de promeneurs, et chacun de suivre exactement l'ornière de ceux qui le précèdent, sans jamais s'écarter du droit chemin; tout au plus se permet-on d'aller ou de revenir quelquefois en bateau.

Pour nous, sauf à rendre la course un peu plus longue, nous n'irons ni par la rivière, ni par cette route si directe et si battue; réservons pour le retour les ombrages épais, les buissons verdoyants dont ses bords sont couverts, et côtoyons en allant l'autre côté de la vallée.

Au sortir du Pollet nous trouvons cette colline et cette terrasse de Bonne-Nouvelle, où tant de vestiges gallo-romains attendent que la pioche de l'archéologue les arrache à un oubli de quinze siècles. Là fut sans doute, comme nous l'avons dit, une partie de l'ancienne cité dont Dieppe et le Pollet ont recueilli l'héritage : tout dans ces environs conserve la trace de la domination romaine. Ainsi, en montant non loin de là, sur le versant de la colline, vous trouvez un village dont le nom est tout romain, pour ainsi dire : il s'appelle *Tibermont.* Le règne de Tibère aurait-il vu éclore les premières tentatives de colonisation sur ce rivage [1] ?

A peu près en dessous de Tibermont, le chemin que nous suivons traverse le hameau d'Étran, dont l'église assez ancienne est aujourd'hui complétement démolie. Les femmes d'Étran vont entendre la messe à demi-lieue plus loin, au village de Martin-Église, où nous arriverons bientôt, quand nous aurons doublé cette colline à la croupe arrondie qui s'avance comme un promontoire dans la vallée. Jusqu'ici le chemin a été nu, dépouillé d'arbres et de verdure; mais une fois que nous avons dépassé ce petit promontoire, nous trouvons des vergers touffus, des arbres vigoureux entrelaçant leurs rameaux et leurs feuillages. D'où vient ce changement subit ? De ce que nous sommes abrités des vents d'ouest, tandis que tous les alentours d'Étran sont constamment battus de leur souffle mortel à la végétation.

Le village de Martin-Église est situé à l'embranchement de la vallée d'Arques et d'une autre vallée plus étroite, plus ombragée, plus solitaire, et qui, comme une humble vassale, porte à sa suzeraine le tribut de ses eaux. Le beau ruisseau qui l'arrose, l'Eaulne (nommé jadis *Heldona, Helne* ou *Olna*), avant d'arriver à Martin-Église, se divise en plusieurs bras, et se répand en serpentant dans la prairie, comme s'il n'abandonnait qu'à regret son frais vallon pour s'aller perdre dans la rivière de la grande vallée. Ces eaux si rapides et si brillantes, les petits ponts de pierre à moitié ruinés qui les coupent çà et là, ces prés si verts, ces ombrages si épais, font de Martin-Église un des sites les plus pittoresques, les plus mystérieux que je connaisse. Vous êtes au milieu du village avant d'avoir aperçu le toit d'une seule maison, tant les arbres font

---

[1] Quelques-uns font venir ce nom de Tibermont ou Thibermont de Thibaud.

bonne garde à l'entour; pour trouver l'église il vous faut un guide, car ce n'est qu'au fond d'un labyrinthe de verdure qu'on entrevoit son porche de chaume et ses rustiques murailles. Cette église n'est vraiment qu'une grange; quelques parties de la maçonnerie peuvent être anciennes, mais elles n'ont ni forme ni caractère. Le seul objet sur lequel vos regards s'arrêteront avec intérêt, c'est la pierre tumulaire qui sert de table au maître-autel. On lit à l'entour le nom de *messire de Regnault Viel* (ou *Giel*), *en son vivant curé de Limmes, et doien de Envermeu, lequel trépassa l'an de grace mil* CCCCLXVI (1466). Ces mots, *curé de Limmes* ont causé grande rumeur parmi les savants de Normandie. Quelques-uns voyaient déjà dans messire Regnault Viel le curé de la *cité de Limes*, et en concluaient probablement que l'*oppidum gaulois* était encore habité au quinzième siècle; mais le célèbre médecin Lecat[1], et après lui M. Auguste Le Prevost, ont trouvé, je crois, le mot de cette énigme : ce n'est pas auprès de Dieppe, c'est en Angleterre qu'il faut chercher la ville de *Limmes*, dont le nom est gravé sur cette pierre. Quoi qu'il en soit, cette figure et les accessoires qui l'entourent ne sont pas sans mérite : le trait a de la finesse et de la légèreté.

Je sortais de cette masure sans avoir remarqué autre chose que la pierre du curé de Limmes, lorsque derrière la grande porte d'entrée, dans un coin humide et obscur, j'aperçus sur le sol un torse de statue déposé contre la muraille. C'était une femme richement vêtue, tenant un enfant dans ses bras. Un peu plus loin je trouvai les deux têtes de la mère et de l'enfant. « Comment laisse-t-on là cette Vierge? demandai-je au curé, qui m'accompagnait. — Je l'y ai toujours vue, me dit-il; elle vient de l'ancienne église d'Étran, et les enfants s'en amusent quel-

---

[1] Dans un mémoire qui fait partie de la collection des Mémoires de l'Académie de Rouen.

quefois. » Je n'avais pas besoin de ces derniers mots; je voyais çà et là sur la pierre des écorchures qui m'apprenaient que la pauvre Vierge était habituée à recevoir plus de coups que d'encens, et cependant, malgré ces mutilations, mes yeux ne pouvaient se détacher de cette charmante sculpture. On ne saurait voir quelque chose de plus suave, de plus délicat que la pose de ce corps légèrement penché en arrière, rien de plus gracieux que l'ajustement du costume. Les perles, les galons, les étoffes, sont exécutés avec un fini et une facilité incroyable. L'enfant est plein de naïveté et de gentillesse, et la tête de la mère est d'une pureté toute céleste. Je crois cette statue de la fin du quatorzième siècle ou du commencement du quinzième. Quelques parties de la coiffure et de la robe conservent encore des traces de dorure et de couleur.

Le curé me demanda si je lui conseillais de faire *raccommoder* cette Vierge, et de la placer ensuite sur son autel. Je le suppliai de n'en rien faire, l'assurant que ceux qui la raccommoderaient la mutileraient certainement plus encore que les enfants du village n'avaient fait jusque-là. J'essayai alors de lui persuader qu'il fallait la laisser transporter à la bibliothèque de Dieppe, où elle serait conservée religieusement. Mais cette proposition ne parut pas lui plaire : mon admiration lui avait donné l'éveil; et il me dit que puisque c'était un si bel ouvrage il s'entendrait avec ses fabriciens pour en tirer parti. Je reconnus à part moi que j'avais été mauvais diplomate; mais au moins j'eus la consolation de voir mon curé, en sortant de l'église, emporter les deux têtes dans sa soutane, pour les mettre sous clef dans son presbytère; il me promit ensuite que la statue elle-même ne tarderait pas à être en lieu de sûreté [1].

[1] En effet, la statue a été placée dans l'église, mais à une si grande hauteur que l'œil ne peut distinguer la finesse du travail. J'ai même lieu de craindre, d'après les renseignements qui me sont donnés, qu'elle n'ait été couverte d'une couche de peinture; ce qui serait

A demi-lieue de Martin-Église, en remontant la vallée, on trouve un autre village plus vaste, plus ouvert, et dont l'église s'élève avec grâce au milieu d'une pelouse de gazon bordée de beaux et antiques pommiers. Cette pelouse, c'est le cimetière. Dans beaucoup de villages de Normandie les églises, selon l'antique usage, sont entourées du champ de repos; il faut fouler la cendre des morts pour passer des maisons des hommes à celle du Seigneur. Le spectacle de ces tombes, dont quelques-unes sont toujours fraîchement remuées, prédispose à la prière, et au sortir du temple entretient les esprits dans un pieux recueillement.

Ce cimetière d'Ancourt est entouré, comme presque tous ceux de Normandie, d'un mur d'appui très-bas couronné d'un chaperon de grès taillé à trois pans. L'église, construite presque entièrement de pierre de grès, a été bâtie au seizième siècle : il y a seulement quelques parties postérieures. En général le grès ne se rencontre, aux environs de Dieppe, que dans les constructions qui ne remontent pas au delà de 1500. On employait, dans les siècles précédents, la pierre de Caen, quelquefois la craie, plus souvent un calcaire d'eau douce, espèce de tuf d'une teinte blonde et d'un grain très-poreux, mais néanmoins assez dur. Les constructions des douzième et onzième siècles sont particulièrement composées de cette dernière espèce de matériaux : les Romains en avaient fait grand usage dans toute la contrée. Il en existe des bancs considérables dans la vallée de Longueville et probablement dans toutes les vallées voisines. L'emploi de cette pierre paraît avoir cessé vers le treizième siècle; elle ne se prêtait pas aux tailles si fines et si découpées de l'architecture à ogive.

Pour en revenir à l'église d'Ancourt, elle n'offre exté-

d'autant plus déplorable que les traces de l'ancienne coloration seraient alors complétement détruites.

rieurement que des lignes assez lourdes et un style à ogive mesquin et abâtardi. Le goût de la renaissance proprement dit ne pénétra en Normandie que dans les villes et dans les châteaux : les églises de village ont extérieurement un caractère simple et robuste ; ce n'est qu'à l'intérieur qu'on reconnaît, par quelques échantillons de sculpture, que le seizième siècle a dû les voir construire. Telle est cette église d'Ancourt : elle est soutenue intérieurement par deux rangs de piliers ronds, ce qui est propre à cette époque : le pilier prismatique, à arêtes anguleuses, n'est plus guère employé à partir de 1500. Les chapiteaux des piliers d'Ancourt sont sculptés, mais un peu lourdement : ce sont des fleurs, des feuillages et des coquilles [1]. Ce qu'il y a de mieux traité et de plus finement fouillé dans l'église, c'est un cordon qui règne tout le long de la nef, comme une espèce de frise, à peu près vers la naissance de la voûte.

Je ne m'arrêterais pas si long-temps dans ce petit monument si l'on n'y voyait, ce qui est bien rare dans les environs de Dieppe, des vitraux peints d'une belle conservation. Je n'en ai trouvé un second exemple qu'à Offranville, et encore s'en faut-il beaucoup que les verrières qu'on y remarque soient aussi importantes que celles d'Ancourt. Je ne sais par quel miracle ces vitraux se sont conservés. Il faut que les bandes protestantes n'aient pas pénétré dans cette vallée solitaire, ou que quelques prêtres intelligents aient dérobé à leurs yeux ces images, qu'ils n'eussent pas manqué de briser en mille morceaux.

On compte sept verrières dans l'église d'Ancourt : il y en a trois dans la contre-allée collatérale du côté sud ; une au fond de cette contre-allée, et enfin trois autres encadrées dans les trois grandes ogives qui éclairent l'abside. Les trois premières n'offrent pas beaucoup d'intérêt : c'est

---

[1] C'est dans cette église d'Ancourt, contre un des piliers sud de la nef, qu'on trouve ce bénitier analogue par son style à celui de l'église de Saint-Remy que les antiquaires ont honoré de tant de conjectures et de dissertations.

d'abord un arbre de Jessé ou généalogie de la Vierge, sujet qui, lors même qu'il est traité avec supériorité, n'est pas d'un effet très agréable. Cet arbre serpentant, dont chaque branche porte un homme en guise de fruits, et les hommes qui, à leur tour, deviennent souches d'autres rameaux, ce n'est pas là une composition fort pittoresque. J'ai pourtant vu de ces tableaux généalogiques où la beauté des poses, la variété des têtes et de leurs expressions, triomphaient des désavantages du sujet, et commandaient l'admiration [1]. Mais sur ce vitrail d'Ancourt il n'y a rien de bien remarquable que la disposition assez harmonieuse des couleurs. Celui qui vient ensuite mérite encore moins d'attention : il a beaucoup souffert, et ne présente que des restes de camaïeux presque insignifiants. Le troisième commence à devenir intéressant : il se compose de trois grandes figures : dans le milieu une Vierge d'un beau style, d'un dessin gracieux ; à droite un saint Martin sur son cheval, partageant son manteau ; à gauche un autre saint en costume d'évêque. Le saint Martin est vêtu à la mode des premières années de François 1er ; son costume est des plus élégants. Ces trois figures sont colorées chaudement ; elles n'ont pu être faites que par un très-habile verrier. Dans le haut de l'ogive un ange, les ailes déployées, tenait entre ses mains un écusson ; la tête de cet ange est du plus beau caractère. Mais l'artiste a réservé tout son talent pour les quatre autres verrières ; celle du fond de la contre-allée est divisée en trois tableaux : au centre on voit l'Enfant-Jésus dans la crèche ; des deux côtés venaient les mages pour l'adorer, mais ces deux groupes ne sont pas en très-bon état de conservation ; il y a çà et là des places blanches : le tableau du milieu, au contraire, semble sortir des mains du peintre, tant il est complet et étincelant de lumière. La scène est bien composée, les figures d'une naïveté charmante, dans le haut

---

[1] A Saint-Etienne de Beauvais, par exemple.

de l'ogive, entre chaque meneau de pierre, l'artiste a jeté de très-belles arabesques ; puis au sommet il a placé Jésus et la Vierge, et au-dessus d'eux le Père éternel. Au bas du vitrail on lit l'inscription suivante : *En lan cinc cens et XXII fut faicte ceste verrière des deniers des maistres et frères de la charité.* L'inscription ne nous dit pas le nom du peintre, mais sur le galon qui borde le manteau d'un des mages, on lit ces mots : *Bardolx pavigerius*[1]. Comme je ne puis trouver aucun sens à ces mots, je suppose que ce peut être la signature de l'artiste.

Les trois vitraux du chœur sont encore plus remarquables que cette adoration des mages : celui qui est au-dessus de l'autel, et qui représente Jésus en croix entre les deux larrons, a peut-être le défaut d'être un peu pâle, mais j'en aime beaucoup l'expression et le dessin. Dans la verrière de gauche, on voit quelques scènes de la passion, telles que Jésus présenté par Pilate, la Rencontre au jardin des Oliviers, etc. Les couleurs sont d'un éclat éblouissant ; le rouge entre autres, ce qui n'est pas ordinaire à cette époque, a autant de vivacité et de transparence que dans les vitraux des treizième et quatorzième siècles. Quant à la verrière de droite, elle n'est pas moins belle de couleurs, mais tout autrement composée : c'est une série de petits tableaux représentant tous les actes de la vie si dramatique de saint Saturnin, depuis son baptême jusqu'au suicide de sa mère, etc. ; le tout entouré de légendes en lettres gothiques, suivant la mode du temps. Ces petits tableaux ne sont ni moins bien dessinés ni moins heureusement conçus que les grandes figures des autres verrières.

[1] Je cite ces mots de mémoire, car ils sont presque effacés dans mes notes ; néanmoins je suis sûr de celui de *Pavigerius*. Quant à *Bardolx*, ce serait le nom propre *Bardoux*, qui était assez commun au moyen âge. L'épithète *pavigerius* n'ayant pas, que je sache, de signification en latin, serait là pour indiquer le bourg ou le village dont *Bardoux* serait originaire.

L'église d'Ancourt tiendrait dignement son rang même dans un pays riche en belles vitres peintes, car ses verrières peuvent aller de pair avec les ouvrages les plus distingués que le seizième siècle ait produits en ce genre : mais combien n'acquiert-elle pas d'importance, combien n'éprouve-t-on pas de plaisir à l'aller chercher au fond de sa vallée, quand on pense que, semblable à cet enfant que la nuit de la Saint-Barthélemi a laissé pour mort sous les cadavres de sa famille, elle seule a survécu, elle seule a dérobé aux vandales les fragiles beautés dont ses sœurs de Dieppe et de toute la vicomté furent dépouillées traîtreusement.

Au sortir d'Ancourt, n'oublions pas que nous voulons aller à Arques : au lieu donc de remonter les bords de l'Eaulne, traversons la prairie et gravissons le coteau dont le sommet est couronné par les arbres majestueux de la forêt d'Arques, comme par une écharpe onduleuse.

Je crois qu'un forestier habile et économe gémirait profondément en traversant cette forêt : à tout moment des clairières, des broussailles, puis des bouquets d'arbres séculaires, des touffes de végétation libre et abandonnée, des échantillons de forêt vierge. Les lois d'une exploitation régulière n'ont pas l'air d'être merveilleusement observées dans ce lieu, et l'on croit voir encore la trace de la cognée dévastatrice de l'Anglais, du ligueur, du huguenot ; mais si, pour avoir été souvent exploitée d'une façon si brutale et si militaire, cette belle forêt n'offre pas l'aspect de coupes régulièrement graduées, c'est tout profit pour le pittoresque. Le terrain, montueux et inégal, est riche en accidents toujours heureux ; puis dans ces belles clairières, d'où s'élèvent par grandes gerbes des hêtres majestueux, vous trouvez à chaque pas de larges touffes d'osiers fleuris dont le vent balance les têtes pyramidales, colorées d'un rose si brillant ; ce sont partout des buissons d'églantiers, partout des milliers d'autres fleurs dont l'émail est interrompu de temps en temps par de sombres tapis de lierre qui semblent se dérouler du haut des arbres au sommet desquels ils sont suspendus. Les belles parties de la forêt de Fontainebleau sont peut-être comparables à ces imposantes solitudes; mais on n'y trouve ni cet abandon presque sauvage, ni cette force de végétation qui remplit tous les vides et couvre les moindres parcelles de terrain d'une si opulente parure.

Après avoir marché pendant près d'une heure sous ces sombres ombrages, tout à coup, au cœur de la forêt, vous débouchez dans une vaste plaine, et, vers le centre de la plaine, vous apercevez un groupe de maisonnettes couvertes en ardoises, et tout autrement disposées que les habitations du pays de Caux. Quiconque a traversé cette partie de la Normandie sait que même dans les villages les maisons sont toutes isolées, entourées de fossés, ou plutôt de tertres hauts de cinq ou six pieds, sur lesquels règne une double rangée de grands arbres. Ajoutez à ces bordures les pommiers qui garnissent la cour et tous les alentours de l'habitation, et vous comprendrez que des hameaux composés de maisons ainsi ombragées doivent avoir une physionomie toute particulière : ils ont beaucoup plutôt l'air de garennes que de villages. Or, tel n'est point le caractère de cette petite bourgade que nous venons de découvrir, cachée pour ainsi dire au milieu de la forêt, et qu'on nomme *Saint-Nicolas d'Alihermont*. Point d'arbres ni de fossés autour des maisons : les toits sont apparents; ils se touchent les uns les autres; ils ne sont point de chaume, mais d'ardoise; au lieu de petites fenêtres carrées, ce sont de grands vitrages de huit ou dix pieds de large : en un mot vous vous croyez transporté dans un autre pays, en Suisse, par exemple, dans un des cantons industrieux. Évidemment ces maisonnettes ne sont pas faites pour une population agricole; tout y semble disposé pour l'industrie : et, en effet, c'est une colonie d'artisans qui peuple ce village. On y fabrique en grande quantité des mouvements d'horlogerie [1]. Singulier spectacle que cette ruche d'abeilles, ces ateliers bourdonnants, ces petites merveilles de patience et d'adresse, au milieu de cette forêt silencieuse, au fond de ces sauvages solitudes.

Aussitôt que vous êtes sorti de Saint-Nicolas pour descendre à Arques, vous vous retrouvez à cent lieues de l'industrie et des hommes ; vous êtes dans la forêt, vous marchez sous ses voûtes mystérieuses ; mais de ce côté son aspect n'est plus le même : les futaies sont plus régulières, plus égales ; il y a moins de variété, moins d'accidents pittoresques. Après avoir suivi une pente assez rapide, vous parvenez enfin au grand jour, vous êtes sur la lisière du bois, et votre œil plonge dans cette large et belle vallée dont les collines aux formes arrondies se prolongent d'un côté jusqu'à la mer, et de l'autre s'en vont mourir à perte de vue dans les vapeurs de l'horizon. Sous vos pieds le village d'Archelle, le petit Arques, le faubourg de la ci-devant grande ville, semble reposer mollement sur cette verte prairie, que la rivière, divisée en trois ruisseaux, sillonne de ses eaux argentées.

Tout, dans ce paysage, caresserait mollement la vue s'il n'était dominé par les ruines du château d'Arques, que vos yeux ne tardent pas à apercevoir plantées vis-à-vis de vous

---

[1] Cette manufacture d'horlogerie a été fondée, ou du moins régénérée, par M. *Honoré Pons*, habile mécanicien de Paris. On faisait depuis cent ans environ de l'horlogerie à Saint-Nicolas d'Alihermont, mais c'étaient des ouvrages grossiers et dont le débit était difficile. Un administrateur éclairé, feu M. Savoye de Rollin, préfet de la Seine-Inférieure, appela de Paris, et parvint à fixer dans ce village, M. Honoré Pons, dont l'esprit inventif lui semblait propre à tirer de sa léthargie cette branche d'industrie. M. Pons justifia toutes ses espérances ; il ne tarda pas à former d'habiles ouvriers, introduisit l'usage de machines de son invention, et telle est l'extension qu'il a donnée à cette manufacture qu'aujourd'hui elle fournit aux horlogers de Paris de trois à quatre cents mouvements de pendule par semaine.

sur une côte aride, et dont la masse imposante, les formes heurtées, la couleur grisâtre, contrastent d'une manière rude et sévère avec la scène gracieuse qui règne tout à l'entour.

Le voilà donc, ce vieux château, cet antique boulevard de la Normandie au moyen âge, ce puissant auxiliaire du Béarnais! Sans son canon, sans ses belles volées de boulets qui firent autant de rues dans les rangs de la ligue[1], peut-être Mayenne eut-il été vainqueur, et alors que fût devenue la France? quel étrange bouleversement dans sa fortune et dans ses destinées!

Mais avant d'assister à ce combat si audacieux et si plein d'avenir, remontons à l'origine de ces épaisses murailles, cherchons au milieu des ténèbres de l'époque carlovingienne leur naissance et celle de la cité qu'elles furent chargées de protéger.

Le château a été bâti au onzième siècle par le comte Guillaume, oncle de Guillaume-le-Conquérant : la ville est au moins de cent ans plus ancienne; on la trouve men-

---

[1] « Comme les choses étoient en ce désespoir, le brouillard, qui avoit été fort grand tout le matin, s'abaissa tout à coup ; et le canon du château d'Arques découvrant l'armée des ennemis, il en fut tiré une volée de quatre pièces, qui fit quatre belles ruës dans leurs escadrons et bataillons : cela les arrêta tout court ; et enfin trois ou quatre volées suivantes, qui faisoient de merveilleux effets, les firent désordonner, et peu à peu se retirer du tout derrière le tournant du vallon, à couvert des coups de canon, et finalement dans leurs quartiers. » (*Économies royales de Sully*, tome I<sup>er</sup>, page 325.)

En présence des lieux on se demande si, malgré le témoignage des Economies royales, il n'est pas permis de douter que le canon du château pût, à si grande distance, faire ces *belles rues* dans les escadrons ligueurs. Les deux partis étaient aux mains et se serraient de près : il eût fallu viser bien juste pour atteindre les uns et respecter les autres. Il est à remarquer d'ailleurs que le duc d'Angoulême, témoin et narrateur de la bataille, ne parle pas du canon du château.

tionnée dans la chronique de Frodoard, à l'année 944[1]. Il y a plus, on voit en 1024 le duc de Normandie, Richard II, restituer le territoire de l'église d'Arques à l'abbaye de Saint-Wandrille, « qui en avait été anciennement propriétaire [2]. » Il est évident que cette *restitution* suppose que l'église et la ville existaient au moins depuis un siècle, sans quoi elle ne pouvait avoir appartenu *anciennement* à l'abbaye [3].

La ville d'Arques était la capitale du comté de Talou (*Tallogium, Tellau*), lorsque Guillaume-le-Conquérant la donna avec ce comté à son oncle Guillaume, frère de Robert. Il croyait par là se ménager un ami, il n'eut affaire qu'à un ingrat. Le nouveau vassal se révolta contre son jeune suzerain, et sous prétexte de sa bâtardise tenta de le dépouiller de ses états. Ce fut pendant qu'il méditait sa ré-

---

[1] M. Auguste Le Prevost, dont on connaît les savantes recherches sur l'histoire de Normandie, après avoir recueilli, en compulsant nos vieux historiens, tous les passages relatifs à la ville et au château d'Arques, les a réunis et cités textuellement dans une Notice publiée en 1824. C'est dans cette Notice que j'ai trouvé l'indication de ce passage de Frodoard, ainsi que la plupart des faits suivants. Frodoard s'exprime ainsi : *Ludovicus rex in terram Nordmannorum* (anno DCCCC XLIV) *profiscicitur cum Arnulfo et Herluino et quibusdam episcopis Franciæ atque Burgundiæ. Arnulfus itaque præcedens regem, quosdam Nordmannorum qui custodias observabant apud* ARCAS *fudit et regi transitum præparavit.*

[2] *Neustria Pia*, p. 165.

[3] Il y a, selon M. Féret, de grandes probabilités pour qu'Arques ait été une position importante, même sous les Gallo-Romains. Au pied de la forêt, avant de descendre sur la chaussée d'Archelles, on rencontre un groupe de petites maisons qui sont bâties sur des ruines romaines assez considérables. La chaussée d'Archelles est indubitablement un reste de voie antique ; elle prend dans Arques le nom de *rue de Rome*. On a trouvé quelques médailles et une meule antique dans les environs du château. En un mot, tout indique qu'un établissement assez considérable a dû exister à Arques du temps des Romains.

bellion qu'il fit construire, sur la montagne qui dominait la ville, un formidable château [1], afin de s'en servir au besoin comme de retraite. Ses prévisions ne l'avaient pas trompé : battu par son neveu, il fut bientôt réduit à s'enfermer dans sa forteresse, et à capituler après un siége opiniâtre. Il termina ses jours dans l'exil, mendiant avec sa femme les charités d'Eustache, comte de Boulogne.

Depuis cette époque, la ville d'Arques continue à jouer un rôle important dans l'histoire de la province, jusqu'au moment où la Normandie est réunie à la France, c'est-à-dire jusqu'en 1203. Vingt ou trente ans auparavant, le roi Henri II, au témoignage de Robert Dumont, avait fait rebâtir presque en entier le château. « Il y avait ajouté, dit-il, une tour, et l'avait fortifiée par de nouveaux remparts, *Turrem et mænibus mirabiliter firmavit.* » Il est donc probable que c'est, en grande partie du moins, le château de Henri II, c'est-à-dire le château de la fin du douzième siècle, et non celui de Guillaume, dont nous voyons les ruines aujourd'hui.

En 1203, toute la Normandie était au pouvoir de Philippe : il ne lui restait à conquérir qu'une ville et deux châteaux : la ville était Rouen ; les deux châteaux, Arques et Verneuil. Mais, depuis cette glorieuse résistance, cent

---

[1] *Hic enim Willelmus..... Castrum Archarum in cacumine ipsius montis condidit.* (Willelm. Gemmet., apud Duchesne, page 270.)

*Willelmus videlicet qui posteà Arcas castrum in pago Tellau primus statuit.* (Chronic. Fontanel.)

*Nempè eas latebras id munimentum initæ elationis ac dementiæ ipse (comes Willelmus) primus fundarit et quàm operosissimè exstruxit in præalti montis Arcorum cacumine.* (Willelm. Pictav. ap. Duchesne, p. 184.)

A ce témoignage de Guillaume de Jumiéges, de la Chronique de Fontenelle et de Guillaume de Poitiers, on peut encore joindre celui de Robert Wace :

> Pur dangier fere à son seignur
> Fist de sus Arches une tur.

cinquante ans s'écoulent sans qu'il soit fait mention du château d'Arques ; les historiens semblent avoir oublié son nom : ce n'est qu'en 1359 qu'on le retrouve parmi les places qui devaient être livrées aux Anglais en vertu du traité de Bretigny. Ce traité n'ayant pas reçu son exécution, Arques resta au pouvoir de la France. Mais bientôt la Normandie tout entière allait nous être ravie. Arques ne se défendit pas alors aussi vaillamment que deux siècles auparavant. Talbot et Warwick s'en emparèrent dès 1419, six mois avant que Dieppe tombât en leur pouvoir. Pendant trente ans l'Angleterre en demeura maîtresse ; ce ne fut qu'en 1449, lorsque depuis quatorze ans les fleurs de lis brillaient à Dieppe, que le château d'Arques fut rendu à Charles VII par un des articles de la capitulation de Rouen.

Quant à la ville, on a déjà vu [1] qu'à cette époque elle était déchue de son ancienne importance. La capitale du Talou, la ville qui étendait jadis sur tout le duché de Normandie sa juridiction et sa surveillance pour la conservation des poids et mesures [2], n'était plus qu'un bourg dès le quinzième siècle. Il est vrai que, par une de ces fictions que protégeaient les lois du moyen âge, et dont l'Angleterre offrait encore naguère un exemple bien connu, le bourg conservait une grande partie des priviléges de la ville, et que les fiers et opulents bourgeois de Dieppe étaient contraints de vider leurs procès devant les juges de la pauvre et ci-devant cité d'Arques [3] ; mais ce débris, ce lambeau de son ancienne puissance, ne lui donnait pas grande re-

---

[1] *Voyez* page 80.

[2] M. Le Prevost trouve une autre preuve de l'importance dont jouissait la ville d'Arques, vers les onzième et douzième siècles, dans les routes encore connues sous le nom de *chemin d'Arques*, qu'on rencontre souvent à de grandes distances de son territoire.

[3] Jusqu'à 1789, le bailliage d'Arques étendait sa juridiction sur les faubourgs du Pollet et de la Barre, et sur deux cents paroisses, ainsi que sur cinq à six bourgs. On voulut, dès 1599, faire transférer le siége du bailliage au Pollet, mais le parlement de Rouen

nommée ; et nul doute que son nom serait maintenant enseveli dans un profond oubli, si, par un de ces hasards qui ont fait tant d'illustrations, Henri IV n'avait choisi cette vallée pour défier la ligue et la vaincre en champ clos.

J'ai déjà dit [1] comment à l'approche de Mayenne et de sa formidable armée, il avait cru prudent de s'éloigner des alentours de Rouen, dont il faisait le siége, pour se rapprocher du rivage de la mer, et s'appuyer sur une ville aussi forte que Dieppe, et sur un gouverneur aussi dévoué que M. de Chastes.

Après avoir pourvu à la sûreté de la ville et du port, il vint se retrancher à Arques, contre l'avis de tous ses capitaines : cette position lui semblait favorable pour y voir venir l'ennemi. Il monta se loger au château, et laissa dans le bourg le maréchal de Biron avec son régiment des Suisses, et toutes les compagnies d'infanterie française.

Le Roi pensait que le duc de Mayenne déboucherait par la vallée, et qu'il chercherait, une fois arrivé à la hauteur d'Arques, à passer sur la rive gauche de la rivière, la rive droite n'offrant qu'un chemin à peine praticable. Voulant donc l'empêcher de pénétrer jusqu'à Dieppe, il fit creuser de grands fossés en tête du bourg devant toutes les avenues, les fit prolonger sur la hauteur, et enveloppa ainsi dans une grande circonvallation le bourg et le château. Ces tranchées étaient protégées de distance en distance par des redoutes et ravelins entrecoupés de batteries. Tous les soldats du Roi et les paysans qu'on put ramasser aux environs travaillèrent nuit et jour : tout fut bientôt terminé.

Mais qu'arriva-t-il ? le duc de Mayenne, qui venait de s'emparer de Gournay et de Neufchâtel, ayant appris que le roi était si bien posté, prit un chemin tout autre que ce-

---

s'y opposa. Plus tard, il fut arrêté que cette juridiction se tiendrait au faubourg de la Barre.

Il y avait encore à Arques une maîtrise particulière des eaux et forêts, qui lui était commune avec la ville de Neufchâtel en Bray.

[1] *Voyez* 1re partie, chap. II, § XXII.

lui qu'on avait supposé. Au lieu de venir droit à Arques pour se butter contre les tranchées et les redoutes de Henri, il résolut de prendre Dieppe en flanc, et s'en alla de Neufchâtel à Gamache, puis à Eu, dont il s'empara de peur d'être inquiété sur ses derrières. Enfin, le 15 septembre, il se mit en marche avec son armée en deux corps de bataille : la droite, dont il avait le commandement, vint se placer en vue du Pollet ; la gauche, sous les ordres du duc de Nemours, descendit par Ancourt jusqu'à Martin-Église.

Cette marche était habile : au lieu d'épuiser ses forces en vaines attaques contre le château d'Arques, Mayenne se plaçait entre le roi et Dieppe, et pouvait espérer de couper ses communications avec la mer, de diviser ses forces, de le priver des secours d'Angleterre, et enfin de le cerner et de le prendre, ainsi qu'il l'avait promis aux ligueuses de Paris, qui déjà parlaient de la cage de fer dans laquelle le Béarnais leur serait envoyé.

Quant au roi, il éprouva quelque dépit de voir ses prévisions déjouées par la manœuvre de M. de Mayenne, et d'avoir fait tant remuer de terre sans en tirer plus de profit. Mais il était homme de ressource, confiant comme les Gascons, et fort peu entêté de ses idées. Changer tous ses plans fut l'affaire d'une seconde. Au lieu d'attendre son adversaire dans ses retranchements, il comprit que c'était à lui à aller chercher de l'autre côté de la vallée ; que, sous peine d'être bloqué, il devait étendre ses lignes, et ne laisser aux ligueurs d'autre issue que le chemin qu'ils avaient choisi pour venir.

Plaçons-nous sur une des tours ruinées du château, et regardons devant nous : en dessous de la lisière de la forêt, au pied de cette colline toute nue qui fait pendant au coteau de Martin-Église, nous voyons deux maisons revêtues de chaume, entourées de pommiers et d'une grande haie plantée carrément. Ces maisons sont maintenant une ferme, jadis c'était la chapelle et la maladrerie de Saint-Étienne. Le duc de Nemours, en arrivant à Martin-Église, ne s'était pas aperçu que cette maladrerie et la colline au pied de laquelle elle est située commandaient toute la vallée, et qu'en occupant cette position il eût mis le roi dans un cruel embarras. Cette faute n'échappa pas à Henri, et, ne voulant pas laisser le temps de la réparer, il envoya sur-le-champ le maréchal de Biron de l'autre côté de la vallée, avec ordre de s'emparer de la maladrerie, de s'y fortifier et d'établir sur la colline une espèce de camp retranché, en faisant tirer une ligne depuis la maladrerie jusqu'à la forêt, et à trois ou quatre cents toises en deçà une seconde ligne parallèle à la première, descendant de la forêt jusqu'au chemin creux qui sépare la colline des prairies. A cette époque le reflux de la mer transformait la plus grande partie de ces prairies en marais impraticables : il n'y avait donc pas besoin de fortifications de ce côté. Ces deux grandes lignes devaient être munies de parapets, et on devait pratiquer des plates-formes pour y loger du canon. Le roi recommanda en outre au maréchal de laisser derrière ces retranchements l'élite de ses fantassins, et en bon nombre, ce poste avancé devenant la tête de toutes ses opérations, et devant faire, pour le côté droit de la vallée, le même office que le bourg et le château pour le côté gauche.

Ces dispositions hardies furent exécutées avec bonheur et diligence. On travailla toute la nuit, et le lendemain la première ligne était à l'abri d'un coup de main. Le roi, s'en fiant pour le reste sur M. de Biron, monta à cheval, et se rendit à Dieppe, en passant par la hauteur et le mont de Caux de peur d'être aperçu par les coureurs de Mayenne. Il ne fit que traverser la ville : c'est au Pollet qu'il lui fallait courir, car c'est par là que, contre son attente, les ligueurs dirigeaient leur attaque. Déjà M. de Châtillon avait été envoyé pour élever quelques fortifications en tête du faubourg du côté de Bonne-Nouvelle et de Neuville. Le roi encouragea les travailleurs, et laissa à Châtillon, pour défendre ce fort improvisé, cinq cents hommes d'élite de son infanterie française.

Enfin, craignant que les villages et hameaux des environs de la ville ne servissent à l'ennemi pour se fortifier, le roi y fit mettre le feu.

Toutes ces mesures prises, Henri respira plus tranquille, mais il ne s'endormit pas : sans cesse il allait et venait de Dieppe à Arques, d'Arques à Dieppe et au Pollet. M. de Mayenne au contraire semblait tombé en léthargie. Il n'était pas encore sorti de ses quartiers depuis près de quarante-huit heures qu'il s'y était logé. Toutefois, le 18 au matin, on vit quelques centaines de ses chevau-légers se mettre en branle, courir la campagne et s'en venir faire le coup de pistolet autour des fossés de la maladrerie. Mais ils furent mal reçus, et l'escarmouche s'échauffa peu à peu. « Mon fils, dit le maréchal de Biron au jeune comte d'Auvergne, chargez; voilà le moment. » Aussitôt le jeune prince, sans se donner le temps de prendre son chapeau, s'élance à la tête de ses gentilshommes, se précipite sur les cavaliers ennemis, et les charge si vivement l'épée dans les reins, qu'il entre pêle-mêle avec eux dans le village de Martin-Église. Le maréchal lui ayant commandé de se retirer, il s'en revint tout tranquillement sans que les ligueurs osassent lui disputer la retraite. Ils avaient perdu trois cents des leurs, et paraissaient tout étourdis de leur déroute.

Du côté du Pollet ils n'avaient pas été plus heureux. M. de Châtillon avait accueilli leurs maraudeurs à coups de canon, et les avait fait fuir à toute bride. Le 18 et le 19 le duc de Mayenne voulut prendre sa revanche, mais toujours en vain : une sorte de fatalité semblait peser sur les siens ; à courage égal, les mauvais coups étaient toujours pour eux ; et comme dans leurs rangs il y avait beaucoup de jeunes recrues, ces rencontres journalières, loin de les aguerrir, les accoutumaient à fuir et à se débander. Comme dernière tentative, le duc de Mayenne essaya de forcer le passage de la rivière vis-à-vis du village de Bouteille, afin de couper toute communication entre Arques et Dieppe; mais cette entreprise lui réussit aussi mal que les autres. Après avoir tiré quelques volées de canon, il fut contraint de se retirer, laissant sur la place soixante soldats et un capitaine du régiment de Tremblecourt[1].

Il avait la rage dans le cœur, et ne put dormir de la nuit, non pas seulement parce que les gens du roi ne laissèrent pas aux siens un moment de relâche, et qu'il ne se passa pas un quart d'heure sans arquebusade ou mousqueterie, mais parce qu'il souffrait cruellement de voir échouer ses espérances. Il avait cru vaincre sans coup férir, et il n'avait encore été que battu. D'un autre côté, la division était dans son armée : le marquis de Pons lui disputait le commandement, et en qualité de prince du sang, de petit-fils de Henri II, il avait un parti qui murmurait contre Mayenne, et l'accusait des mauvais succès de ces quatre ou cinq journées. On se plaignait de sa lenteur, de ses tâtonnements : on glosait même sur son embonpoint. Il fallait donner un démenti à ces méchants propos; il fallait reconquérir son autorité : un coup d'audace devenait donc nécessaire. Mayenne, après s'être promené toute la nuit sans pouvoir fermer l'œil, tourna toutes ses

---

[1] Pendant ces deux ou trois journées d'escarmouches, on vit des faits d'armes dignes des âges chevaleresques. Je citerai entre autres le trait suivant :

« M. de Bellegarde, grand écuyer, duquel le courage estoit accompagné d'une telle modestie, et l'humeur d'une si affable conversation, qu'il n'y en avoit point qui, parmi les combats, fist paroistre plus d'asseurance, ny dans la cour plus de gentillesse, vit un cavalier tout plein de plumes qui demanda à tirer le coup de pistolet pour l'amour des dames; et, comme il en estoit le plus chery, il crut que c'estoit à luy que s'adressoit le cartel; en sorte que, sans attendre, il part de la main sur un genet noir nommé Fregouze, et attaqua avec autant d'adresse que de hardiesse ce cavalier, lequel, tirant Bellegarde d'un peu loin, le manqua; mais luy, le serrant de près, luy rompit le bras gauche : si bien que, tournant le dos, il chercha son salut en fesant retraite dans le premier escadron qu'il trouva des siens. » (*Mémoires du duc d'Angoulême.*)

pensées du côté d'Arques, et, renonçant au Pollet et à Dieppe, se décida à concentrer ses forces sur Martin-Église, afin d'attaquer de front, et avec son armée en bataille, les retranchements du roi.

Il fit ses préparatifs avec mystère : pendant toute la journée du mercredi 20, on ne vit pas une seule escarmouche : les ligueurs ne donnèrent pas signe de vie. Le roi, comprenant ce que cela voulait dire, se tint sur ses gardes, et, redoublant d'activité, visita tous ses retranchements, et les fit fortifier de plus en plus tant au Pollet qu'à Bouteille et à la maladrerie, car il ne savait pas de quel côté il serait attaqué.

Quand la nuit fut venue, il chargea le comte d'Auvergne et quelques gentilshommes d'aller reconnaître ce qui se passait dans le camp des ennemis, et s'ils ne se mettaient pas en marche. Il lui venait avis de tous côtés que le lendemain sans faute il devait être assailli : aussi ne se coucha-t-il pas.

Cependant le comte d'Auvergne s'en allait à la découverte : la nuit était très-noire ; après avoir tourné le coteau de Saint-Étienne, il crut apercevoir, à quelque distance dans la vallée de Martin-Église, une longue file de mèches allumées ; mais le silence était tel que lui et les siens furent en doute si c'étaient des hommes ou des vers luisants. Néanmoins ils se retirèrent au petit pas, et bientôt ils eurent la certitude que c'étaient des hommes d'armes, et qu'à voir le nombre des mèches il y avait plus d'un régiment.

Il était alors cinq heures du matin. Le roi fit appeler le maréchal, commanda que chacun prît les armes, que les cavaliers montassent à cheval, et que tout le monde fût à son poste. Lui-même se rendit sur le champ de bataille : le jour s'avançait, mais il faisait un brouillard d'automne si épais qu'on ne pouvait voir à quatre pas. Toutefois l'ennemi, bien qu'il marchât sans tambours, commença à faire une telle rumeur, qu'il était facile de reconnaître que c'était l'armée tout entière qui s'avançait contre les retranchements.

Pendant ce temps le roi, s'étant fait apporter à déjeuner dans une grande fosse, fit asseoir en rond tous les officiers de qualité qu'il avait auprès de lui, et se mit à manger de bon appétit. Il achevait son repas lorsque le sieur de Belin, gentilhomme ligueur, qui s'était trop avancé en voulant faire une reconnaissance, lui fut amené prisonnier. « Bonjour, Belin, dit le roi d'un air riant! embrasssez-moi pour votre bien-venue. » Belin l'ayant embrassé se prit à rire à son tour, et l'assura qu'il allait avoir sur les bras trente mille hommes de pied et dix mille chevaux. « Où sont vos forces? ajouta-t-il en regardant autour de lui. — Vous ne les voyez pas toutes, monsieur de Belin, dit le roi; car vous ne comptez pas Dieu et le bon droit, qui m'assistent. »

L'action s'engagea vers dix heures. Voici à peu près dans quel ordre étaient rangées les deux armées.

Le terrain du coteau de Saint-Étienne, depuis la maladrerie jusqu'à la lisière de la forêt, étant fort incliné, il était impossible d'y faire manœuvrer la cavalerie : cette partie du champ de bataille devait donc être réservée de part et d'autre à l'infanterie; tandis que les deux cavaleries devaient s'étendre depuis le chemin creux qui règne à mi-côte, et sépare la maladrerie des prairies, jusqu'à l'endroit où ces prairies n'étaient plus que vase et marécages. Mais quelle différence entre ces deux armées! Douze à quinze cents chevaux tout au plus contre six à huit mille! et sur le coteau vingt-cinq mille fantassins pour attaquer les retranchements, cinq à six mille pour les défendre ! Mais si le nombre était d'un côté, de l'autre brillait la fleur de la noblesse française, soutenue par ces vieilles bandes huguenotes aguerries de si longue main au métier des armes. Le roi disposa son monde avec une adresse infinie, échelonnant ses petits bataillons et les multipliant pour ainsi dire à force d'art. Il avait d'ailleurs un immense avantage, celui de connaître le plan de bataille de son adversaire, et l'ordre dans lequel ses troupes devaient marcher. Cet ordre avait été trouvé dans la pochette de M. de Belin.

Le combat fut engagé par la cavalerie, et ce fut celle du roi qui donna la première. Un capitaine Fournier, à la tête de quarante *maîtres avec casaques*, fondit sur la compagnie du ligueur Jean-Marc Albanais, le mit en déroute, et renversa de cheval Jean-Marc blessé mortellement. Au même instant Rambures, de Lorges, Montgomery, et le jeune comte d'Auvergne, suivis de la compagnie du roi et d'une centaine de gentilshommes, s'élançaient tête baissée contre les escadrons de Sagonne et des ducs d'Aumale et de Nemours. Sagonne, monté sur un cheval turc, couvert d'armes argentées, et portant un manteau d'écarlate, accourut au-devant du comte d'Auvergne, en lui criant : *Du fouet, du fouet, petit garçon!* et par manière de dédain, au lieu de croiser le fer contre lui, enfonça sa dague dans l'épaule de son cheval, mais si avant que ne pouvant la retirer il laissa le temps au jeune comte de lui tirer à bout portant son pistolet à la cuisse droite.

Sagonne étant tombé de cheval, son escadron tourna le dos ; celui de Balagny, qui venait après, rompit à son tour, et jeta le désordre dans les rangs de MM. de Nemours et d'Aumale, qui commencèrent à plier et se laissèrent bientôt pousser l'épée dans les reins jusqu'au tournant du coteau de Saint-Étienne.

Pendant que la cavalerie du roi débutait avec tant de bonheur, les fantassins de la ligue s'épuisaient en vains efforts contre les retranchements de la maladrerie et de la partie inférieure du coteau, défendus par le maréchal de Biron et par l'infanterie française. Malheureusement il n'en était pas de même sur toute la ligne ; la partie du retranchement contiguë à la forêt venait de tomber au pouvoir de l'ennemi.

Ce retranchement avait été confié à quelques compagnies de lansquenets que le roi avait à sa solde. Mayenne, de son côté, soit par hasard, soit à dessein, avait dirigé contre eux ses propres lansquenets, commandés par le comte de Colate, leur colonel. Or, dès le commencement de l'action, les lansquenets ligueurs, au lieu d'allumer leurs mousquets et de tenter l'escalade du fossé, s'étaient mis, par une ruse indigne, à crier : *Vive le roi !* en allemand, en agitant leurs chapeaux sur la pointe de leurs piques et élevant les mains pour donner à connaître à eurs compatriotes qu'ils voulaient passer dans le parti du roi. Comme le bruit courait qu'ils étaient mécontents de Mayenne, qui ne les payait pas, les autres, pleins de confiance, les reçoivent, leur tendent même la main pour franchir le parapet ; mais soudain les traîtres tournent eurs armes et se mettent à charger leurs complaisants adversaires. Ceux-ci, faute d'avoir apprêté leurs arquebuses, confus d'ailleurs de leur crédulité et comme étourdis de cette trahison, se mettent à fuir sans résistance, et descendent le coteau à toutes jambes. Ceux qui défendaient la maladrerie si vaillamment, se voyant tournés, lâchent pied à leur tour. L'ennemi se précipite de la hauteur dont il est maître, et en un clin d'œil la maladrerie et toute la première ligne sont en son pouvoir.

La bataille semblait perdue sans ressource, mais le maréchal de Biron, ralliant quelques fuyards et se repliant au petit pas sur le second retranchement, en défendit les approches avec tant d'énergie et de résolution que le roi, voyant sa détresse et comprenant que, ce second retranchement une fois enlevé, c'en était fait de lui et de sa cause, lui envoya tout ce qu'il put ramener de troupes fraîches et une partie du régiment suisse de Galati, qui était posté dans la prairie pour empêcher la cavalerie ennemie de déborder par le bas du vallon. Le maréchal de Biron, ranimé par l'arrivée de ces renforts, fit encore meilleure contenance, empêcha l'ennemi d'entamer le second retranchement, et regagna peu à peu une portion du terrain qui lui avait été si promptement enlevé.

Mais si sur le coteau l'infanterie réparait ses désastres, dans le chemin creux et dans la prairie la cavalerie avait perdu ses avantages. Le duc de Mayenne, accourant au secours des ducs de Nemours et d'Aumale, avait promptement fait rebrousser chemin à ceux qui les pourchassaient. L'ennemi avait repris chaudement l'offensive, et c'étaient le comte d'Auvergne, toute la noblesse et la compagnie du roi qui fuyaient à leur tour écrasés par le nombre et par une charge impétueuse que commandait Thianges à la tête de son escadron de deux cents hommes. Toute la cavalerie ligueuse, lancée à la suite de Thianges, s'avançait comme une avalanche prête à engloutir ces petits pelotons de cavaliers fuyant dans la plaine. Nul doute que si dans ce moment Mayenne eût redoublé d'efforts et d'activité, s'il eût donné à ses gens de pied une impulsion semblable à celle qui animait sa cavalerie, l'armée royale était anéantie. Le roi, engagé au milieu des fuyards, presque abandonné de sa suite, et s'entêtant néanmoins à ne pas tourner bride, criait tout haut : « Ne se trouvera-t-il » pas cinquante gentilshommes pour mourir avec leur roi ? » Il priait, il menaçait, le désespoir dans l'âme, mais conservant sa bonne mine, son air d'assurance et sa présence d'esprit.

A force de dire à tous venants ; « Courage, messieurs ! » courage ; faites donc comme votre roi ! » il en trouva qui l'écoutèrent. Au même instant Galati et son régiment saluèrent Thianges et toute cette cavalerie qui le suivait d'une mousqueterie si juste et si à propos, que les chevaux du premier rang tombèrent presque tous à terre, ce qui arrêta les autres tout court et jeta de la froideur et du trouble dans toute la profondeur des escadrons. D'un autre côté, ceux qui s'avançaient dans le chemin creux furent salués à peu près de la même façon par le maréchal de Biron, et tout aussitôt chargés par le roi et par les gentilshommes qu'il avait ramassés. Mais, pour comble de bonheur, voilà que Châtillon, parti de Dieppe à la tête de ses cinq cents hommes d'élite, arrive à ce moment même sur le champ de bataille. Il s'en va droit à la maladrerie, l'attaque, la force, tue ou prend tout ce qui est dedans. Le roi met pied à terre avec sa noblesse pour donner avec Châtillon dans les tranchées. Cet assaut, qui dura bien un quart d'heure, fut sanglant et furieux. Une fois maître de la maladrerie, Châtillon fit filer ses soldats dans le retranchement d'en haut, et les lansquenets l'abandonnèrent avec autant de vitesse qu'ils avaient mis de ruse à s'en emparer.

Pendant que la face des choses changeait ainsi, le brouillard, qui jusque-là avait enveloppé la vallée, se dissipa tout à coup, comme si le ciel eût voulu prendre aussi sa part dans la victoire. Ce fut alors que l'artillerie du château, découvrant l'armée des ennemis, fit voler, dit-on, dans ses rangs l'épouvante et la mort, et la perça de ces larges trouées dont parle Sully[1]. Le duc de Mayenne, qui depuis l'arrivée de Châtillon commençait à douter du succès, perdit toute espérance quand il entendit siffler ces boulets lancés si juste et avec tant de précision[2]. Bientôt le désordre fut tel parmi les siens que plusieurs compagnies de cavalerie en fuyant au travers des prairies, tombèrent dans les marais et s'enfoncèrent jusqu'aux sangles. Les hommes, contraints d'abandonner leurs chevaux, se

---

[1] *Voyez* ci-dessus, page 396.

[2] Il paraît que l'artillerie du château d'Arques était servie par les artilleurs et arquebusiers du château de Dieppe. La distance est assez grande du château à la maladrerie pour qu'à cette époque la précision de cette canonnade fût chose presque incroyable. N'oublions pas cependant que les Dieppois étaient très-habiles au tir, soit de l'arbalète, soit de l'arquebuse ou du canon. Ils s'exerçaient publiquement à certains jours de l'année : ces solennités se célébraient avec beaucoup de pompe et d'apparat. Aujourd'hui ces exercices, quoique plus simples, ont encore lieu le troisième dimanche de mai.

sauvaient à pied, comme ils pouvaient en s'appuyant sur leurs lances. Alors Mayenne, considérant qu'il se faisait tard, que ses gens étaient trop épuisés pour revenir de leur étonnement et retourner au combat, fit sonner la retraite et rentra dans ses quartiers. Henri, maître du champ de bataille, après avoir fait donner la chasse aux fuyards et les avoir salués encore une fois de quelques volées de canon, s'en revint à Arques rendre grâces à Dieu de sa victoire : les catholiques firent chanter le *Te Deum*, et les protestants entonnèrent des psaumes.

Telle fut cette journée si aventureuse, ce combat chevaleresque, qui, suivant l'expression d'un des témoins oculaires [1] « fut la première porte par laquelle Henri entra dans le chemin de sa gloire et de sa bonne fortune. »

En 1647, Louis XIV et sa mère passant à Dieppe s'en retournèrent par la vallée d'Arques, et allèrent visiter le champ de bataille. Les tranchées, quoique ouvertes depuis cinquante-huit ans, existaient encore, soit sur le coteau de Saint-Étienne, soit aux alentours du bourg. Aujourd'hui l'on aperçoit à peine la trace du retranchement en droite ligne qui descendait de la forêt à la maladrerie ; mais on voit sur la croupe de la colline où se passa le plus fort de l'action, un obélisque élevé il y a quelques années en commémoration de la bataille. Ce petit monument pourrait être d'un dessin moins roide, et il serait à désirer que quelques sculptures, ou tout au moins une inscription, indiquassent à quelle fin il a été construit. Toutefois l'intention était bonne, et il faut en savoir gré [2].

Quant au château, plus durable que les retranchements d'Henri IV, il serait encore debout, et tel à peu près que le jour de la bataille, si la main des hommes n'eût pas travaillé à le détruire ; mais depuis un siècle environ il a

---

[1] Le duc d'Angoulême (comte d'Auvergne).

[2] Il paraît qu'une inscription avait été placée sur le bas de l'obélisque. Elle a été détruite en 1830 : on devrait la rétablir.

été converti en carrière de pierres et de briques, et, j'ai peine à le dire, c'est le gouvernement lui-même qui en a autorisé l'exploitation.

En 1722, quelques habitants d'Arques ayant demandé qu'on leur permît de démolir ce château, reconnu impropre au service du roi, leur requête fut rejetée. Mais en 1753, le conseil, revenant sur cette décision, accorda la permission, sinon de démolir complètement le château, au moins d'*y prendre des pierres*. M. de Clieu, celui qui transporta le caféyer à la Martinique [1], ne se fit pas scrupule de profiter de cette permission : on peut dire que son château de Derchigny, à deux lieues est de Dieppe, est construit presque en entier des débris de l'antique forteresse de Guillaume et de Henri II.

Ce fut surtout de 1753 à 1771 que la démolition fit d'effrayants progrès. Les religieuses d'Arques furent autorisées à enlever tous les matériaux dont elles avaient besoin pour bâtir leur couvent ; semblable permission fut accordée à une foule de particuliers, jusqu'à ce qu'en 1771 elle devint générale : tous les habitants d'Arques eurent le droit de *prendre des pierres pour leurs maisons*.

Enfin, en 1780, on voit une ordonnance qui porte autorisation d'enlever *le peu de matériaux restant au château d'Arques*. Ainsi dès cette époque l'œuvre de destruction était bien avancée.

Aujourd'hui ce n'est plus l'État, c'est un particulier qui possède ces ruines, et s'il n'en accorde l'entrée que moyennant rétribution, du moins il empêche qu'on ne les dégrade. Mais il peut venir un autre propriétaire moins jaloux de sa forteresse, et qui en exploite les matériaux. Ne serait-ce pas au gouvernement à prévenir cette profanation ? ne serait-ce pas à lui qu'il appartiendrait de se faire le possesseur et le gardien de ces nobles murailles [2] ?

---

[1] *Voyez* (2e Partie) la note de la page 288.
[2] Depuis que ces lignes sont écrites, le château d'Arques est dé-

Pour l'antiquaire qui connaît le donjon et les remparts de Coucy-le-Château, les tours de Gisors et des Andelys, le château d'Arques n'offre pas un extrême intérêt. Ces maçonneries dépouillées de leur revêtement n'ont plus aucune forme précise; ce sont des masses de cailloux et de ciment sans caractère, sans profil. Or, les profils seuls donnent à un monument son style, son individualité, sa date. Il est donc difficile de distinguer ce qui appartient à tel ou tel âge: les constructions primitives des onzième et douzième siècles, les constructions ajoutées aux quinzième et seizième, tout cela se confond, car tout cela n'est plus que squelettes; les vêtements sont tombés en poussière. Il faut étudier de très-près les divers systèmes de construction de ces masses informes pour découvrir leur ancienneté relative. Ainsi certaines parties sont revêtues ou même mêlées de briques, tandis qu'il en est d'autres, notamment tout le côté du sud, où l'on ne trouve que de la pierre et du caillou. Dans quelques endroits, vous remarquez l'ancien travail de maçonnerie connu sous le nom d'*arête de poisson;* ailleurs, au contraire, le caillou est confondu pêle-mêle avec le ciment sans symétrie et sans dessin. Enfin, il y a des portes et des voûtes à plein cintre, il y en a d'autres à ogives; et par exemple, dans l'intérieur d'une des deux grosses tours d'entrée, servant jadis de chapelle, les voûtes d'arêtes et les retombées existent encore; ce sont des ogives du quinzième siècle environ.

Mais si l'antiquaire ne trouve dans ces décombres qu'une mine épuisée et presque stérile [1], en revanche que de ta-

venu la propriété de M. Reizet, fils de l'ancien receveur-général, homme de goût et plein de respect pour ces belles ruines. Il en laisse le libre accès aux visiteurs et les conserve avec un soin religieux.

[1] Il y a cent ans, ce beau château était encore en assez bon état de conservation pour qu'on pût l'étudier avec un grand intérêt. Quelque informes que soient ses ruines aujourd'hui, on peut néanmoins les restaurer à l'aide d'un Mémoire fort curieux sur la ville

bleaux pour le peintre ! il n'est pas une de de ces tours
en ruine qui ne nourrisse dans ses crevasses des touffes
d'arbrisseaux verdoyants, pas un de ces pans de muraille
qui ne soit tapissé de lierres : ici de noirs sureaux avec
leurs fleurs d'argent, là de jeunes frênes à la tige élancée
dont les feuilles s'agitent comme des bouquets de plumes,
et brillent au soleil comme des paillettes d'or; et quand,
du milieu de cette végétation vigoureuse, abandonnée,
sauvage, vous voyez s'élever ces masses de briques et de
pierres si chaudement colorées, déchirées, découpées en

et le château d'Arques, écrit en 1708, et dont un double était déposé aux archives militaires du château de Dieppe. C'est à M. Sollicoffre, dont nous avons déjà parlé à propos des fouilles faites à Sainte-Marguerite, qu'on doit la découverte de cette pièce intéressante. Voici le passage où il est question du château et de l'état où il était en 1708 :

« Son enceinte est de maçonnerie fort épaisse, flanquée de quatorze tours, tant grosses que petites, rondes et carrées, qui sont toutes voûtées à deux et trois étages, mais dont la plupart sont comblées par les ruines des parapets du dessus, à l'exception des quatre plus grosses, de la première et seconde entrée du côté de Dieppe, dans lesquelles il y a à chacune un magasin sous terre, et un corps-de-garde au-dessus, qui sont très-beaux, et dont la maçonnerie, qui est de briques, se trouve en quelques endroits aussi belle que si elle venoit d'être faite.

» L'on a pratiqué dans le passage de l'entrée de ce château, du côté de Dieppe, des galeries dans les épaisseurs des murs, qui sont percées de créneaux, en sorte qu'il faut, pour y entrer, passer entre deux feux.

» Il y a dans ce château un fort beau donjon, d'une figure carrée, qui est séparé en deux par dedans d'une muraille de cinq pieds d'épaisseur, ayant dans un des côtés un grand magasin, une chapelle, une petite chambre, et un escalier pour monter sur la plateforme; de l'autre côté, un autre magasin de même grandeur que le premier, un puits qui est comblé à quarante toises de profondeur, de petites galeries, avec d'autres petites chambres ou prisons, pratiquées dans l'épaisseur des murs, et un endroit où étoit autrefois un moulin.

» Les voûtes de ce donjon, qui sont fort élevées, sont faites en

festons si bizarres ; quand pour fond d'un tel tableau vous avez cette gracieuse vallée, cette forêt jetée comme un magnifique manteau sur ces belles collines, ces ravins, ces ruisseaux, ces prairies et la mer à l'horizon ; que vous êtes heureux si vous avez des yeux d'artiste, et si votre palette peut traduire ce que voient vos yeux !

Après avoir parcouru l'intérieur du château d'Arques, escaladé les ruines de son donjon, passé de la place d'armes dans les avant-cours et visité chacune de ces grosses tours ogives ; elles portent une plate-forme assez belle, qui commande à toutes les hauteurs qui environnent cette forteresse.

» L'on trouve au pied de ce donjon un escalier de cinquante-deux marches, qui descend à des souterrains pratiqués dans la marne, sous l'escarpe du fossé, qui ont six pieds de hauteur et quatre pieds de largeur, dont partie sont revêtus de briques ; celui qui est à la droite, au pied dudit escalier, n'a été poussé que sur la longueur de quarante toises; celui de la gauche se trouve bouché par des décombres à soixante-quinze toises : il paroît aller plus loin ; l'on assure même qu'il descend jusqu'à la rivière, qui est dans une vallée fort enfoncée, au pied dudit château. L'on va de ce souterrain dans un autre, que l'on dit qui conduit jusqu'à Dieppe, et dont l'entrée, qui commence au bout de ce dernier, est aussi bouchée par des décombres.

» Le logement de M. le gouverneur, et les autres, sont assez considérables pour la petitesse du lieu ; s'ils étoient en meilleur état qu'ils ne sont, l'on pourroit, dans un besoin, loger une assez bonne garnison dans ce château, où l'on trouveroit aisément de quoi mettre à couvert les munitions de guerre et de bouche nécessaires à sa défense.

» Il y a un puits au milieu dudit château, dont l'eau est excellente, et une machine propre à en retirer un muid à la fois, si elle étoit rétablie.

» Les deux ponts de ce château sont de maçonnerie : celui qui est du côté de Dieppe est en assez bon état; mais celui qui est du côté de Longueville, les piles en sont tombées. »

*N. B.* Un antiquaire connu par de savants travaux sur plusieurs monuments de Normandie, M. Deville, a fait paraître en 1839 un ouvrage spécial auquel nous devons renvoyer le lecteur. Il est intitulé *Histoire du château d'Arques*. (*Rouen*, Nicétas-Périaux.)

qui en défendaient l'entrée, franchissons le fossé profond et escarpé qui lui sert d'enceinte, et descendons dans l'ancienne ville, dont les murailles se laissent voir çà et là par fragments. Il y a quelques années, une des portes existait encore et produisait l'effet le plus heureux. Je ne sais si elle menaçait ruine, mais je l'ai trouvée démolie; il ne reste que les deux massifs de maçonnerie qui supportaient la voûte.

Les maisons du bourg sont groupées avec tant de bonheur qu'il semble qu'un peintre ait présidé à leur arrangement; la disposition et la pente du terrain, le mélange des fabriques et de la verdure, la variété et l'harmonie des tons, tout est à souhait pour le pittoresque. Parmi ces maisons, il en est dont les pignons pointus, les briques variées de couleur et disposées en compartiments rouges et noirs, les fenêtres à meneaux de pierre finement cannelés, vous révèlent au premier coup d'œil que notre siècle ne les a pas vues naître.

Les unes datent du dix-septième siècle, les autres remontent jusqu'au seizième, elles ont vu Henri IV, elles ont retenti au bruit du canon de la bataille. Je citerai surtout l'auberge qui est en face de la halle : sa porte est décorée dans le goût de la renaissance, par deux jolies petites colonnes artistement travaillées et supportant un fronton. Dans la maison on voit encore quelques cheminées contemporaines de son petit portail. Non loin de cette auberge, dans la cour d'un maréchal ferrant, on trouve une tourelle, un vieux puits et quelques autres fragments du seizième siècle. Enfin, dans d'autres parties du bourg, plusieurs habitations offrent des détails qui ne sont pas sans prix [1].

---

[1] A une petite distance d'Arques, en remontant la vallée, on trouve dans le village de Varenne une charmante maison en bois sculpté, qui date du seizième siècle. Elle appartient à une personne qui en connaît le mérite, et qui se propose de faire quelques tra-

De maison en maison nous voilà descendus jusqu'à l'église. C'est un charmant monument, qui n'est remarquable ni par une haute antiquité ni par de grandes proportions, mais qui n'en mérite pas moins à plus d'un titre qu'on l'examine avec un vif intérêt. L'extérieur est brillant de découpures et de dentelles dans le style du quinzième siècle. Le chœur, qui est la partie la plus ornée, me semble avoir dû être, sinon terminé, au moins construit en grande partie avant 1500. Cette hypothèse est pourtant inconciliable avec la tradition qui veut que cette église ait été bâtie par Nicolas Bédiou, mort le 12 décembre 1572, et enterré au pied des marches de l'autel. Assurément, quoique ce Nicolas Bédiou puisse avoir vécu jusqu'à un âge avancé, il n'est nullement probable que soixante-douze ans avant sa mort il ait commencé à construire cette église. Mais le chœur ne peut-il avoir été fondé par un autre? L'édifice n'était pas achevé en 1572, puisque certaines parties portent la date de 1628; Bédiou a donc eu des successeurs; ne pouvait-il avoir succédé lui-même à un premier architecte dont le chœur serait l'ouvrage? Je n'ose pas dire que cela doive nécessairement être ainsi, mais je remarque dans le dessin et le style du chœur, non-seulement quelque chose de plus ancien que dans le reste de l'édifice, mais une autre main, un autre faire, et tout ce qui peut faire supposer qu'un autre que Bédiou en est l'auteur.

Il est impossible de décrire l'extérieur de cette église; comme tous les monuments distingués de son époque, elle brille surtout par une extrême multiplicité de détails, par la prodigalité des ornements : ces ornements sont presque tous d'un goût parfait; il y a çà et là des rosaces, des feuillages, des petites figures d'une grâce exquise et touchées avec autant de hardiesse que d'esprit. La tour n'a été achevée qu'un siècle environ après l'église : c'est sur

vaux pour la dégager de bâtiments qui l'entourent et la déshonorent.

une des pierres de sa corniche supérieure qu'on lit le millésime 1628. Ce qu'il y a de remarquable, c'est qu'au lieu d'achever cette tour suivant le goût de son temps, et d'enter une jeune tête sur un vieux corps, comme cela se pratiquait toujours, l'architecte du dix septième siècle s'est à peu près conformé au style et à l'ordonnance de son devancier. Il y a bien une différence de travail : ces petits modillons de 1628 sont plus roides, plus réguliers que les ornements du même genre qui se rencontrent dans les frises des étages inférieurs ; mais il n'y a point de dissemblance choquante, point de disparate fondamentale entre l'œuvre du premier architecte et celle de son successeur.

Avant d'entrer dans l'église, nous jetterons encore les yeux sur les nombreuses gargouilles qui bordent la corniche du côté du sud. Elles ne sont peut-être pas aussi belles que celles de Saint-Jacques de Dieppe ; mais il en est une que l'artiste s'est amusé à décorer d'une singulière façon : il lui a jeté en sautoir le collier de l'ordre de Saint-Michel.

Intérieurement l'église offre d'heureuses proportions, sans avoir rien de grandiose ni de très-imposant : c'est un élégant vaisseau, et quoiqu'on soit tenté d'en vouloir un peu à ce jubé qui obstrue l'entrée du chœur et réduit un peu trop les proportions de la nef, cependant on lui pardonne tant il y a de charme et de bon goût dans son ajustement et dans sa décoration. C'est un des plus jolis morceaux que la Renaissance ait produits dans ces contrées. On remarquera aussi avec un grand intérêt les lambris des chapelles, et particulièrement ceux d'une grande chapelle latérale au chœur du côté de l'Évangile. Ces lambris sont découpés, ou plutôt sculptés avec une verve et une facilité merveilleuses : rien de si fin, de si varié, que ces ornements jetés dans tous ces petits caissons. On trouvera là un échantillon de cette adresse à sculpter le bois que j'ai déjà signalée comme un des apanages d'une certaine classe de la population.

Au-dessus de ces lambris, on voit quelques fragments de vitraux peints. Ils ne sont pas sans mérite, mais ne valent pas ceux d'Ancourt; ils ont d'ailleurs trop souffert pour qu'on les puisse bien juger [1].

Maintenant, si nous nous séparons de ces charmants lambris, si nous disons adieu à l'élégance, je dirais presque à la coquetterie de cette jolie église, ce ne sera plus pour porter ailleurs notre hommage. Notre excursion touche à son terme; nous voilà dans ce chemin que suit la foule des promeneurs, et nous arriverons à Dieppe sans qu'aucun monument nouveau soit venu réclamer sa part de notre attention; mais nous aurons suivi une route délicieuse, une allée de jardin, tantôt ombragée comme une forêt, tantôt découverte et riante comme la prairie, et nos yeux se seront souvent dirigés vers l'autre rive de la vallée, vers ce coteau de Saint-Étienne que nous visitions tout à l'heure, vers cet obélisque qui brille au soleil, et sur lequel on croit lire ces belles paroles de Henri : « Vous » ne comptez pas Dieu et le bon droit qui m'assistent. »

[1] Sur un de ces vitraux on distingue un écusson *de gueules, à un pal de sable chargé de coquilles d'argent, brochant sur deux os en sautoir de même, au timbre d'azur, portant pour cimier un léopard lissant d'or, langué de gueules, ayant pour supports une licorne d'argent et un autre animal de même*, dont la tête n'existe plus. Au-dessous, dans un ruban, on lit ces mots : CHARLES DES MARES. Ce nom est-il celui d'une ancienne famille dont on conserve le souvenir à Arques? Est-ce ainsi que s'écrivait le nom de Charles Desmarets, qui reprit Dieppe sur les Anglais en 1442? Ces armoiries seraient-elles celles de Charles Desmarets? Mais, en ce cas, cette chapelle serait donc du milieu du quinzième siècle? Le style de l'architecture ne s'y oppose pas; seulement, la tradition qui attribue tout l'édifice à Nicolas Bédiou recevrait par là un démenti bien clair. Au reste, il est possible que ce Charles Desmarets soit le fils ou seulement le parent de celui dont parle l'histoire.

## CHAPITRE III.

**VALLÉE DE LA SCIE. — LONGUEVILLE. — CHARLES-MESNIL. — MIROMESNIL. — OFFRANVILLE. — SAUQUEVILLE. — HOTTOT. — POURVILLE.**

Le vallon arrosé par la Scie n'est séparé de la vallée d'Arques que par un plateau qui, dans certains endroits, n'a pas une demi-lieue de largeur; ces deux vallées sont donc contiguës pour ainsi dire; mais, quoique sœurs, elles ne se ressemblent pas. Il y a bien entre elles un certain air de famille : c'est ce même sol normand, cette même verdure foncée, ces mêmes eaux transparentes; mais la vallée d'Arques est ouverte, pleine d'air et de soleil; ses pâturages sont spacieux, ses collines mollement arrondies; ici, au contraire, les coteaux semblent vouloir se réunir, tant la gorge est profonde, étroite et escarpée; les arbres se touchent et s'entrelacent; il y a moins de prairies que de bocages, moins de soleil que de fraîcheur.

La Scie prend sa source à sept lieues de Dieppe environ, près de Saint-Victor-l'Abbaye; de là elle passe à Auffay, où l'on remarque une belle église; puis enfin elle vient baigner les ruines de l'ancienne abbaye et du château de Longueville. C'est à Longueville que la vallée commence à se dessiner et à prendre son caractère mystérieux et solitaire. De magnifiques quinconces de hêtre se groupent sur le penchant des deux coteaux, et, dans le fond du vallon, les saules, les aulnes, les peupliers, sont tellement rapprochés et touffus, que si vous n'entendiez de loin en loin le tic-tac d'un moulin ou la clochette des bestiaux qui paissent sous ces ombrages, si vous n'aperceviez du milieu de ces bosquets s'échapper quelques colonnes de fumée qui vous font deviner les maisons que vous ne voyez pas, jamais vous ne supposeriez qu'il y ait dans cette vallée des habitants; que dis-je, des habitants! de riches et populeux villages : tout au plus chercheriez-vous des yeux si quelques moines de l'abbaye se promènent encore le bréviaire à la main dans les sentiers de cette fraîche Thébaïde.

Il n'y a pas vingt ans, le château de Longueville pouvait passer pour le rival du château d'Arques : son enceinte, il est vrai, était encore plus dégradée; mais je me souviens du bel effet que produisait une énorme tour déchirée par de profondes crevasses, debout au milieu des débris écroulés autour d'elle, et dominant avec majesté du haut de ses grands fossés toute l'étendue du vallon. Moins heureuses que celles du château d'Arques, ces ruines sont tombées dans des mains profanes qui les ont rasées jusqu'au sol : la belle tour a été transportée pièce à pièce dans la vallée, et convertie en granges et en moulins !

Ce château de Longueville méritait pourtant un meilleur sort : sans parler des souvenirs de la Fronde, les noms les plus illustres de notre histoire s'étaient gravés sur ses antiques murailles : Charles V en avait fait don, en 1364, au célèbre connétable Duguesclin, et, dans le siècle suivant, en 1443, il avait été donné par Charles VII au bâtard d'Orléans, comte de Dunois. Ainsi, deux fois il était devenu comme une récompense nationale offerte à deux guerriers si utiles à la France, si redoutables à ses ennemis. La fondation de ce château remontait, comme celle du château d'Arques, au onzième siècle, et il était construit à peu près dans le même système de maçonnerie et d'architecture. Son fondateur fut un des compagnons de Guilaume-le-Conquérant, Gaultier Giffard, lequel reçut pour sa part du butin le comté de Buckingham, et devint ainsi, dans les deux pays, le premier du nom de deux illustres maisons.

L'abbaye, ou plutôt le prieuré de Longueville, dont on voit encore quelques restes dans le vallon, au pied du château, fut fondée vers 1084 par Gaultier Giffard, pour y établir des religieux de l'ordre de Cluni. Ce monastère a joui pendant le moyen âge d'une certaine célébrité. On remarque encore, dans ce qui reste de l'église, quelques parties à plein cintre qui peuvent remonter à l'époque de la fondation du prieuré.

Longueville est un assez gros bourg, beaucoup plus long que large, comme l'exige l'extrême resserrement de la vallée. C'est de sa forme probablement que lui sera venu son nom.

Au sortir de Longueville on trouve, en descendant le long des bords de la Scie, les beaux villages de Vaudreville, Denetanville, Croville, Anneville, Manéhouville. Cette terminaison en *ville* se rencontre à chaque pas dans tout le pays de Caux; elle indique en général des métairies (*villæ*) dépendantes jadis de monastères ou de seigneuries, et qui peu à peu se sont affranchies et converties en villages.

Non loin de Manéhouville, vous voyez s'élever, au milieu d'une prairie attenante aux maisons d'un riche fermier, une grosse *motte* recouverte de broussailles et de lierre : ce sont les ruines de ce petit château de Charles-Mesnil, dont nous avons vu Talbot s'emparer si lestement, quand il vint en 1442 mettre le siège devant Dieppe. Les tours de Charles-Mesnil avaient été construites environ cent ans auparavant par un sire Jean d'Étouteville. C'était une maison fortifiée selon la mode du quatorzième siècle. Cette châtellenie portait le nom de *Mesnil-Haquet*. Mais Charles VII ayant remporté au bord de la Scie, et presque en vue du castel, un avantage signalé sur les Anglais, le nom de *Charles-Mesnil* remplaça celui de *Mesnil Haquet*[1]. On fait remonter à la même époque le nom bizarre d'*Écorche-Bœuf* donné à une agréable maison de campagne située sur le haut de la colline, à peu près au-dessus

---

[1] *Voyez* dom Duplessis, page 192.

des ruines de Charles-Mesnil. Ce serait, dit-on, dans ce lieu que l'armée anglaise aurait établi ses tueries lorsqu'elle fut débusquée de la vallée par les Français.

A quelques pas des ruines de Charles-Mesnil, la rivière est subitement grossie par les eaux d'une source si riche, si puissante, qu'en s'échappant du pied de la montagne elle forme aussitôt un vaste réservoir d'où s'écoule, en bouillonnant, le ruisseau le plus limpide qu'on puisse imaginer. Les sources sont extrêmement multipliées dans cette vallée : à une lieue plus loin, tout au plus, nous trouverons celle de Saint-Aubin, dont les Dieppois, au seizième siècle, ont amené sous terre et à si grands frais les eaux jusque dans leur ville.

Mais, avant de descendre à Saint-Aubin, il nous faut gravir cette rampe plantée d'arbres qui conduit, par de longs détours, à une des plus belles habitations de Normandie, au château de Miromesnil. C'est, je crois, dans ce château qu'est mort en 1796 M. de Miromesnil, le garde des sceaux de Louis XVI, celui qui contresigna l'abolition de la torture; mais je ne sais si c'est par un de ses ancêtres ou par quelqu'un d'une autre famille qu'il a été construit. Il me semble appartenir au siècle de Louis XIV. L'ordonnance en est grandiose, surtout du côté de la cour. La corniche est surmontée de belles mansardes qui accompagnent le toit et déguisent son élévation : quatre jolies tourelles le flanquent aux quatre coins, et la brique et la pierre dont il est bâti se marient harmonieusement. Mais la principale beauté de cette demeure, ce sont les immenses plantations de hêtres dont elle est entourée. Le dessin de ces avenues est d'un beau caractère : elles doivent, ainsi que le château, avoir été conçues par un architecte distingué. Ce sont presque les proportions de Versailles, mais avec la végétation de Normandie. Qu'on se représente ces hêtres nourris depuis plus de cent ans dans cette terre vigoureuse; leurs troncs luisants rangés en haies le long de ces allées profondes font l'effet de hautes colonnades argentées, couronnées d'énormes bouquets de feuillage que jamais la serpe ne profane. Quel mystère, quelle grandeur, quelle majesté! Rien de plus imposant que les abords de ce château, surtout par un jour de beau soleil; car il faut de la lumière, il faut des ombres vives et tranchées, pour donner à ces avenues leur relief et leur beauté : par un jour nuageux elles sont obscures et mélancoliques jusqu'à la tristesse.

De l'autre côté de la vallée, sur le coteau qui fait face à Miromesnil, on trouve dans le village d'Offranville deux ou trois châteaux qui ont aussi leurs murs de briques, leurs quinconces et leurs avenues; mais ce ne sont que des diminutifs de la belle habitation que nous venons de visiter; l'architecture en est médiocre et trop moderne pour qu'elle soit rachetée par la beauté des plantations. Mais en revanche ce village possède une église assez importante, et dans laquelle nous nous arrêterons quelques instants. On lit sur la porte le millésime 1574, mais ce n'est pas la date de sa fondation. Un des piliers de la nef, le deuxième à droite en entrant, est surmonté d'une espèce de petit écusson sur lequel est gravé le chiffre 1554 [1]; or cette partie de l'église, selon la coutume, a été la dernière construite; il est donc probable que le chœur, et même les transepts, datent du commencement du seizième siècle ou même de la fin du quinzième, car on y remarque un tout autre travail que dans la nef : non-seulement les fenêtres sont à ogives, ce qui ne voudrait pas dire grand'chose, puisque pendant le seizième siècle, au plus fort de la renaissance, l'ogive paraît avoir encore été presque constamment employée dans les églises de village en Normandie; mais ces ogives sont divisées par des meneaux de pierre *flamboyants*, comme les appellent les

[1] Vis-à-vis de ce pilier, ou à peu près, on en voit un autre sur le chapiteau duquel on a sculpté cette inscription : *Demoiselle Jeâne de Cauteville donna ce pilier l'an* M. V... ( Le reste de la date n'est pas lisible.)

antiquaires normands, c'est-à-dire découpés en forme de flamme, dans le goût du quinzième siècle; et enfin, ce qui est bien plus caractéristique, toutes les voûtes, toutes les arcades, tous les piliers sont taillés en arêtes et à angles aigus, tandis que dans la nef les profils sont arrondis.

L'aspect de cette église, à l'extérieur, manque de grâce et de légèreté, mais la grande saillie des transepts donne à l'édifice un certain air imposant et monumental. Il est d'ailleurs d'une belle dimension. Le vaisseau a environ cent cinquante pieds de long sur soixante de large. La nef se compose de quatre grandes travées à ogives très-évasées, soutenues par de gros piliers nus, auxquels est accolée une petite colonnette striée; les contre-allées sont spacieuses: en somme, c'est une église de village dont s'accommoderaient beaucoup de petites villes.

On rencontre çà et là, soit dans la nef, soit dans les transepts, quelques échantillons de sculpture, mais en général assez médiocres. Il y a même plusieurs têtes sculptées de profil sur les premiers piliers de la nef qui sont aussi grossières que les plus informes bas-reliefs des dixième et onzième siècles. Ce qui prouve, en passant, qu'il y a de la barbarie à toutes les époques, et que la grossièreté du travail peut aussi bien provenir de la maladresse de l'ouvrier que de la vétusté du monument.

Au sommet des ogives du chœur et de quelques chapelles voisines on voit des débris de vitraux peints; mais ces fragments méritent à peine un regard; il faut entrer dans la sacristie, là vous trouverez des verrières, ou, pour mieux dire, des portions de verrières de la plus grande beauté. Ce sont d'abord de petits sujets enchâssés dans le tympan d'une des fenêtres à ogive; une sainte Anne apprenant à lire à la Vierge, une sainte Marguerite et un saint Roch; ces trois tableaux de genre, comme on les appellerait aujourd'hui, sont délicieux d'expression et de finesse de dessin; la couleur en est magnifique. Mais ce qui est plus remarquable, c'est une histoire d'Adam et Ève depuis

36.

leur création jusqu'à leur fuite du paradis terrestre. Évidemment c'est un Italien, ou un élève de l'Italie, qui a dessiné ces figures. Le nu est supérieurement étudié, et d'un style qui rappelle l'école de Michel-Ange, ou plutôt la dernière manière de Raphaël. Ce qu'il y a de piquant dans ces tableaux, qui d'ailleurs sont admirablement colorés, c'est de voir à côté de ces figures italiennes les arbres, les prés, les collines, en un mot, tout le paysage emprunté à la Normandie. L'artiste avait sans doute acquis son talent dans le midi auprès des grands maîtres, et en venant l'exercer dans le nord il a pris pour fond de ses tableaux la nature qu'il avait sous les yeux.

J'ai encore trouvé dans cette sacristie d'Offranville un monument moins remarquable, comme ouvrage d'art, que ces belles verrières, mais très-singulier dans son genre. Ce sont des panneaux de boiserie sculptés à la fin du seizième ou peut-être au dix-septième siècle. Ils sont divisés par arcades. Je ne sais combien il y en avait autrefois : il n'en reste aujourd'hui que trois et la moitié d'une quatrième. Dans une de ces arcades est une femme qui descend du haut d'une montagne, et semble se diriger vers une ville enceinte de murailles et de tours ; au sommet de la montagne est une autre femme ailée, et une multitude d'oiseaux. La seconde arcade représente l'intérieur de la ville : on y voit une table servie de différents plats, sur un desquels est une tête d'homme : on dirait le repas d'Hérodiade. Mais comment concilier cette explication avec le troisième panneau, où se retrouve la femme ailée tirant une autre femme nue (peut-être une âme) d'un petit bateau, tandis que dans le bas du tableau des guerriers qui semblent chanter victoire portent une tête au bout d'une pique ? J'avoue qu'il m'a été impossible de découvrir ce que cela voulait dire : probablement les panneaux qui n'existent plus contenaient le mot de l'énigme. Au reste, ces figures sont sculptées avec facilité, mais le dessin en est maigre, et n'est pas exempt de roideur.

En sortant de cette église on n'aperçoit dans le village que maisons propres et bien tenues, que jardins couverts de fleurs et de fruits : où trouver maintenant les traces de ces combats, de ces scènes de rapines et de dévastation qui désolaient ces coteaux il y a trois siècles, lorsque protestants et catholiques s'entr'égorgeaient aux environs de Dieppe? Offranville fut à plusieurs reprises le théâtre de leurs sanglantes rencontres : c'est là, comme nous l'avons vu [1], que tomba ce brave capitaine Rufosse, que M. de Chastes, le gouverneur, n'eut pas assez de crédit pour faire enterrer.

Si nous quittons maintenant Offranville pour redescendre dans la vallée, nous allons trouver dans un pré, au bord de la rivière, un monceau de pierres et de décombres, tristes débris de l'ancienne église de Sauqueville (Saxeville, *Saxonis-Villa*). Quelques chapiteaux d'un joli travail, des tronçons de colonnes parsemées de longues fleurs de lis, et qui semblent appartenir au quatorzième siècle, une ou deux clefs de voûte, puis une masse de pierres sans sculpture, voilà tout ce qui reste de cette église collégiale, une des plus riches et des plus élégantes de la contrée, qui subsistait encore il y a dix-sept ou dix-huit ans, et qui a été démolie par autorisation du gouvernement sous l'empire de cette restauration qui se donnait pour la protectrice des souvenirs religieux et des vieilles traditions. Et encore si c'était un paysan, un spéculateur aveugle et grossier! mais non, c'est le propriétaire du plus beau château du voisinage, c'est un *gentilhomme* qui s'est rendu adjudicataire de cette démolition, c'est lui qui a renversé, brisé, dépecé ces saintes voûtes; et pourquoi? pour s'en construire un moulin. Il n'a pas même fait mettre de côté les sculptures : les chapiteaux, les clefs des voûtes ont été taillés en moellons comme tous les autres matériaux, et c'est par hasard que, en attendant meil-

[1] *V.* page 134.

leur emploi, il en reste encore quelques débris dans ces amas de décombres !

Si, pour nous consoler de la vue de ce vandalisme, nous entrons dans la petite église de Saint-Aubin, héritière de celle de Sauqueville, nous n'y trouverons presque rien qui mérite nos remarques, si ce n'est une charmante croix sculptée adossée à la muraille au-dessus des fonts baptismaux, et qui provient de l'église démolie. C'est le seul fragment qu'on ait recueilli de ses ruines.

A Saint-Aubin la vallée est encore fraîche et verdoyante; l'approche de la mer ne se fait pas encore sentir ; mais il n'en est plus de même à une petite lieue de là, aux environs du village d'Appeville, ou, comme on l'appelle dans le pays, du Petit-Appeville : le sommet des collines commence à se dépouiller de verdure, la végétation est reléguée au fond de la vallée, sur les bords de la rivière et dans les lieux abrités.

C'est en remontant une gorge voisine du village d'Appeville, sur la gauche du vallon, qu'on rencontre, au milieu d'un petit bois, les ruines de ce château de Hottot, que nous avons vu servir de repaire au sire Robert d'Étouteville pendant qu'il guerroyait contre les bourgeois de Dieppe[1]. Ces ruines n'offrent plus aujourd'hui qu'un amas informe de cailloux et de ciment, mais elles ont conservé je ne sais quel air sauvage qui rappelle leur ancienne destination. Du milieu de ces arbres et de ces buissons qui les serrent de près et les rendent inaccessibles, ces tronçons de tourelles semblent, comme autrefois, environnés de leurs hommes d'armes, et vous diriez qu'elles sont encore l'effroi des environs, tant ces bruyères sont incultes, désolées et solitaires.

Ce site sévère nous prépare au spectacle qui nous attend dans le vallon ; car il faut maintenant y redescendre pour la dernière fois. Nous touchons à son terme : nous

---

[1] *Voyez* 1re Partie, page 29.

allons voir cette rivière, tout à l'heure si brillante, si bien parée, se perdre tristement dans des monceaux de galet et glisser inaperçue jusqu'à la mer. Où sommes-nous? Est-ce ainsi que finit cette riante vallée? Qu'a-t-elle fait de ses beaux hêtres, de ses saules argentés, de ses hardis peupliers? Quoi! pas un arbre, pas un buisson! Voilà bien quelques chênes, mais leur tronc tortu est recourbé jusqu'à terre; et ces arbrisseaux, qui chaque printemps essaient de reverdir, voilà déjà leurs pousses nouvelles brûlées, desséchées et noires, comme en hiver! Est-ce donc le même sol, la même nature, le même climat que tout à l'heure? Oui, mais la mer est là qui mugit: c'est elle, ce sont les vents ses maîtres, ses ennemis, qui donnent à l'embouchure de ce vallon un aspect si âpre, si sauvage, si solennel.

Eh bien! ce lieu de désolation, ce val d'enfer, a pourtant son charme et sa beauté. J'aime cette église en ruine et cette croix de pierre qui, plus heureuse, a résisté à la tempête. Ces quinze ou vingt cabanes de pêcheurs se groupent si bien à l'entour, et ces falaises, quoique nues et arides, encadrent si majestueusement ce vaste horizon de mer! Un tel site est plus fantastique que l'imagination d'Hoffmann et que toutes les rêveries de la poésie du Nord. Aussi ne faut-il pas s'étonner lorsque, dans les campagnes voisines, on vous raconte que Pourville (c'est le nom de ce hameau [1]) est le séjour chéri des démons et des sorcières, et que, pour se faire pêcheur à Pourville, mieux vaut être filleul d'une fée que d'un évêque.

[1] Ce pauvre hameau de Pourville ne semble pas avoir toujours été aussi désert et aussi désolé; on possède encore un tableau des droits qui étaient jadis perçus sur les marchandises débarquées à Pourville. La tradition veut que saint Thomas de Cantorbéry soit venu sur cette grève sauvage. La petite église qui s'élevait au pied des monceaux de galet, et dont on voit encore les ruines, lui était dédiée.

## CHAPITRE IV.

VALLÉES DE LA SAANE ET DU DUN. — SAINTE-MARGUE-
RITE. — LA MOSAÏQUE. — LE PHARE D'AILLY. —
L'ÉGLISE DE SAINTE MARGUERITE. — LES ÉGLISES
D'AVREMENIL ET DE BOURG-DUN.

De Pourville on peut, à marée basse, en suivant le pied des falaises du côté de l'ouest, parvenir jusqu'à une autre baie plus évasée, plus ouverte et moins sauvage [1]. C'est là

---

[1] Le voyage à pied le long de la falaise n'est pas sans danger ; car, de temps en temps il se détache des pierres de la partie la plus élevée, et quelquefois il se fait de grands éboulements de craie et de terre qui tombent et roulent comme des avalanches jusque dans la mer. Cette falaise présente une particularité. De petits ruisseaux, sortis des sources qui sont sur les hauteurs, viennent s'y précipiter, et souvent, au coucher du soleil, leurs eaux s'argentent et s'aperçoivent de très-loin. Ces ruisseaux ne coulent pas toujours, mais leur place est marquée par de longues bandes verticales qui se teignent des nuances des terrains ocreux et plastiques qui recouvrent la craie. Ces grands coups de pinceau, de plus de cent pieds de haut, ont quelque chose des couleurs de l'arc-en-ciel et font un très-grand effet.

A partir de la vallée de la Saâne jusque vers Saint-Valery, et peut-être au delà, on trouve à la laisse de la basse mer, dans les grandes marées, des troncs d'arbres enfouis dans le sable, et dont on ne connaît pas l'origine. Ils sont en grand nombre. Ce fait, qui a une complète analogie avec ce que l'on voit sur une partie des côtes orientales de l'Angleterre et occidentales de la France, n'a point encore été étudié ici. Tous ces troncs sont couchés dans une même direction, savoir : du sud-est au nord-ouest ; leur inclinaison est d'environ 45 degrés.

Le rivage qui s'étend de Pourville au cap d'Ailly a été plus d'une fois battu par la mitraille des Anglais, lorsqu'au temps de la course, sous l'empire, des prises poursuivies par les croiseurs se réfugiaient sous ces falaises. Elles y étaient cependant peu en sû-

que se termine la vallée de la Saâne. Cette nouvelle vallée est peut-être plus riche encore, plus fraîche, plus ombragée que celle que nous venons de parcourir ; ses coteaux sont plus gracieusement coupés, et les eaux qui l'arrosent plus abondantes et plus profondes. La Saâne, comme la Scie, prend sa source à sept lieues de la mer, sur le plateau dont Tôtes occupe le centre. Après avoir traversé le bourg d'Anglesqueville, les villages de Tièdeville, Saâne, Biville, Saint-Ouen et Gourel, qui s'échelonnent sur une étendue d'environ quatre lieues, elle reçoit dans son lit les eaux de la Vienne, autre rivière qui prend naissance dans le parc du grand château de Sainte-Geneviève, et passe ensuite à Basqueville, gros bourg célèbre aujourd'hui par ses foires, jadis par son prieuré d'origine carlovin-

reté ; car, la côte étant d'un abord dangereux pour un débarquement de quelque importance, on n'avait placé qu'une pièce de petit calibre, mise en batterie sur une pointe de terre qui se trouve au pied de l'église de Varengeville. Plusieurs fois aussi les chaloupes canonnières se rendant des ports de l'ouest à Boulogne, et les stations anglaises, en vinrent aux mains dans ces eaux. Une frégate et une corvette anglaises y furent, dans une belle soirée d'été, bien mal menées par le contre-amiral Hamelin, alors capitaine de frégate, commandant une division de la flottille. M. Féret, à qui je dois ces détails, m'a également raconté qu'un jour une péniche française, montée par des marins de la garde, étant restée en arrière d'un convoi, fut attaquée par une corvette anglaise au moment où elle voulait doubler le cap. La petite embarcation vint s'échouer au pied de l'église. Les habitants du village accoururent en armes et se postèrent dans les anfractuosités de la falaise pour, de là, fusiller les Anglais s'ils approchaient. En effet, la corvette mit en mer ses péniches. C'était un dimanche ; l'office commençait, et le bruit de la fusillade se mêla aux chants de l'église. Les péniches anglaises reculèrent devant la grêle de balles qui partait de la côte ; mais, quand elles eurent rejoint la corvette, l'ennemi mitrailla la plage, et un de nos braves marins eut le bras emporté par un morceau de mitraille. C'est là, au pied de l'église, que cette petite action se passa.

Voilà un des mille petits drames de guerre qui se jouaient le long de ces côtes au temps du camp de Boulogne.

gienne et par le zèle calviniste de ses habitants. A l'exemple de leur seigneur, M. de Basqueville, que nous avons vu en 1563 capitaine de Dieppe, ils furent des premiers dans le pays de Caux à abjurer le catholicisme.

C'est au confluent de ces deux rivières et à l'embranchement de leurs deux vallons qu'est situé le beau village de Gueurres, dont la position pittoresque est justement renommée. Une foule d'autres villages, tels que Ribœuf, Saint-Denis, Ouville, Longueil, se succèdent à courts intervalles sur l'une et l'autre rive de la Saâne. C'est une série de paysages délicieux, et de temps en temps quelques vieilles masures, quelques églises que leurs curés n'ont pas complétement rajeunies, viennent animer le tableau et lui prêter le charme des souvenirs. C'est ainsi qu'à Ouville on remarque, au bord d'un magnifique étang environné d'antiques plantations, un petit castel ou manoir bâti vers le seizième siècle, et que son propriétaire, M. Delamare, de Dieppe, a fait restaurer dans le style du temps avec autant d'exactitude que de goût. C'est une compensation à tant d'actes de barbarie qu'il nous a fallu signaler.

Mais, de tous les villages semés dans ce vallon, le seul qui fixera long-temps les regards de l'antiquaire, c'est le dernier, le plus proche de la mer, c'est le hameau de Sainte-Marguerite, que vous voyez abrité derrière le revers de la falaise, à quelques centaines de pas de l'embouchure de la Saâne. Ce lieu, dans les anciennes cartes de Normandie, est appelé *Caprimont*; et quelques vieux paysans le nomment encore *Sainte-Marguerite de Caprimont*. Il est inutile de faire remarquer l'origine toute romaine de ce mot *Caprimont*. Des preuves parlantes sont venues démontrer que ce n'était pas une vaine étymologie, et qu'un établissement romain avait à coup sûr existé vers cette extrémité du vallon.

A deux cents toises environ au-dessus de ce petit corps-de-garde devant lequel se promène tristement un douanier garde-côte, sur ce monticule ou mamelon qui domine la mer et la vallée, vous voyez une terre meuble et préparée à recevoir des semences. Il y a vingt ans vous n'y auriez trouvé qu'un pâturage desséché, une lande qui de tout temps semblait être restée sans culture. On s'avisa pourtant d'y porter la charrue; mais le sillon était à peine entamé que le laboureur s'aperçut que son soc glissait au lieu d'enfoncer, et qu'une sorte de pavé l'arrêtait à la profondeur de huit ou dix pouces au plus. Il gratta la terre, et trouva ce pavé. C'est une mosaïque composée de petits cubes blancs, rouges et noirs ou bleu-foncé. Ces cubes sont disposés en rosaces dont le cercle extérieur est alternativement noir et rouge. Le cœur de ces rosaces est aussi nuancé alternativement de deux manières différentes. Enfin, comme bordure ou encadrement de la mosaïque, on trouve d'un côté une bande noire, simple et unie; de l'autre deux bandes noires, entre lesquelles sont intercalés des dessins ou ornements blancs et rouges. Au delà de ces bordures, qui se rejoignent à angles droits, la mosaïque continue, mais ne présente plus qu'un fond blanc uni. Cette partie *unicolor* paraît avoir dû s'étendre assez loin; car à une distance de quatre à cinq pieds on n'en rencontre pas la fin; elle est brisée, interrompue, mais non terminée. Quant aux rosaces, elles ont huit à neuf pouces de diamètre environ, et sont juxtaposées les unes contre les autres. Elles forment un ensemble qui, sans être très-élégant, produit cependant un effet agréable, surtout lorsque, après avoir bien enlevé la terre, on ravive avec un peu d'eau l'éclat de leurs couleurs.

Cette mosaïque est d'une très-grande dimension. On l'a sondée à diverses places distantes de plus de quarante pieds, et on l'a toujours retrouvée. Mais, comme elle n'a jamais été complétement déblayée, comme toute sa superficie n'est pas connue, on ne peut savoir s'il se trouve au centre un médaillon, une figure, une composition quelconque, ou si ces petites rosaces rouges, blanches et noires, se reproduisent d'un bout à l'autre. Il serait possible qu'elles fussent la seule décoration du pavé, et qu'elles se détachassent, comme son point central, sur ces bords ou encadrements d'un blanc uni dont on retrouve de si grands fragments.

A voir la dimension des cubes, la nature du travail et le style des rosaces et ornements, on ne peut guère supposer que ce pavé ait été exécuté antérieurement au troisième siècle. Même dans leurs colonies les plus éloignées et les plus obscures, les Romains, avant cette époque, eussent donné à un tel ouvrage plus de précision, plus de richesse et plus de goût; mais, quelle que soit sa date, une mosaïque de cette importance est toujours d'un grand intérêt, surtout par les inductions historiques auxquelles peut conduire sa découverte.

Il est difficile de deviner à quelle sorte d'édifice elle servait de pavé. Elle est trop vaste pour ne pas faire supposer au monument qui la recouvrait une destination publique. Étaient-ce des thermes? Quelques sources qui près de là s'échappent de la montagne ne suffisent pas pour le faire croire. Comment supposer qu'on eût été hisser sur cette hauteur un établissement de bains? Était-ce le prétoire d'un camp? Mais nulle trace de fortifications ne se voit à l'entour, et le terrain paraît peu convenable à l'assiette d'un camp. Était-ce un temple? La manière dont le pavé semble orienté ne s'opposerait pas à cette conjecture. On sait d'ailleurs que les anciens aimaient à placer les demeures de leurs divinités sur des lieux élevés, en face d'un vaste horizon. Mais cette hypothèse ne résiste pas mieux que les autres aux objections qui se présentent en foule. Avant de s'épuiser en conjectures, il faudrait avoir pris connaissance de l'ensemble du monument et avoir reconnu la nature des fondations sur lesquelles il repose [1].

---

[1] Notre souhait a été accompli. Les fouilles que l'on a faites à

A un quart de lieue de ce coteau, dont la mosaïque occupe le sommet, sur la hauteur qui abrite les maisonnettes Sainte-Marguerite depuis quatre ans, d'abord aux frais de quelques souscripteurs de l'arrondissement, puis avec les allocations du département et du ministère de l'intérieur, ont fait connaître que le pavé mosaïque, qui n'avait été jusque-là qu'entrevu, appartient aux ruines d'une *villa*, dont une grande partie est aujourd'hui explorée.

« Autour d'une cour centrale bordée de portiques sur trois de ses côtés, se trouvent les pièces d'habitation et de longues galeries. Ces dernières donnent sur des cours plus petites. Les portiques de la cour centrale étaient soutenus sur des colonnes et des pilastres ; et, d'après quelques bases qui ont été retrouvées, il paraît que ces colonnes et ces pilastres étaient alternes, c'est-à-dire qu'un pilastre se trouvait entre deux colonnes. Tout l'ensemble des bâtiments forme un carré long de soixante mètres environ sur une largeur de quarante mètres à peu près. Quelques restes de murs dépassent même ces proportions, mais ils se perdent bientôt, et peut-être était-ce un simple mur de clôture. Des deux longues façades, l'une regarde entre le levant et le midi, l'autre entre le couchant et le nord. La distribution des différentes pièces est en rapport avec la vie et les usages des Romains, et le plan de cette *villa* ressemble beaucoup aux plans des *villa* antiques de l'Italie. Selon toute apparence, il y avait logement d'hiver et logement d'été. Dans ce que l'on suppose avoir été le logement d'hiver, on a trouvé plusieurs pièces dont le pavé a dû porter sur des hypocaustes dont les petits piliers existaient encore.

» Outre la mosaïque dont il a été question, on en a découvert trois autres, et, d'après plusieurs fragments tombés au fond des hypocaustes, il est certain qu'il a existé un plus grand nombre de ces pavés. Plusieurs de ces mosaïques étaient très-grandes. Il y en avait deux qui ornaient des galeries de vingt-six à vingt-sept mètres de long. Aucune n'a présenté de ces figures où le mosaïste imitait autant que possible l'art du peintre. Ici les seuls dessins consistaient dans des agencements de lignes où trois couleurs, le blanc, le rouge et le bleu tirant sur le noir, formaient différentes combinaisons. Malgré leur simplicité, ces pavés étaient d'un joli effet. La première mosaïque découverte paraît avoir appartenu à une salle à manger.

» On a trouvé çà et là des fragments de marbres variés qui proviennent de pavages détruits ou d'incrustations dans les murs.

et le château de Sainte-Marguerite, on aperçoit, au bout d'une vaste plaine de bruyères, un autre monument vingt

» Des incrustations ou enduits colorés étaient sur plusieurs points tombées par masses réduites en une multitude de petits morceaux. Les couleurs de ces enduits sont le rouge-brun, le vert-clair, le jaune, le blanc, avec des bordures d'un noir peu foncé, et un rouge-carmin d'un éclat extraordinaire. Des débris de bordures présentent des bandes bleues, rouges, avec des dégradations de tons sur leurs bords qui ont dû être agréables à l'œil. On reconnaît généralement dans ces fragments une bonne entente des couleurs. Quelques morceaux semblaient offrir des parties de feuillage; on voyait sur d'autres quelques restes de dessins qui, vu la petitesse du fragment, ne pouvaient se rattacher à aucune forme précise.

» L'extrême simplicité des pavés mosaïques et de ce que l'on a pu apercevoir des enduits en opposition avec la présence de marbres divers, et les grandes proportions de l'édifice, qui annoncent la richesse, pourraient porter à croire que cette *villa* a été construite sous l'influence des idées chrétiennes. Les chrétiens rejetaient toutes les figures qui ornaient les riches demeures des païens; et, encore que l'on ait trouvé dans ces ruines une petite figure d'Hercule en ivoire, notre supposition n'est point par ce seul fait contredite, car la figurine n'appartient pas essentiellement à l'édifice. Il serait possible que cette *villa* eût été bâtie sous les empereurs chrétiens pour servir à l'habitation d'un des chefs préposés à la garde des côtes; elle est dans un lieu tellement découvert, tellement battu des vents de mer, si incommodes sur ce rivage les trois quarts de l'année, que l'on admet difficilement qu'elle ait été seulement une habitation de plaisance. Dans cette hypothèse, et la richesse, et la simplicité que l'on remarque à la fois dans ce que l'on vient de retrouver, auraient une explication assez plausible. La maison d'un chef devait répondre au rang d'un officier impérial en même temps que l'ornementation devait se régler sur la fervente volonté des empereurs pour proscrire tout ce qui pouvait rappeler le paganisme.

» Cette grande *villa* était peut-être un de ces *castra* élevés de distance en distance sur les frontières. S'il en était ainsi, l'étude en serait d'autant plus intéressante que ces établissements sont peu connus.

» Dans un champ qui a été évidemment une des dépendances de la *villa*, on a découvert plusieurs rangées de squelettes. Les inhumations ont dû être faites après la destruction de l'édifice, car des morceaux de décombres se trouvaient dans les fosses. Plusieurs de

fois moins ancien, mais qui n'en est pas moins menacé d'une destruction prochaine et presque inévitable : c'est le phare d'Ailly, bâti il y a un peu plus de soixante ans, en 1775. Avant qu'on eût élevé ce fanal les navires se brisaient sans cesse pendant la nuit contre un banc de rochers qui s'avance à fleur d'eau, entre Pourville et Sainte-Marguerite, jusqu'à plus d'une lieue en mer. D'énormes réverbères à *éclipse* [1], qui jettent à plus de dix lieues autant de clarté que la plus brillante étoile, ont été placés au sommet d'une haute et grosse tour quadrangulaire, construite à grands frais en belles assises de pierres taillées à facettes et décorées de petits modillons et de frontons arrondis, dont le style, tant soit peu *pompadour*, contraste étrangement

ces squelettes étaient accompagnés de lances, de sabres, et un d'eux, d'une hache. Ces armes, ainsi que ces plaques de ceinturons, ont beaucoup de ressemblance avec des armes et ornements du même genre qui ont appartenu aux Francs. On suppose que ce sont des Saxons qui ont été inhumés dans ce lieu.

» Au pied de la colline que couronnait la *villa*, tout au bord de la mer, dans un terrain sur lequel est placé un corps-de-garde, il existe aussi des sépultures antiques qui paraissent avoir appartenu à une population sédentaire. On y a déjà découvert plusieurs tombeaux de pierre.

» Quelques explorations dirigées sur différents points du territoire de la petite commune de Sainte-Marguerite ont constaté qu'il existe çà et là, et même assez loin des lieux déjà fouillés, d'autres restes de l'antiquité gallo-romaine.

(*Note communiquée par M. Féret.*)

[1] On appelle *phares à éclipse* ceux dont les réverbères sont mis en mouvement par un mécanisme, de telle sorte qu'ils cessent d'éclairer pendant certains intervalles. La durée de ces intervalles d'obscurité est différente pour chaque phare sur toute l'étendue de la côte, de manière que les navigateurs qui connaissent la marche de ces divers signaux savent avec certitude devant quel phare ils se trouvent.

Le premier essai de phare à éclipse a été fait à Dieppe à l'entrée du port. L'idée de ces appareils appartient, pour la France du moins, à M. Descroizilles, natif de Dieppe, célèbre chimiste qui a rendu de grands services à l'industrie rouennaise.

avec cette mer imposante et l'aridité sauvage de ces bruyères qui s'étendent à perte de vue. Toutefois ce contre-sens est de peu d'importance; mais ce qui est plus grave, c'est que les ingénieurs qui ont élevé cette tour ont eu l'imprudence de la placer à quatre-vingts toises seulement du bord de la falaise. Or, depuis soixante ans, trente ou quarante toises se sont déjà écroulées dans la mer. Il y a donc presque certitude qu'à une époque qu'on peut à peu près fixer le phare, par quelque nuit d'hiver, sera précipité dans les flots. On a eu beau lui donner une solidité tout égyptienne, pour ainsi dire, choisir les plus beaux matériaux, les entasser comme dans un bastion de citadelle; il résisterait sans doute à dix siècles de tempêtes; mais à quoi bon? ses jours sont comptés comme à un condamné, et sans espoir de grâce; car cette mer est semblable à la Fatalité des anciens, elle ne peut pardonner.

Redescendons maintenant à Sainte-Marguerite : nous avons oublié un monument qui, sous son humble apparence, est peut-être un des plus anciens, un des plus précieux de toute la contrée; je veux parler de l'église, dont le modeste clocher domine un chemin creux qui conduit à la vallée, espèce de ravin ombragé par de beaux groupes d'arbres et des touffes de buissons.

Cette petite église, du côté de sa façade, s'annonce assez mal : il est impossible de voir un portail plus nu et plus insignifiant. Mais à peine avez-vous mis le pied sous le porche, à peine vos yeux ont-ils pénétré dans la nef, vous vous sentez saisi de respect : à votre gauche, quatre belles arcades à plein cintre reposent sur d'antiques piliers carrés dont chaque face est ornée d'un pilastre sur lequel se détache une colonne engagée. Le profil des arcades laisse voir cinq gros tores ou boudins se dégradant en étages, et couronnés par une auréole de bâtons crénelés ou festons grecs. Les chapiteaux, sans être d'une sculpture remarquable, offrent quelques beaux enlacements de galons et de plantes grasses, dans le style byzantin. A votre droite, au contraire, vous trouvez des arcades de cinq cents ans moins vieilles, des arcades du seizième siècle, qui font assez pauvre figure vis-à-vis de leurs aînées. Tout ce côté sud de l'église est moderne [1] : on y remarque dans un coin de fort jolis fonts baptismaux de forme octogone, et dont chaque panneau représente une scène de la Passion encadrée dans une petite arcade surbaissée. Le couvercle en pain de sucre qui surmonte la cuvette n'est pas d'un très-bon goût, mais les sculptures des huit panneaux sont originales et franchement exécutées.

Ce n'est là qu'un incident dans cette église, qui par toutes ses autres parties appartient aux anciens temps du moyen âge. Au-dessus de ces quatre arcades antiques, sur lesquelles notre vue s'est d'abord portée en entrant, on voit encore quelques fragments d'une galerie aveugle composée de petites arcades à plein cintre accouplées trois à trois, et dont celle du milieu, comme cela se rencontre souvent, est un peu plus élevée que les deux autres. Une autre différence distingue encore cette arcade intermédiaire des deux autres : elle n'est pas complétement aveugle comme elles ; une petite fenêtre, ou plutôt une fente, une meurtrière six ou sept fois plus haute que large, la coupe par le milieu. Ces sortes d'ouvertures sont trop étroites pour qu'il soit nécessaire de leur appliquer des vitres : eh bien, c'est uniquement par là que la lumière pénétrait jadis dans le haut de l'église : huit ou dix trous semblables éclairaient les parties basses, et c'était dans ce demi-jour qu'on célébrait les offices. Plus tard, quand l'usage s'introduisit dans la chrétienté d'agrandir les fenêtres, on recourut aux

---

[1] Sauf toutefois un fragment d'une statue du douzième siècle, d'un très-beau caractère, représentant sainte Marguerite, la patronne de l'église, foulant aux pieds le dragon. Ce fragment est noyé dans la muraille ; on a eu la barbarie de s'en servir comme d'une pierre de taille quand on a restauré cette partie de l'église au seizième siècle.

vitraux peints pour éteindre la clarté profane dont le sanctuaire eût été inondé.

Ces ouvertures si étroites me semblent un signe de haute antiquité. Très-probablement l'église de Sainte-Marguerite date des premières années du onzième siècle ; ou peut-être même remonte-t-elle au dixième. Il ne reste de cette construction primitive que le côté du nord et celui de l'ouest; car j'oubliais de dire que cette jolie galerie aveugle, dont les arcades marchent trois par trois, se reproduit en retour sur la façade occidentale, au-dessus de la porte d'entrée. Ces deux portions de l'église sont construites en craie blanche qui paraît provenir des falaises, pierre friable et qui se délite par grandes feuilles. Aussi, dans quel état pitoyable sont ces murailles ! Comment ont-elles pu survivre à tant de siècles? Il a déjà fallu murer une des grandes arcades pour la soutenir, et de tous côtés on voit la pierre se gercer, s'écailler. Mais en revanche quelle belle couleur ! Il semble que les mousses et les herbes marines aient repris racine sur ces quartiers de roche, comme s'ils étaient encore battus par les flots. Ces tons d'un beau vert antique mêlés à d'anciens restes de peinture, contrastent merveilleusement avec la teinte blanchâtre et gypseuse de la pierre dans les endroits où elle se montre à nu.

Le chœur et la petite abside qui le termine, quoique encore à plein cintre, me semblent d'une construction plus récente : les profils ont un tout autre caractère, et les chapiteaux sont d'une régularité et d'une simplicité qui sentent l'approche du treizième siècle : c'est évidemment vers le milieu du douzième que cette partie de l'église a dû être rebâtie. Mais on y trouve, chose bien rare, un autel qui doit être contemporain de la nef, et par conséquent antérieur au douzième siècle d'au moins cent cinquante ans. Cet autel a six pieds de longueur sur trois de largeur et quatre de hauteur. La table est épaisse d'un pied au moins, taillée en corniche grossière, et soutenue par cinq colonnettes dont les fûts n'ont pas deux fois la hauteur des chapiteaux. Dans le chapiteau de celle de ces colonnettes qui occupe le centre de l'autel, on voit deux figures d'un caractère barbare qui regardent l'une à droite, l'autre à gauche; c'est l'*alpha* et l'*ómega*, *principium et finis*, symbole qui se reproduit sans cesse sur les monuments de cette époque. Les quatre autres colonnettes ne portent dans leurs chapiteaux que des enroulements et des galons. Mais il y en a trois sur lesquelles se retrouvent des traces de la peinture dont cet autel a été anciennement décoré; ce sont des bandes en spirales alternativement blanches et vertes. Ces couleurs ont été rafraîchies à une époque assez récente, mais on a évidemment respecté le tracé de l'ancienne peinture.

Il faudrait un dessin pour faire sentir le caractère primitif, la rudesse imposante de cet autel. Ces colonnettes épaisses, serrées les unes contre les autres, séparées seulement par une petite arcade dont on aperçoit à peine le cintre naissant, ces lourds chapiteaux, et cette table massive sur laquelle, depuis tant d'années, s'accomplissent les saints mystères[1], tout dans ce monument inspire le respect, et il est si rare de trouver son pareil qu'à lui seul il suffirait pour donner de la célébrité à cette antique église.

Mais indépendamment de tout ce que son intérieur nous a déjà fait voir de précieux, il nous reste à admirer extérieurement la charmante petite abside dont l'hémicycle s'avance presque au bord du chemin creux au-dessus duquel l'église est bâtie. Cette abside me semble, comme le chœur, appartenir au douzième siècle Il y a quelques années, elle menaçait ruine; on l'a reconstruite entièrement, mais avec tant de soin et d'intelligence qu'on ne

[1] Je me suis assuré que cet autel n'avait jamais pu servir à un autre usage; que ce n'était point un fragment déposé après coup dans cette place et adapté à l'usage qu'on lui donne aujourd'hui. Il est certain qu'il a été fait *ad hoc*, et qu'il est bien l'autel primitif de l'église.

s'en aperçoit pas. Les pierres ont été numérotées, fidèlement rapportées, et c'est toujours l'ancienne abside, sauf qu'elle est neuve et peut durer encore des siècles. Il est vrai qu'elle n'a plus son vieux toit de chaume, ses belles mousses, sa couleur de vétusté. Sous le point de vue pittoresque, cette restauration lui a nui; mais pour l'archéologie elle n'a pas changé. Sa disposition est fort simple : deux pilastres très-plats, flanqués de deux longues colonnettes qui filent depuis le sol jusqu'au toit, divisent l'hémicycle en trois compartiments ou panneaux. Dans chacun de ces panneaux est une fenêtre encadrée dans une suite de petites arcades à plein cintre qui se coupent les unes les autres, et forment ainsi par les intersections de leurs cintres une suite d'ogives à lancettes. Ces ogives *accidentelles* se rencontrent souvent en Normandie dans les monuments byzantins ou *romans*, comme les nomment les antiquaires de ce pays; quelques personnes ont même voulu que ce fût la vue de ces intersections qui eût donné naissance au système de l'ogive, mais je doute que cette théorie puisse être défendue avec succès.

Je n'ai trouvé aux environs de Dieppe que deux églises qui, par leur antiquité et le caractère de leur architecture, offrent le même genre d'intérêt que cette petite basilique de Sainte-Marguerite; l'une est l'église d'Avremenil, l'autre celle du Bourg-Dun.

Avremenil est un village situé au-dessus de Gueurres, au milieu des terres, sur le plateau qui domine à l'ouest la vallée de la Saâne. Ce qu'il y a de plus ancien et de plus remarquable dans son église, c'est le clocher, lequel est flanqué d'un clocheton ou tourelle qui l'accompagne dans toute sa hauteur et se groupe merveilleusement avec lui. Cette longue et mince tourelle contient un escalier qui conduit encore jusqu'à son sommet. Le seul ornement qui la décore, ainsi que le clocher, c'est une suite de ces *intersections* que nous venons de remarquer sur l'abside de Sainte-Marguerite. Elles sont ici beaucoup plus grandes, en proportion de la hauteur à laquelle elles sont placées; mais elles ont le même type, le même caractère. Elles sont construites avec les mêmes matériaux, savoir, avec ce calcaire d'eau douce, espèce de travertin à la fois dur et spongieux, dont j'ai déjà dit qu'en général les monuments à plein cintre de cette contrée avaient été bâtis. Le reste de l'église appartient au seizième siècle, et ne mérite pas grande attention : l'intérieur est soutenu par ces piliers ronds que nous avons déjà souvent rencontrés: il en est deux ou trois sur lesquels on trouvera des inscriptions, mais trop peu importantes pour être rapportées. Ce qui est plus curieux dans cet intérieur, c'est d'étudier de quelle manière s'y est pris l'architecte du seizième siècle pour conserver le clocher antique et l'ajuster à sa nouvelle église. Il a été obligé d'obstruer une partie de la nef par un massif de maçonnerie fort épais; mais néanmoins ce travail était difficile, et il a fallu beaucoup d'adresse pour si bien réussir. On n'est pas étonné que dès lors ce charmant clocher ait semblé digne d'être conservé, et qu'on ait fait quelques efforts pour ne pas le sacrifier. Je ne connais pas de tour d'église qu'on puisse lui comparer. S'il ressemble à quelque chose, ce serait au donjon d'un élégant castel : son caractère est plutôt militaire que religieux; sa forme élancée, son air svelte, cette suite d'intersections qui l'entoure comme une large ceinture, cette longue tourelle qui file à son côté comme un minaret, tout lui donne un aspect moitié oriental, moitié chevaleresque : c'est un monument qu'il faut voir; il n'est pas seulement original et distingué, il est élégant et gracieux.

L'église du Bourg-Dun est beaucoup plus considérable. Il existait jadis dans ce village une abbaye déjà très-ancienne en 1015 [1], et dont Avremenil était une dépendance. Il n'y avait donc qu'une *chapelle* à Avremenil : l'*église* était au Bourg-Dun.

[1] *Voyez* dom Duplessis, page 362.

C'est à quatre petites lieues de Dieppe, tout au plus, dans la vallée arrosée par le Dun, et qui porte son nom, que vous trouverez cette antique église. Nous ne dirons rien de cette quatrième vallée, sinon qu'elle a beaucoup d'analogie avec celles de la Saâne et de la Scie : elle est presque aussi verte et aussi riante, mais elle est d'environ moitié moins étendue. En revanche son église est un monument précieux et plein d'intérêt.

On y remarque trois sortes de constructions bien distinctes : du roman pur, de l'ogive de transition, et de l'ogive fleurie des quinzième et seizième siècles.

La partie romane, c'est le transept nord. On trouvera certainement peu d'échantillons de cette belle architecture qui surpassent ce transept en noblesse, en grandeur, en majesté. L'ordonnance en est d'une simplicité remarquable : trois grandes fenêtres plein cintre, dont celle du milieu seule est à jour, dessinées toutes trois avec une pureté exquise et couronnées de têtes de clous ou bâtons rompus, voilà le seul ornement de la face nord de ce transept. Le soubassement est en maçonnerie toute nue ; le fronton qui surmonte les fenêtres présente un triangle peu aigu, selon la mode romano-bysantine, pleine, comme on sait, de réminiscences des formes grecques. A l'intérieur ce transept est très-mutilé, et on ne peut pas aussi bien juger de son style ; mais extérieurement il est, je le répète, d'une simplicité, d'une chasteté toute monumentale. Quel dommage que nous n'ayons pas devant les yeux l'église entière dont ce transept n'est qu'un débris ! Je présume qu'elle avait dû être construite vers le milieu ou la fin du onzième siècle.

Ce sera vers la fin du douzième que, par une cause que j'ignore, on se sera vu forcé de la rebâtir presque intégralement. C'est de cette époque que datent la nef et le chœur, non pas toutefois du côté du sud ; car cette partie a été encore une fois réédifiée vers le quinzième siècle ; mais du côté du nord. Les ogives de transition, robustes lancettes entourées de tores vigoureux et accolées trois par trois, qui règnent le long de la nef, au-dessous de la corniche, sont d'un très-bel effet. Le toit est soutenu par un cordon de corbeaux ou modillons sculptés, séparés par des vides à angles droits dans certaines parties, à pans coupés dans quelques autres. A l'autre extrémité de l'église on remarquera l'abside, qui se termine carrément, chose assez rare en Normandie. Une singularité plus remarquable, c'est de voir parmi les longues ogives qui éclairent cette abside une lancette tout aussi étroite que les autres, et qui se termine, non pas en pointe, mais en anse de panier, sans qu'on puisse apercevoir la moindre soudure, la moindre reprise dans cette partie de la muraille.

Avant de pénétrer dans l'intérieur de la nef, il faut jeter les yeux sur le clocher, qui s'élève du centre de l'église, du milieu de la croix. Si cette lourde couverture moderne ne la coiffait pas si tristement, on sentirait mieux encore l'élégance de ces deux grandes ogives soutenues par toutes ces colonnettes en retraite et flanquées de deux lancettes si sveltes et si pointues. Ce clocher, jusqu'à la balustrade exclusivement, doit avoir été construit peu de temps après la nef et le chœur, c'est-à-dire vers les premières années qui ont suivi 1200. Quant au côté sud de l'église, le côté rebâti à la fin du quinzième ou au seizième siècle, il est d'une platitude qui ne mérite ni un regard ni une parole.

Il n'en est pas de même à l'intérieur. Cette partie moderne est d'un effet agréable. La chapelle contiguë au chœur, chapelle très-spacieuse, très-ouverte, offre d'assez jolis festons; mais la partie ancienne n'en est pas moins ce qu'il y a de plus remarquable, même à l'intérieur. C'est là surtout que le style de transition est fortement prononcé : les arcades à ogives reposent sur des chapiteaux historiés, dans lesquels on voit des oiseaux enlacés au milieu d'enroulements, des figures de monstres mordant des tresses dans leurs gueules, et autres sujets fantastiques. Ces chapiteaux sont supportés par de grosses colonnes engagées dans les piliers, et auxquelles sont accolés des faisceaux de colonnettes. C'est encore là un des caractères ordinaires au style de transition.

En somme, cette église est un de ces monuments qui font le bonheur de l'antiquaire, parce qu'il y trouve à admirer, à critiquer et à étudier ; monument instructif par excellence, car il est comme un répertoire du style de toutes les époques ; et, parmi les échantillons qu'il donne, il en est qu'on peut hardiment signaler comme des modèles.

## CHAPITRE V.

### VARENGEVILLE. — LE MANOIR D'ANGO.

Varengeville-sur-Mer a la réputation d'être le plus beau village de Normandie. Ce qui est certain, c'est qu'aux environs de Dieppe il n'en est pas un qui l'égale en richesse et en fertilité. Ses rues sont des allées plantées d'arbres magnifiques, aussi bien entretenues que les avenues d'un parc, aussi mystérieuses que les sentiers d'un bois. Varengeville est le type de ces villages-bosquets, de ces forêts habitées qui font l'ornement du pays de Caux ; et, quand vous sortez du cœur de ces ombrages, quand vous suivez les lisières de ces belles plantations, d'un côté vous dominez sur une immense plaine cultivée comme le jardin le plus fertile, de l'autre votre œil rencontre des vues de mer admirables. Car, par un privilége singulier, cette végétation si puissante descend presque jusqu'au rivage. Partout ailleurs le vent de mer ronge les feuilles et les bourgeons ; ici, au contraire, on dirait qu'un talisman protége cette verdure ; le vent semble vaincu : les arbres sont droits, forts et couverts de feuilles.

Ce n'est pas un village, c'est un pays. Le territoire sur lequel sont semées les maisons a plus d'une lieue d'étendue. Au grand déplaisir des habitants, l'église n'est pas au centre, mais à une des extrémités, plantée comme un nid d'aigle sur la pointe la plus élevée de la falaise. On dit que, fatigués d'aller chercher si loin les offices, ils résolurent un jour de démolir leur église et de se servir des matériaux pour la reconstruire au centre du village ; mais les vieillards vous racontent que saint Valery s'y opposa. Saint Valery, patron de la vieille église, affectionnait le bord de la mer ; et, pour apprendre à ses paroissiens que ce projet de translation n'était pas de son goût, que fit-il ? Lorsque l'église fut démolie, il transporta pendant une nuit toutes les pierres qu'on avait déjà charriées loin de la falaise et les remit en place. Les pauvres habitants, à leur réveil, ouvrirent de grands yeux, demandèrent pardon à saint Valery et lui promirent d'être désormais moins tièdes et moins paresseux.

Si la légende est vraie, il faut que saint Valery ne fût pas grand architecte. Rien de moins distingué que cette pauvre église, dont l'origine est peut-être assez ancienne, mais qui a été presque entièrement rebâtie, sans art et sans élégance, dans les quinzième et seizième siècles. Elle n'en produit pas moins un bel effet, vue à quelque distance et comme couronnement de son magnifique piédestal. J'essaierais vainement de rendre la beauté de ce tableau ; car ce n'est pas seulement l'église et la falaise qui frappent vos regards, c'est la mer et Dieppe à l'horizon, c'est ce ravin tortueux et profond, cette gorge sombre et caverneuse qui descend au rivage, et que l'âpre génie de Salvator Rosa semble avoir dessinée.

Il est encore à Varengeville un autre site dont un grand peintre seul pourrait donner idée : c'est aussi une échappée de vue sur la mer, mais d'un genre tout différent ; car, au lieu d'une gorge étroite, escarpée, menaçante, vous trouvez ici un vallon doux, spacieux et arrondi. Il est coupé en demi-cercle, et descend par étages comme les gradins d'un immense amphithéâtre antique : à droite un petit bois s'incline jusqu'à la mer; à gauche et sur les premiers plans, ce sont çà et là des bouquets d'arbres majestueux ; puis, dans le milieu du vallon, un tapis de gazon et de feuillage, qui fuit en pente douce et semble aller se baigner dans les flots. Je ne crois pas que sur aucune de nos côtes de l'Océan on trouve une vue de mer aussi bien ménagée et encadrée dans une bordure aussi riche et aussi verdoyante. L'imagination des grands peintres n'inventerait pas de plus heureuses lignes, leur pinceau ne saurait créer des effets de couleur plus magiques.

Mais ce n'est pas assez de ces beautés pittoresques. Varengeville possède encore une autre sorte d'illustration : après avoir erré quelque temps dans ces rues à voûtes ombragées, vous arriverez devant un vaste corps de ferme dont les granges et les bergeries ont un certain air d'élégance et de majesté. Entrez, pénétrez dans cette grande cour : c'est bien une ferme, voilà des monceaux de fumier, des nuées de volailles, des bestiaux comme à la foire ; et pourtant voyez ces murailles ; quel luxe ! quelle délicatesse ! Ces fenêtres encadrées de festons et d'arabesques, ces médaillons sculptés, cette galerie à jour, portés par ces colonnes si gracieusement ornées, cette tourelle à six étages, et les charmantes petites fenêtres qui l'éclairent, tout cela n'est pas d'une ferme. Nous sommes ici dans quelque demeure de prince ; les plus belles années de la renaissance ont vu exécuter ces sculptures, et l'artiste était digne d'exercer son ciseau à Anet, à Écouen, à Chantilly.

Eh bien, oui ; ce n'est point pour un fermier qu'ont été élevées ces murailles, c'est pour le Médicis de Dieppe, pour le célèbre armateur Ango. Qu'on juge par ces précieux débris ce que fut son manoir de Varengeville, quand ces bâtiments, convertis en greniers, étaient plus élevés d'un étage ; quand ces corps-de-logis, aujourd'hui rasés jusqu'au sol, se mariaient avec l'ensemble des constructions ; quand, enfin, autour du castel régnaient de larges et beaux fossés, puis d'élégants parterres communiquant, par des chemins de fleurs, à de grands massifs de verdure, à de majestueuses futaies.

Le nom d'Ango s'est déjà présenté plus d'une fois dans nos récits, et nous avons à peine indiqué quelles furent sa vie et sa fortune. C'est ici, au milieu des ruines de sa splendeur, qu'il faut rapporter tout ce que la tradition nous raconte de lui. Ce sont des traits épars à recueillir dans les chroniques manuscrites qui m'ont été confiées, car aucun historien, aucune biographie, ne nous parle de cet homme opulent et fastueux. On verra pourtant s'il ne mérite pas de tenir son rang à côté des Jacques Cœur et de quelques autres fils de fortune dont nos annales conservent le souvenir.

Jean Ango naquit à Dieppe vers 1480. Il était fils unique de cet Ango que nous avons vu en 1508 envoyer deux vaisseaux à Terre-Neuve pour y tenter l'établissement d'une colonie, homme d'assez pauvre extraction, mais qui s'était enrichi sur mer. Après avoir hérité des grands biens de son père, Jean, qui depuis son jeune âge avait toujours navigué [1], changea de vie, se fixa à Dieppe, arma des navires, prit des capitaines à sa solde, et les envoya chercher fortune dans les mers de l'Inde et du Nouveau-Monde. Toutes ses entreprises lui réussirent non-seulement sur mer, mais sur terre ; car son esprit actif et aventureux ne s'en tenait pas aux spéculations de commerce et aux expéditions maritimes ; il avait pris à forfait les recettes du duché de Longueville, des abbayes de Fécamp, de Saint-Wandrille et de plusieurs autres seigneuries du pays de Caux. Plus tard il acheta les charges de grenetier et de

---

[1] Asseline, dans sa Chronique, ne dit pas que Jean Ango eût navigué ; il dit seulement : « qu'estant devenu seul héritier des ri- » chesses que son père, qui estoit de basse extraction, avoit amas- » sées par les profits et entreprises qu'il avoit faictes sur la mer » avec beaucoup de bonheur, il aspira à des emplois honorables. »

contrôleur au magasin à sel ; enfin il se rendit adjudicataire des revenus de la vicomté de Dieppe appartenant à l'archevêché de Rouen. L'archevêque, monseigneur d'Amboise, deuxième du nom, fut frappé de la vivacité de son esprit, de son audace, de son génie calculateur, de la justesse et de la fermeté de son jugement. Il le poussa en cour, et lui fit faire de hautes et brillantes connaissances.

En 1525, Ango, qui avait déjà décuplé ses richesses, commençait à mener train de prince ; il n'y avait plus à Dieppe assez belle ni assez vaste demeure pour le loger lui et ses gens. Il fit venir des artistes habiles qui lui bâtirent, sur l'emplacement où est aujourd'hui le collége, une maison selon ses désirs, c'est-à-dire la plus riche, la plus élégante, la plus recherchée qu'on pût imaginer. Là façade était en bois, mais en beau bois de chêne sculpté depuis le soubassement de pierre sur lequel reposait tout le bâtiment jusqu'à la corniche et jusqu'à ses grandes lucarnes, presque aussi hautes que le toit [1]. Les sujets de ces sculptures étaient un mélange de fables d'Esope, de combats entre Anglais et Normands, et de scènes de navigation. Cette partie de l'édifice était consacrée presque tout entière à un vaste salon éclairé par de larges fenêtres à balcon, d'où la vue se promenait sur le port et sur la mer, plongeait dans la vallée et jusqu'à la ville et au château d'Arques. Ce salon était revêtu de riches parquets et de lambris dorés dans lesquels étaient enchâssés des tableaux des meilleurs maîtres d'Italie. Dans l'intérieur des cours, car il y avait deux cours et un jardin, les sculptures étaient prodiguées avec la même magnificence que sur la façade ; et, grâce à un réservoir placé au sommet de la maison, on y trouvait jusqu'à des fontaines jaillissantes ornées de vases de fleurs et de statues.

La maison d'Ango fut incendiée pendant le bombarde-

[1] Le soubassement de pierre était aussi sculpté, ainsi que le témoigne Asseline dans sa Chronique. Cette magnifique maison subsistait encore du temps d'Asseline.

ment. En 1647, elle était encore assez bien conservée pour qu'à sa vue le cardinal Barberini tombât en extase : il ne se lassait pas de la contempler, et de répéter aux PP. de l'Oratoire qui l'accompagnaient : « Je n'ai jamais vu si belle maison de bois, » *Nunquam vidi domum ligneam pulchriorem.*

Quand son palais fut construit, Ango voulut avoir hors la ville une maison de plaisance. Il avait acquis la belle terre de Varengeville, ancien domaine de la famille de Longueil : la beauté du pays, la proximité de Dieppe, l'engagèrent à démolir le vieux castel pour s'y faire bâtir un *manoir* à la moderne et à sa fantaisie. C'est ce manoir dont il reste encore quelques corps-de-logis convertis en ferme, mais que, par une antique habitude, les habitants du pays ne connaissent et ne désignent jamais que sous le nom de *château.*

Ango était à Varengeville, au milieu de ses architectes et de ses sculpteurs, lorsqu'il reçut avis par ses amis de cour que le roi François Ier, voulant passer en revue de nouvelles légions qu'il venait de créer, se rendait en Normandie, et que son intention était d'aller à Dieppe. Gorgé de richesses, Ango n'aspirait plus qu'aux honneurs. Il saisit donc avec ardeur cette occasion de réaliser ses rêves ambitieux ; et, pour obtenir les bonnes grâces du roi, il s'avisa de l'éblouir en lui préparant une entrée solennelle dont lui seul devait faire les frais. La ville de Dieppe avait consenti avec reconnaissance à lui céder cet honneur dispendieux.

Voilà donc le simple armateur, fils de simple marchand, qui, sans autres titres ni dignités que sa richesse, se met en devoir d'héberger, de festoyer le roi de France[1]. Fran-

---

[1] Dans un Recueil de lettres inédites de Marguerite d'Angoulême, reine de Navarre, publié en 1841 par M. Génin, sous les auspices de la Société de l'histoire de France, on trouve deux lettres qui font mention de Jean Ango. Il paraît résulter de ces lettres, et des dates que l'éditeur leur assigne, que Jean Ango était vicomte de

çois I^er s'accommoda très-bien de cette hospitalité bourgeoise, descendit de bonne grâce chez Ango, et parut stupéfait de sa magnificence. Les produits les plus recherchés des quatre parties du monde étaient étalés dans cette splendide demeure : ameublements somptueux, étoffes brochées d'or, tapisseries de l'Inde, mets exquis, vins délicats, on eût dit un de ces palais de délices et de séduc-

Dieppe dès l'année 1526, fait que je n'ai trouvé consigné dans aucune des sources que j'ai consultées, mais que j'adopte volontiers. Le voyage de François I^er, ayant eu lieu vers 1534 ou 1535, Ango, vicomte de Dieppe depuis huit ou neuf ans, était naturellement appelé à lui faire les honneurs de la ville. Je crois donc, malgré le témoignage d'une Chronique manuscrite qui mérite toute confiance, qu'il faut regarder comme une anecdote un peu suspecte cette collation du titre de vicomte au retour de la promenade en mer et en échange de la fastueuse hospitalité du riche bourgeois. Peut-être, pour tout concilier, faut-il croire qu'Ango était déjà vicomte, mais qu'il fut alors nommé capitaine-commandant du château. Ce qui m'oblige à faire cette conjecture, c'est que ma Chronique me dit que cette charge lui fut donnée en remplacement du sieur de Mauroy, qui venait de mourir. C'est là une circonstance qui a bien sa valeur, et dont il faut tenir compte.

Quoi qu'il en soit, ces deux lettres de Marguerite de Navarre sont pour nous d'un grand intérêt : elles confirment d'une manière irrécusable tout ce que nos traditions locales racontent de la fortune d'Ango, et de ses expéditions aventureuses. En effet, dans l'une de ces lettres, datée de 1526, la princesse, en parlant de Jean Ango et de M. de Bures, son gendre, s'exprime ainsi : « Lesquels (ainsi
» que le roy a bien seure cognoissance) luy ont merveilleusement
» fort servy sur le faict de marine et guerre de la mer, le tout à
» leurs propres cousts et despens. »

L'autre lettre, écrite en 1530, a rapport aux plaintes et réclamations qu'Ango adressait au roi de France contre la conduite du roi de Portugal à l'égard de nos navires de commerce. Elle est ainsi conçue :

« *A mon cousin M. le légat.*

» Mon cousin, le vicomte de Dieppe, ce porteur, s'en va mainte-
» nant en court pour faire entendre au Roy, à madame et à vous à

tion décorés par la main des fées. Mais ce que le roi et sa cour ne cessaient d'admirer par-dessus tout, c'était la magnifique vaisselle d'argent dont les buffets étaient couverts, et qu'Ango avait fait ciseler par les plus célèbres orfévres d'Italie.

Le roi, ayant témoigné le désir de s'aller promener en mer, trouva sur son chemin, en descendant au rivage, un arc de triomphe orné de chiffres et de tableaux représentant ses faits d'armes les plus éclatants. Six nefs légères, sculptées avec art et richement dorées, portèrent à quelques lieues au large le royal voyageur. Le temps était beau, la mer limpide; le roi, ravi de sa promenade, enchanté de son hôte, lui annonça au retour qu'il le faisait vicomte [1],

» la vérité comment il va de l'affaire qu'il a en Portugal, et du peu
» d'estime que le roy dudict Portugal a faict des lettres que le roy
» luy a escriptes pour ladicte affaire; de quoy j'ay esté fort esbahie,
» et combien que la cognoissance que vous avez des mérites dudict
» vicomte et des bons, grans, et continuels services qu'il a faicts
» au roy suffise en votre endroict pour sa recommandacion, si ne me
» suis-je peu garder, pour la bonne et affecsionnée voulenté que je
» luy porte, de vous en faire en sa faveur une particulière et non
» commune, vous priant bien affectueusement, mon cousin, luy
» donner en son dict affaire le meilleur ayde, port et expedition que
» vous pourrez, vous asseurant qu'en ce faisant me ferez plaisir
» aussy agréable que vous sçauriez penser. Et pour ce qu'il vous
» dira de mes nouvelles et de ceste compaignie qu'il a veue, ne
» vous feray plus longue lettre, que de prier Dieu, mon cousin,
» qu'il vous doint le bien que de bon cœur vous désire. A Bloys, le
» x° jour de juing,

» La toute vostre bonne cousine et amye,

» MARGUERITE.

» *P. S.* Je vous prie, mon cousin, avoir son affaire pour recom-
» mandé, car je le cognoys bon serviteur du roy. »

[1] *Voyez* la note ci-dessus. Quelle que soit la date de l'anoblissement d'Ango, il eut, dit-on, de fâcheuses conséquences. Déjà avant lui quelques bourgeois de Dieppe avaient reçu des lettres de noblesse; mais on n'en citait que deux ou trois tout au plus. L'exemple d'Ango fit tourner toutes les têtes: la fureur de l'ano-

et capitaine-commandant de la ville et du château de Dieppe, en remplacement du sieur de Mauroy, qui venait de mourir.

C'est, je crois, en 1532, d'autres disent en 1534, que François Ier faisait ce voyage à Dieppe[1]. Depuis cette époque jusqu'à la mort du monarque, Ango ne cessa de jouir d'une brillante faveur. Il prêta plus d'une fois de l'argent à la cour ; il prêta même au roi des vaisseaux, car on le voit entrer pour une grande part dans l'armement de cette flotte que François Ier fit équiper au Havre, à Honfleur et à Dieppe, pour empêcher les Anglais de se fortifier dans Boulogne[2].

blissement devint une espèce de maladie contagieuse, dont tout marchand, sitôt qu'il devenait riche, ne manquait pas d'être atteint. Nos vieux chroniqueurs prétendent que ce fut là une des causes de la décadence du commerce dieppois au dix-septième siècle, parce que ces marchands n'étaient pas plutôt anoblis qu'ils fermaient leurs comptoirs, retiraient leurs capitaux de la circulation, et s'achetaient une terre où ils allaient vivre noblement. Jusqu'au règne d'Henri IV, les exemples avaient été trop rares pour que le mal fût sérieux ; mais ce prince, en reconnaissance des bons offices que lui avaient rendus les Dieppois, leur accorda à pleines mains ce qui devait les rendre si heureux, c'est-à-dire des lettres de noblesse. Une fois cette route tracée, ses successeurs la suivirent, et les anoblissements allèrent toujours se multipliant pendant un siècle, d'autant plus que le fisc y gagnait bien quelque chose.

[1] M. Génin croit être sûr que c'est en 1535, attendu que cette date est indiquée dans une Chronique manuscrite dont il a reçu communication. Mais d'autres Chroniques manuscrites parlent, les unes de 1532, les autres de 1534 : il y a donc au moins doute. Mais peu importe ; une année de plus ou de moins ne change rien au fait que nous avons voulu constater, savoir : le voyage du roi et sa réception dans le palais d'Ango.

[2] Ce fait est attesté dans ce quatrain composé par un poète du *Puy de l'Assomption* de Dieppe. Il y est dit en parlant d'Ango :

> Ce fust luy, luy seul qui fist armer
> La grande flotte expresse mise en mer
> Pour faire voir à l'orgueil d'Angleterre
> Que François estoit roy et sur mer et sur terre.

Ango ne faisait pas le commerce avec de petites escadres de deux ou trois voiles, mais avec des flottes; il avait toujours sur mer quinze ou vingt navires armés en guerre. C'était vers les îles Moluques et aux grandes Indes qu'il dirigeait le plus ordinairement ses expéditions; et comme les Espagnols, les Flamands et surtout les Portugais disputaient sans cesse le passage à ses vaisseaux, chaque expédition donnait lieu à deux ou trois combats, dont son étoile le faisait presque toujours sortir vainqueur.

Une fois il arriva qu'un de ses navires, entraîné par un coup de vent loin de ses compagnons de route, fut rencontré par une escadre portugaise qui le foudroya; l'équipage fut massacré, et le vaisseau, avec les marchandises, conduit en triomphe à Lisbonne. Ango, furieux, sans s'inquiéter que le Portugal fût en paix avec la France, jure de venger son outrage. Il fait équiper dix grands navires qui étaient alors dans le port, les fait escorter par six ou sept autres de moindre grandeur, et ajoute à leur équipage ordinaire environ huit cents volontaires et gens de résolution, qu'il enrôle tout exprès pour aller faire des descentes sur les rives du Tage et ravager la côte de Portugal.

Ses ordres furent si bien exécutés que l'effroi fut bientôt dans Lisbonne. L'incendie de plusieurs villages sur le bord de la mer, et la capture d'un grand nombre de vaisseaux sortant du Tage ou revenant des Indes, firent croire que c'était le roi de France et non un de ses marchands qui causait tout ce ravage. En conséquence le roi de Portugal dépêcha en toute hâte à Chambord deux de ses conseillers pour demander raison de cette violation de la paix. François I$^{er}$ leur répondit : «Messieurs, ce n'est pas moi » qui vous fais la guerre; allez trouver Ango, et arrangez- » vous avec lui. » Les deux députés se rendirent à Dieppe. Ango, qui était alors à Varengeville, les fit venir dans son manoir, et les reçut avec sa magnificence ordinaire. Ici les traditions varient; car, selon les uns, il leur dit d'assez rudes paroles, et les traita peu courtoisement ; d'autres prétendent que, par égard pour le roi, qui lui avait fait l'honneur de les lui renvoyer, il leur demanda seulement de respecter à l'avenir le pavillon de France, et leur promit d'expédier un bon voilier pour rappeler sa flotte [1].

La prospérité d'Ango semblait attachée à l'existence de son protecteur, car à peine François fut-il mort, tout lui devint contraire, et sa vie fut abreuvée de peines et d'amertume. Depuis qu'il était gouverneur, il s'était aliéné beaucoup de monde. Les honneurs changent les mœurs ; Ango, bouffi de sa puissance, était devenu inabordable aux bourgeois et marchands naguère ses égaux, ses confrères ; il ne sortait plus qu'environné de gardes, et avait déserté sa belle habitation, sa maison de bourgeois, pour monter au château en qualité de gouverneur. Il en vint à ce degré d'orgueil et d'arrogance, que dans une assemblée de notables il osa frapper un d'entre eux, nommé Morel, qui s'opposait à ses avis. Cet homme avait été son associé

---

[1] Cette anecdote a été révoquée en doute, bien qu'elle soit non-seulement rapportée par Asseline, qui la tenait d'un père Fournier, jésuite mort à La Flèche en 1652, mais confirmée en quelque sorte par une tradition non interrompue. Peut-être a-t-on de bouche en bouche ajouté quelques détails ; et, par exemple, il est possible qu'au lieu d'envoyer les députés traiter de la paix avec Ango, le roi leur ait seulement dit d'aller s'entendre avec lui pour régler les indemnités qui lui étaient dues ; mais assurément il y a dans ce récit un fond de vérité : la lettre de la reine de Navarre en est la preuve. En effet, on voit dans cette lettre que les griefs d'Ango contre le roi de Portugal étaient une grosse affaire, puisque le roi de France avait écrit plusieurs lettres à ce sujet. Selon toute apparence, lorsque l'armateur, à son retour de la cour, vit que le roi ne pouvait lui faire rendre justice, il prit la résolution de se la faire rendre lui-même. De là son expédition sur les côtes de Portugal, et l'ambassade expédiée de Lisbonne à Chambord. Or, si les lettres du roi de France étaient restées sans effet, n'était-il pas naturel qu'il répondît aux ambassadeurs : « Vous ne m'avez pas écouté, » allez vous entendre avec celui qui vous fait la guerre pour son » propre compte. »

dans plusieurs grandes entreprises de commerce. Il prétendait qu'Ango l'avait frustré de sa part dans des prises importantes faites sur mer, et lui intenta procès devant les officiers de l'amirauté. L'exemple de Morel donna courage à d'autres créanciers que la puissance du gouverneur avait intimidés jusque-là, et bientôt Ango eut sur les bras cinq ou six demandes en restitution de sommes considérables. Ses folles dépenses avaient épuisé la plus grande partie de ses trésors; d'un autre côté le roi *son bon maître*, comme il l'appelait, venait de mourir. Trop vieux pour tenter encore la fortune, n'ayant plus dans la nouvelle cour ni amis ni protecteurs, il ne put conjurer l'orage, et eut le mortel déplaisir de voir décréter son bien. Ses créanciers se partagèrent ses maisons, ses tableaux, sa riche argenterie; et lui, dévoré de regrets, enfermé dans les tours du château de Dieppe, sans oser en sortir, il languit encore une ou deux années, et mourut dans l'isolement et la tristesse, en 1551.

Son corps fut porté à l'église Saint-Jacques, et inhumé dans la chapelle qu'il avait fait si richement décorer de son vivant. On grava sur la pierre noire qui recouvrait sa tombe l'écusson de ses armoiries[1] et son emblème de prédilection, savoir, une sphère ou globe terrestre surmontée d'un crucifix, et portant cette devise : *Spes mea Deus à juventute meâ*. Dieu, mon espoir dès mon jeune âge[2]. »

[1] « Il portait *de sable au champ d'argent, chargé d'un lion marchant de sable avec une molette d'éperon.* Un manuscrit prétend que la *salamandre* faisait également partie de ses armes. Il est possible qu'Ango, lorsqu'il reçut François I<sup>er</sup> chez lui, ait fait mettre la *salamandre* sur sa maison, comme pour en faire hommage au roi, dont la *salamandre* était la devise. »
Je trouve ce passage dans une notice sur Ango, que M. Féret a insérée en 1826 dans les *Annales de la Normandie*, par M. Louis Dubois. Tous les faits de cette notice sont extraits des manuscrits dont j'ai moi-même tiré les détails qu'on vient de lire.

[2] « Ango, dit la Chronique du prêtre Guibert, avoit donné à l'é-

On n'a pas conservé de portrait d'Ango, mais je lis dans un manuscrit : « Si la représentation que le sieur Asseline » dit avoir vue dans un précieux tableau placé sur la che- » minée d'une salle du château de Varengeville est vraye, » il paroissoit de moyenne taille, de complexion délicate, » d'une humeur douce et gaie, d'un esprit vif et d'un » grand jugement. Il avoit la barbe et les cheveux blonds, » les joues un peu vermeilles, le nez aquilin, le front » large et la tête grosse. Il étoit à genoux devant une image » de la Passion de notre Sauveur. » Sa femme était représentée dans la même attitude, et, selon l'usage du temps, les armoiries des deux époux étaient peintes au-dessus de leurs têtes.

J'ai cherché vainement ce tableau à Varengeville : il ne reste que deux cheminées, l'une est presque en ruines, et les peintures qui la devaient décorer ont disparu ; l'autre, qui s'est mieux conservée, est surmontée d'une fresque dont les couleurs sont à peu près effacées : on peut néanmoins aisément reconnaître qu'elle représente un sujet religieux ; c'est, je crois, une naissance de la Vierge. Le dessin paraît élégant et dans le goût italien.

Ces deux cheminées, dont vous trouverez le pied enfoui dans des monceaux d'avoine et de froment, sont les deux fragments de sculpture les plus riches qui restent aujourd'hui à Varengeville. La moins bien conservée est celle

glise Saint-Jacques une chasuble enrichie d'or et de perles fines, au milieu de laquelle il y avoit *une sphère avec un crucifix au-dessus, et autour la devise :* SPES MEA DEUS A JUVENTUTE MEA, pour marquer que c'étoit par la bénédiction de Dieu qu'il étoit devenu si puissant, ou bien que les longs et beaux voyages de ses vaisseaux avoient aidé à faire connoître le mystère de la Rédemption dans les pays les plus éloignés. A côté de la croix il y avoit ses armes. Ladicte chasuble échappa à la fureur des protestants et à l'incendie de 1694, et subsistoit encore en 1736 avec les précieuses marques d'une haute antiquité. »

Cette chasuble n'existe plus, et personne n'a pu me dire depuis à quelle époque elle avait disparu.

dont le dessin est le plus pur; l'autre est un peu surchargée d'ornements. Dans le centre du chambranle une petite figure de vieillard sculptée en buste, et qui semble sortir de la pierre, tient dans sa main un globe terrestre. Est-ce Ango ou Charlemagne? L'extrême vanité du vicomte armateur permet qu'on se fasse cette question.

J'ai trouvé quelques traces de grandes fresques sous la jolie galerie à jour voisine du grand escalier; mais comme ce lieu sert depuis long-temps de bûcher, les fagots qu'on y entasse ont presque entièrement éraillé les couleurs. Je crois pourtant avoir distingué au-dessus de la porte une *sphère*, mais la devise est effacée.

Enfin, dans un des angles de la cour, près de cette grande tour du haut de laquelle Ango voyait entrer ses navires dans le port de Dieppe, quelques médaillons appliqués contre la muraille contiennent des têtes sculptées de profil : on donne à deux de ces figures le nom de François I$^{er}$ et de Diane de Poitiers, mais le défaut de ressemblance est tel qu'il n'y a pas moyen d'accepter cette tradition. J'aimerais mieux croire que ce sont les portraits d'Ango et de sa femme. Quant aux autres médaillons, ils représentent évidemment des têtes de nègres et d'Indiens. C'est une allusion flatteuse, un hommage de l'artiste à l'amour-propre du propriétaire.

Ces figures de profil sont travaillées assez grossièrement, mais en revanche quelle finesse exquise dans ces petites têtes d'anges et de femmes jetées autour des grosses colonnes et le long de la frise de la galerie à jour! avec quel goût, quelle délicatesse ces arabesques encadrent toutes les fenêtres du grand bâtiment transformé maintenant en étables à vaches et à moutons! Sur le montant d'un de ces encadrements, j'ai trouvé la date 1544 écrite en chiffres arabes au milieu d'un petit fleuron triangulaire. Ainsi, sept ans avant sa mort, Ango faisait encore travailler à son manoir. Il y avait au moins dix ans qu'il en avait entrepris la construction.

Et c'était pour d'avides créanciers, que dis-je! c'était pour un métayer, pour abriter des bestiaux, qu'il dépensait son temps et ses trésors, qu'il épuisait tous les raffinements du luxe, qu'il appelait de si loin le talent et le génie! Quelle déception! quelle ironie dans ces jeux du hasard, et qu'il en soit ainsi de tout ce qui brille en ce monde!

On dirait que ce charmant manoir a conscience du changement de ses destinées! En voyant ses murailles tronquées, ses grands toits aigus, ses toits d'ardoises et de plomb remplacés par ces lourdes couvertures qui l'écrasent, et ce fumier en guise de fleurs, et ces lourds valets de ferme au lieu de pages et d'élégants varlets, de riant qu'il était, il a pris un aspect mélancolique et sévère.

Je termine ici mes recherches et mon récit. Cette vie de luxe, de puissance et de misère me semble comme la conclusion de l'histoire de cette cité tombée de si haut, dont j'ai tenté de fouiller les annales. Varengeville, Ango et son manoir, c'est-à-dire un beau pays, de belles ruines, une grande fortune suivie de grands revers, n'est-ce pas l'abrégé de tout ce qu'on vient de lire?

# RÉSUMÉ ARCHÉOLOGIQUE

ou

## NOMENCLATURE DES PRINCIPAUX MONUMENTS DE DIEPPE

ET DE SES ENVIRONS,

CLASSÉS CHRONOLOGIQUEMENT.

### ÉPOQUE GAULOISE.

La cité de Limes. — Tombelles. — Tuguria. — Poteries. — Fragments de fer et de cuivre. — Médailles. — Haches en silex, etc.

### ÉPOQUES ROMAINE ET GALLO-ROMAINE.

Mosaïques, poteries, vases de verre, anneaux, bracelets, agrafes, fibules, médailles, statuettes, fragments et fondations d'édifices religieux, militaires et agricoles découverts ou encore enfouis dans les villages de Luncray, Sainte-Marguerite, Braquemont, Graincourt, sur la colline de Caudecôte, au pied de la terrasse de Bonne-Nouvelle, etc.

### ÉPOQUE ROMANO-BYSANTINE OU A PLEIN CINTRE.

XI$^e$ et XII$^e$ SIÈCLES.

Ruines du château d'Arques.
Ruines du château et de l'abbaye de Longueville.
Église de Sainte-Marguerite (l'autel, l'abside, les côtés ouest et nord à l'intérieur).
Église d'Avremenil.
Plusieurs parties (notamment le côté nord) de l'église du Bourg-Dun.

## ÉPOQUE GOTHIQUE OU A OGIVES.

### FIN DU XIIe SIÈCLE.

Les deux portails latéraux et partie des deux transepts de l'église de Saint-Jacques à Dieppe.
La nef et plusieurs autres parties de l'église du Bourg-Dun.

### XIIIe ET XIVe SIÈCLES.

Le clocher de l'église du Bourg-Dun.
La nef, le chœur et les chapelles de Saint-Jacques.
Le porche des Sibylles, *idem*.
Les gargouilles, *idem*.

### XVe SIÈCLE.

La tour de Saint-Jacques.
Le chœur et quelques parties de l'église d'Arques.
Les tours du château de Dieppe.
Le chœur de l'église d'Offranville.
Le côté sud de l'église du Bourg-Dun.

## ÉPOQUE DE LA RENAISSANCE.

### XVIe SIÈCLE.

Le Trésor de Saint-Jacques et son bas-relief.
    La chapelle d'Ango, à Saint-Jacques.
    La chapelle de la Vierge et ses sculptures, à Saint-Jacques.
    Le Trésor, la chapelle de la Vierge, etc., de Saint-Remy.
    L'église d'Ancourt et ses verrières.
    L'église d'Offranville, ses vitraux et ses sculptures.
    Le manoir d'Ango, à Varengeville, cheminées, escalier, médaillons, arabesques, etc., etc.

### FIN.

# TABLE.

| | |
|---|---|
| AVANT-PROPOS. | I |
| Plans de Dieppe. | III |

## PREMIÈRE PARTIE.

CHAPITRE PREMIER. — *Origine de Dieppe.* — *Son histoire jusqu'aux guerres de religion.* . . . . . . . . . . . 3

§ I<sup>er</sup>. — Époques celtique, romaine et gallo-romaine. — Fouilles entreprises aux environs de Dieppe. . . . . . . 6

§ II. — Époque carlovingienne. — Traditions. . . . . . 15

§ III. — Époque historique. — Première période, de 1030 à 1203. . . . . . . . . . . . . . . . . . . . . 19

§ IV. — Dieppe depuis la réunion de la Normandie à la France jusqu'à l'invasion du royaume par les Anglais. — 1203-1412. . . . . . . . . . . . . . . . . . . 28

§ V. — Siége de Dieppe. — Sa délivrance. — Cérémonies de la mi-août. — 1412-1443. . . . . . . . . . . . 35

§ VI. — Suite de l'histoire de Dieppe, depuis 1443 jusqu'en 1557. — Travaux et constructions dans la ville. — Prospérité. — Commerce. — Combat naval. — Jean Ango. . 47

CHAPITRE II. — *Dieppe pendant les guerres de religion jusqu'à la révocation de l'édit de Nantes.* — 1557-1685. 57

§ I<sup>er</sup>. — Première apparition de la réforme à Dieppe. — Ses progrès. — Tentatives de répression. — Leurs résultats. . 60

§ II. — Le protestantisme professé ouvertement. — Voyage de l'amiral Coligny à Dieppe. — Requête des Dieppois présentée et soutenue par Coligny dans le conseil du roi. — Commencement de persécution interrompue brusquement par un événement inattendu. . . . . . . . . . . . 67

§ III. — Changement de politique. — Premier édit de pacification (janvier 1562). — Massacre de Vassy. — Ses conséquences. — La guerre civile éclate................. 73

§ IV. — Dieppe se déclare pour la réforme. — Les protestants persécuteurs à leur tour................. 76

§ V. — Le duc de Bouillon envoyé par la Régente; — à quelle fin. — Entrée du duc de Bouillon à Dieppe. — Réception d'un nouveau genre................. 78

§ VI. — Les Dieppois en guerre avec leurs voisins, principalement avec ceux d'Arques. — Combats et escarmouches. 80

§ VII. — Approche du duc d'Aumale. — Courage et préparatifs des Dieppois. — Rouen pris d'assaut. — La nouvelle en arrive à Dieppe................. 82

§ VIII. — Les Dieppois se résignent à capituler. — Tout est rétabli à peu près sur l'ancien pied. — Ce que deviennent les protestants................. 86

§ IX. — Conspiration; — son succès. — La ville une seconde fois au pouvoir des protestants. — Comment Montgomery la gouverne................. 89

§ X. — Second édit de pacification (1563). — Voyage du roi et de la reine à Dieppe. — Leur réception. — Résultat de ce voyage. — M. de Sigognes nommé gouverneur de Dieppe. — Portrait de M. de Sigognes................. 92

§ XI. — Schisme et querelles parmi les réformés.............. 100

§ XII. — Prise d'armes du prince de Condé (1567). — Les Dieppois se remuent. — Situation difficile de M. de Sigognes. — Il demande du secours................. 101

§ XIII. — M. de la Mailleraye introduit secrètement dans le château. — Comment la nouvelle s'en répand dans la ville. — Révolte. — Barricades. — Les bourgeois en fuite, puis vainqueurs................. 104

§ XIV. — Situation critique des troupes et de leurs chefs. — Singulière méprise. — Comment la ville tombe au pouvoir des vaincus................. 110

§ XV. — Troisième édit de pacification (1568); — sa durée. — Ce que deviennent les protestants après que la guerre a recommencé................. 115

§ XVI. — Résultats des persécutions. — Découverte d'un complot vrai ou supposé. — Supplices et vengeances... 118

## TABLE. 465

§ XVII. — Quatrième édit de pacification (1570); — de quelle manière on l'exécute. — Quels étaient alors la situation et le degré d'influence du parti réformé. — Saint-Barthélemy. — Conduite de M. de Sigognes. . . . . . . 121

§ XVIII. — Mort de Charles IX (1574) — Henri III. — Cinquième édit de pacification (1576); — ses résultats. — Mort de M. de Sigognes. . . . . . . . . . . . . . . . 125

§ XIX. — M. de Chastes gouverneur de Dieppe; — son caractère; — sa conduite vis-à-vis des deux partis. — Assassinat du duc de Guise. — Comment M. de Chastes parvient à empêcher Dieppe de se révolter avec le reste de la France. — Résistance à main armée contre la ligue. 130

§ XX. — Mort de Henri III; — ses conséquences. . . . . 134

§ XXI. — Henri IV à Dieppe. — Bataille d'Arques. . . . 136

§ XXII. — Séjour de Henri IV à Dieppe. — Sentiments des protestants à son égard. — Abjuration; — ses résultats. . 138

§ XXIII. — Édit de Nantes. . . . . . . . . . . . . . . 140

§ XXIV. — Temple protestant bâti et renversé presque aussitôt; — sa reconstruction. — État des protestants. — Comment l'édit était exécuté à leur égard. . . . . . . . 142

§ XXV. — Remuements dans le Languedoc et à La Rochelle. — Mesures de précaution prises contre les Dieppois. — Persécutions . . . . . . . . . . . . . . . . . . . . . 147

§ XXVI. — Ce que devient le parti protestant après la prise de La Rochelle. — Progrès du catholicisme à Dieppe. — Décadence du parti religionnaire . . . . . . . . . . . . 150

§ XXVII. — Révocation de l'édit de Nantes. . . . . . . . 153

CHAPITRE III. — *Bombardement et destruction de Dieppe; — sa reconstruction. — Suite de son histoire jusqu'à nos jours* . . . . . . . . . . . . . . . . . . . . . . 159

§ I<sup>er</sup>. — Bombardement. . . . . . . . . . . . . . . *Ib.*

§ II. — Reconstruction de la ville. . . . . . . . . . . . 169

§ III. — Encombrement du port. — Projets et travaux pour le déblayer. — Conclusion. . . . . . . . . . . . . . 177

## DEUXIÈME PARTIE.

*Voyages et découvertes des navigateurs dieppois.* . . . . . . 193

§ Ier. — Quatorzième siècle. — Premiers voyages. — Établissements sur la côte de Guinée . . . . . . . . . . . . . . . . . 199

§ II. — Quinzième siècle. — Conquête des Canaries par Jean de Bethancourt. . . . . . . . . . . . . . . . . . . 213

§ III. — Suite du quinzième siècle. — Nouveaux voyages en Guinée. — Science de l'hydrographie cultivée à Dieppe. — Le capitaine Cousin ; — ses voyages. — Conjectures à son sujet. . . . . . . . . . . . . . . . . . . . . . . . 219

§ IV. — Seizième siècle. — Voyage à Sumatra. — Journal du capitaine Jean Parmentier. . . . . . . . . . . . 233

§ V. — Bas-relief de l'église Saint-Jacques. . . . . . . . . 260

§ VI. — Seizième et dix-septième siècles. — Commerce des Dieppois. — Établissements coloniaux. — Le capitaine Ribault. — Diel d'Enambuc. — Les flibustiers. — Duquesne. . . . . . . . . . . . . . . . . . . . . . . 275

§ VII. — Conclusion. . . . . . . . . . . . . . . . . . . 294

## TROISIÈME PARTIE.

CHAPITRE PREMIER. — *La ville ; — son aspect ; — ses monuments. — Saint-Jacques. — Saint-Remy. — Le château. — Les églises du Pollet.* . . . . . . . . . . . . . . . . 301

CHAPITRE II. — *Les bains de mer. — La bibliothèque. — L'école de dessin. — Les ivoiriers. — Industrie et commerce. — La pêche. — Les pêcheurs. — Les Polletais; leur origine ; — leur costume ; — leur langage ; — leurs mœurs. — Le port. — La jetée. — Le gardien du phare.* 333

## QUATRIÈME PARTIE.

### LES ENVIRONS DE DIEPPE.

CHAPITRE PREMIER. — *La cité de Limes. — Traditions*. . . 369
CHAPITRE II. — *Vallée d'Arques. — Martin-Église. — Ancourt. — Forêt d'Arques. — Saint-Nicolas d'Alihermont. — Arques ; — souvenirs de la bataille. — Ruines de la ville et du château. — L'église.* . . . . . . . . . . . . 385
CHAPITRE III.— *Vallée de la Scie.— Longueville.—Charles-Mesnil. — Miromesnil. — Offranville. — Sauqueville. — Hottot. — Pourville.*. . . . . . . . . . . . . . . . . 420
CHAPITRE IV. — *Vallée de la Saâne et du Dun. — Sainte-Marguerite. — La mosaïque. — Le phare d'Ailly. — — L'église de Sainte-Marguerite. — Les églises d'Avremenil et de Bourg-Dun.* . . . . . . . . . . . . . . . . 430
CHAPITRE V. — *Varengeville. — Le manoir d'Ango* . . . . 446
RÉSUMÉ ARCHÉOLOGIQUE. . . . . . . . . . . . . . . . . . . 461

FIN DE LA TABLE.

www.ingramcontent.com/pod-product-compliance
Lightning Source LLC
Chambersburg PA
CBHW050242230426
43664CB00012B/1796